CURSO DE CONTABILIDADE
PARA NÃO CONTADORES

O GEN | Grupo Editorial Nacional – maior plataforma editorial brasileira no segmento científico, técnico e profissional – publica conteúdos nas áreas de ciências sociais aplicadas, exatas, humanas, jurídicas e da saúde, além de prover serviços direcionados à educação continuada e à preparação para concursos.

As editoras que integram o GEN, das mais respeitadas no mercado editorial, construíram catálogos inigualáveis, com obras decisivas para a formação acadêmica e o aperfeiçoamento de várias gerações de profissionais e estudantes, tendo se tornado sinônimo de qualidade e seriedade.

A missão do GEN e dos núcleos de conteúdo que o compõem é prover a melhor informação científica e distribuí-la de maneira flexível e conveniente, a preços justos, gerando benefícios e servindo a autores, docentes, livreiros, funcionários, colaboradores e acionistas.

Nosso comportamento ético incondicional e nossa responsabilidade social e ambiental são reforçados pela natureza educacional de nossa atividade e dão sustentabilidade ao crescimento contínuo e à rentabilidade do grupo.

SÉRGIO DE IUDÍCIBUS
JOSÉ CARLOS MARION

9ª EDIÇÃO

CURSO DE CONTABILIDADE PARA NÃO CONTADORES

PARA ESTUDANTES E PROFISSIONAIS DE
**ADMINISTRAÇÃO · ECONOMIA · DIREITO · ENGENHARIA
E DEMAIS ÁREAS DE CONHECIMENTO**

Atualizador:
ANDRÉ DINIZ FILHO

- Os autores deste livro e a editora empenharam seus melhores esforços para assegurar que as informações e os procedimentos apresentados no texto estejam em acordo com os padrões aceitos à época da publicação, *e todos os dados foram atualizados até a data de fechamento do livro*. Entretanto, tendo em conta a evolução das ciências, as atualizações legislativas, as mudanças regulamentares governamentais e o constante fluxo de novas informações sobre os temas que constam do livro, recomendamos enfaticamente que os leitores consultem sempre outras fontes fidedignas, de modo a se certificarem de que as informações contidas no texto estão corretas e de que não houve alterações nas recomendações ou na legislação regulamentadora.

- Data de fechamento do livro: 10/06/2022

- Os autores e a editora se empenharam para citar adequadamente e dar o devido crédito a todos os detentores de direitos autorais de qualquer material utilizado neste livro, dispondo-se a possíveis acertos posteriores caso, inadvertida e involuntariamente, a identificação de algum deles tenha sido omitida.

- **Atendimento ao cliente: (11) 5080-0751 | faleconosco@grupogen.com.br**

- Direitos exclusivos para a língua portuguesa
  Copyright © 2022, 2025 (2ª impressão) *by*
  Editora Atlas Ltda.
  Uma editora integrante do GEN | Grupo Editorial Nacional
  Travessa do Ouvidor, 11
  Rio de Janeiro – RJ – 20040-040
  www.grupogen.com.br

- Reservados todos os direitos. É proibida a duplicação ou reprodução deste volume, no todo ou em parte, em quaisquer formas ou por quaisquer meios (eletrônico, mecânico, gravação, fotocópia, distribuição pela Internet ou outros), sem permissão, por escrito, da Editora Atlas Ltda.

- Capa: Leandro Guerra

- Editoração eletrônica: LBA Design

- Ficha catalográfica

CIP-BRASIL. CATALOGAÇÃO NA PUBLICAÇÃO
SINDICATO NACIONAL DOS EDITORES DE LIVROS, RJ

I87c
9. d.

Iudícibus, Sérgio de.
Curso de contabilidade para não contadores: para estudantes e profissionais de administração, economia, direito, engenharia e demais áreas de conhecimento / Sérgio de Iudícibus, José Carlos Marion; atualizador André Diniz Filho. – 9. ed. – [2ª Reimp.] – Barueri [SP]: Atlas, 2025.

Inclui bibliografia e índice
Vídeos
ISBN 978-65-5977-317-6

1. Contabilidade. I. Marion, José Carlos. II. Diniz Filho, André. III. Título.

22-77792   CDD: 657
         CDU: 657

Gabriela Faray Ferreira Lopes – Bibliotecária – CRB-7/6643

Prefácio à 9ª Edição

O objetivo desta edição não é apenas atualizar e modernizar este livro, mas também ampliar e contemplar os procedimentos básicos geralmente aceitos, abordando com detalhes os conteúdos das principais normas de Contabilidade.

Nesta 9ª edição, as atualizações normativas foram adequadas conforme as Normas Internacionais de Contabilidade (IFRS) expressadas pelos pronunciamentos do Comitê de Pronunciamentos Contábeis (CPC) e pela Normas Brasileiras de Contabilidade (NBCs) e outras resoluções.

Os capítulos que tratam da definição das Demonstrações Financeiras também sofreram atualizações em conformidade com as resoluções do Conselho Federal de Contabilidade (CFC) em sintonia com os pronunciamentos contábeis publicados pelo CPC, o órgão responsável por emitir os pronunciamentos técnicos, visando a convergência da Contabilidade brasileira aos padrões internacionais, cujas normas são emitidas e revisadas pelo *International Accounting Standards Board* (IASB), denominadas *International Financial Reporting Standards* (IFRS).

Foram incluídos também, no Capítulo 16, tópicos especiais de Contabilidade que abordam o papel da empresa, tendo em vista, principalmente, os aspectos financeiro, patrimonial e social, contidos na Demonstração de Valor Adicionado que representa elementos do Balanço Social e a riqueza distribuída pela empresa e a formação do PIB, das Notas Explicativas e dos pressupostos e características básicas da informação contábil.

Além dos destaques acima, foram incluídos, ao final de cada capítulo, exercícios selecionados dos principais exames aplicados no País, para que o estudante se sinta desafiado a ir além das páginas deste livro, à busca do aprendizado profissional.

Esta nova edição não teria sido possível sem a preciosa colaboração e o esforço acentuado do Prof. André Diniz Filho, que não mediu esforços na atualização, apresentando e sugerindo encaminhamentos para que esta nova edição se torne mais didática, eficiente e prazerosa.

São Paulo, julho de 2022.

Os Autores

Prefácio

O livro *Curso de contabilidade para não contadores* foi inspirado na obra *Manual de contabilidade para não contadores*, tendo como principal público-alvo, mas não os únicos, os alunos dos cursos de Administração, Economia, Direito, Engenharia, Hotelaria etc., ou qualquer outro interessado que perceba a necessidade premente de conhecer e estudar, pelo menos, de maneira acessível e didática, as noções básicas de Contabilidade, como, por exemplo, a interpretação dos Relatórios Contábeis como instrumento de decisão.

Os autores deste livro, sem esgotar os conteúdos apresentados, preocuparam-se em transmitir não apenas aos contadores, mas também e principalmente aos administradores, engenheiros, advogados, economistas, hoteleiros e tantos outros profissionais não formados em Contabilidade uma visão das metodologias aplicadas atualmente. Para tanto, levaram-se em consideração as necessidades específicas dos usuários da Contabilidade, não contadores, evitando-se termos e conceitos excessivamente técnicos da ciência da Contabilidade.

Entendemos que o ensino da Contabilidade para não contadores deve ser voltado, principalmente, aos Relatórios Contábeis e à sua interpretação, sem que deixemos de lado o funcionamento do Ciclo Contábil, analisando as origens das contas. A linguagem clara e acessível pretende facilitar a compreensão da Contabilidade financeira (geral) dos estudantes de graduação e de outros interessados que não pretendam ser contadores, mas precisam adquirir conhecimentos do conteúdo contábil como instrumento ou meio para exercer sua profissão.

Em outras palavras, o objetivo principal é facilitar a compreensão dos conteúdos que compõem o aprendizado da Contabilidade, a ponto de possibilitar a qualquer pessoa interessada em ler, interpretar, compreender e colocar em prática os conteúdos apresentados neste livro, mesmo que não exerça nenhuma atividade voltada às questões contábeis, mas que, de alguma forma, necessita saber lidar com as informações contidas, por exemplo, nos Relatórios Contábeis. Este livro também se preocupou em atender às premências de variados segmentos, como a engenharia, a medicina, a agricultura etc., que precisam resolver, em seu dia a dia, por exemplo, como mesurar custo de atendimento médicos ou de obras. Isso significa dizer que

Contabilidade interessa para todas as pessoas que estão envolvidas com tomadas de decisão direcionadas às finanças.

Inclusive, devemos nos lembrar de que não são apenas os cursos de Economia e Administração de Empresas têm em seus currículos as disciplinas de Contabilidade. Na Faculdade de Direito – para os estudantes que se especializam em Direito Comercial –, ministra-se a disciplina Contabilidade Empresarial; na Faculdade de Higiene e Saúde, observamos a disciplina Custos Hospitalares; na Faculdade de Comunicação, ensina-se Noções de Contabilidade para que o futuro profissional possa interpretar com mais propriedade a situação econômico-financeira das empresas; em diversas especializações dos cursos de Engenharia, principalmente aquelas ligadas diretamente à indústria, já se ministram disciplinas de Contabilidade; no curso de Estatística, os alunos já fazem a disciplina de Contabilidade como matéria opcional, para aplicar com mais consciência os conteúdos contábeis; por fim, cursos de Educação Física também a utilizam, quando o estudante se especializa em Administração Esportiva. Portanto, são necessários conhecimentos, mesmo que elementares, de Contabilidade para qualquer curso universitário. E a isso, este livro se propõe.

Para se ter uma ideia de como a Contabilidade evoluiu como disciplina em diferentes cursos, um dos primeiros aspectos da reforma do ensino da Contabilidade na Universidade Estadual do Arizona, por exemplo, foi a reestruturação do conteúdo do curso, ao ser introduzida a disciplina *Contabilidade Introdutória*, que prioriza, no conteúdo programático, o ensino da Contabilidade para aqueles que irão se profissionalizar em Contabilidade, atuando como contadores, diferenciando-se daqueles outros estudantes que estudam Contabilidade, mas que não serão profissionais na área. Para os estudantes que optam por Contabilidade como principal área de interesse profissional, são oferecidas aulas práticas de laboratório, mas, para quem não pretende ser contador, mas apenas fazer uso de conhecimentos básicos de Contabilidade, a prática em laboratório não se faz necessária. Ensinar o processo contábil para o estudante que não irá exercer a Contabilidade é a mesma coisa que ensinar mecânica de um carro para quem quer apenas dirigir o carro, mas não quer ser mecânico. Ou, ainda, ensinar conteúdos técnicos voltados à área de computação, *hardware, Fortran, Basic, Cobol* etc. para quem quer apenas usar aplicativos.

A bibliografia existente neste livro, muito boa, diga-se de passagem, foi selecionada com o intuito de esclarecer e ampliar os conhecimentos voltados à área contábil, servindo como fonte de pesquisa e fornecendo subsídio suficiente para quem pretende iniciar seus estudos em Contabilidade ou mesmo para quem já possui conhecimento prévio ou profundo, sendo da área ou não, que busca aprimoramentos e novas atualizações que porventura venham a contribuir para os estudos atuais e pontuais de Contabilidade. Oportuno ressaltar que a bibliografia não se atém apenas às questões teóricas, apresentando conceitos, princípios, regras e normas contábeis, mas também, e principalmente, preocupa-se em desenvolver a maneira como aplicar, na prática do exercício profissional da Contabilidade ou não, os conhecimentos adquiridos, preocupando-se em abordar as diversas metodologias para apuração, análise, controle e gerenciamento dos custos tanto no setor industrial e comercial quanto na prestação de serviços.

Para facilitar a utilização deste livro, é oportuno que o estudante tenha ciência de que, ao final de cada capítulo, apresentamos uma parte prática constituída de uma bateria de exercícios e de *uma avaliação* (às vezes adaptada) aplicada em algumas das instituições em que trabalhamos ou que temos contato. Dessa forma, o estudante poderá avaliar bem sua aprendizagem após o término de cada capítulo.

Ao final de cada capítulo, apresentamos uma parte prática constituída basicamente de *uma prova* (às vezes adaptada) aplicada em algumas das instituições em que passamos ou que temos contato e/ou uma bateria de exercícios. Dessa forma, o estudante poderá avaliar bem sua aprendizagem após o término de cada ponto.

Relação das Instituições em que as provas foram aplicadas:

Capítulo	Instituição(ões)	Curso(s), respectivamente
1	FGV – RS	Gestão Empresarial – Pós-graduação em parceria com a "Decision" – Porto Alegre-RS
2	Unip – Campinas	Administração – Comércio Exterior
3	FEA/USF – Bragança Paulista	Administração
4	Unip – Campinas	Administração
5	UEL/USF/Fac. Direito/USP	Curso de Espec., Contab. e Direito Comercial
6	FEA/USP – FIPECAFI	Administração e Especialização em Mercado de Capitais
7	FEA/PUC – SP	Contabilidade
8	Fipe – SP	Contabilidade Intermediária – Curso Telesp
9	FEA/USP	Contabilidade
10	Unip – Campinas	Administração – Comércio Exterior
11	FEA/USP e Fapei	Economia e Contabilidade
12	FEA/USP	Administração
13	Unib	Contabilidade
14	FEA/USP	Contabilidade
15	Exercícios	Contabilidade
16	Direito/USP	Direito Comercial
17	FEA/USF e Unisa	Administração e Contabilidade

Os Autores

Curso	Capítulos	Relatórios Contábeis (1)	Bal. Patr. Introdução (2)	Bal. Patr. Grupo Contas (3)	Tomar Decisões (4)	Dem. Result. Exercício (5)	DLPAC (6)	DMPL (7)	DOAR (8)	Fluxo de Caixa (9)	Análise I (10)	Análise II (11)	Custos (12)	Cálculo Custos (13)	Custos para Decisão (14)	Custos para Controle (15)	Falência (16)	Processo Contábil (17)
Administração	Sem Cont. Custo* e Análise de Balanços	x	x	x	x	x	x	x	x	***	x	x	x	x	x	x		x
Administração	Considerando que haverá Custos e Análise de Balanços no Curso	x	x	x	x	x	x	x		***								x
Economia	Incluindo** Análise de Balanços	x	x	x	x	x	x	x	x	x	x	x	x	x	x			
Economia	Análise de Balanços será uma disciplina à parte	x	x	x	x	x	x	x					x	x	x	x		
Direito	Normalmente para quem se especializa em Direito Comercial	x	x	x	x	x			x	x	x	x					x	x
Engenharia	Voltada para a área Industrial	x	x	x	x	x				x			x	x	x	x		
Administração Hospitalar	Com ênfase em Custos Hospitalares	x	x	x	x	x			x	x			x	x	x	x		
Comércio Exterior	Não serão oferecidas outras disciplinas contábeis	x	x	x	x	x				x	x	x	x	x	x			

* Significa que não haverá disciplinas específicas de Contabilidade de Custos e Análise e Balanços na sequência do curso.

** Única disciplina na Área Contábil. Não serão oferecidas mais disciplinas contábeis.

*** Esta matéria será vista em Administração Financeira.

RECURSO DIDÁTICO

Na abertura de cada capítulo (exceto dos Capítulos 6 e 9 ao 14), os autores indicam vídeos como um complemento extra, de outras obras próprias, em que discorrem sobre aspectos centrais do tema do capítulo. O acesso aos vídeos é feito via QR Code. Para reproduzi-los, basta ter um aplicativo leitor de QR Code baixado no *smartphone* e posicionar a câmera sobre o código. É possível acessar os vídeos também por meio da URL que aparece logo abaixo do código.

Material Suplementar

Este livro conta com os seguintes materiais suplementares:

- Exercícios extras com respostas (exclusivo para professores);
- *Slides* (exclusivo para professores);
- Questões de múltipla escolha – resoluções e comentários (exclusivo para professores).

O acesso ao material suplementar é gratuito. Basta que o leitor se cadastre e faça seu *login* em nosso *site* (www.grupogen.com.br), clicando em Ambiente de aprendizagem, no *menu* superior do lado direito.

O acesso ao material suplementar online fica disponível até seis meses após a edição do livro ser retirada do mercado.

Caso haja alguma mudança no sistema ou dificuldade de acesso, entre em contato conosco (gendigital@grupogen.com.br).

Sumário

1 RELATÓRIOS CONTÁBEIS: OBRIGAÇÕES E AUXÍLIO À GERÊNCIA 1

    1.1 Importância da tomada de decisão 1

        1.1.1 Tomada de decisão no âmbito interno da empresa 1

        1.1.2 Má gestão administrativa 3

        1.1.3 Tomada de decisão fora dos limites da empresa 3

        1.1.4 Função da contabilidade 4

        1.1.5 Contabilidade como linguagem universal dos negócios 4

    1.2 Demonstrações financeiras e relatórios contábeis 6

        1.2.1 Algumas definições básicas 6

        1.2.2 Relatórios contábeis obrigatórios 6

    1.3 Complementação às demonstrações financeiras 8

        1.3.1 Relatórios da administração 8

        1.3.2 Notas Explicativas 9

        1.3.3 Relatório de opinião do auditor independente 9

        1.3.4 Demonstração do Valor Adicionado – DVA (Balanço Social) 10

        1.3.5 Exemplo de demonstrações financeiras 12

    Exercícios propostos 25

2 BALANÇO PATRIMONIAL: UMA INTRODUÇÃO 29

    2.1 Introdução 29

    2.2 Representação gráfica 29

        2.2.1 Ativo 30

            2.2.1.1 Propriedade 31

            2.2.1.2 Valor objetivo (avaliável em dinheiro) 31

            2.2.1.3 Benefícios presentes ou futuros 33

        2.2.2 Passivo e Patrimônio Líquido 34

		2.2.2.1	Passivo exigível	34
		2.2.2.2	Patrimônio Líquido (PL)	34
	2.2.3		Origens e aplicações	35
	2.2.4		Explicação da expressão Balanço Patrimonial	36
	2.2.5		Requisitos do Balanço Patrimonial	37
Exercícios propostos				37

3 BALANÇO PATRIMONIAL: GRUPO DE CONTAS ... 41

3.1	Introdução			41
3.2	Conceito de curto e longo prazos e de circulante na contabilidade			42
3.3	Introdução didática			43
3.4	Grupos de contas do ativo			45
	3.4.1	Ativo Circulante		45
	3.4.2	Ativo não Circulante		46
		3.4.2.1	Ativo Realizável a Longo Prazo	46
		3.4.2.2	Investimentos	46
		3.4.2.3	Imobilizado	46
		3.4.2.4	Intangível	47
3.5	Grupos de contas do passivo			48
	3.5.1	Passivo Circulante		50
	3.5.2	Passivo não Circulante		50
		3.5.2.1	Exigível a Longo Prazo	51
	3.5.3	Patrimônio Líquido		51
3.6	Visão sintética do balanço			52
3.7	Ciclo operacional e prazos em contabilidade			53
Exercícios propostos				55

4 ALGUMAS DECISÕES EM RELAÇÃO AO BALANÇO PATRIMONIAL ... 59

4.1	Introdução			59
4.2	Importância do passivo			60
4.3	Situação financeira: ativo circulante × passivo circulante			62
	4.3.1	Capital Circulante Líquido (CCL)		62
4.4	Considerações sobre os bens do ativo imobilizado			63
4.5	Exemplo de tomada de decisão no balanço patrimonial			65
Exercícios propostos				68

5 DEMONSTRAÇÃO DE RESULTADO DO EXERCÍCIO (DRE) E DEMONS-TRAÇÃO DO RESULTADO ABRANGENTE (DRA) ... 73

5.1	Introdução		73
5.2	Demonstração dedutiva		74
5.3	Detalhes de informação da DRE		76
5.4	Receita líquida		78

5.5	Como apurar o lucro bruto	80
	5.5.1 Custo das vendas	81
5.6	Lucro operacional	82
	5.6.1 Despesas operacionais (operações continuadas)	82
	5.6.1.1 Despesas de vendas ou comerciais	82
	5.6.1.2 Despesas administrativas	82
	5.6.1.3 Despesas gerais	83
	5.6.1.4 Outras Receitas e Despesas Operacionais	83
	5.6.1.5 Resultado Financeiro	83
	5.6.1.5.1 Variações (cambiais) monetárias	84
5.7	Resultado antes dos tributos	85
	5.7.1 Como apurar o resultado do período depois dos tributos	85
	5.7.2 Lucro do Período Proveniente de Operações em Continuidade	86
	5.7.2.1 Método para o cálculo das obrigações tributárias	87
	5.7.3 Lucro Líquido depois das Operações Descontinuadas	89
	5.7.4 Lucro Líquido	90
5.8	Modelo ideal da DRE	92
5.9	Lucro líquido	93
	5.9.1 Lucro Líquido por Ação	94
5.10	Considerações Complementares	94
	5.10.1 Resultado Antes das Despesas e Receitas Financeiras	94
	5.10.2 Resultado Antes dos Tributos sobre o Lucro	94
	5.10.3 Resultado Líquido das Operações Continuadas	94
	5.10.4 Resultado Líquido do Período	94
	5.10.4.1 Resultado Líquido após os tributos das operações descontinuadas	95
	5.10.4.2 Resultado líquido de baixas de ativos e mensuração do valor justo	95
5.11	Considerações Finais	96
	5.11.1 Demonstração do Resultado Abrangente – DRA	96
	5.11.2 Abordagem de duas demonstrações	97
	5.11.2.1 Demonstração do Resultado do Exercício (DRE)	97
	5.11.2.2 Demonstração do Resultado Abrangente (DRE)	97
	5.11.3 Apresentação da DRA	98
	Exercícios propostos	98
6	**DEMONSTRAÇÃO DOS LUCROS OU PREJUÍZOS ACUMULADOS (DLPAc)**	103
6.1	O que fazer com o lucro?	103
6.2	Um instrumento de integração entre DRE e BP	104
6.3	Exemplo de demonstração dos lucros ou prejuízos acumulados	106
6.4	Ajustes de exercícios anteriores	106
6.5	Proposta da administração para destinação do lucro	107

6.6	Transferência do lucro líquido para reservas de lucros (De acordo com a lei nº 6.404/1976 das S.A.)	108
	6.6.1 Reserva Legal – Art. 193	108
	6.6.2 Reserva Estatutária – Art. 194	108
	6.6.3 Reserva para Contingência – Art. 195	109
	6.6.4 Reserva Orçamentária (reserva de lucros para expansão) – Art. 196	109
	6.6.5 Reserva de Lucros a Realizar	110
6.7	Dividendos – transferência de Lucro Líquido para dividendos – Art. 202	111
6.8	Demonstração dos Lucros ou Prejuízos Acumulados (DLPAc)	112
	Exercícios propostos	112

7 DEMONSTRAÇÃO DAS MUTAÇÕES DO PATRIMÔNIO LÍQUIDO (DMPL) 117

7.1	Aspectos gerais	117
7.2	DMPL com saldo zero na conta lucros acumulados	122
7.3	Estrutura da DMPL após a Lei nº 11.638/2007	124
	Exercícios propostos	127

8 DEMONSTRAÇÃO DOS FLUXOS DE CAIXA (DFC) 133

8.1	Formas de apuração de resultado – onde está o lucro financeiro?	133
	8.1.1 Regime de Competência	134
	8.1.2 Regime de Caixa	135
8.2	Fluxo de caixa	135
8.3	Principais transações que afetam o caixa	136
	8.3.1 Transações que aumentam o Caixa (Disponível)	137
	8.3.2 Transações que diminuem o Caixa (Disponível)	137
	8.3.3 Transações que não afetam o Caixa	137
8.4	Elaboração dos fluxos de caixa	138
8.5	Métodos de apresentação da demonstração dos fluxos de caixa	138
	8.5.1 Método Direto	138
	8.5.2 Método Indireto	139
8.6	Estruturação da demonstração dos fluxos de caixa	139
8.7	Relevância da demonstração dos fluxos de caixa	140
8.8	Técnica de elaboração da demonstração dos fluxos de caixa – Modelo Direto ...	141
8.9	Estruturação da demonstração dos fluxos de caixa – Modelo Direto	151
8.10	Técnica de elaboração da demonstração dos fluxos de caixa – Modelo Indireto...	152
	8.10.1 Técnicas para demonstrar as atividades operacionais	152
	8.10.2 Cálculo das atividades operacionais	153
8.11	Estruturação da demonstração dos fluxos de caixa – Modelo Indireto	154
	8.11.1 Modelo sugerido para a DFC – Indireto	154
	Exercícios propostos	156

Sumário   XVII

9   ANÁLISE DAS DEMONSTRAÇÕES FINANCEIRAS.. 161

9.1   Introdução.. 161

9.2   Um breve histórico.. 161

9.3   Demonstrações contábeis passíveis de análise e de preparação (Reclassificação) ... 162

9.4   Técnicas de análise das demonstrações.. 162

9.5   Análise horizontal das demonstrações financeiras.. 163

9.6   Cuidados na interpretação dos resultados da análise horizontal 163

9.7   Análise vertical das demonstrações financeiras... 163

9.8   Cálculo e interpretação de quocientes contábeis e financeiros..................... 164

     9.8.1   Introdução 164

     9.8.2   Quocientes de liquidez e endividamento.. 165

          9.8.2.1   Quocientes de liquidez.. 165

          9.8.2.2   Quocientes de endividamento (estrutura de capital)...... 169

     9.8.3   Quocientes de rotatividade... 170

     Exercícios propostos.. 174

10 QUOCIENTES DE RENTABILIDADE E OUTROS QUOCIENTES DE INTE-RESSE.. 181

10.1   Introdução... 181

10.2   Questões a serem apreciadas no cálculo da rentabilidade............................. 182

     10.2.1   Taxa de Retorno sobre Investimento (TRI) do ponto de vista da empresa 183

     10.2.2   Taxa de Retorno sobre Investimento (TRI) do ponto de vista dos proprietários 183

10.3   Rentabilidade da Empresa × Rentabilidade do Empresário (ROI x ROE)....... 184

10.4   Margem de Lucro sobre as Vendas 185

10.5   Giro do Ativo.. 186

10.6   Taxa de Retorno sobre o Investimento.. 187

10.7   Importância de detalhar a Taxa de Retorno em dois ou mais componentes ... 188

10.8   Retorno sobre o Patrimônio Líquido 189

10.9   Quociente de alavancagem financeira... 191

10.10   Outros quocientes de interesse... 191

10.11   Possibilidades de cálculo de quocientes.. 193

10.12   Comparações de quocientes 193

10.13   Como interpretar "em conjunto" os quocientes.. 194

10.14   Quadro-resumo de todos os principais quocientes a serem calculados.......... 195

10.15   Utilização do "termômetro da insolvência" na análise de crédito................ 196

     Exercícios propostos.. 198

11 CUSTOS.. 203

11.1   Custos e outras nomenclaturas 203

11.2   Diferença entre despesa e ativo (Investimento) 205

11.3   Diferença entre Ativo e Custo 206

11.4	Diferença entre Custo × Despesa × Perda		206
11.5	Custos de Produto e Despesas do Período		207
11.6	Separação de Custo e Despesa na Demonstração do Resultado do Exercício (DRE)		208
11.7	Diferença entre Custos de Período, Despesas e Deduções		208
11.8	Custos e Despesas conforme a Lei das S.A.		209
	11.8.1	Despesas de Vendas	209
	11.8.2	Despesas Administrativas	209
	11.8.3	Resultado Financeiro	210
11.9	Contabilidade de Custos		210
11.10	Sistema de produção		210
	Exercícios propostos		211

12 CÁLCULO DE CUSTOS 217

12.1	Dados para Cálculo de Custos	217
12.2	1º passo: separação de Custos Diretos e Indiretos	218
12.3	2º passo: cálculo do Custo da Matéria-Prima	219
12.4	3º passo: cálculo do Custo da Mão de Obra Direta (MOD)	221
12.5	4º Passo: distribuição dos Custos Indiretos de Fabricação (CIF)	223
12.6	5º PASSO: Cálculo do Custo Total	225
	Exercícios propostos	225

13 CUSTOS PARA DECISÃO 231

13.1	PONTO DE EQUILÍBRIO		231
	13.1.1	Introdução	231
	13.1.2	Relação custo/volume/lucro	231
	13.1.3	O caso de mão de obra direta	232
	13.1.4	Características dos custos fixos	233
	13.1.5	Ponto de equilíbrio contábil	233
	13.1.6	Do ponto de vista econômico e financeiro	234
	13.1.7	Fórmula do Ponto de Equilíbrio	235
	13.1.8	Outros conceitos de Ponto de Equilíbrio	236
13.2	Qual o melhor produto? Qual produto cortar?		238
	13.2.1	Conceitos básicos	238
	Exercícios propostos		244

14 CUSTOS PARA CONTROLE CUSTO-PADRÃO 251

14.1	Introdução	251
14.2	Ponto de contato importante entre orçamentos e custos-padrão	252
14.3	Natureza e tipos de padrão	254
14.4	São os padrões resultado de estudos científicos e de engenharia, de tempos, movimentos, rotinas etc.?	255
14.5	Apuração e análise de variações entre padrão e real	255

	14.5.1	Variações na receita (vendas)	256
	14.5.2	Variações de matéria-prima (MP)	257
	14.5.3	Outra forma de análise das variações	258
	14.5.4	Variação de mão de obra direta (MOD)	259
	14.5.5	Variações de custos indiretos de fabricação (CIF)	260
14.6	Ampliação de conceitos de custo para empresas de competitividade global	261
Exercícios propostos			262

15 ENTENDENDO O CICLO CONTÁBIL 267

15.1	Plano de contas		267
	15.1.1	Importância do Plano de Contas	268
	15.1.2	Plano de Contas e o usuário da contabilidade	269
	15.1.3	Plano de Contas Simplificado	269
15.2	Utilização do plano de contas na contabilidade e os lançamentos contábeis	274
	15.2.1	Vamos admitir a constituição de uma empresa	274
	15.2.2	Constituição do capital	274
	15.2.3	Aquisição de bens à vista	275
	15.2.4	Aquisição de bens a prazo	276
	15.2.5	Financiamento a longo prazo	277
	15.2.6	Aquisição de bens (metade a prazo + metade à vista)	277
15.3	Lançamentos contábeis		278
	15.3.1	Razonete	278
	15.3.2	Lançamentos nos razonetes	279
	15.3.3	Débito e crédito	280
	15.3.4	Saldo das contas	283
15.4	Balancete de verificação		284
	15.4.1	Método das partidas dobradas	284
	15.4.2	Balancete das partidas dobradas	285
	15.4.3	Balancete de várias colunas	286
15.5	Regras para conta de resultado: Receita/Despesa	287
	15.5.1	Contas de Resultado	288
	15.5.2	Apuração contábil do resultado	288
	15.5.3	Encerramento das contas de resultado	289
	15.5.4	Lançamentos de encerramento	289
	15.5.5	Exemplo de encerramento	289
15.6	Livros contábeis		291
	15.6.1	Razão	291
	15.6.2	Diário	292
15.7	Levantamento das Demonstrações Financeiras	295
Exercícios propostos			297

16 TÓPICOS ESPECIAIS DE CONTABILIDADE 303

16.1 Relatório da diretoria 303

16.2 Demonstração de Valor Adicionado (DVA) 304

16.2.1 Função social da empresa 304

16.2.2 A empresa e a formação do Produto Interno Bruto (PIB) 305

16.2.3 A DVA como fonte de informação para os usuários 305

16.2.4 O detalhamento da DVA 305

16.2.4.1 O detalhamento da formação da riqueza da DVA 306

16.2.4.2 O detalhamento da distribuição da riqueza da DVA 307

16.2.5 Modelo de DVA – Empresas em geral 308

16.2.6 Exemplo prático de DVA – Empresas pequeno e médio porte 310

16.2.7 Índices em que o Valor Adicionado serve como importante indicador 311

16.3 Notas Explicativas 312

16.3.1 Exemplo de notas explicativas – Empresa pequeno e médio porte .. 313

16.4 Características e Pressupostos Básicos – Elaboração Demonstrações Contábeis 315

16.4.1 Continuidade 315

16.4.2 Regime de Competência 315

16.4.3 Características qualitativas das Demonstrações Contábeis 316

16.4.4 Restrição de custo na elaboração e divulgação de relatório contábil-financeiro útil 316

Exercícios propostos 317

BIBLIOGRAFIA 323

GABARITO DOS EXERCÍCIOS PROPOSTOS 327

ÍNDICE ALFABÉTICO 331

1

Relatórios Contábeis: Obrigações e Auxílio à Gerência

1.1 IMPORTÂNCIA DA TOMADA DE DECISÃO

Frequentemente estamos tomando decisões do tipo: a que hora iremos levantar, que escola matricular os filhos, qual a viagem de férias, que carro comprar, decidir por qual rota de trânsito, que supermercado, qual trabalho desenvolveremos durante o dia, entre tantas outras.

Algumas vezes, são decisões importantíssimas: o casamento, a carreira que escolhemos, a aquisição de casa própria, aplicar em poupança, fundos de renda fixa ou variável, para exemplificar.

Evidentemente que estas decisões mais importantes requerem um cuidado maior, uma análise mais profunda sobre as informações disponíveis, sobre os critérios racionais, os impactos ocasionados pelas variáveis do mundo externo, e até mesmo o aspecto emocional íntimo, pois uma decisão importante, mal tomada, pode prejudicar toda uma vida. Planejar antecipadamente nossas decisões ajuda-nos a diminuir o risco de cometer erros.

1.1.1 Tomada de decisão no âmbito interno da empresa

Assim como na vida pessoal, se pensarmos em termos de empresa e os seus ambientes de relacionamentos internos e externos, a situação não é diferente. Frequentemente, os responsáveis pela administração estão tomando decisões, todas importantes, vitais para o sucesso do negócio. Por isso, há necessidade de dados, de informações corretas, de subsídios que contribuam para uma boa tomada de decisão. Decisões como comprar ou alugar uma máquina, definir preço de venda do produto, contrair uma dívida a longo ou curto prazos, que quantia de dívida deve ser contraída, que quantidade de itens para estoque deve ser comprada, produzir mais, quais produtos devem ser eliminados, reduzir custos de produção ou terceirizar a produção, entre outras tantas que impactam a vida da empresa em sua missão de se perpetuar.

A empresa é definida como um complexo sistema aberto, que se inter-relaciona com o ambiente externo, pois depende de clientes, fornecedores, empregados, sócios/acionistas, sindicatos e até mesmo das comunidades e do governo que de uma forma geral impactam diretamente o futuro das empresas.

A Contabilidade é o principal instrumento que subsidia os administradores e os gestores a tomar decisões. Aliás, ela coleta, registra, classifica e sintetiza todos os fatos econômicos ocorridos (passado), por exemplo, compra de mercadoria, matéria-prima, máquinas e equipamentos, pagamento de fornecedores, empregados e impostos, venda de mercadoria, de produtos e de serviços, mensurando-os monetariamente para transformá-los em informações demonstradas em relatórios financeiros (demonstrações contábeis), que possibilitaram a mensuração do Patrimônio e do resultado obtido em determinado período.

A Contabilidade é uma ciência que se baseia em princípios aplicados a todos os tipos de negócios, buscando apoio em diferentes áreas específicas, de forma padronizada, de modo que as informações de ganhos financeiros, prejuízos e grau de endividamento sejam facilmente lidas e interpretadas por todos os interessados.

Por exemplo, para uma empresa vender seus produtos (tipo de negócio), ela precisa (1) dos dados de cotação do dólar, taxa de juros etc., que são dados próprios da economia (área específica), (2) do planejamento das vendas, (3) do momento adequado para vender os tais produtos, e (4) para quem os vender, que são tomadas de decisão, próprias da administração (outra área específica).

Tanto José Carlos Marion como Sérgio de Iudícibus reforçam essa sintonia entre as diferentes áreas que auxiliam a Contabilidade durante a aplicação de seus princípios, em variados negócios.

Enquanto no livro *Contabilidade empresarial*, de Marion, 18ª edição, p. 4., é nos apresentado que "A Contabilidade é a linguagem dos negócios. Mede os resultados das empresas, avalia o desempenho dos negócios, dando diretrizes para tomadas de decisões", Iudícibus escreve, em seu livro *Teoria da contabilidade*, 10ª edição, p. 67, sobre a sintonia da Contabilidade com as áreas da Economia e da Administração "De certa forma, fazendo uma grande simplificação e analogia, a Economia planeja, a Administração executa e a Contabilidade controla..., os resultados das empresas, avalia o desempenho das transações comerciais, dando diretrizes para a tomada de decisões".

1.1.2 Má gestão administrativa

Observamos com certa frequência que várias empresas, principalmente as microempresas e as de pequeno porte, têm falido ou enfrentam sérios problemas de sobrevivência. Ouvimos empresários que criticam a carga tributária, os encargos sociais, a falta de recursos, os juros altos etc., fatores estes que, sem dúvida, contribuem para debilitar a empresa. Entretanto, descendo a fundo nas nossas investigações, constatamos que, muitas vezes, a "célula cancerosa" não repousa naquelas críticas, mas na *má gerência*, nas decisões tomadas sem respaldo, sem dados confiáveis, sem controle de fluxo de caixa, falta de processos e controles, de planejamento, e assim se perdem quando o assunto é administração financeira. Por fim observamos, uma Contabilidade que registra informações irreais, fúteis e distorcidas, que não servem para orientar o gestor e empresário a tomar decisão, em consequência de ter sido elaborada única e exclusivamente para atender às exigências fiscais.

Vivemos um momento em que "aplicar os recursos escassos disponíveis com a máxima eficiência" tornou-se, dadas as dificuldades econômicas (concorrência, novos modelos de negócios, internet etc.), uma tarefa nada fácil. A experiência e o *feeling* do administrador não são mais fatores decisivos e suficientes para manter empresa viva no mundo atual; exige-se um completo e complexo mapeamento de informações reais, que norteiem tais decisões. E essas informações estão contidas nos relatórios elaborados pela Contabilidade.

Ou seja, não se pode tomar decisões sobre produção, marketing, investimentos, financiamentos, custos etc. sem a Contabilidade.

1.1.3 Tomada de decisão fora dos limites da empresa

Obviamente, o processo decisório proveniente das informações apuradas pela Contabilidade não se restringe apenas aos limites da empresa, aos administradores e gerentes, mas também a outros segmentos, quais sejam:

Investidores: é por meio dos relatórios contábeis que se identifica a situação econômico-financeira da empresa; dessa forma, o investidor tem em mãos os elementos necessários para decidir sobre as melhores alternativas de investimentos. Os relatórios evidenciam a capacidade da empresa em gerar lucros e outras informações.

Fornecedores de bens e serviços a crédito: usam os relatórios para analisar a capacidade de pagamento da empresa compradora.

Bancos: utilizam os relatórios para aprovar empréstimos, limite de crédito etc.

Governo: não só usa os relatórios com a finalidade de arrecadação de impostos, como também para dados estatísticos, no sentido de melhor redimensionar a economia (IBGE, por exemplo).

Sindicatos: utilizam os relatórios para determinar a produtividade do setor, fator preponderante para reajuste de salários.

Outros interessados: funcionário (quer saber se a empresa tem condições de pagar seu salário ou não), órgãos de classes, pessoas e diversos institutos, como a Comissão de Valores Mobiliários (CVM), o Conselho Regional de Contabilidade (CRC), concorrentes etc.

1.1.4 Função da Contabilidade

De forma resumida, a Contabilidade pode ser definida como ciência que estuda, interpreta e registra os fenômenos que afetam o patrimônio de uma entidade, e como uma ciência social evolui acompanhando o desenvolvimento da sociedade, e como afirma Iudícibus (2010, p. 4) "a função fundamental da Contabilidade tem permanecido inalterada desde os primórdios".

A Contabilidade se aproveitou do avanço da tecnologia para captar os fatos contábeis e registrá-lo por meio de sistemas de informações que se interagem e se integram com informações do ambiente externo e interno para gerar e processar os fatos contábeis que são analisados e transformados em relatórios com informações mais seguras e tempestivas para a tomada de decisão. Marion (2010, p. 27) acrescenta que a Contabilidade pode ser definida como "sistema de informação destinado a prover seus usuários de dados para ajudá-los a tomar decisão".

Warren Buffet, empresário e investidor, uma das pessoas mais ricas dos Estados Unidos, afirma que a Contabilidade é a linguagem dos negócios, por fornecer informações precisas no que diz respeito às ações humanas dentro das empresas.

Figura 1.1 Sistema de Gestão de Informação – Finalidade da Contabilidade.

1.1.5 Contabilidade como linguagem universal dos negócios

Mais de 135 países já adotaram os padrões internacionais de Contabilidade denominados *International Financial Reporting Standards* (IFRS), como forma de tornar a Contabilidade uma linguagem universal na qual as demonstrações financeiras sejam publicadas seguindo uma mesma base de princípios. Dessa forma, torna-se possível comparar empresas com mesmo tipo de negócio e estrutura, possibilitando aos investidores dos mais diversos pontos do mundo escolher em que empresa investir.

Figura 1.2 Mapa dos países que adotaram o IFRS como padrão de Contabilidade.[1]

Na relação dos países que adotaram integralmente o IFRS destacam-se: Rússia, Arábia Saudita, Iraque, Mongólia, África do Sul, Nigéria, Libéria, Canadá, México e Bolívia. Aqueles que permitem que seja publicado em IFRS, destaque para os Estados Unidos e o Japão.

Países como China, Índia, Indonésia não adotaram nem permitem a publicação em IFRS.

Em 2005, o Conselho Federal de Contabilidade (CFC) criou pela Resolução n° 1.055 o Comitê de Pronunciamento Contábil (CPC), formado pelas entidades abaixo descritas cujo objetivo é o estudo, o preparo e a emissão de pronunciamentos técnicos sobre procedimentos de Contabilidade levando sempre em conta a convergência da Contabilidade brasileira aos padrões internacionais, primeiro passo para que ocorresse um ligeiro avanço na Contabilidade brasileira.

Comitê de Pronunciamento Contábil (CPC), composição:

- ABRASCA – Associação Brasileira das Companhias Abertas;
- APIMEC – Associação dos Analistas e Profissionais de Investimentos do Mercado de Capitais;
- BOVESPA – Bolsa de Valores de São Paulo;
- FIPECAFI – Fundação Instituto de Pesquisas Contábeis, Atuariais e Financeiras;
- IBRACON – Instituto dos Auditores Independentes do Brasil;
- CFC – Conselho Federal de Contabilidade.

---

[1] Disponível em: http://www.ifrs.org/use-around-the-world/use-of-ifrs-standards-by-jurisdiction/#1. Acesso em: 12 abr. 2022.

No entanto, foi mesmo a partir de 2008[2] que a Contabilidade no Brasil deu um grande salto, com a adoção dos padrões internacionais de Contabilidade, as IFRS, para elaboração das demonstrações financeiras, e sem a interferência de viés fiscal, da chamada "Contabilidade para o fisco". E em 2010,[3] o Conselho Federal de Contabilidade (CFC) foi definido por lei como a entidade com a prerrogativa de normatizar sobre os princípios contábeis, sem nenhuma necessidade de leis.

Portanto, a Contabilidade passa a ser elaborada considerando a essência dos fatos, e não mais a forma jurídica, com informações mais úteis para o seu principal usuário, o dono, sócio ou acionista, pois deixa de seguir regras e leis para se basear em princípios que evoluem à medida que a sociedade evolui orientada pelas Normas Contábeis editadas pelo CFC.

Espera-se que a adoção das normas internacionais de Contabilidade possa facilitar a captação de recursos de investidores nacionais e internacionais no mercado de capitais, como também facilitar o acesso aos créditos com juros menores nos bancos e financeiras com informações contábeis mais confiáveis.

1.2 DEMONSTRAÇÕES FINANCEIRAS E RELATÓRIOS CONTÁBEIS

1.2.1 Algumas definições básicas

Relatório contábil é a exposição resumida e ordenada de informações extraídas da Contabilidade, e objetiva relatar às pessoas, que se utilizam das informações contábeis, a posição financeira, o resultado do desempenho, bem como os principais fatos registrados por um determinado setor, unidade, filial, matriz, ou ainda o consolidado de várias empresas em determinado período. Também conhecidos como **informes contábeis**, distinguem-se em obrigatórios e não obrigatórios.

Os relatórios obrigatórios são aqueles exigidos por lei, sendo conhecidos como **demonstrações financeiras**. Para as sociedades anônimas e as limitadas de grande porte há exigência de publicação de uma gama maior de demonstrativos financeiros, e para as demais há exceções em virtude do valor de seu ativo ou faturamento.

Os relatórios contábeis não obrigatórios, evidentemente, são aqueles não exigidos por lei, o que não significa que sejam menos importantes. Há relatórios não obrigatórios imprescindíveis para a administração, por exemplo, a demonstração de origem e aplicação de recursos (DOAR), os relatórios de análises verticais e horizontais, de análises de retorno de capital, análises financeiras, entre outros.

1.2.2 Relatórios contábeis obrigatórios

Há dois tipos distintos de sociedades que se destacam no Brasil: as Sociedades por Quotas de Responsabilidade Limitada (Ltda.) e as Sociedades Anônimas (S.A.) ou Sociedades por Ações, também chamadas de companhias.

---

[2]   Lei nº 1.638/2007 – Adoção das normas internacionais de Contabilidade.

[3]   Lei nº 12.249/2010 – CFC – Regular acerca de princípios contábeis.

As sociedades anônimas (que devem publicar as Demonstrações Financeiras) são divididas em capital fechado e capital aberto.

A companhia fechada (Sociedade Anônima de Capital Fechado) é um tipo tradicional, normalmente restrito a pequenos grupos e capta recursos entre os próprios acionistas, não recorrendo ao público em geral.

A Sociedade Anônima de Capital Aberto (companhia aberta) é um tipo de sociedade cuja captação de recursos é realizada junto ao público, por meio dos pregões das bolsas de valores. Estas empresas estão sujeitas às normas expedidas pela Comissão de Valores Mobiliários (CVM). E serão obrigatoriamente auditadas por auditores independentes, registrados na mesma comissão (opinião de auditor).

As demonstrações financeiras serão assinadas pelos administradores e por contadores legalmente habilitados.

Para fins exclusivos da Lei nº 11.638/2007, são sociedades de grande porte aquelas sociedades (ou conjunto de sociedades sob controle comum) que atingiram no ano anterior saldos de ativo total[4] superior a R$ 240 milhões ou receita bruta (total de vendas) anual superior a R$ 300 milhões. Essas sociedades, ainda que não sejam anônimas, estão sujeitas à Lei das Sociedades por Ações quanto à escrituração e elaboração das Demonstrações Financeiras (incluir parecer de auditoria).

Há exigências específicas para as Companhias Abertas no que tange às Demonstrações Financeiras. Assim estas companhias deverão apresentar, ao fim de cada exercício social (ano), e a administração fará elaborar, com base na escrituração contábil, as seguintes Demonstrações Financeiras (Contábeis):

- Balanço Patrimonial (BP);
- Demonstração do Resultado do Exercício (DRE);
- Demonstração dos Lucros e Prejuízos Acumulados (DLPAc);
- Demonstração dos Fluxos de Caixa (DFC);
- Demonstração do Valor Adicionado (DVA) – apenas para Sociedade Anônima de Capital Aberto.

A Demonstração das Mutações do Patrimônio Líquido (DMPL) substituirá a Demonstração dos Lucros ou Prejuízos Acumulados (DLPAc) nas Sociedades Anônimas de Capital Aberto.

As companhias fechadas que tenham o Patrimônio Líquido[5] inferior a 2 milhões de reais, na data do balanço, não serão obrigadas a elaborar e publicar a Demonstração dos Fluxos de Caixa.

Outro aspecto relevante, para efeito de comparabilidade, é que as demonstrações financeiras de cada exercício devem ser publicadas com a indicação dos valores correspondentes

---

[4]   O conceito de Ativo é tratado no Capítulo 2 deste livro.

[5]   O conceito de Patrimônio Líquido será visto nos Capítulos 2 e 3 deste livro.

das demonstrações do exercício anterior. Poderão, ainda, ser publicadas adotando-se como expressão monetária o "milhar" de real (desconsiderando os três últimos dígitos e os centavos).

Além das demonstrações relacionadas, há as **Notas Explicativas**, que são partes integrantes das demonstrações financeiras que as complementam. São informações adicionais publicadas logo em seguida às demonstrações financeiras, servindo para esclarecimento da situação patrimonial e dos resultados do exercício.

1.3 COMPLEMENTAÇÃO ÀS DEMONSTRAÇÕES FINANCEIRAS

Com a publicação das Demonstrações Financeiras, as *Sociedades Anônimas e as Limitadas de Grande Porte* deverão informar aos usuários desses relatórios os dados adicionais seguintes.

1.3.1 Relatórios da administração

Após a identificação da empresa, na publicação das Demonstrações Financeiras, destaca-se, em primeiro plano, o Relatório da Administração, em que a diretoria dará ênfase às informações normalmente de caráter não financeiro (não monetário). As principais informações são:

- dados estatísticos diversos;
- indicadores de produtividade;
- desenvolvimento tecnológico;
- a empresa no contexto socioeconômico;
- políticas diversas: recursos humanos, exportação etc.;
- expectativas com relação ao futuro;
- dados do orçamento de capital;
- projetos de expansão;
- desempenho em relação aos concorrentes etc.

Essas informações são imprescindíveis para que o usuário possa tomar conhecimento sobre os planejamentos estratégicos da empresa, visão de futuro, informações adicionais sobre o ambiente externo e interno que impactaram ou poderão impactar o seu desempenho financeiro. Destaca-se que critérios como objetividade, clareza e fidedignidade na divulgação dessas informações são essenciais para evitar que o usuário seja sugestionado a tomar decisões erradas.

Os administradores da companhia aberta são obrigados a comunicar imediatamente à Bolsa de Valores e a divulgar pela imprensa qualquer deliberação da assembleia geral ou dos órgãos de administração da companhia, ou qualquer outro fato relevante ocorrido em seus negócios, que possa influir de modo ponderável na decisão dos investidores e o mercado de vender ou comprar valores mobiliários emitidos pela companhia.

1.3.2 Notas Explicativas

As Notas Explicativas são relatórios complementares que devem ser utilizados para enriquecer, evidenciar, destacar as informações que não podem ser apresentadas no corpo dos demonstrativos contábeis, e caso feito diminuiria sua clareza e objetividade. A legislação e a norma contábil estabelecem que as empresas devem informar como Nota Explicativa, pelo menos:

a) os principais critérios de avaliação dos elementos patrimoniais, especialmente estoques, dos cálculos de depreciação, amortização e exaustão, de constituição de provisões para encargos ou riscos e dos ajustes para atender às perdas prováveis na realização de elementos ativos;

b) os investimentos em outras sociedades, quando estes forem relevantes;

c) o aumento de valor de elementos do ativo resultantes de novas avaliações;

d) os ônus reais constituídos sobre elementos do ativo, as garantias prestadas a terceiros e outras responsabilidades eventuais ou contingentes;

e) a taxa de juros, as datas de vencimento e as garantias das obrigações a longo prazo;

f) as opções de compras de ações outorgadas e exercidas no exercício;

g) o número, as espécies e as classes das ações de capital social;

h) os ajustes de exercícios anteriores;

i) eventos subsequentes à data de encerramento do exercício que tenham, ou possam vir a ter efeito relevante sobre a situação financeira e sobre os resultados futuros da companhia.

O CPC 26 (R1), aprovado pelo CFC como Norma Brasileira de Contabilidade (NBC TG 26), em seus itens 77 a 80A, do mesmo modo disciplinam as informações mínimas que devem constar das Notas Explicativas.

1.3.3 Relatório de opinião do auditor independente

De maneira geral, as companhias abertas, as empresas de grande porte (definido no item 1.2.2), as instituições financeiras e alguns outros casos específicos estão obrigados a publicar as Demonstrações com o relatório de opinião do auditor independente.

Trata-se de opinião de auditor independente (externo), que difere do auditor interno, pois este último é empregado da empresa enquanto o primeiro não possui nenhum tipo de vínculo com a empresa ou entidade auditada, tendo, assim total independência para manifestar sua opinião.

A auditoria pode ser feita por pessoa física (contador credenciado) ou por empresa de auditoria (escritório). A opinião dada por empresa de auditoria normalmente é mais confiável, principalmente porque há a preocupação com o prestígio da firma, muitas vezes representada em diversos países.

Para maior segurança do usuário da Contabilidade, as empresas auditadas apresentam relatório de opinião do auditor, no qual ele expressa ter efetuado um exame nas Demonstrações Financeiras de acordo com as normas brasileiras e internacionais de Contabilidade.

O auditor emite sua opinião informando se as Demonstrações Financeiras representam adequadamente a situação patrimonial e a posição financeira na data do exame. Informa se as Demonstrações Financeiras foram levantadas de acordo com os Princípios Fundamentais de Contabilidade e se há uniformidade em relação ao exercício anterior.

Muitas vezes, ocorre que informações contidas nos comentários do auditor já constam de Notas Explicativas. Esta dupla evidenciação dá maior segurança para o usuário das Demonstrações Financeiras.

1.3.4 Demonstração do Valor Adicionado – DVA (Balanço Social)

A Demonstração de Valor Adicionado (DVA), conforme redação dada pela Lei de nº 11.638/2007, representa um dos elementos componentes do Balanço Social e evidencia o valor da riqueza gerada pela companhia, e sua distribuição entre os elementos que contribuíram para geração dessa riqueza, tais como empregados, financiadores, acionistas, governo e outros, bem como a parcela não distribuída, durante determinado período.

Permite identificar o perfil social das empresas: relações de trabalho dentro da empresa (empregados: quantidade, sexo, escolaridade, encargos sociais, gastos com alimentação, educação e saúde do trabalhador, previdência privada); tributos pagos; investimentos para a comunidade (em cultura, esportes, habitação, saúde pública, saneamento, assistência social...); investimentos no meio ambiente etc. Dentro da ideia de Balanço Social, o item que mais se destaca é o valor agregado (valor adicionado).

Muito comum nos países da Europa Ocidental, o Valor Adicionado ou Valor Agregado procura evidenciar para quem e quanto a empresa está distribuindo da renda obtida; ou, ainda, admitindo que a renda gerada pela atividade da empresa fosse uma pizza, para quem e de qual tamanho estão sendo distribuídas as fatias desta.

No Brasil, a partir da alteração da Lei de nº 6.404/1976, art. 176, inciso V, que colocada em prática pela Lei de nº 11.638/2007 tornou-se obrigatória a apresentação dessa demonstração somente para as sociedades por ações de capital aberto, muito embora o CFC incentive a elaboração para todas as empresas, independentemente de porte.

Basicamente, a Demonstração do Valor Adicionado é elaborada a partir das vendas que, subtraídas todas as *compras de bens e serviços*, resultam num montante de recursos que a empresa gera para remunerar salários, juros, impostos e reinvestir em seu negócio. Estes recursos financeiros gerados levam-nos a contemplar o montante de valor que a empresa está agregando (adicionando como consequência de sua atividade).

Tem grande utilidade na sociedade, principalmente, à comunidade onde está situada a empresa, suas informações de natureza social, ligada aos trabalhadores, bem como pode ser utilizado, por exemplo, imagine a prefeitura de uma cidade decidir sobre receber ou não determinada empresa em seu município. Para essa avaliação a prefeitura precisa responder a seguinte pergunta: quanto essa empresa vai agregar em renda para a região?

Em função dessa empresa, se relevante, o orçamento do município será acrescido, pois terá que investir em infraestrutura e em sua manutenção em função de uma nova demanda.

Admita-se que a prefeitura terá gastos adicionais anuais na área de ensino, saúde, segurança, ambiente (despoluição de rio e outros) no total de $ 250, tudo em decorrência da instalação da nova empresa.

Para melhor análise ela solicita uma Demonstração do Valor Adicionado da empresa, que mostra o seguinte:

Demonstrativo do Valor Adicionado	Ano 2	%	Ano 1	%
Vendas	5.000	–	5.000	–
(–) Compras de Bens/Serviços	(2.000)	–	(2.500)	–
Valor Adicionado	3.000	100	2.500	100
Distribuição Valor Adicionado				
Salários				
Pessoal de Fábrica	510	17	500	20
Pessoal Administrativo	480	16	400	16
		33		36
Diretoria/Acionistas				
Pró-labore (honorários Dir.)	1.050	32	800	32
Dividendos	350	12	250	10
		47		42
Juros	90	3	150	6
Impostos				
Municipal	30	1	25	1
Estadual	60	2	50	2
Federal	90	3	75	3
		6		6
Reinvestimento (Valor retido na empresa)	270	9	200	8
Outros	60	2	50	2

Na Demonstração do Valor Adicionado, observa-se que o item *Impostos* permanece inalterado, o que propicia uma boa análise para a prefeitura. Todavia, o valor do imposto recolhido ao município é muito baixo, contando com a parte do ICMS que o estado reverterá para o município.

Admitindo-se que os diretores/acionistas não moram na cidade e que os juros não se reverterão em favor do município, o que se agregará ao fluxo de renda do município será o item *Salário*.

Com estes dados caberia analisar se o pequeno imposto para o município e o acréscimo no fluxo de renda em salário de pessoas que residirão na região (gerando mais negócios, mais arrecadação) compensarão o acréscimo no orçamento, e o benefício da vinda da empresa seria viável.

Imagine ainda o presidente do sindicato analisando a "distribuição do bolo" que aumentou em 20% do *ano 1* para o *ano 2* (de $ 2.500 para $ 3.000). Certamente, ele não ficaria calado diante de uma redução da fatia do bolo para seus afiliados (salário de fábrica caiu de 20 para 17%). Poderia ficar irritado ao ver que a fatia do bolo aumentou consideravelmente para os diretores/acionistas. Seria um bom motivo para uma greve?

1.3.5 Exemplo de demonstrações financeiras

1. Balanço Patrimonial

BRASIL QUE QUEREMOS – COMÉRCIO DE VEÍCULOS LTDA. CNPJ: XX.510.XXX/0001-38 DEMONSTRAÇÕES FINANCEIRAS EM MILHARES DE REAIS		
BALANÇO PATRIMONIAL ENCERRADO EM	**20x2**	**20x1**
ATIVO		
ATIVO CIRCULANTE	**13.580.608**	**10.440.000**
DISPONIBILIDADES	**1.452.401**	**141.005**
Caixa	139	5.655
Banco	1.452.262	135.350
CRÉDITOS	**3.281.266**	**2.673.410**
Duplicatas a Receber	2.490.752	1.630.557
Cartões de Crédito	607.003	559.343
(–) Cartão de Crédito Antecipação	–	–
Carteira de Cheques	46.066	115.590
(–) Provisão para Créditos de Liquidação Duvidosa – PCLD	(16.758)	(10.357)
Adiantamento a Fornecedores	120.000	–
Adiantamentos Diversos	–	179.595
Créditos de Funcionários e Dirigentes	23.352	28.115
Impostos a Recuperar	10.851	170.567
ESTOQUES	**8.846.424**	**7.623.855**
Veículos Novos	5.862.760	3.657.004
Veículos Usados	2.436.077	3.232.100
Peças e Acessórios	586.960	842.710
(–) Provisão para créditos de liquidação duvidosa – PCLD	(39.373)	(107.960)
DESPESAS ANTECIPADAS	**517**	**1.729**
Prêmios de Seguro a Vencer	–	–
Encargos Financeiros	517	1.729

Cap. 1 • Relatórios Contábeis: Obrigações e Auxílio à Gerência

BRASIL QUE QUEREMOS – COMÉRCIO DE VEÍCULOS LTDA. CNPJ: XX.510.XXX/0001-38 DEMONSTRAÇÕES FINANCEIRAS EM MILHARES DE REAIS		
BALANÇO PATRIMONIAL ENCERRADO EM	**20x2**	**20x1**
ATIVO NÃO CIRCULANTE	**4.164.070**	**4.604.069**
REALIZÁVEL A LONGO PRAZO	**1.024.398**	**2.861.225**
Crédito com Empresas Ligadas	1.003.398	2.818.958
Ativos Fiscais Diferidos	20.730	42.267
Depósitos Judiciais	–	–
INVESTIMENTO	–	–
IMOBILIZADO	**3.139.941**	**1.742.844**
Máquinas e Equipamentos	358.693	358.693
Ferramental	182.781	181.038
Equipamentos e Processamento de Dados	103.975	85.773
Móveis e Utensílios	748.727	748.297
Veículos	2.750.013	1.037.432
(–) Depreciação/Amortização Acumulada	(1.004.247)	(668.389)
TOTAL DO ATIVO	**17.744.677**	**15.044.069**

BRASIL QUE QUEREMOS – COMÉRCIO DE VEÍCULOS LTDA. CNPJ: XX.510.XXX/0001-38 DEMONSTRAÇÕES FINANCEIRAS EM MILHARES DE REAIS		
BALANÇO PATRIMONIAL ENCERRADO EM	**20x2**	**20x1**
PASSIVO		
PASSIVO CIRCULANTE	**6.152.770**	**3.606.250**
Fornecedores	4.707.142	2.572.538
Obrigações Fiscais	382.623	64.029
Obrigações Sociais	298.465	246.314
Adiantamento de Clientes	739.147	696.918
Instituições Financeiras – Finame	23.941	24.651
Provisão para Contingência	1.452	1.800
PASSIVO NÃO CIRCULANTE	**7.096.199**	**8.013.841**
EXIGÍVEL A LONGO PRAZO	**7.096.199**	**8.013.841**
Credores por Financiamento a Pagar	7.088.912	7.981.821
Instituições Financeiras – Finame	3.899	27.819
Outras Obrigações	–	–
Provisão para Contingência	3.388	4.200

BRASIL QUE QUEREMOS – COMÉRCIO DE VEÍCULOS LTDA. CNPJ: XX.510.XXX/0001-38 DEMONSTRAÇÕES FINANCEIRAS EM MILHARES DE REAIS		
BALANÇO PATRIMONIAL ENCERRADO EM	20x2	20x1
PATRIMÔNIO LÍQUIDO	**4.495.709**	**3.423.978**
Capital Social	1.500.000	1.500.000
Reserva de Lucros	1.923.978	1.441.249
Lucro do exercício	1.071.731	482.728
TOTAL DO PASSIVO	**17.744.677**	**15.044.069**

2. Demonstração do Resultado do Exercício (DRE)

BRASIL QUE QUEREMOS – COMÉRCIO DE VEÍCULOS LTDA. CNPJ: XX.510.XXX/0001-38 DEMONSTRAÇÕES FINANCEIRAS EM MILHARES DE REAIS		
Demonstração do Resultado do Exercício encerrado em 31 de dezembro de	**20x2**	**20x1**
RECEITA BRUTA OPERACIONAL	**55.875.127**	**63.572.816**
Receita com revenda de veículos novos	33.607.024	46.373.357
Receita com revendas de veículos seminovos	14.172.550	10.646.996
Receita com revenda de peças	4.454.707	3.741.330
Receita com prestação de serviços	3.640.847	2.811.132
(–) DEDUÇÕES DA RECEITA BRUTA	**(1.739.985)**	**(989.167)**
Impostos estaduais	(126.183)	(93.558)
Impostos federais	(458.643)	(412.897)
Impostos municipais	(81.769)	(72.852)
Devoluções e abatimentos	(1.073.389)	(409.860)
(=) RECEITA OPERACIONAL LÍQUIDA	**54.135.142**	**62.583.649**
(–) CUSTOS	**(48.482.552)**	**(58.891.125)**
Custo de veículos novos	(32.934.364)	(44.070.565)
Custo de veículos seminovos	(12.100.993)	(10.173.742)
Custo de peças e acessórios	(2.868.735)	(2.284.322)
Custo de serviços	(578.459)	(362.495)
(=) LUCRO BRUTO	**54.135.142**	**5.692.525**

BRASIL QUE QUEREMOS – COMÉRCIO DE VEÍCULOS LTDA. CNPJ: XX.510.XXX/0001-38 DEMONSTRAÇÕES FINANCEIRAS EM MILHARES DE REAIS		
Demonstração do Resultado do Exercício encerrado em 31 de dezembro de	**20x2**	**20x1**
(–) DESPESAS OPERACIONAIS	**(4.107.226)**	**(5.031.827)**
Despesas com pessoal comercial	(2.036.852)	(2.056.667)
Despesas com vendas	(416.685)	(569.944)
Despesas gerais	(439.808)	(214.409)
Despesas com serviços contratados	(189.205)	(438.548)
Ocupação	(390.109)	(516.795)
Despesas com depreciação/amortização	(592.036)	(436.729)
Utilidades e serviços	(270.761)	(318.434)
Impostos e taxas	(192.482)	(308.659)
Despesa com provisão para perdas	(32.761)	(3.400)
Recuperação de despesas	461.902	54.384
Despesas irredutíveis	(9.429)	(222.627)
RESULTADO FINANCEIRO LÍQUIDO	**(424.191)**	**(324.369)**
Despesas financeiras	(456.280)	(417.989)
Receitas financeiras	32.089	93.620
(=) LUCRO OPERACIONAL LÍQUIDO	**1.121.174**	**336.328**
(+/–) OUTRAS RECEITAS E DESPESAS OPERACIONAIS	**260.997**	**338.359**
Ganhos e perdas com alienação de imobilizado	260.997	338.359
(=) LUCRO ANTES DO IR (LAIR)	**1.382.171**	**674.687**
(–) PROVISÃO PARA IMPOSTOS	**(310.440)**	**(191.959)**
Provisão para diferimentos ativo fiscal IRPJ e CSLL		
Impostos de renda diferido	-	21.298
CSLL diferido	-	7.667
Provisão para imposto de renda	(221.912)	(156.091)
Provisão para contribuição social	(88.528)	(64.833)
(=) LUCRO DEPOIS DO IR/CSLL	**1.071.731**	**482.728**
(=) LUCRO DO EXERCÍCIO	**1.107.731**	**482.728**

3. Demonstração do Fluxo de Caixa (DFC)

BRASIL QUE QUEREMOS – COMÉRCIO DE VEÍCULOS LTDA. CNPJ: XX.510.XXX/0001-88 DEMONSTRAÇÕES FINANCEIRAS EM MILHARES DE REAIS		
DEMONSTRAÇÃO DOS FLUXOS DE CAIXA (DFC)		
Exercícios findos em 31 de dezembro	20x2	20x1
1 – ATIVIDADES OPERACIONAIS		
Lucro líquido	**1.071.731**	**482.728**
Depreciação/Amortizações	592.036	436.729
Provisão para contingência	(1.160)	(10.000)
Ajuste de exercícios anteriores		
Aumento/diminuição do ativo diferido	-	-
Diminuição/aumento em contas a receber	(831.929)	(531.725)
Aumento/diminuição em impostos a recuperar	181.253	(196.132)
Aumento/diminuição em créditos diversos		
Aumento/diminuição em adiantamentos diversos	64.358	62.732
Aumento/diminuição em estoques	(1.222.269)	1.079.751
Aumento/diminuição em depósitos judiciais	-	
Aumento/diminuição em despesas de exercícios seguintes	1.212	6.642
Aumento/diminuição em adiantamento de clientes	42.229	(151.347)
Aumento/diminuição em fornecedores	2.134.604	(2.417.020)
Aumento/diminuição em contas a pagar	(24.631)	52.471
Diminuição/aumento em obrigações sociais e trabalhistas	52.151	39.273
Diminuição/aumento em obrigações tributárias	318.594	(81.207)
Diminuição/aumento partes relacionadas		
Diminuição/aumento do *floor plan*		
Aumento/diminuição outros débitos/créditos		
Caixa líquido consumido nas atividades operacionais	**2.377.879**	**(1.227.105)**
2 – ATIVIDADES DE INVESTIMENTO		
Aquisições de bens no imobilizado	(1.989.134)	481.574
Caixa líquido gerado nas atividades de investimento	**(1.989.134)**	**481.574**
3 – ATIVIDADES DE FINANCIAMENTO		
Diminuição/aumento de empréstimos empresas ligadas	922.651	119.451
Distribuição de resultado	-	-
Caixa líquido gerado nas atividades de financiamento	**922.651**	**119.451**

BRASIL QUE QUEREMOS – COMÉRCIO DE VEÍCULOS LTDA. CNPJ: XX.510.XXX/0001-88 DEMONSTRAÇÕES FINANCEIRAS EM MILHARES DE REAIS		
DEMONSTRAÇÃO DOS FLUXOS DE CAIXA (DFC)		
Exercícios findos em 31 de dezembro	**20x2**	**20x1**
(=) (1+2+3) Diminuição líquida do caixa equivalente de caixa	**1.311.396**	**(626.081)**
Saldo de disponibilidades no início do exercício	141.005	767.086
Saldo de disponibilidade no final do exercício	1.452.401	141.005
Diminuição líquida do caixa e equivalentes de caixa	**1.311.396**	**(626.081)**

4. Demonstração das Mutações do Patrimônio Líquido (DMPL) e Demonstração de Lucros e Perdas Acumuladas (DLPA)

BRASIL QUE QUEREMOS – COMÉRCIO DE VEÍCULOS LTDA. CNPJ: XX.510.XXX/0001-88 DEMONSTRAÇÕES FINANCEIRAS EM MILHARES DE REAIS			
DEMONSTRAÇÃO DAS MUTAÇÕES DO PATRIMÔNIO LÍQUIDO – DMPL Em 31 de dezembro de 20x2			
	Capital	**Lucros**	**Lucros distribuídos**	**Saldo atual**
Saldo em 31 de dezembro de 20x1	**1.500.000**	**1.923.978**	**-**	**3.423.978**
Aumento de capital	-	-	-	-
Lucro do exercício	-	1.071.731	-	1.071.731
Ajuste de exercícios anteriores	-	-	-	-
Distribuição de lucros	-	-	-	-
Saldo em 31 de dezembro de 20x2	**1.500.000**	**2.995.709**	**-**	**4.495.709**

DEMONSTRAÇÃO DE LUCROS OU PREJUÍZOS ACUMULADOS – DLPA Em 31 de dezembro de 20x2 EM REAIS	
Saldo de lucros acumulados em 31 de dezembro de 20x1	1.923.978
Lucro do exercício	1.071.731
Saldo de lucro	**2.995.709**
(–) Acréscimo pelo saldo da Incorporação no PL da empresa	
(–) Destinação do lucro	
(–) Lucros distribuídos	-
Saldo de lucros acumulados em 31 de dezembro de 20x2	2.995.709

5. Demonstração do Valor Adicionado (DVA)

BRASIL QUE QUEREMOS - COMÉRCIO DE VEÍCULOS LTDA. CNPJ: XX.510.XXX/0001-88 DEMONSTRAÇÕES FINANCEIRAS EM MILHARES DE REAIS		
DEMONSTRAÇÃO DO VALOR ADICIONADO - DVA	20x2	20x2
PARTE A		
1 – RECEITAS	55.062.735	63.501.315
1.1 – Vendas mercadorias, serviços e ou produtos	54.081.738	63.162.956
1.2 – Outras receitas operacionais	260.997	338.359
1.3 – Receitas relativas à construção de ativo próprio	-	-
1.4 – Provisão para crédito de liquidação duvidosa – reversão	-	-
2 – INSUMOS ADQUIRIDOS DE TERCEIROS E CUSTOS OPERA-CIONAIS	(50.055.783)	(59.445.343)
2.1 – Custo de produtos, das mercadorias e dos serviços	(48.482.552)	(56.891.125)
2.2 – Materiais, energia, serviços de terceiros e outras	(1.541.470)	(2.550.818)
2.3 – Perdas/recuperação de valores ativos	(31.761)	(3.400)
Outras (especificar)	-	-
3 – VALOR ADICIONADO BRUTO (1-2)	5.006.952	4.005.972
4 – DEPRECIAÇÃO, AMORTIZAÇÃO E EXAUSTÃO	(592.036)	(436.729)
5 – VALOR ADICIONADO LÍQUIDO PRODUZIDO PELA ENTIDA-DE (3-4)	4.414.916	3.619.243
6 – VALOR ADICIONADO RECEBIDO EM TRANSFERÊNCIA	32.089	93.620
6.1 – Resultado de equivalência patrimonial/dividendos	-	-
6.2 – Receitas financeiras (juros ativos, rendimentos...)	32.089	93.620
6.3 – Outras (doações)	-	-
7 – VALOR ADICIONADO TOTAL A DISTRIBUIR (5+6)	4.447.005	3.712.683
PARTE B		
8 – DISTRIBUIÇÃO DO VALOR ADICIONADO	(4.447.005)	(3.712.863)
8.1 – Pessoal	(1.729.268)	(1.740.167)
8.1.1 – Remuneração direta (salários, 13º, férias, comissões...)	(1.481.576)	(1.480.641)
8.1.2 – Benefícios (assistência médica, alimentação, planos...)	(156.404)	(169.194)
8.1.3 – FGTS (dos funcionários)	(91.289)	(90.331)
8.2 – Impostos, taxas e contribuições	(977.035)	(800.231)
8.2.1 – Federais	(769.083)	(633.821)
8.2.2 – Estaduais	(126.183)	(93.558)
8.2.3 – Municipais	(81.769)	(72.852)

BRASIL QUE QUEREMOS - COMÉRCIO DE VEÍCULOS LTDA. CNPJ: XX.510.XXX/0001-88 DEMONSTRAÇÕES FINANCEIRAS EM MILHARES DE REAIS		
DEMONSTRAÇÃO DO VALOR ADICIONADO - DVA	20x2	20x2
8.3 – Remuneração de capitais de terceiros	**(407.792)**	**(485.709)**
8.3.1 – Juros	(199.481)	(234.164)
8.3.2 – Aluguéis (*leasing*)	(208.311)	(251.545)
8.3.3 – Outras	-	-
8.4 – Remuneração de capital próprio	**(1.328.529)**	**(666.554)**
8.4.1 – Juros sobre o capital próprio	(256.798)	(183.825)
8.4.2 – Dividendos/lucros distribuídos	-	-
8.4.3 – Lucros retidos/prejuízos do exercício	(1.071.731)	(482.728)
8.4.4 – Participações dos não controladores		
8.5 – Projetos sociais	**(4.380)**	**(20.204)**
8.5.1 – Instituto Brasil Apoio Cultura	(4.380)	(20.204)

6. Notas Explicativas

NOTAS EXPLICATIVAS ÀS DEMONSTRAÇÕES CONTÁBEIS
DE 31 DE DEZEMBRO DE 20x2

NOTA 1 – CONTEXTO OPERACIONAL

A empresa BRASIL QUE QUEREMOS – COMÉRCIO DE VEÍCULOS LTDA., tem por objeto social ...., com sede na Cidade de ...., no Estado de ....

NOTA 2 – APRESENTAÇÃO DAS DEMONSTRAÇÕES CONTÁBEIS

As demonstrações contábeis foram elaboradas em observância aos Princípios Fundamentais de Contabilidade e estão sendo apresentadas em reais de forma comparativa com as demonstrações do exercício anterior.

NOTA 3 – PRINCIPAIS PRÁTICAS CONTÁBEIS

Entre os principais procedimentos adotados para a preparação das demonstrações contábeis ressaltamos:

a) Apuração do Resultado

As receitas, despesas e provisões são escrituradas pelo regime de competência, observando-se o critério *pro rata dia*.

Ativos circulantes e não circulantes

b) Contas a Receber

Representam os saldos das operações com clientes, dividido em Duplicatas a receber e Cartões de Créditos e Cheques a receber, controladas por sistema próprio de cobrança, conciliados diariamente pelo setor financeiro;

c) A provisão para créditos de liquidação duvidosa – PECLD

É calculada com base na experiência da administração com perdas em anos anteriores, condições de mercado e situação econômica, política interna e de acordo com a legislação do Imposto de renda.

d) Estoques

São demonstrados pelo custo médio de aquisição, inferiores, respectivamente, ao custo de reposição e ao valor de realização.

Periodicamente são analisados os estoques obsoletos e de baixo giro, a Administração faz julgamentos, estimativas e premissas e dentro de critérios são feitas as estimativas e reconhecido em resultado as estimativas para perdas com estoques, sendo registrado em conta retificadora do estoque.

e) Adiantamento a fornecedores e a empregados

Estão demonstrados pelo valor nominal do desembolso, sendo prática usual o adiantamento a fornecedores devido à logística e prazos de entrega das mercadorias.

f) Despesas antecipadas

Referem-se às despesas de prêmios de seguros que estão demonstradas pelos valores despendidos, deduzidas das parcelas apropriadas até a data do balanço pelo critério *pro rata temporis*.

g) Imobilizado

Está demonstrado ao custo de aquisição, ajustado por depreciações acumuladas, calculadas pelo método linear, às taxas estabelecidas em função do tempo de vida útil, fixado por espécie de bens, conforme segue:

Móveis e Utensílios	10 % a.a.
Sistema de Comunicação	10 % a.a.
Equipamentos de Processamento de Dados	20 % a.a.
Veículos	20 % a.a.

Passivo Circulante e Não Circulante

h) Fornecedores, obrigações tributárias e as obrigações trabalhistas e previdenciárias

Estão demonstradas pelos valores conhecidos ou calculáveis, acrescidos, quando aplicáveis, das correspondentes atualizações incorridas.

i) Imposto de Renda e Contribuição Social sobre o Lucro

A empresa apurou o IRPJ e CSLL pelo regime de Lucro .... no exercício de 20x2 e demonstrou o valor de R$ XXX.XXX (milhar de reais) entre IRPJ e CSLL.

NOTA 4 – CONTAS A RECEBER

Composição do saldo:

NOTA 5 – ESTOQUES

Composição do saldo:

NOTA 6 – IMOBILIZADO

Está assim composto:

NOTA 7 – CAPITAL SOCIAL

Pertence inteiramente a quotistas domiciliados no País, está composto por ...... quotas e no valor nominal de R$ ..... cada uma, totalizando o valor de R$ ....

NOTA 8 – LUCRO DO EXERCÍCIO

Lucro líquido do Exercício de 20x2 R$ ....

Lucro do Exercício a Destinar pela administração em assembleia R$ ....

7. Exemplo de Relatório Gerencial não obrigatório.

BRASIL QUE QUEREMOS - COMÉRCIO DE VEÍCULOS LTDA. CNPJ: XX.510.XXX/0001-88 RELATÓRIOS GERENCIAIS E DE ÍNDICES ANÁLISES DE DESEMPENHO					
	20x2	20x1		20x2	20x1
Ativo circulante	**13.580.608**	**10.440.000**	**Passivo Circulante**	**6.152.770**	**3.606.250**
Disponibilidade	1.452.401	141.005	Fornecedores	4.707.142	2.572.538
Recebíveis	3.127.062	2.295.134	Obrigações fiscais	382.623	64.029

BRASIL QUE QUEREMOS - COMÉRCIO DE VEÍCULOS LTDA. CNPJ: XX.510.XXX/0001-88 RELATÓRIOS GERENCIAIS E DE ÍNDICES ANÁLISES DE DESEMPENHO					
Adiantamentos	143.352	207.709	Obrigações sociais	298.465	246.314
Impostos a recuperar	10.851	170.567	Adiantamento de Clientes	739.147	696.918
Estoques	8.846.424	7.623.855	Provisão para contingência	1.452	1.800
Despesas antecipadas	517	1.729	Instit. Financeira – Finame	23.941	24.651
Não circulante	**4.164.070**	**4.604.069**	**Passivo Não Circulante**	**7.096.199**	**8.013.841**
Ativo fiscal diferido	20.730	42.267	Empresas ligadas	7.088.912	7.981.821
Coligadas	1.003.398	2.818.958	Outras obrigações	3.899	27.819
Depósitos judiciais	-	-	Provisão para contingência	3.388	4.200
Imobilizado	3.139.941	1.742.844			
Intangível	-	-	**Patrimônio Líquido**	4.495.709	3.423.978
			Capital Social	1.500.000	1.500.000
			Lucros Acumulados	1.923.978	1.441.249
			Lucro do Período	1.071.731	482.728
Ativo total	**17.744.677**	**15.044.069**	**Passivo total**	**17.744.677**	**15.044.069**
Receita líquida	(48.482.522)	(56.891.125)			
Lucro líquido	1.071.731	482.728			

ÍNDICES ECONÔMICOS E FINANCEIROS			
Liquidez	**20x2**	**20x1**	
Liquidez Imediata (L.I.)	0,24	0,04	Disp/PC
Liquidez Corrente (L.C.)	2,21	2,89	AC/PC
Liquidez Seca (L.S.)	0,77	0,78	AC-Estoque/PC
Liquidez Geral (L.G.)	1,10	1,14	AC+ARLP/PC+PNC
Estrutura de capital			
Imobilização do Capital Próprio	70%	51%	AP/PL%
Imobilização do Permanente	27%	15%	AP/PL+ELP%
Participação de Capital de Terceiros	295%	339%	PC+ELP/PL%
Composição do Endividamento	46%	31%	PC+/PC+ELP%
Imobilização R.N.C.	27%	15%	IMOB/PL+PELP

BRASIL QUE QUEREMOS - COMÉRCIO DE VEÍCULOS LTDA. CNPJ: XX.510.XXX/0001-88 RELATÓRIOS GERENCIAIS E DE ÍNDICES ANÁLISES DE DESEMPENHO			
Rentabilidade			
Giro do Ativo	(2,73)	(3,78)	Receita líquida/Ativo total
Margem Líquida	-2%	-1%	Lucro líquido/Vendas líquidas %
Rentabilidade do Ativo	6%	3%	Lucro líquido/Ativo total %
Rentabilidade do P.L.	24%	14%	Lucro líquido/PL %

8. Exemplo de Relatório de Opinião de Auditor independente:

RELATÓRIO DO AUDITOR INDEPENDENTE SOBRE AS DEMONSTRAÇÕES FINANCEIRAS DE 31/12/x2

BRASIL QUE QUEREMOS LTDA.

CNPJ: XX.510.XXX/0001-XX

Aos Administradores da empresa **BRASIL QUE QUEREMOS LTDA.:**

Opinião

Examinamos as Demonstrações Financeiras da empresa BRASIL QUE QUEREMOS LTDA., levantado em 31 de dezembro de 20x2, que compreendem o balanço patrimonial em 31 de dezembro de 20x2, e as respectivas demonstrações do resultado, das mutações do patrimônio líquido e dos fluxos de caixa para o exercício findo nesta data, bem como as correspondentes notas explicativas, compreendendo as políticas contábeis significativas e outras informações elucidativas.

Em nossa opinião as demonstrações financeiras acima referidas **apresentam adequadamente em todos os aspectos relevantes a posição patrimonial e financeira** da empresa BRASIL QUE QUEREMOS LTDA. em 31 de dezembro de 20x2, os resultados de suas operações, e as mutações de seu patrimônio líquido e os seus fluxos de caixa relevantes ao exercício findo nessa data, de acordo com as práticas contábeis adotadas no Brasil.

Base para opinião

Nossa auditoria foi conduzida de acordo com as normas brasileiras e internacionais de auditoria. Nossas responsabilidades, em conformidade com tais normas ...

Principais assuntos de auditoria

Principais assuntos de auditoria são aqueles que, em nosso julgamento profissional, foram os mais significativos em nossa auditoria do exercício corrente ...

Provisão para créditos de liquidação duvidosa

Conforme descrito na nota explicativa, às demonstrações financeiras ...

Como nossa auditoria conduziu esse assunto

Nossos procedimentos incluíram a ...

Estoques

Conforme descrito na nota explicativa, às demonstrações ...

Como nossa auditoria conduziu esse assunto

Nossos procedimentos incluíram a avaliação ...

Responsabilidades da administração pelas demonstrações financeiras

A administração é responsável pela elaboração e adequada apresentação das demonstrações financeiras de acordo com as práticas contábeis adotadas no Brasil e com as normas internacionais de relatório financeiro (IFRS), emitidas pelo International Accounting Standards Board (IASB), e pelos controles internos que ela determinou como necessários para permitir a elaboração de demonstrações financeiras livres de distorção relevante, independentemente se causada por fraude ou erro.

Responsabilidades do auditor pela auditoria das demonstrações financeiras

Nossos objetivos são obter segurança razoável de que as demonstrações financeiras estão livres de distorção relevante, independentemente se causada por fraude ou erro, e emitir relatório de auditoria contendo nossa opinião ...

Comunicamo-nos com os administradores responsáveis pela empresa ...

xxxxxxx, 15 de fevereiro de 20x3.

Ficticius – Auditores Ltda. CRC 2SPXX.X95/O-X

Invencionildo Ficticius – contador – CRC 1SPXXX.2X1/0-9 / CNAI-CFC X.XX7

EXERCÍCIOS PROPOSTOS

1.

A contabilidade é hoje em dia plenamente reconhecida por capacidade provedora de informações. As normas internacionais de contabilidade objetivam garantir que informações contábeis oferecidas aos usuários da contabilidade sejam plenamente confiáveis. Quanto mais transparentes e detalhadas as informações forem apresentadas, tanto melhor elas poderão ser interpretadas e compreendidas pelos usuários, conhecidos mundialmente por *stakeholders*.

Dentre os *stakeholders* (usuários) aqueles que têm maior interesse em exibir os resultados, consolidar sua posição na organização e garantir sua participação nesses resultados são os:

a) acionistas.
b) administradores.
c) clientes.
d) empregados.
e) governo.

2.

(CESGRANRIO – 2011 – Petrobras) O objetivo básico da contabilidade é fornecer informações econômicas e financeiras para vários usuários, de forma que propiciem decisões racionais. Os usuários que têm interesse em informações sobre a continuidade operacional da entidade, especialmente quando têm um relacionamento de longo prazo com ela, ou dela dependem como fornecedora importante, são o(s):

a) Empregados.
b) Clientes.
c) Credores por empréstimos.
d) Governo e suas agencias.
e) Investidores.

3.

(ESAF – 2010 – CVM) As demonstrações contábeis, quando corretamente elaboradas, satisfazem as necessidades comuns da maioria dos seus usuários, uma vez que quase todos eles as utilizam para a tomada de decisões de ordem econômica.

Sob esse aspecto, pode-se dizer que, entre outras finalidades, os usuários baseiam-se nas demonstrações contábeis para praticar as seguintes ações, **exceto:**

a) Decidir quando comprar, manter ou vender um investimento em ações.
b) Avaliar a capacidade da entidade de pagar seus empregados e proporcionar-lhes outros benefícios.
c) Determinar a distribuição de lucros e dividendos.
d) Regulamentar as atividades das entidades.
e) Fiscalizar a lisura dos atos administrativos.

4.

(CESGRANRIO – 2010 – Petrobras) Sabe-se que a Contabilidade é uma ciência social, que tem por objetivo medir, para poder informar, os aspectos relacionados ao patrimônio de quaisquer entidades. Nesse sentido, o objeto da contabilidade é o(a):

a) Ativo.
b) Lucro.
c) Patrimônio.
d) Empresa.
e) Resultado financeiro.

5.

(CESGRANRIO – 2010 – EPE) Sobre conceitos, objeto, função e objetivos da Contabilidade, analise as afirmações a seguir.

I – O principal objetivo da contabilidade consiste em identificar as contas de apuração dos custos e resultados.

II – A função administrativa tem por objetivo o controle do patrimônio.

III – O objeto da contabilidade é o patrimônio que compreende apenas a parte positiva do balanço.

IV – Os bens corpóreos e os incorpóreos são classificados no passivo.

Está correto **APENAS** o que se afirma em:

a) II.
b) III.
c) I e III.
d) II e IV.
e) I, II e IV.

6.

(COPEVE – UFAL – 2010) Dadas as seguintes afirmativas,

I – O objeto da contabilidade é a entidade que possui um patrimônio.

II – O principal objetivo da contabilidade é informar a seus usuários os fatos e seus reflexos na situação patrimonial.

III – Os economistas encarregados de análises globais ou setoriais de nossa economia interessam-se pelos dados contábeis das diversas unidades microeconômicas, os quais, convenientemente agregados e tratados estatisticamente, podem fornecer bases adequadas para as análises econômicas.

Verifica-se que:

a) Apenas I e II são verdadeiras.
b) Apenas a II é verdadeira.

c) Apenas I e III são verdadeiras.
d) Apenas II e III são verdadeiras.
e) Todas são verdadeiras.

7.

(MOVENS – 2010 – DNPM) Contabilidade é a ciência que estuda, registra, controla e interpreta os fatos ocorridos no patrimônio das empresas, utilizando técnicas específicas. Assinale a opção que apresenta tais técnicas contábeis.

a) Balanços, auditoria, registro contábil e inventários.

b) Balancetes, balanço, auditoria, escrituração e lançamentos.

c) Demonstração de origem e aplicação de recursos, demonstração de resultado do exercício, demonstração de lucros ou prejuízos acumulados e balanço patrimonial.

d) Escrituração, demonstração, auditoria e análise de balanços.

e) Inventários, balanços e livros contábeis diário e razão.

8.

(CESGRANRIO – 2010 – Petrobras) De maneira geral, contabilidade é conceituada como um sistema de informação cujo objetivo é

a) Ater-se à interpretação das informações quantitativas.

b) Registrar e interpretar informações de ordem estritamente qualitativa.

c) Interpretar, resumir e reter as informações.

d) Captar, registrar, acumular, resumir e interpretar as informações.

e) Calcular e abastecer o sistema de informações.

9.

(FGV – 2008 – Senado Federal) Em relação aos interesses dos principais usuários da informação contábil, assinale a afirmativa **incorreta**.

a) Os acionistas atuais da empresa têm grande interesse na rentabilidade atual.

b) Os investidores que podem se tornar acionistas futuros efetuam um confronto da rentabilidade da empresa comparando com as diversas opções existentes no mercado.

c) O governo foca na análise do fluxo de caixa da empresa para determinar o imposto a ser pago.

d) Os financiadores concentram-se na capacidade de a empresa pagar os valores dos financiamentos e juros.

e) Os empregados analisam a capacidade da empresa efetuar o pagamento dos salários e em sua capacidade de expansão.

10.

(CESGRANRIO – 2008 – Petrobras) No campo contábil, muitos são os estudiosos que desenvolveram seus estudos para identificar as principais causas das diferenças internacionais, apresentando, cada um deles, os aspectos que consideraram mais importantes para explicar tal divergência.

Dentre esses vários aspectos, listados como provocadores de diferenças internacionais no *financial reporting*, qual(ais) é(são) citado(s), de uma forma ou de outra, por praticamente todos os estudiosos?

a) Qualidade da educação contábil.

b) Nível de desenvolvimento econômico.

c) Níveis inflacionários e de flutuação cambial.

d) Influências religiosas e étnicas.

e) Captação de recursos e mercado de capitais.

2

Balanço Patrimonial: uma Introdução

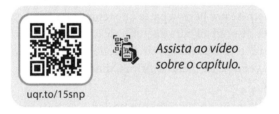

2.1 INTRODUÇÃO

No capítulo anterior, fizemos referência aos relatórios contábeis, mostrando que, além de obrigatórios por lei, eles são por demais importantes para orientar a administração a tomar as melhores decisões, e são conhecidos como Demonstrações Financeiras. A principal Demonstração Financeira é o Balanço Patrimonial, assunto este que abordaremos neste capítulo.

2.2 REPRESENTAÇÃO GRÁFICA

O **Balanço Patrimonial serve como uma fotografia** que reflete a posição financeira e patrimonial em determinado momento, um instantâneo em qualquer período (mensal, trimestral, semestral ou anual) que resume de forma organizada o seu patrimônio, as riquezas deduzidas das dívidas de uma empresa.

O Balanço Patrimonial (**BP**) é constituído de duas colunas: a coluna do lado direito é **formada pelo Passivo + Patrimônio Líquido e representa todas as dívidas e obrigações que a empresa tem com terceiros e com os próprios sócios e acionistas**. Todavia, a Lei das Sociedades por Ações apresenta apenas o termo "Passivo". A coluna do lado esquerdo é denominada

Ativo. E representa seu patrimônio total (bens + direitos). Atribui-se, por mera convenção, o lado esquerdo para o Ativo e o lado direito para o Passivo. Vejamos, graficamente:

BALANÇO PATRIMONIAL	
ATIVO	PASSIVO e PATRIMÔNIO LÍQUIDO
Lado esquerdo	Lado direito

2.2.1 Ativo

É um recurso controlado pela empresa como resultado de eventos passados e do qual se espera que fluam futuros benefícios econômicos para a entidade. Segundo o Prof. Iudícibus, em seu livro *Teoria da contabilidade* (10ª edição, p. 124-125): "ativos são recursos controlados por uma entidade capazes de gerar, mediata e imediatamente, fluxos de caixa". São todos os bens e direitos normalmente de propriedade da empresa, mensuráveis monetariamente, que representam benefícios presentes ou futuros para a empresa.

- *Bens* – entendem-se por bens, a parte que representa a riqueza da empresa, que a ela pertence e está disponível para sua utilização imediata. Os bens podem ser classificados como tangíveis e intangíveis. Terrenos, prédios, máquinas e equipamentos, estoques para venda e de matéria-prima, dinheiro em caixa, ferramentas, veículos, instalações etc.

- *Bens tangíveis* – quando fisicamente podem ser tocados, isto é, são corpóreos, possuem corpo. Exemplos: terrenos, prédios, máquinas e equipamentos, estoques para venda e de matéria-prima, dinheiro em caixa, ferramentas, veículos, instalações etc.

- *Bens intangíveis* – são aqueles que não podem ser tocados, porque são incorpóreos, não possuem características físicas. Exemplos: marcas e patentes, sistemas de computadores (*software*), direitos de exploração, ponto comercial etc.

Há, ainda, a divisão em bens *móveis*, que não são fixos ao solo, podendo ser transportados de um lugar para outro e bens *imóveis*, que são fixos ao solo (terrenos, árvores, prédios etc.).

- *Direitos* – consideram-se direitos a parcela da riqueza da empresa, que a ela pertence, mas que está em poder de terceiros, que não está disponível para utilização imediata. Os direitos (créditos) podem ser classificados como créditos de funcionamento e de financiamento.

- *Créditos de funcionamento* – diz respeito aos créditos ou direitos obtidos em função das operações comerciais da empresa. Por exemplo, Duplicatas a Receber, significa que há dinheiro (bens) a receber de clientes por vendas a prazo que serão pagas no futuro.

- *Créditos de financiamento* – entendem-se por créditos (direitos) de financiamentos aqueles obtidos em função das operações financeiras da empresa. Por exemplo: um empréstimo concedido, isto é, uma parte da riqueza (ativo) da empresa em poder de terceiros ou uma aplicação financeira.

Bem	Direito
Tangível e intangível	Bem de posse de terceiros
Móvel ou imóvel	Títulos, contratos etc.

2.2.1.1 Propriedade

A Contabilidade Moderna está gradativamente desenvolvendo uma nova teoria em que são considerados Ativos os bens à disposição da empresa, sendo ela proprietária ou não. Por exemplo, a Lei das Sociedades por Ações diz que os bens decorrentes de operações que transfiram à empresa os benefícios, riscos e controle, independentemente de ser propriedade, deverão ser contabilizados como Ativo.

Assim, o *leasing*[1] financeiro (arrendamento mercantil), que até 2007 era tratado no Brasil como aluguel, passa a ser contabilizado como Ativo para fins contábeis (para fins fiscais continua sendo aluguel).

Na realidade, no sentido econômico, o *leasing* financeiro é um financiamento disfarçado de aluguel. A empresa quer adquirir um equipamento de produção. Poderá ser adquirido à vista, a prazo (financiado ou via *leasing*). Em qualquer modelo de aquisição este bem trará benefícios para a empresa (é o que se espera), trará riscos para o seu negócio (é um investimento, uma decisão econômica) e dará à empresa controle sobre o bem (onde colocar o bem, horas de produção, manutenção...). Assim, contabilmente falando, esse bem será Ativo.

A empresa declarará normalmente como Ativo só aquilo que for de sua propriedade. Os empregados, por exemplo, não são propriedade da empresa, portanto, não serão contabilizados no Ativo. Reportando à história, lembramos que, na época da escravidão, os escravos constavam no Ativo, pois eram propriedade da empresa. Um exemplo moderno de empregado que normalmente se considera um Ativo é o do jogador de futebol. No entanto, um ativo intangível, pois não é o jogador em si que representa esse Ativo, mas sim sua capacidade técnica para jogar futebol. Com a contratação, espera-se que ele traga um fluxo de benefícios futuros relevantes para o clube, tanto dentro quanto fora de campo.

Concluindo, os bens, para serem ativos, normalmente são de propriedade da empresa.

2.2.1.2 Valor objetivo (avaliável em dinheiro)

Há certos itens que, embora representem um potencial para a obtenção de benefícios futuros, podem não estar evidenciados no Ativo da empresa, pois são de difícil avaliação.

O caso de *marcas* de produtos, por exemplo, representa algo inestimável para a empresa, mas quase nunca aparece nos Ativos. A razão principal é que se torna difícil avaliar quanto

---

[1] De acordo com a Lei nº 11.638/2007, devem ser classificados no Ativo Imobilizado os direitos que tenham por objeto bens corpóreos (tangíveis) destinados à manutenção das atividades da companhia ou da empresa ou exercidos com essa finalidade, inclusive os decorrentes de operações que transfiram à companhia os benefícios, riscos e controle desses bens (*leasing*).

No caso do *leasing* financeiro, a essência e a realidade econômica são que o arrendatário adquire os benefícios econômicos do uso do Ativo arrendado pela maior parte da vida útil deste.

vale uma marca para a empresa. Não seríamos objetivos se assim o fizéssemos, salvo quando se negocia uma marca (nesse caso, há um valor objetivo de mercado: houve a negociação).

Assim, uma marca é um *bem* (embora intangível: não se pode pegar, não tem consistência física); é *propriedade* da empresa (só a empresa pode trabalhar com sua marca); proporciona benefícios presentes e futuros para a empresa; porém, poderá não ser evidenciado no Ativo, pois nem sempre atende à quarta característica deste: "mensurável monetariamente (não se pode medir, avaliar, objetivamente, em dinheiro)".

Um dos itens mais significativos que normalmente não é contabilizado como Ativo, pois não tem um valor objetivo, é o que denominamos *goodwill* (traduzido para o português como fundo de comércio, aviamento, mais-valia... – traduções essas que não refletem fielmente seus significados, por isso preferimos trabalhar com o título em inglês).

Inicialmente, pode-se dizer que *goodwill* é o valor a maior, um ágio, de uma empresa em virtude de bons serviços prestados; da *imagem*/reputação (por exemplo, Nestlé: imagine qual mãe teria dúvidas em comprar um alimento dessa empresa para seu filho); da *clientela* conseguida ao longo dos anos (por exemplo, Citybank: conquistando clientes considerados especiais); do *ponto comercial*, localização é fundamental para a aquisição de um ponto comercial, para qualquer tipo de produto que se desejar comercializar. Quando o que se pretende é trabalhar, por exemplo, com marcas famosas, cujo público-alvo é bem específico e exigente, a escolha adequada de uma região passa a ser o objetivo garantido para o sucesso de vendas. Para tanto, é preciso paciência e dinheiro para investir em tal ponto comercial. Ser vizinho de outras lojas famosas é um fator chamativo que inspira ao público credibilidade e familiaridade em relação aos tipos de produtos que são comercializados em dadas localidades. Se pensarmos, por exemplo, em comércio de grifes internacionais famosas, a localização mais conhecida e mais frequentada na cidade de São Paulo é a região dos Jardins, onde estão as ruas Haddock Lobo, Oscar Freire, Alameda Lorena etc., cujas lojas, como, por exemplo, Marc Jacobs, HStern, Cartier, Louis Vuitton, Versace, Montblanc, passam a ser excelentes vitrines que proporcionam visibilidade e credibilidade à marca, além de intensificar o potencial de consumo de quem já frequenta a região.

Todos esses atributos positivos, e outros, no momento de se avaliar uma empresa, podem representar montantes algumas vezes maiores do que seu **Ativo Tangível.** Todavia, por ser de difícil avaliação devido ao subjetivismo, o *goodwill* não é evidenciado no ativo, pois a empresa não detém seu controle, exceto nos casos de negociação deste ativo, caso de patentes, marcas, pontos comerciais, entre empresas (pois aí define-se ou acorda-se um valor que se considera justo entre as partes).

Por outro lado, as teorias de Contabilidade avançam acompanhando a sociedade, no entanto ainda há incertezas quanto à melhor forma de se quantificar a marca de uma empresa. Citamos algumas empresas grandes que tinham uma marca forte, por exemplo, em 2001 a Enron, maior empresa de energia da Califórnia, e a Arthur Andersen, a mais antiga e mais famosa empresa de auditoria do mundo, faliram. E, por conta da crise de 2008, muitas outras empresas com marcas fortíssimas deixaram de existir. Nos Estados Unidos, por exemplo, os bancos, respectivamente 4º e 5º bancos, Lehman Brothers (1850-2008), Bear Stearns, aqui no Brasil, a Sadia, a maior empresa de alimentos.

2.2.1.3 Benefícios presentes ou futuros

Se a empresa tiver um "título a receber" de uma empresa falida, ele não será Ativo, pois não há possibilidade de convertê-lo em fluxo de caixa (dinheiro), não trazendo benefício algum para a sua portadora.

Itens tais como: carro acidentado, barco afundado, aeronave destruída, estoque obsoleto (desatualizado), bens destruídos por incêndio ou inutilizados por inundação, bens roubados etc., são bens que não trazem mais benefícios para a empresa; portanto, devem ser baixados. Se houver um valor residual depois do acidente, deve permanecer no Ativo apenas este valor, sendo a diferença baixada como uma perda (este assunto será visto no capítulo seguinte).

Portanto, para que seja evidenciado no Ativo, é necessário preencher os quatro requisitos simultaneamente:

1. bens ou direitos;
2. de propriedade da empresa, embora haja exceções;
3. mensurável monetariamente;
4. benefícios presentes ou futuros.

Há bens que vão perdendo gradativamente o potencial de trazer benefícios. Por exemplo, um caminhão de uma transportadora, com o tempo de uso, perde o valor, trazendo um benefício menor (há manutenção, reposição de peças etc.) que outro caminhão novo. Essa perda de valor será subtraída gradativamente do Ativo. A isto chamamos de depreciação.

As recentes orientações dos Comitês de Pronunciamentos Contábeis (CPCs) recomendam testes dos valores recuperáveis de Ativos (em inglês, *impairment*) que reconhecem as reduções nos valores de Ativos. Assim, as Demonstrações Financeiras se tornam mais reais.

Até praticamente meados da década de 1980, a grande preocupação no mundo dos negócios era avaliar o Ativo Tangível.

O Ativo Tangível ou Corpóreo constitui-se de bens físicos, materiais, que se podem tocar, aquilo que nossos olhos enxergam: estoques, veículos, terrenos, prédios, máquinas, móveis de escritórios etc.

O Ativo Intangível ou Incorpóreo ou Ativo Invisível são bens que não se podem tocar, pegar, que passaram a ter grande relevância a partir das ondas de fusões e incorporações na Europa e nos Estados Unidos.

O grande problema para a Economia é como avaliar o Intangível, que normalmente tem um valor subjetivo.

O **Ativo Invisível** (oculto) pode ser algo muito mais valioso que os bens tangíveis.

A IBM, no final do século XX, adquiriu a Lotus por US$ 3 bilhões, embora o valor de mercado dos bens da adquirida fosse de cerca de US$ 250 milhões.

Os US$ 2.750 milhões a mais, esse valor excedente (ágio), são conhecidos como *goodwill* (traduzido de maneira não perfeita por Fundo de Comércio, ou, ainda, como Capital Intelectual).

34 Curso de Contabilidade para Não Contadores • Iudícibus e Marion

Esse valor a mais (como consequência da Capacidade Intelectual Humana, marca, liderança de mercado, lealdade de clientes, ponto comercial...) só é definido na negociação de empresa, sendo difícil sua avaliação pela Contabilidade por não existirem valores objetivos. É um Ativo sim, mas difícil de ser medido em dinheiro.

Ressalta-se, todavia, que a Lei nº 11.638/2007 estabelece que o Intangível deverá ser considerado no Ativo: os direitos que tenham por objeto bens incorpóreos destinados à manutenção da companhia ou exercidos com essa finalidade deverão constar no Ativo. Certamente, este é um grande desafio para Contabilidade: como avaliar o Intangível.

2.2.2 Passivo e Patrimônio Líquido

2.2.2.1 Passivo exigível

Evidencia toda a obrigação (dívida) que a empresa tem com terceiros: contas a pagar, fornecedores de matéria-prima (a prazo), imposto a pagar, financiamentos, empréstimos etc.

O *Passivo* é uma obrigação presente da empresa, decorrente de eventos passados cuja liquidação se espera resulte na saída de recursos das empresas capazes de gerar benefícios econômicos. Portanto, o Passivo é uma obrigação exigível, e que no momento em que a dívida vencer será exigida (reclamada) a sua liquidação. Por isso é mais adequado denominá-lo de *Passivo Exigível*.

2.2.2.2 Patrimônio Líquido (PL)

É o interesse residual nos ativos da entidade depois de deduzidos todos os seus passivos. Evidencia recursos dos proprietários aplicados no empreendimento. O investimento inicial dos proprietários (a primeira aplicação) é denominado, contabilmente, **Capital**. Se houver outras aplicações por parte dos proprietários (acionistas – S.A., ou sócios – Ltda.), teremos acréscimo ao Capital.

Outros acréscimos e decréscimos do PL – O *Patrimônio Líquido* não cresce apenas com novos investimentos dos proprietários, mas também, e isto é mais comum, com o retorno resultante do capital aplicado. Este retorno é chamado **Lucro**. O *Lucro* resultante da atividade operacional da entidade, obviamente, pertence, em última análise, aos proprietários que investiram na empresa (remuneração ao capital investido).

Do lucro obtido em determinado período pela atividade empresarial, normalmente, uma parte é distribuída para os donos do capital (lucros ou *dividendos*) e outra é reinvestida no negócio, isto é, fica retida (*acumulada*) na empresa.

A parte do lucro acumulado (retido) é adicionada ao Patrimônio Líquido. Dessa forma, as aplicações dos proprietários vão crescendo.

Os pagamentos de dividendos e a distribuição de lucros são operações que geram decréscimos do patrimônio líquido, pois parte do lucro obtido pela empresa está sendo entregue aos sócios ou acionistas (donos da empresa).

As obrigações da empresa – Didaticamente, tanto o Passivo quanto o Patrimônio Líquido são obrigações da empresa. No Passivo, temos as *obrigações exigíveis* (reclamáveis) por terceiros e, por isso, também são conhecidas como *Capitais de Terceiros*. No Patrimônio Líquido, temos as obrigações com os proprietários da empresa. Entretanto, os proprietários, usualmente, por lei, não podem reclamar a restituição do seu dinheiro investido; por isso, este grupo também é conhecido como *Não Exigível*. Ora, se o proprietário só tiver seu dinheiro de volta no encerramento da empresa, podemos dizer que, em um processo de continuidade, os recursos do Patrimônio Líquido pertencem à empresa e, por essa razão, também são conhecidos como *Capital Próprio*.

O termo *Passivo*, segundo a Lei das S.A. e o CPC 25, tem um significado negativo, ou seja, no mundo dos negócios, obrigações, dívidas e, em um sentido mais amplo, são os financiamentos. São eventos já ocorridos, cuja liquidação se espera que resulte em saída de recursos da entidade capaz de gerar benefícios econômicos. Vamos tratar todo o lado direito do Balanço Patrimonial como Passivo, como lado das dívidas. Assim, em Demonstrações Financeiras publicadas nos jornais, observamos o Balanço Patrimonial, evidenciando no seu cabeçalho os termos *Ativo* e *Passivo*.

Todavia, a rigor, Passivo tem conotação de Obrigações Exigíveis e, dessa forma, Patrimônio Líquido não fica adequadamente classificado como um subgrupo do Passivo. Neste livro, denominaremos, daqui para frente, o lado direito do Balanço Patrimonial de *Passivo* e *Patrimônio Líquido*.

2.2.3   Origens e aplicações

O lado do Passivo, tanto Capital de Terceiros (*Passivo Exigível*) como Capital Próprio (*Patrimônio Líquido*), representa toda a fonte de recursos, toda a origem de capital. Nenhum recurso entra na empresa se não for via Passivo ou Patrimônio Líquido.

O lado do Ativo é caracterizado pela aplicação dos recursos originados no Passivo e Patrimônio Líquido.

Assim, se a empresa tomar emprestado recursos de uma instituição financeira (bancos, por exemplo), terá uma origem de recursos: Passivo. Todavia, os recursos serão aplicados em algum lugar no Ativo: estoques, máquinas, caixa etc.

Dessa forma, fica bastante simples entender por que o Ativo será sempre igual ao Passivo + PL, pois a empresa somente pode aplicar aquilo que tem origem. Se há uma origem (fonte) de $ 2.925.428 (Passivo + PL), haverá uma aplicação de $ 2.925.428 (Ativo).

Daí o lado do Ativo será sempre igual ao lado do Passivo + Patrimônio Líquido. Conclui-se que: Ativo = Passivo + Patrimônio Líquido.

Dessa forma, obtém-se a **Equação Contábil Básica**. Algebricamente, podemos definir:

ATIVO = PASSIVO + PATRIMÔNIO LÍQUIDO

ou

ATIVO – PASSIVO = PATRIMÔNIO LÍQUIDO

Da referida equação A=P+PL obtêm-se três situações possíveis, que resumem a posição patrimonial e indicam as situações de continuidade de uma empresa, quando:

- A>P, torna o PL (patrimônio líquido) maior que zero, assim o ativo é capaz de honrar as dívidas e compromissos com terceiros (capital de terceiros), e ainda sobra uma parte do patrimônio para os sócios ou acionista (capital próprio). É a situação almejada por todas as empresas e indica que não há ao menos naquele momento problemas de continuidade de seus negócios.

- A<P, torna o PL (patrimônio líquido) menor que zero, e PL<0, patrimônio líquido negativo, indica que a empresa está endividada com terceiros, e o que dispõe de bens e direitos (ativo) não são suficientes para liquidar estas dívidas (passivo a descoberto) e as pessoas físicas dos sócios ou acionistas deverão suprir o que faltar. Essa situação indica que a empresa está com sérios problemas de continuidade e de passivo a descoberto, não está em condições de gerar receitas suficientes, fluxos de caixa, para obter lucros, e seus proprietários não são mais seus sócios ou acionistas, ela pertence totalmente a terceiros que financiaram o ativo no passado.

- A=P, torna o PL=0, indica que a empresa tem bens e direitos exatamente iguais as suas dívidas e obrigações com terceiros, e caso opte por liquidar suas operações, seus sócios ou acionistas não terão nada a pagar como nada a receber. Note que nesta situação o capital investido pelos sócios ou acionistas para constituir e manter a empresa também não será devolvido aos seus investidores o que representa perda do dinheiro que fora investido no capital.

2.2.4 Explicação da expressão Balanço Patrimonial

O termo *balanço* decorre do equilíbrio Ativo = Passivo + PL, ou da igualdade Aplicações = Origens. Parte da ideia de uma balança de dois pratos, na qual sempre encontramos o equilíbrio. Só que, em vez de denominarmos balança (assim como Balança Comercial), denominamos no masculino: *Balanço*.

A expressão patrimonial origina-se do Patrimônio Global da empresa, ou seja, o conjunto de bens, direitos e obrigações. Daí origina-se a expressão: *Patrimônio Líquido*, que significa a parte residual do patrimônio (PL=A-P), a riqueza líquida da empresa num processo de continuidade, a Situação Líquida.

Compondo as duas expressões, teremos a expressão *Balanço Patrimonial*, o equilíbrio do Patrimônio, a igualdade patrimonial.

O Balanço Patrimonial tem como finalidade demonstrar a situação financeira e patrimonial das entidades no momento do encerramento do período, ou seja, no final do ano ou em qualquer data prefixada. Portanto, representa uma posição estática do patrimônio.

2.2.5 Requisitos do Balanço Patrimonial

Cabeçalho – O Balanço Patrimonial é composto de um cabeçalho do qual constará:

a) denominação da empresa;
b) título da demonstração (Balanço Patrimonial);
c) data de encerramento do balanço.

Corpo – O corpo do balanço é constituído por duas colunas: a da esquerda, que chamamos Ativo, e a da direita, que chamamos Passivo e Patrimônio Líquido.

Colunas comparativas – Para efeitos de comparação o balanço patrimonial, assim como as demais demonstrações financeiras são apresentados sempre com a posição do exercício atual e do anterior, serve para conhecer por meio de algumas análises como se comportou a situação patrimonial da empresa em relação ao exercício anterior.

Essa apresentação facilita ao usuário das demonstrações no sentido de observar a evolução de um ano para outro, ou seja, propicia a comparação de, pelo menos, dois exercícios.

BRASIL QUE QUEREMOS – INDÚSTRIA E COMÉRCIO S.A. CNPJ: XX.XXX.XXX/XXX1-XX					
BALANÇO PATRIMONIAL EM 31/12/x1 e X0 (em milhares de reais)					
Ativo	x1 (exercício) Ano Atual	x0 (exercício) Ano Anterior	**Passivo e PL**	x1 (exercício) Ano Atual	x0 (exercício) Ano Anterior
Bens	–	–	Passivo	–	–
Direitos	–	–	P. Líquido	–	–

Para apresentação do Balanço Patrimonial é permitido que os valores sejam informados desprezados dos centavos, das centenas de reais, e até mesmo dos milhares, para o caso das grandes empresas, desde que sejam indicados no cabeçalho, como, no exemplo acima. Esta técnica reduz o custo com publicação em jornais e facilita a análise das informações por parte de seus usuários.

EXERCÍCIOS PROPOSTOS

1.

(Adaptado de CFC – 2016 – 1º Exame – Bacharel em Ciências Contábeis) No que se refere à posição patrimonial e financeira, assinale a opção INCORRETA.

a) Ativo é um recurso controlado pela entidade como resultado de eventos passados e do qual se espera que fluam futuros benefícios econômicos para a entidade.

b) Passivo é uma obrigação presente da entidade, derivada de eventos passados, cuja liquidação se espera que resulte na saída de recursos da própria entidade capazes de gerar benefícios econômicos.

c) Patrimônio Líquido é o interesse residual nos ativos da entidade depois de deduzidos todos os seus passivos.

d) Receitas são aumentos nos benefícios econômicos durante o período contábil que resultam em diminuições do Patrimônio Líquido e que estão relacionados com a contribuição dos detentores dos instrumentos patrimoniais.

2.

(CESGRANRIO – 2013 – BNDES) Na Contabilidade, o patrimônio de uma empresa é o conjunto de bens, direitos e obrigações. Contabilmente, as obrigações da empresa estão localizadas no:

a) Ativo circulante.
b) Ativo não circulante.
c) Capital social.
d) Patrimônio liquido.
e) Passivo.

3.

(FCC – 2012 – MPE-PE – adaptado) Os ativos totais de uma companhia aumentaram R$ 400.000,00 em 2016 e o valor de seu patrimônio líquido diminuiu R$ 80.000,00. Em relação ao ano-calendário de 2016, pode-se afirmar, com certeza absoluta, que

a) o total de seus passivos diminuiu.
b) o Patrimônio Líquido da companhia está a descoberto.
c) o total de seus passivos é maior que o total de seus ativos.

d) o valor total dos passivos da companhia é menor que R$ 200.000,00.
e) o total de seus passivos aumentou mais que R$ 400.000,00.

4.

(CESGRANRIO – 2012 – LIQUIGAS) Analise o Balanço Patrimonial:

Ativo	
Bens	R$ 50.000,00
Direitos	R$ 25.000,00
Total do Ativo	R$ 75.000,00

Passivo	
Obrigações	R$ 20.000,00
Patrimônio Líquido	R$ 55.000,00
Total do Passivo	R$ 75.000,00

Os valores pertencentes à situação patrimonial de uma empresa apresentados refletem uma situação líquida

a) Superavitária.
b) Deficitária.
c) Passiva.
d) Negativa.
e) Nula.

5.

(Quadrix – 2012 – CRBio-6ª Região). A situação Líquida Patrimonial indica:

a) O resultado da operação da entidade em determinado momento, evidenciado pelo lucro ou prejuízo.
b) A composição das exigibilidades da entidade em determinado momento, evidenciadas pela movimentação do passivo circulante.

c) A aplicação dos recursos da entidade em determinado momento, evidenciada pelas contas ativas.

d) A origem dos recursos da entidade em determinado momento, evidenciada pelas contas passivas.

e) A movimentação dos disponíveis da entidade em determinado momento, evidenciada pelas contas caixa, bancos e aplicações.

6.

(FCC – 2011 – NOSSA CAIXA DESENVOLVIMENTO) O contador observou, ao analisar a equação patrimonial da Cia. Raio de Luz, que o valor total do Ativo correspondia ao dobro do valor do Patrimônio Líquido. Nesse caso,

a) o total do Patrimônio Líquido é igual ao total do Passivo.

b) o total do Passivo é igual ao dobro do Ativo.

c) existe Passivo a Descoberto nessa companhia.

d) o total do Ativo equivale a três vezes o total do Passivo.

e) o total do Passivo equivale à metade do total do Patrimônio Líquido.

7.

(CONSULPLAN – 2010 – Prefeitura de Itabaiana – SE – adaptado) Os bens que a empresa possui são representados por contas de:

a) Receita.

b) Despesa.

d) Ativo.

e) Passivo.

f) Patrimônio Líquido.

8.

(FUNIVERSA – 2010 – CEB). Com relação ao patrimônio, quando o resultado da operação (bens + direitos) obrigações é negativo, convenciona-se denominá-la

a) passivo desfavorável.

b) passivo nulo.

c) passivo a descoberto.

d) ativo nulo.

e) ativo desfavorável.

9.

(FGV – 2010 – DETRAN-RN). A equação patrimonial é a representação quantitativa do patrimônio de uma entidade. Se o passivo suplantar o ativo, tem-se a seguinte equação:

a) Ativo = Passivo + Patrimônio Líquido.

b) Ativo + Passivo a Descoberto = Passivo.

c) Ativo – Passivo a Descoberto = Patrimônio Líquido.

d) Ativo + Passivo = Patrimônio Líquido.

e) Ativo = Passivo – Passivo a Descoberto.

10.

(CESGRANRIO – 2009 – FUNASA). Admita que, em uma empresa, todos os seus bens e direitos foram financiados por capital próprio. Com base na equação patrimonial, pode-se afirmar que o estado que revela com maior precisão a situação assumida pelo patrimônio desta empresa é o de

a) existência de riqueza própria.

b) inexistência de riqueza própria.

c) má administração patrimonial.

d) propriedade parcial do ativo.

e) propriedade plena do ativo.

11.

(IPAD – 2009 – COMPESA). Sabendo-se que, PL = Patrimônio Líquido, A = Ativo, P = Passivo Exigível (não inclui o PL). A situação patrimonial em que os recursos aplicados no Ativo são originários, parte de riqueza própria e parte de capital de terceiros, é representada pela equação:

a) A = PL, portanto P= zero.
b) A = P, portanto PL= zero.
c) A > P, portanto PL > zero.
d) A< P, portanto PL < zero.
e) A > P, portanto PL = zero.

12.

(IPAD – 2009 – COMPESA). O Ativo da empresa XYZ era de R$ 550 e o Passivo de R$ 340. Após certo período, a empresa XYZ registrou um prejuízo em suas atividades de R$ 70. Sendo assim, a sua Situação Líquida passaria a ser de:

a) R$ 140.
b) R$ 210.
c) R$ 280.
d) R$ 480.
e) R$ 550.

13.

Marque (V) para verdadeiro e (F) para falso, sobre quais dos itens abaixo não afetam o patrimônio total:

1. ( ) Acréscimo pelo lucro ou redução pelo prejuízo do exercício.
2. ( ) Acréscimo por reavaliação de ativos.
3. ( ) Acréscimo pelo recebimento de valor que exceda o valor nominal das ações integradas ou o preço de emissão das ações sem valor nominal.
4. ( ) Redução por ações próprias adquiridas ou acréscimo por sua venda.
5. ( ) Reversão da Reserva de Lucros a Realizar para a conta de dividendos a pagar.
6. ( ) Reversões de reservas patrimoniais para a conta de Lucros ou Prejuízos Acumulados.
7. ( ) Redução por Dividendos.
8. ( ) Acréscimo por doações e subvenções para investimentos recebidos.
9. ( ) Acréscimo pelo valor da alienação de partes beneficiárias e bônus de subscrição.
10. ( ) Acréscimo ou redução por ajustes de exercícios anteriores.
11. ( ) Aumento de capital com utilização de recursos reservas.
12. ( ) Compensação de Prejuízos com Reservas etc.
13. ( ) Redução por pagamento ou crédito de juros sobre o capital próprio.
14. ( ) Acréscimo por subscrição e integralização de capital.
15. ( ) Acréscimo por prêmio recebido na emissão de debêntures.
16. ( ) Acréscimo ou redução por ajustes de exercícios anteriores.
17. ( ) Apropriação do lucro líquido do exercício, reduzindo a conta de Lucros Acumulados para a formação de reservas, com Reserva Legal, Reserva de Lucros a Realizar, Reservas para Contingência e outras.

Assinale a alternativa que contém todos os verdadeiros:

a) 1, 4, 10, 12
b) 6, 11, 12, 17
c) 2, 7, 9, 17
d) 7, 8, 16, 17
e) 2, 4, 9, 12

3

Balanço Patrimonial: Grupo de Contas

3.1 INTRODUÇÃO

Como visto no capítulo anterior, o Balanço Patrimonial é constituído de Ativo, Passivo e Patrimônio Líquido. O Ativo, por sua vez, compõe-se de Bens e Direitos *aplicados* na entidade Contábil. No Passivo e no Patrimônio Líquido são registradas todas as entradas (*origens*) de recursos na empresa.

Se demonstrássemos um Balanço Patrimonial cujo Ativo fosse um "amontoado de contas de Bens e Direitos" (de forma heterogênea), teríamos dificuldades de ler, interpretar e analisar o Balanço Patrimonial. Por isso, é importante apresentar o Balanço agrupando-se as contas de mesmas características, isto é, separando grupos de contas homogêneas entre si. Por exemplo, poderíamos agrupar as contas Caixa e Bancos (os depósitos que a empresa tem nos Bancos), em um único grupo denominado Disponível (dinheiro à disposição da Entidade).

Para facilitar a interpretação e a análise do Balanço, existe uma preocupação constante em estabelecer uma adequada classificação e distribuição de contas em grupos homogêneos. A Lei das Sociedades por Ações dispõe uma estrutura de contas nacionalmente aceita, inclusive por outros tipos sociedades.

Essa subdivisão passa a vigorar no Brasil a partir da alteração da Lei nº 6.404/1976 feita pela Lei nº 11.941/2009. A legislação estabelece dois grupos de contas para o Ativo e praticamente três grupos para o Passivo e o Patrimônio Líquido, conforme o quadro a seguir:

Ativo	Passivo
Circulante Caixa e equivalentes de caixa (dinheiro, contas-correntes e aplicações financeiras) e aquilo que será transformado em dinheiro rapidamente.	**Circulante** Obrigações, dívidas, empréstimos e financiamentos que serão pagos rapidamente, no curto prazo.
Não Circulante Representado por bens e direitos. Espera-se muito tempo para receber, e normalmente não se vende, pois é para uso próprio ou para renda.	**Não Circulante** Demora-se muito tempo para pagar as obrigações.
	Patrimônio Líquido Normalmente não é necessário pagar, enquanto a empresa estiver em continuidade. O que se paga normalmente são os lucros e dividendos aos seus donos.

3.2 CONCEITO DE CURTO E LONGO PRAZOS E DE CIRCULANTE NA CONTABILIDADE

De acordo com a Lei nº 6.404/1976 alterada pela Lei nº 11.941/2009, e também o CPC 26 (R1), que apresenta nos itens 60, 61 e 62 as definições equivalentes para curto e longo prazo, circulante e não circulante, duas regras básicas orientam a distribuição de contas no Balanço Patrimonial:

a) *Prazo:* em Contabilidade *curto prazo* significa todos os direitos ou as obrigações que vamos receber ou pagar, respectivamente, no próximo exercício, *normalmente* no próximo ano. E *longo prazo* são os direitos ou as obrigações que vamos receber ou pagar, respectivamente, nos anos que ocorrem depois do ano seguinte ao que estamos preparando as demonstrações financeiras.

Usualmente, o curto prazo em Contabilidade significa um período de *até 12 meses.* Ao se apresentar um balanço, por exemplo, em 31 de dezembro, todas as contas a receber e a pagar no próximo exercício (nos próximos 12 meses) devem ser classificadas a curto prazo.

O *longo prazo*, por sua vez, identifica um período *superior a 12 meses, ou seja, um ano.* Assim, ao se contrair financiamento de um banco de desenvolvimento, com resgate de dívida após cinco anos, essa dívida é considerada de longo prazo.

Colocando-se na data do levantamento das Demonstrações Financeiras 31-12-x0, por exemplo, todas as contas a receber até um ano, até 31-12-x1, serão classificadas e agrupadas em um mesmo título no Ativo, assim, como todas as contas a pagar até o final do ano seguinte serão agrupadas em um mesmo título no Passivo. O mesmo ocorre com as contas de Longo Prazo (superior a um ano).

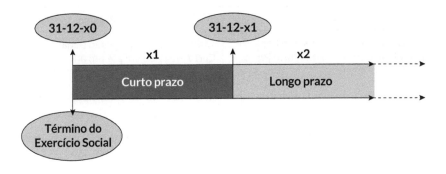

Figura 3.1 Exemplo de curto e longo prazos.

b) *Grau de Liquidez*[1] – *Decrescente*: os itens de maior liquidez são classificados em primeiro plano. Os de menor liquidez aparecem em último lugar. As contas do Ativo são agrupadas de acordo com sua rapidez de conversão em dinheiro. Por exemplo, entre três contas: Estoque, Disponível e Duplicatas a Receber, o mais líquido é o Disponível (em primeiro lugar); em segundo lugar, recebem-se mais rapidamente as duplicatas do que os Estoques (estes possuem uma liquidez mais lenta – terceiro lugar). Os estoques, antes de se tornarem Duplicatas a Receber são vendidos, o que demanda um tempo a mais do que só receber o valor das duplicatas, quer dizer que para ser disponibilidade (dinheiro em caixa ou deposito bancário), tem que se esperar pelo tempo que se leva para vender, e depois o tempo preciso para receber pela venda que normalmente é financiada pela empresa, como Duplicatas a Receber.

3.3 INTRODUÇÃO DIDÁTICA

O Balanço Patrimonial é uma demonstração muito utilizada por usuários externos à empresa: bancos, governo, fornecedores, clientes, sindicatos e até mesmo donos da empresa (sócios ou acionistas).

Normalmente, esses usuários não precisam ser especialistas em Contabilidade. Daí o Balanço Patrimonial ser uma demonstração simples e fácil de ser entendida, pois visa mostrar a situação econômico-financeira da empresa para todos os usuários, que tenham de alguma forma interesse pela situação patrimonial da empresa, mesmo para aquele que não possuem conhecimento específico em Contabilidade.

Assim, poderíamos iniciar relacionando tudo aquilo que a empresa receberá no Curto Prazo (será transformado em equivalente de caixa, em dinheiro) confrontando com tudo aquilo que será pago no Curto Prazo:

---

[1] *Liquidez* – vem do verbo *liquidar*: "liquidar dívidas", pagar os compromissos. Dinheiro é o item de maior liquidez. Um terreno possui pouca liquidez (até vender e receber é mais demorado).

Ativo	Passivo
Itens que já são dinheiro ou que serão transformados em dinheiro rapidamente (Curto Prazo).	Todos as contas que serão pagas rapidamente, a Curto Prazo ou em até um ano.

Como essas contas recebidas e pagas rapidamente se renovam constantemente (estão sempre girando), foi dado o nome de *Circulante* (corrente) tanto para o Ativo como para o Passivo.

O grupo seguinte seria o das contas que a empresa espera muito tempo para receber (Ativo), confrontando com as contas que ela demora muito para pagar (Passivo).

Ativo	Passivo
Circulante Recebe rapidamente.	Circulante Paga-se rapidamente.
Recebe lentamente, no Longo Prazo.	Demora-se muito tempo para pagar no Longo Prazo.

Ora, se a empresa espera muito tempo para receber, poderíamos chamar esse subgrupo de *Realizável a Longo Prazo*. E, por outro lado, demorando muito para pagar, significa um *Exigível a Longo Prazo*.

Assim, no Passivo, temos: contas que se pagam rapidamente e contas que vão demorar muito tempo para se pagar. Consequentemente, o terceiro grupo será de contas que não serão pagas, exceto os pagamentos pela distribuição dos lucros e dividendos. É o caso do *Patrimônio Líquido*: enquanto a empresa estiver em um processo de continuidade, não precisa pagar (Não Exigível), restituir o capital social aos seus donos (exceto questões judiciais), e quando existir lucros, estes podem ser distribuídos conforme decisão dos próprios donos (sócios ou acionistas).

No Ativo, o que recebemos rapidamente está em primeiro lugar; depois, vem o que vamos demorar para receber. Nesta sequência, em terceiro lugar, vem o grupo dos itens que a empresa não receberá, pois não estão à venda, mas destinados ao uso e à renda. Esses itens permanecem muito tempo dentro da empresa, daí serem chamados natureza permanente.

Ativo	Passivo
Circulante Dinheiro e aquilo que será transformado em dinheiro rapidamente.	**Circulante** Obrigações que serão pagas rapidamente, no curto prazo.
Não Circulante Representado por bens e direitos. Espera-se muito tempo para receber. Normalmente não se vende, pois é para uso próprio ou para renda.	**Não Circulante** Demora-se muito tempo para pagar as obrigações.
	Patrimônio Líquido Normalmente não é necessário pagar, enquanto a empresa estiver em continuidade.

3.4 GRUPOS DE CONTAS DO ATIVO

As contas do Ativo são agrupadas, em grupos de contas homogêneas ou de mesmas características, conforme sua rapidez de conversão em dinheiro, de acordo com seu grau de liquidez, isto é, a capacidade de ser convertidas em dinheiro mais rapidamente.

3.4.1 Ativo Circulante

Em primeiro lugar, agrupam-se as contas que já são dinheiro (Caixa e Equivalentes de Caixa) com as que se converterão em dinheiro rapidamente (Duplicatas a Receber, Estoques etc.). A esse grupo de contas atribuiu-se a denominação *Ativo Circulante*. O ciclo operacional é normalmente de 12 meses. O Ativo Circulante é mantido para ser negociado e estar disponível para realização em dinheiro. É um grupo de elevado grau de liquidez.

O Ativo Circulante (AC) pode ser subdividido em conjuntos de contas de características diferentes.

- *Caixa e Equivalentes de Caixa (Disponibilidades)* – Caixa, Bancos e Aplicações Financeiras de Liquidez Imediata.

- *Aplicações de Instrumentos Financeiros* – Contrato que dá origem a um Ativo financeiro: aplicações em ações, derivativos etc.

- *(–) Deduções; Perdas Estimadas.*

- *Contas a Receber (Cientes)* – São valores ainda não recebidos decorrentes de vendas de mercadorias ou prestação de serviços a prazo. Os valores a receber de clientes são denominados *Duplicatas a Receber*.

- *(–) Deduções:* Perdas Estimadas com Créditos de Liquidação Duvidosa.

- *Outros Créditos* – São valores de títulos de créditos de todas as espécies. Por exemplo: Títulos a Receber.

- *(–) Deduções: Perdas Estimadas com Créditos de Liquidação Duvidosa.*

- *Estoques* – De acordo CPC 16 (R1), os Estoques são Ativos mantidos para venda no curso normal dos negócios, em processo de produção para vendas, ou na forma de materiais ou suprimentos a serem consumidos ou transformados no processo de produção ou na prestação de serviços. Exemplos: matéria-prima, mercadorias para revenda, produtos acabados etc.

- *(–) Deduções: Perdas Estimadas.*

- As perdas em estoques são decorrentes de obsolescência, de datas de validade, quebras, desaparecimento ou de perecimento, bem como das perdas monetárias ocorridas quando o valor realizável líquido dos estoques (valor da venda deduzidos dos impostos) for inferior ao seu custo. A empresa deve fazer provisão desses casos como perdas nos estoques. As perdas nos estoques são representadas por uma conta redutora do Ativo Circulante. Caso fique constatado que o valor dos estoques está desvalorizado, deve-se debitar a conta referente à perda estimada em relação ao valor líquido, em contrapartida com essa conta credora redutora de estoques.

3.4.2 Ativo não Circulante

Este grupo foi criado pela Medida Provisória nº 449/2009, que foi transformada na Lei nº 11.941/2009, que agrupou os subgrupos Realizável a Longo Prazo, Investimentos, Imobilizado e Intangível.

O subgrupo Realizável a Longo Prazo é composto por Ativos de baixa liquidez, ou seja, transformam-se em dinheiro mais lentamente do que o Circulante.

Os demais subgrupos do Ativo não Circulante: Investimentos, Imobilizado e Intangível são compostos por itens, que dificilmente se transformarão em dinheiro, pois não se destinam à venda, mas são utilizados como meios de produção ou meios para se obter renda para a empresa. Formam um grupo conhecido também como *Ativo Fixo*, pois seus valores não mudam constantemente, uma vez que a empresa não compra nem vende esses bens com frequência. São bens com vida útil longa. Antigamente, esse grupo era conhecido como *Ativo Permanente*.

3.4.2.1 Ativo Realizável a Longo Prazo

Neste subgrupo do Ativo não Circulante, são classificados os empréstimos ou adiantamentos concedidos às sociedades coligadas ou controladas, a diretores, acionistas etc., além dos Títulos a Receber de Longo Prazo.

Os itens que compõem o subgrupo Realizável a Longo Prazo se transformarão em dinheiro mais lentamente. São Ativos de menor grau de liquidez, que levam mais tempo para serem recebidos, ou seja, em período superior a um ano, ou de acordo com o ciclo operacional da atividade predominante. Os empréstimos que a empresa faz a diretores e a outras empresas coligadas *não são* recebidos imediatamente; por isso, são classificados como Realizáveis a Longo Prazo.

3.4.2.2 Investimentos

No subgrupo Investimentos, devem ser classificadas as contas que representam as aplicações de recursos em bens tangíveis e em bens intangíveis não usados nas atividades e por aplicações de recursos em participações societárias permanentes. Ou seja, as participações que não se destinam à venda, mas em outras sociedades (*Investimento em Coligadas e Controladas*) e outras aplicações de característica permanente que não se destinam à manutenção da atividade operacional da empresa.

Por exemplo, o fato de uma empresa que fabrica parafusos (atividade operacional/objeto social) ter comprado ações de outras empresas, obras de arte, terrenos para futura expansão, prédio para renda (aluguel) não melhora em nada o volume de vendas ou de produção, em nada irá afetar seu negócio (de parafusos).

3.4.2.3 Imobilizado

No Ativo Imobilizado são classificadas as contas que representam aplicações de recursos em bens tangíveis ou corpóreos (palpáveis) destinados à manutenção da atividade principal da empresa ou exercidos com essa finalidade, inclusive os decorrentes de operações que transfiram à empresa os benefícios, riscos e controle desses bens. São itens que dificilmente serão transformados em dinheiro, que normalmente não são vendidos. Poderíamos dizer que, praticamente, são itens com pouquíssima liquidez. Outra característica nesta categoria de Ativos é que são itens utilizados pela empresa por vários anos, ou seja, vida útil longa, e sua reposição, ao contrário do Circulante, é lenta. Seus valores não variam constantemente, daí a denominação de Ativo Fixo, ou seja, de característica permanente. Nesse subgrupo, encontram-se terrenos e prédios (utilizados para desenvolver as atividades operacionais da empresa), instalações, equipamentos, móveis, utensílios etc. pelo seu valor de compra (valor total, deduzidos de impostos recuperáveis quando permitidos). E, também, como dedução do valor compra do Ativo Imobilizado (exceto terreno) encontra-se a Depreciação Acumulada.

A Conta Depreciação Acumulada representa o desgaste ou a perda da capacidade de utilização (vida útil) de bens tangíveis ou físicos pelo uso, por causas naturais ou por obsolescência normal.

O significado da palavra *depreciar* é causar depreciação, isto é, rebaixar o valor do bem, por desgaste, uso, ação da natureza ou obsolescência. De acordo com o CPC 27, "Depreciação é a alocação sistemática do valor depreciável de um ativo ao longo da sua vida útil".

Portanto, os bens, com o passar do tempo, pelo uso, sofrem deterioração física ou tecnológica. Dessa forma, os bens vão perdendo sua eficiência funcional. Essa perda vai sendo acumulada, de forma aproximada, na conta "Depreciação Acumulada", que subtrairá do Ativo Imobilizado.

3.4.2.4   Intangível

No subgrupo Intangível do Ativo não Circulante estão os bens incorpóreos, isto é, não palpáveis (Ativo invisível), destinados à manutenção da empresa ou exercidos com essa finalidade. A diferença em relação ao Imobilizado é que este é corpóreo (tem corpo, pode-se tocar), enquanto o Intangível não possui corpo físico.

Nesse subgrupo estão os direitos, em que devem ser classificadas todas as contas que representam os bens incorpóreos de uso, ou seja, utilizados nas atividades da empresa. De acordo com o CPC 04 (R1), o bem intangível é um Ativo não monetário identificável sem substância física. Em conformidade com a Lei nº 1.638/2007, no Intangível são considerados os direitos que tenham por objeto os bens corpóreos destinados à manutenção da empresa ou exercidos com essa finalidade, inclusive o fundo de comércio adquirido. Esses bens não sendo utilizados nas atividades da empresa devem ser classificados no subgrupo Investimentos. Exemplos de bens intangíveis: Fundo de Comércio, Marcas, Patentes, *Softwares*, Direitos Autorais etc.

A marca de uma empresa pode ser o principal Intangível. Além da marca (nomes de produtos), podem ser tratados como tal: direitos de autoria, licenças e patentes (processos, fórmulas secretas...), *softwares* (desenvolvimento de banco de dados, materiais educativos...), fidelidade de clientes, tecnologia de ponta, direitos de franquia etc.

No subgrupo Intangível está contido o *goodwill* da empresa. *O goodwill* pode ser entendido como Lucros Futuros Esperados, acima do lucro normal de uma empresa (perspectivas de superlucro). O CPC 04 trata esse assunto como Ágio derivado da expectativa de rentabilidade futura.

O *Dicionário Michaelis* apresenta *goodwill* como Fundo de Comércio ou Aviamento (bens, freguesia, crédito, reputação). Define o termo como Bem Intangível do Ativo que representa prestígio de uma empresa, fidelidade de clientes etc.

O *goodwill* é de difícil avaliação (subjetivo) e só é reconhecido por ocasião de compra e venda de uma empresa ou na liquidação desta. Tal assunto é tratado no Capítulo 14 deste livro.

Outros conceitos usados nem sempre corretamente como sinônimos de *goodwill* são Fundo de Comércio e Aviamento.

O Fundo de Comércio é o conjunto de bens corpóreos e incorpóreos que proporcionam lucratividade para a empresa (estoques, instalações, ponto comercial, clientes etc.). Por exemplo, um carrinho de cachorro-quente tem um valor material, porém, se instalado em uma universidade com milhares de alunos, tem um valor adicional pela freguesia.

A Amortização Acumulada é a conta que registra a diminuição do valor dos bens intangíveis. Ou seja, é a perda de valor de capital aplicado na aquisição de direitos de propriedade industrial ou comercial e quaisquer outros com existência ou exercício de duração limitada, ou cujo objeto sejam bens de utilização por prazo legal ou contratualmente limitado.

O significado da palavra *amortizar* é extinguir gradualmente até a extinção total. É a perda (parcial ou total) da capacidade dos gastos classificados na conta Amortização Acumulada, que será subtraída do subgrupo Intangível, até atingir 100% do valor do gasto realizado.

3.5 GRUPOS DE CONTAS DO PASSIVO

Primeiramente, do ponto de vista da legislação societária, o Passivo é composto pelos grupos de contas representados no lado direito do Balanço Patrimonial. O Passivo agrupará contas de acordo com o seu vencimento, isto é, aquelas contas que serão liquidadas mais rapidamente integrarão um primeiro grupo. Aquelas que serão pagas em um prazo mais longo formarão outro grupo.

Há uma analogia com o Ativo em termos de liquidez decrescente, só que naquele caso (Ativo) aparecerão as contas que se converterão mais rapidamente em dinheiro e, por outro lado, no Passivo serão destacadas, prioritariamente, as contas que deverão ser pagas mais rapidamente, ou seja, as que exigirão a saída de recursos de caixa do ativo circulante.

No Passivo, as contas serão classificadas nos seguintes grupos: Passivo Circulante, Passivo não Circulante e Patrimônio Líquido. O Passivo é o lado das dívidas, das obrigações. De fato, se a palavra *Ativo* tem uma conotação *positiva*, o termo *Passivo* tem um significado *negativo*, ou seja, no mundo dos negócios, obrigações, dívidas e, em um sentido mais amplo, são os financiamentos.

Segundo o CPC 25, Passivo é uma obrigação presente na entidade, derivada de eventos já ocorridos, cuja liquidação se espera que resulte em saída de recursos da entidade capazes de gerar benefícios econômicos.

De acordo o Prof. Sérgio de Iudícibus, em seu livro *Teoria da contabilidade* (10ª edição, p. 146), existem, basicamente, três tipos de Passivos ou Exigibilidades: as legais, aquelas derivantes de obrigações a serem pagas em data determinada e para uma pessoa especificamente identificada e com valor estabelecido; as equitativas, ou seja, os provisionamentos derivantes de compromissos com garantias oferecidas a clientes e outras do gênero; e as contingentes, as que dependem da ocorrência de fatos futuros, no que se refere ao desembolso de recursos.

O *Passivo Exigível* evidencia toda a obrigação (dívida) que a empresa tem com terceiros: contas a pagar, fornecedores de matéria-prima (a prazo), impostos a pagar, financiamentos, empréstimos etc.

O Passivo é uma obrigação exigível, isto é, no momento em que a dívida vencer, será exigida (reclamada) sua liquidação. Por isso é mais adequado denominá-lo Passivo Exigível.

O Passivo Exigível, por sua vez, é subdividido em dois grupos: Passivo Circulante e Passivo não Circulante. Essa subdivisão foi determinada pela Lei nº 11.941/2009, que alterou o art. 180 da Lei nº 6.404/1976.

Para fins didáticos, a obrigação *Não Exigível* também pode ser vista como uma dívida, só que essa dívida não será reclamada. Enquanto a empresa estiver em um processo de continuidade, funcionando, não precisa pagar essa obrigação. Com quem é essa obrigação? Com seus proprietários.

Uma empresa é constituída por meio de um contrato legal, daí o nome Pessoa Jurídica. Para que a empresa comece a operar de fato, ela precisa de capital (dinheiro, bens, recursos).

Os sócios da empresa (normalmente Pessoas Físicas)[2] estão dispostos a conceder uma quantia inicial, normalmente em dinheiro, para dar "fôlego de vida" para a empresa. Essa quantia é o Capital, ou o Capital Social (pois se refere a uma sociedade).

Imagine agora que você fosse contratado para administrar essa empresa (Pessoa Jurídica). Você sabe que o Capital concedido pelos sócios não é um presente, mas uma aplicação, um investimento. Se a empresa parar de operar daqui a um ano (descontinuidade), ela terá que devolver, no mínimo, o Capital Investido pelos sócios.

Ora, se são duas pessoas distintas, a Pessoa Jurídica (com personalidade própria, assumindo obrigações, compromissos...) fica com uma obrigação com as Pessoas Físicas, daí a quantia do Capital Social ser registrada no lado do Passivo.

Por outro lado, a empresa seria totalmente frágil, vulnerável, se os sócios, por qualquer motivo, a qualquer momento, solicitassem à empresa a devolução de sua parte no capital. Em termos legais, normalmente, a empresa não é obrigada a devolver o capital ao sócio, caso contrário sua continuidade poderia ser interrompida. Nesse caso, o sócio deveria vender sua parte no capital para outras pessoas, sem envolver a empresa.

---

[2] Poderiam ser também outras Pessoas Jurídicas.

Assim, para fins didáticos, podemos dizer que o *não Exigível* consiste nas origens de recursos dos sócios (proprietários), que, normalmente, a empresa não precisa devolver (pagar) enquanto estiver em um processo de continuidade (embora haja exceções).

No Decreto-lei nº 2.627/1940 destacava-se o não Exigível. Em 1976, com a Lei das Sociedades por Ações (Lei nº 6.404/1976), em um modelo norte-americano, a obrigação não Exigível passou a ser denominada *Patrimônio Líquido*. Em 2007, a Lei nº 11.638 mantém o grupo Patrimônio Líquido.

Todavia, para entender bem o Patrimônio Líquido, a visão didática do "não exigível" é a melhor.

As contas do Passivo e do Patrimônio Líquido são agrupadas de acordo com seu vencimento, isto é, aquelas a serem liquidadas mais rapidamente serão destacadas daquelas a serem pagas em um prazo mais longo.

Em primeiro lugar, agruparemos as contas que serão pagas mais rapidamente (Salários a Pagar, Impostos a Pagar etc.). Esse grupo é chamado *Passivo Circulante*.

Em segundo lugar, as contas que serão pagas em um prazo mais longo (Financiamentos etc.). Essas contas são chamadas *Exigível a Longo Prazo* e fazem parte do grupo denominado *não Circulante*.

Em terceiro lugar, as contas que, praticamente, não serão pagas. São as obrigações com os proprietários da empresa, as obrigações não exigíveis. Esse grupo é chamado *Patrimônio Líquido*.

3.5.1 Passivo Circulante

São as obrigações a Curto Prazo, ou seja, as que deverão ser liquidadas dentro do exercício social seguinte (próximo ano), ou conforme o ciclo operacional da empresa, se este for superior a um ano. Evidencia todas as dívidas com terceiros que serão pagas a curto prazo: dívidas com Fornecedores de Mercadorias ou Matérias-primas, os Impostos a Recolher (para o governo), os Empréstimos Bancários com vencimentos nos próximos 360 dias, as obrigações trabalhistas e sociais com empregados, Salários, Férias, 13º Salário, Encargos Sociais a Pagar etc.

3.5.2 Passivo não Circulante

Este grupo é composto principalmente do Exigível a Longo Prazo, cujas obrigações das empresas, deverão ser liquidadas após o próximo exercício social seguinte ao que as demonstrações estiverem sendo levantadas, ou conforme o Ciclo Operacional se este for superior a um ano. As dívidas a longo prazo normalmente se referem aos financiamentos com instituições financeiras, aos Impostos a Pagar, às Provisões para Contingências.

A determinação da classificação, para o caso de o ciclo operacional da empresa ter duração maior do que o ciclo do exercício social, dependerá do prazo desse ciclo. Ou seja, se uma empresa constrói um navio em 24 meses, haverá a necessidade de se ajustar o ciclo do exercício social, em função de se ter um ciclo operacional (24 meses) diferente do que é o comum, que dura 12 meses.

3.5.2.1   Exigível a Longo Prazo

São as obrigações da empresa que deverão ser liquidadas após o próximo exercício social (superior a um ano). As dívidas a longo prazo, normalmente se referem aos financiamentos com instituições financeiras, Títulos a Pagar, Provisões para Contingências, Debêntures etc.

Evidentemente, a opção por parte da empresa de contrair dívidas a Longo Prazo é mais confortável, uma vez que terá mais tempo para pagar a obrigação e, consequentemente, terá um prazo maior para gerar recursos financeiros (para saldar a dívida). Todavia, nem sempre é fácil obter empréstimos a Longo Prazo, principalmente para Capital de Giro (Ativo Circulante).

É tradicional no mercado financeiro conseguir empréstimos a Longo Prazo para aquisição de bens do Ativo Permanente. A lógica é que a aplicação no Ativo Permanente gera recursos mais lentamente que as aplicações no Ativo Circulante e que os montantes necessários para aquisição de itens do Ativo Permanente são maiores (Prédios, Máquinas e Equipamentos modernos, novas instalações para expansão etc.) que os Circulantes.

Entretanto, sempre que possível, é interessante que a empresa concentre mais sua dívida a longo prazo do que a curto prazo, embora nem sempre seja tarefa fácil. É claro, também, que a forma de cálculo dos encargos deve ser considerada. Por exemplo, em épocas de inflação decrescente, não é interessante contrair empréstimos a longo prazo.

3.5.3   Patrimônio Líquido

O Patrimônio Líquido demonstra o total de recursos aplicados pelos proprietários na empresa. À medida que a empresa opera com lucro, o valor do Patrimônio aumenta. Em contrapartida, quando há prejuízo, o valor do Patrimônio Líquido diminui.

O Patrimônio Líquido pode ser obtido no Balanço Patrimonial por meio da diferença entre Ativo e Passivo Exigível. Por isso, o lado direito do Balanço Patrimonial reflete todas as fontes de recursos que constituem o Passivo Exigível e o Patrimônio Líquido. Portanto, a fórmula mais adequada para obter o Patrimônio Líquido é a seguinte: PL = Ativo (−) Passivo Exigível

De acordo com a Lei das Sociedades por Ações (Lei nº 6.404/1976), atualizadas pelas Leis de nºs 11.638/2007 e 11.941/2009, define no art. 178: "Patrimônio Líquido, dividido em Capital Social, Reservas de Capital, Ajustes de Avaliação Patrimonial, Reservas de Lucros, Ações em Tesouraria e Prejuízos Acumulados".

Deduções – Entre as principais deduções do Patrimônio Líquido, podemos destacar, aqui, os *Prejuízos Acumulados*. À medida que os *lucros* são adicionados ao Patrimônio Líquido fazendo crescer os investimentos dos proprietários, os *prejuízos* têm efeito contrário: reduzem os investimentos dos proprietários, diminuindo o Patrimônio Líquido.

3.6 VISÃO SINTÉTICA DO BALANÇO

O Balanço Patrimonial divide-se em grupos de contas de mesmas características facilitando, dessa forma, a leitura, interpretação e análise.

Os grupos de contas, bem como as contas, serão apresentados em ordem de liquidez (conversão em dinheiro) decrescente.

ATIVO	PASSIVO E PATRIMÔNIO LÍQUIDO
Circulante* Este grupo é composto pelas contas que estão constantemente em giro – em movimento – sendo que a sua conversão em dinheiro ocorrerá, no máximo, até o próximo exercício social. **Não Circulante** Compreendem todas as contas que não serão realizadas no próximo exercício social. **– Realizável a Longo Prazo** Incluem-se nessa conta bens e direitos que se transformarão em dinheiro após o exercício seguinte. **– Investimentos** São as participações permanentes em outras sociedades e os direitos de qualquer natureza, não classificáveis no ativo circulante, e que não se destinem à manutenção da atividade da companhia ou da empresa. **– Imobilizado** São os direitos que tenham por objeto bens corpóreos (palpáveis) destinados à manutenção da atividade fundamental da companhia ou da empresa ou exercidos com essa finalidade, inclusive os decorrentes de operações que transfiram à empresa os benefícios, riscos e controle desses bens. **– Intangível** São direitos que tenham por objetos bens incorpóreos, isto é, que não podem ser tocados, destinados à manutenção da empresa ou exercidos com essa finalidade, inclusive o fundo de comércio adquirido.	**Circulante*** São obrigações exigíveis que serão liquidadas no próximo exercício social: nos próximos 365 dias após o levantamento do balanço. **Não Circulante** Compreendem todas as obrigações exigíveis que não serão liquidadas no próximo exercício social. **– Exigível a Longo Prazo** São obrigações exigíveis que serão liquidadas com prazo superior a um ano – dívidas a longo prazo. **– Patrimônio Líquido** São recursos dos proprietários aplicados na empresa. Os recursos significam o capital mais o seu rendimento – lucros e reservas. Se houver prejuízo, o total dos investimentos dos proprietários será reduzido.

* Na entidade em que o *ciclo operacional* tiver duração maior do que o período de 12 meses, a classificação como *circulante ou não circulante* terá por base o prazo do ciclo.

3.7 CICLO OPERACIONAL E PRAZOS EM CONTABILIDADE

A Lei das Sociedades por Ações nº 6.404/1976, define o ciclo operacional no seu art. 179, parágrafo único: "Na companhia em que o ciclo operacional da empresa tiver duração maior que o exercício social, a classificação no circulante ou longo prazo terá por base o prazo desse ciclo".

Na Contabilidade, o ciclo operacional é o tempo que transcorre entre a compra da mercadoria, a venda e o pagamento feito pelo cliente à empresa que fez a venda.

Entende-se como ciclo operacional o período de tempo que uma indústria, por exemplo, leva para produzir seu estoque, vendê-lo e receber as duplicatas geradas na venda, entrando em caixa. Em outras palavras, é o tempo que a empresa demora para produzir, vender e receber o produto que ela fabrica.

O ciclo operacional de um supermercado é relativamente rápido (em média 30 dias), pois este tipo de empresa tem um giro rápido e vende à vista.

Uma metalúrgica, por exemplo, tem um ciclo mais lento, pois, além de produzir (industrializar), tradicionalmente vende a prazo (seu ciclo é normalmente acima de 90 dias).

Uma indústria naval tem um ciclo mais demorado, podendo passar de um ano. A mesma coisa ocorre com a construção civil.

Há empresas cujo ciclo operacional é bastante longo, como uma atividade pecuária de corte, em que, desde o nascimento do bezerro até a venda do boi gordo e o respectivo recebimento, pode ultrapassar quatro anos.

Quando uma empresa fornece mercadorias ou serviços dentro de um ciclo operacional claramente identificável, a classificação separada de ativos e passivos circulantes e não circulantes no próprio balanço oferece informações úteis, distinguindo-se o ativo líquido, que está continuamente circulando como capital de giro, daqueles usados nas operações de longo prazo da entidade.

Para outras entidades, como instituições financeiras, a apresentação dos ativos e passivos em ordem de liquidez proporciona informações mais importantes e confiáveis do que a classificação circulante/não circulante, uma vez que essas entidades não têm um ciclo operacional claramente identificado.

As informações sobre os prazos de realização de ativos e liquidação de passivos são úteis para avaliação da liquidez de uma empresa. Divulgação e apresentação de instrumentos financeiros incluem a divulgação dos períodos de vencimento de ativos e passivos financeiros. Ativos financeiros incluem duplicatas e outras contas a receber, ao passo que passivos financeiros incluem contas a pagar a fornecedores e outras.

Informações sobre o período esperado de recuperação ou liquidação de ativos ou passivos não monetários são, também, muito úteis, independentemente da sua classificação como ativo ou passivo, circulantes ou não circulantes. Por exemplo, se uma parcela dos estoques tem sua realização prevista para um prazo superior a um ano da data do balanço, ou da duração do ciclo operacional da empresa, essa parcela deve ser classificada como ativo não circulante.

Um ativo deve ser classificado como circulante, quando satisfazer qualquer um dos critérios a seguir:

a) se espera que seja realizado, ou mantido para venda, negociação ou consumo dentro dos 12 meses seguintes à data do balanço; ou

b) é um ativo em dinheiro ou equivalente, cuja utilização não está restrita.

Todos outros ativos, que devem incluir os créditos com empresas ligadas e administradores que não constituírem negócios usuais na exploração do objeto da empresa, devem ser classificados como não circulantes.

O grupo de "não circulante" deverá ser desdobrado em ativo realizável a longo prazo, investimentos, ativo imobilizado e ativo intangível. Observe que desaparece o termo permanente. Em termos econômicos e contábeis não existe Ativo Permanente. Todos os ativos, independentemente de sua espécie, são realizáveis em moeda, seja com base no direito de recebimento (aplicações financeiras, títulos e contas receber), seja por meio de venda (estoques) ou de sua utilização e consumo no processo produtivo. O que existe, de fato, são ativos que se realizam em prazos menores que outros. O que torna importante distinguir, para fins de análise, são aqueles que vão se realizar durante os próximos 12 meses (Circulante) daqueles que possuam realização mais longa (Não Circulante).

O ciclo operacional de uma empresa é definido como o período entre a compra das matérias-primas utilizadas na fabricação dos produtos ou na compra de mercadorias para revendas até a sua efetiva realização na forma de caixa (dinheiro) ou equivalente a dinheiro. Ativos circulantes são ativos (como estoques e contas a receber de clientes) que são vendidos, consumidos e realizados dentro do ciclo operacional da empresa desde que sejam realizados no prazo de 12 meses, quando não houver expectativa de serem realizados dentro do período de 12 meses da data do balanço, devem ser classificados como não circulantes. Títulos e ações negociáveis em bolsas de valores devem ser classificados como circulante, se houver expectativa de serem realizados dentro do período de 12 meses da data do balanço; caso contrário, deverão ser classificados como ativo não circulante.

Um passivo deve ser classificado como passivo circulante somente quando atender aos seguintes parâmetros:

a) é esperada sua liquidação dentro dos 12 meses seguintes à data do balanço;

b) é mantido principalmente com a finalidade de ser transacionado; ou

c) a entidade não tem nenhum direito de postergar sua liquidação por período que exceda os 12 meses da data do balanço.

As demais obrigações devem ser classificadas como passivo não circulante, por exemplo, os empréstimos de sócios ou empresas ligadas e coligadas, parcelamento de impostos, empréstimos e financiamentos, com prazos de pagamento maiores que 12 meses.

EXERCÍCIOS PROPOSTOS

1.

(FUMARC – 2011 – BDMG – adaptado). Assinale a opção em que **TODAS** as contas pertencem ao Passivo Circulante:

a) Salários a Pagar, Impostos a Pagar, Encargos a recolher, 20ª parcela de *leasing*.

b) Caixa, Adiantamentos a Fornecedores, Adiantamento de Clientes, Energia Elétrica.

c) Salários a Pagar, Imóveis, Impostos a Pagar, Encargos a recolher.

d) Salários a Pagar, Empréstimos Bancário de Curto Prazo, Encargos a Recolher.

e) Adiantamento de salários, despesas pagas antecipadamente e lucros e dividendos a distribuir.

2.

(CESPE – 2010 – TRE-MT – Adaptado). Quanto ao modo de classificação das contas no ativo no balanço patrimonial, assinale a opção correta.

Parte superior do formulário

a) No ativo circulante, serão classificadas somente as disponibilidades e as aplicações de recursos em despesas do exercício seguinte.

b) Os direitos realizáveis após o término do exercício seguinte serão classificados no ativo realizável a longo prazo, assim como os derivados de vendas, adiantamentos ou empréstimos a sociedades coligadas ou controladas, diretores, acionistas ou participantes no lucro da companhia, que não constituírem negócios usuais na exploração do objeto da empresa.

c) Nos investimentos, serão registradas as participações não permanentes em outras sociedades.

d) No ativo imobilizado, devem ser classificados os direitos que tenham por objeto bens corpóreos e os incorpóreos, ambos destinados à manutenção das atividades da companhia.

e) No intangível, serão classificadas as obrigações da companhia para com terceiros.

3.

(EXAME DE SUFICIÊNCIA – 2ª edição 2017 – CFC). Uma sociedade empresária apresentou as seguintes informações quanto aos saldos de suas contas patrimoniais em 31.12.2016

Bancos Conta Movimento	R$ 24.083,00
Caixa	R$ 2.043,00
Capital a Integralizar	R$ 11.158,00
Capital Subscrito	R$ 150.625,00
Depreciação Acumulada de Edificações em Uso	R$ 28.537,00
Duplicatas a Receber – Curto Prazo	R$ 77.527,00
Duplicatas Descontadas – Curto Prazo	R$ 32.000,00
Edificações em Uso	R$ 183.904,00
Empréstimos a pagar – Curto Prazo	R$ 79.068,00
Empréstimos a Pagar – Longo Prazo	R$ 17.621,00
Encargos Financeiros a Transcorrer – decorrentes de Duplicatas Descontadas – Curto Prazo	R$ 2.161,00
Fornecedores – Curto Prazo	R$ 91.950,00
ICMS a Recuperar – Curto Prazo	R$ 2.851,00
Mercadorias para Revenda	R$ 128.391,00
Reservas para Contingências	R$ 28.657,00
Telefone a Pagar – Curto Prazo	R$ 3.660,00

Considerando-se apenas as informações apresentadas, é CORRETO afirmar que:

a) o saldo do Ativo Circulante é de R$ 234.895,00.
b) o saldo do Ativo Não Circulante é de R$ 166.625,00.
c) o saldo do Passivo Circulante é de R$ 174.678,00.
e) o saldo do Patrimônio Líquido é de R$ 179.282,00.

4.

(EXAME DE SUFICIÊNCIA – 2ª edição 2017 – CFC). Uma sociedade empresária apresentou o seguinte balancete, após a apuração e destinação do resultado, para elaboração do Balanço Patrimonial de 31.12.2016:

13º Salário a Pagar	R$ 15.000,00
Adiantamento de Clientes – Curto Prazo	R$ 4.000,00
Adiantamento de Salários – Curto Prazo	R$ 1.000,00
Banco Conta Movimento	R$ 12.000,00
Capital Subscrito	R$ 100.000,00
Depreciação Acumulada de Máquinas e Equipamentos	R$ 2.000,00
Dividendo Adicional Proposto	R$ 6.400,00
Duplicatas a Receber – Curto Prazo	R$ 60.000,00
Empréstimos a Pagar – Curto Prazo	R$ 40.000,00
Encargos Financeiros a Transcorrer de Empréstimos – Longo Prazo	R$ 1.500,00
Férias a Pagar	R$ 18.000,00
FGTS a Recolher	R$ 2.700,00
Fornecedores – Curto Prazo	R$ 133.000,00
ICMS a Recuperar – Curto Prazo	R$ 2.000,00
INSS a Recolher	R$ 9.000,00
Máquinas e Equipamentos – Bens em operação	R$ 12.000,00
Mercadorias para Revenda	R$ 170.000,00
Participações em Coligadas	R$ 75.000,00

Perda Estimada com Créditos de Liquidação Duvidosa – Curto Prazo	R$ 8.400,00
Prêmios de Seguros a Apropriar – Curto Prazo	R$ 10.000,00
Reserva Legal	R$ 5.000,00

Considerando-se apenas as informações apresentadas, o total do ATIVO é de:

a) R$ 331.100,00
b) R$ 331.600,00
c) R$ 340.000,00
d) R$ 342.000,00

5.

(CESGRANRIO – 2013 – BNDES). Na Contabilidade, o patrimônio de uma empresa é o conjunto de bens, direitos e obrigações.

Contabilmente, as obrigações da empresa estão localizadas no

a) ativo circulante.
b) ativo não circulante.
c) capital social.
d) patrimônio líquido.
e) passivo.

6.

(FCC – 2012 – MPE-PE – adaptado). Os ativos totais de uma companhia aumentaram R$ 400.000,00 em 2011 e o valor de seu patrimônio líquido diminuiu R$ 80.000,00. Em relação ao ano-calendário de 2011, pode-se afirmar, com certeza absoluta, que:

a) o total de seus passivos diminuiu R$ 320.000,00.
b) o Patrimônio Líquido da companhia está a descoberto.
c) o total de seus passivos aumentou mais que R$ 400.000,00.
d) o total de seus passivos é maior que o total de seus ativos.

Cap. 3 • Balanço Patrimonial: Grupo de Contas 57

e) o valor total dos passivos da companhia é menor que R$ 200.000,00.

f) o total de seus passivos aumentou mais que R$ 400.000,00.

7.

(FCC – 2012 – MPE-AP). No Ativo, as contas serão dispostas:

a) em direitos e obrigações para com os acionistas.

b) pelo valor presente líquido de liquidação.

c) em ordem decrescente de grau de liquidez.

d) pela capacidade de gerar receitas futuras.

e) pelo valor de aquisição atualizado monetariamente.

8.

(FCC – 2012 – TST). Em 30/06/2012, determinada empresa incorreu em gastos com:

I. a aquisição de 30% das ações ordinárias da Cia. A, com o objetivo de assegurar fornecimento de matéria-prima.

II. o desenvolvimento de novos produtos, cujos benefícios econômicos futuros ainda não podiam ser demonstrados.

III. a contratação de uma apólice de seguro contra incêndio da fábrica (com pagamento à vista), cuja vigência é de 12 meses.

IV. os custos de transação, incorridos e pagos, referentes à captação de um empréstimo de longo prazo.

Com base nas informações apresentadas, os gastos incorridos nas operações I, II, III e IV foram reconhecidos, respectivamente, em 30/06/2012, como:

a) Investimentos, intangíveis, despesas pagas antecipadamente e encargos a apropriar.

b) Aplicação financeira, intangíveis, despesas pagas antecipadamente e despesas financeiras.

c) Aplicação financeira, despesas operacionais, despesas de seguro e despesas financeiras.

d) Investimentos, despesas operacionais, despesas de seguro e despesas financeiras.

e) Investimentos, despesas operacionais, despesas pagas antecipadamente e encargos a apropriar.

9.

(ESAF – 2012 – MDIC). Em relação ao patrimônio, objeto da contabilidade, é correto afirmar que:

a) o ativo patrimonial é composto dos bens, direitos e obrigações de uma pessoa física ou jurídica.

b) o patrimônio líquido pode ser entendido como a diferença entre o valor do ativo e o valor do passivo de um patrimônio.

c) se calcularmos os direitos reais e os direitos pessoais pertencentes a uma entidade, estaremos calculando o ativo patrimonial dessa entidade.

d) o capital social de um empreendimento comercial é o montante de recursos aplicados em seu patrimônio.

e) o montante dos bens e dos direitos de uma pessoa física ou jurídica tem o mesmo valor de seu passivo real.

10.

Das afirmações abaixo quais são corretas:

I) Um ativo deve ser classificado como circulante quando é um ativo em dinheiro ou equivalente, cuja utilização não tem nenhuma restrição;

II) Ciclo operacional refere-se ao período de tempo em que uma demanda para produzir, vender e receber.

III) O ciclo operacional do comércio varejista na prática é mais demorado que o da indústria, pois normalmente as vendas ao consumidor final são recebidas no prazo médio maior que o das indústrias, mesmos que estas demorem mais tempo no ciclo referente a produção.

III) As informações sobre os prazos de realização de ativos e liquidação de passivos são uteis para avaliação da liquidez da empresa.

IV) Uma das condições para classificar um passivo como circulante, diz respeito a sua liquidação que deve ocorrer dentro do prazo de 12 meses seguintes à data do balanço.

a) Todas as afirmações estão corretas
b) Apenas a I e IV estão corretas
c) Apenas a I é incorreta
d) As afirmações II e IV são incorretas.

11.

(ESAF – 2009 – Receita Federal) Em relação ao encerramento do exercício social e à composição dos grupos e subgrupos do balanço, assinale abaixo a opção falsa.

a) Na companhia em que o ciclo operacional da empresa tiver duração maior que o exercício social, a classificação no circulante ou longo prazo terá por base o prazo desse ciclo.

b) No intangível, serão classificados os direitos que tenham por objeto bens incorpóreos destinados à manutenção da companhia ou exercidos com essa finalidade, inclusive o fundo de comércio adquirido.

c) No ativo imobilizado, serão classificados os direitos que tenham por objeto bens corpóreos destinados à manutenção das atividades da companhia ou da empresa ou exercidos com essa finalidade, inclusive os decorrentes de operações que transfiram à companhia os benefícios, riscos e controle desses bens.

d) Em investimentos, serão classificadas as participações permanentes em outras sociedades e os direitos de qualquer natureza, não classificáveis no ativo circulante, e que não se destinem à manutenção da atividade da companhia ou da empresa.

e) No ativo circulante, serão incluídas as disponibilidades, os direitos realizáveis no curso do exercício social e as aplicações de recursos em despesas do exercício seguinte.

12.

(FRAMINAS – 2015 – Prefeitura de Belo Horizonte – MG). Um dos indicadores mais utilizados na gestão financeira é o de capital de giro próprio (CGP). Este indicador aponta o volume de capital próprio da empresa que está financiando o ativo circulante e o realizável a longo prazo. Comumente no mercado, o valor mínimo ideal para esse indicador é zero.

Abaixo, é apresentado o balanço patrimonial da empresa X.

Empresa X 2014

Ativo circulante	$ 120
Realizável a longo prazo	$ 60
Ativo permanente	$ 70

Passivo circulante	$ 70
Exigível a longo prazo	$ 90
Patrimônio Líquido	$ 90

Com base nessas informações, o valor do Capital de Giro Próprio da Empresa X é

a) $10.
b) $20.
c) $50.
d) $150.

4

Algumas Decisões em Relação ao Balanço Patrimonial

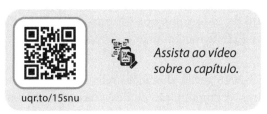

Assista ao vídeo sobre o capítulo.
uqr.to/15snu

4.1 INTRODUÇÃO

A Contabilidade é um sistema de informação voltado a elaborar demonstrações contábeis, para fornecer informações que sejam úteis na tomada de decisões econômicas e avaliações por parte dos usuários em geral.

As demonstrações contábeis permitem aos seus usuários, por exemplo:

- Decidir quando comprar, manter ou vender instrumentos patrimoniais;
- Avaliar a capacidade de a empresa pagar seus empregados, fornecedores, bancos e governos;
- Avaliar a capacidade de a empresa continuar operando, de pagar lucros e dividendos;
- Determinar políticas tributárias etc.

Embora haja, neste livro, capítulos específicos sobre Análise das Demonstrações Financeiras, não seria conveniente esperarmos muito tempo sem ter pelo menos uma ideia da importância das demonstrações para tomada de decisão.

Sem dúvida, trata-se apenas de uma introdução bastante superficial, mas suficiente para manter o estudante motivado nessa área.

4.2 IMPORTÂNCIA DO PASSIVO

Um dos aspectos importantes do Passivo é avaliar a estrutura do Capital: Capital de Terceiros (PC + ELP) e Capital Próprio (Patrimônio Líquido).

Quanto maior for o Capital de Terceiros, mais a empresa estará endividada (quantidade da dívida). Todavia, ao analisar-se o Capital de Terceiros, detecta-se o prazo, o custo da dívida, para quem se deve etc. (qualidade da dívida).

Sabemos que o Ativo (aplicação de recursos) é financiado por Capitais de Terceiros (Passivo Circulante + Exigível a Longo Prazo) e por Capitais Próprios (Patrimônio Líquido). Portanto, Capitais de Terceiros e Capitais Próprios são fontes (origens) de recursos.

Também são os indicadores de endividamento que nos informam quanto a empresa se utiliza de recursos de terceiros e quanto de recursos próprios. Saberemos se os recursos de terceiros têm seu vencimento em maior parte a Curto Prazo (Circulante) ou a Longo Prazo (Exigível a Longo Prazo).

É do conhecimento de todos que, nos últimos anos, tem sido crescente o endividamento das empresas. Esse fenômeno não ocorre somente no Brasil sendo comum no cenário mundial.

A recessão de 2015-2016 gerou alterações relevantes nos balanços patrimoniais das empresas não financeiras. A combinação de desvalorização do real, alta da inflação, aumento das taxas de juros e forte retração da produção e do consumo comprometeram as receitas e elevaram os custos financeiros, empurrando as empresas na direção de tomarem novas dívidas para rolarem os seus Passivos e conseguirem atravessar a crise com menores perdas possíveis.

Para o total da amostra, o indicador que mede a relação entre o endividamento líquido e o capital próprio registrou 100,8% em 2015, passando a recuar desde então. Terminou 2019 em 76,8%. Tal processo, porém, deu-se quase que exclusivamente pela desalavancagem dos passivos da Petrobras e da Vale do Rio Doce. Desconsiderando essas empresas, o quadro foi muito diferente.

No caso da indústria (exceto Petrobras e Vale), o grau de endividamento só não subiu em 2017, ano de saída da crise. Em 2015, a relação endividamento líquido/capital próprio chegou a 95% e praticamente não saiu do lugar em 2019, registrando 94%.

Nos demais setores, houve avanços ainda mais substanciais. Nos serviços, considerando ou não o ramo de energia elétrica, o endividamento atingiu seus patamares mais elevados dos últimos seis anos (84% e 55,9%, respectivamente). No comércio, houve elevação de 56,1% para 73,9% entre 2018 e 2019.

Essa evolução reflete o quanto continua sendo difícil para a grande indústria brasileira reduzir de forma mais disseminada o seu endividamento, em um contexto de baixo crescimento econômico e demanda estagnada ou em queda, em que as receitas e os lucros operacionais são comprometidos quase que exclusivamente para honrar os custos das dívidas, restando pouco espaço financeiro para reduzi-las.

Indicadores de Endividamento: Indústria, Comércio e Serviços (em %) – 2014 a 2019

Macrossetores	Relação entre Capital de Terceiros e Capital Próprio						Relação entre Endividamento Líquido e Capital Próprio						Participação dos Empréstimos de Curto Prazo no Total de Empréstimos					
	2014	2015	2016	2017	2108	2019	2014	2015	2016	2017	2018	2019	2014	2015	2016	2017	2018	2019
Indústria	1,6	2,2	2,1	1,9	1,9	2,0	76,7	111,9	100,1	86,7	79,4	73,7	15,7	16,2	15,7	14,9	11,4	115,7
Indústria sem Petrobras	1,6	2,0	2,0	1,8	1,7	2,0	60,5	85,5	83,3	73,0	68,0	67,2	22,3	21,0	22,4	22,6	16,9	16,3
Indústria sem Petrobras e Vale	1,8	2,2	2,2	2,1	2,2	2,3	68,4	90,3	92,5	89,2	95,0	94,0	27,0	24,9	27,2	26,0	18,6	17,0
Serviços	1,6	1,7	1,6	1,6	1,7	1,8	77,6	81,0	74,5	74,8	82,2	84,0	31,3	29,0	30,5	30,4	21,4	22,5
Serviços sem Energia	1,2	1,3	1,2	1,2	1,3	1,5	48,5	51,6	48,1	50,1	55,4	55,9	33,8	28,2	28,4	27,8	22,3	22,3
Comércio	2,7	3,1	3,3	3,1	3,1	3,5	54,8	47,1	75,4	73,3	56,1	73,9	48,0	32,6	35,0	39,6	30,7	30,9
Total	1,6	2,1	2,0	1,9	1,9	2,0	76,1	100,8	91,2	82,3	79,3	76,8	20,7	19,5	20,0	20,2	15,2	18,7

Fonte: IEDI – Balanços Patrimoniais e Demonstrações Financeiras. Disponível em: http://www.iedi.org.br/artigos/top/analise/analise_iedi_20170328_empresas.html. Acesso em: 12 abr. 2022.

Cabe ressaltar que a trajetória do endividamento das grandes empresas se deu com comportamentos setoriais diferenciados. Vários segmentos conseguiram reduzi-lo nos dois últimos anos da série, mas o indicador permaneceu acima do patamar registrado em 2014, como são os casos dos setores de alimentos, construção civil, madeira, metalurgia, siderurgia, têxtil e vestuário. De outro lado, entre 2018 e 2019, registrou-se elevação na relação entre o endividamento líquido sobre o capital próprio no comércio varejista, nas concessões públicas de rodovias e na indústria de minerais não metálicos, papel e celulose, e na química.

A estrutura dos Passivos das grandes empresas não financeiras se modificou ao longo do período, demonstrando o esforço delas no sentido de mitigar o peso das dívidas em seus custos. Nota-se para o conjunto das indústrias (excluídas a Petrobras e a Vale) um movimento contínuo de redução da participação dos financiamentos de curto prazo no total dos empréstimos. Esse percentual das dívidas de curto prazo, no total, passou de 27,2%% para 17,0%, entre 2016 e 2019.

Normalmente, os países desenvolvidos possuem um endividamento (quantidade) até 60%, daí ter um Ativo competitivo, uma tecnologia de ponta. Fala-se, hoje, que a idade média do Imobilizado de empresas americanas é de três anos, enquanto a idade dos bens de produção das empresas brasileiras pode chegar a seis anos. Por isso dizer que uma empresa pouco endividada corre riscos de não sobreviver: seu Ativo pode ficar obsoleto, pouco competitivo.

Por outro lado, é necessário ver a *qualidade* da dívida. Dívidas a longo prazo, normalmente, são melhores, pois, além de ter mais tempo para pagar, ela é menos onerosa (juros mais baratos) que as dívidas de curto prazo.

O maior grau de endividamento representa que a empresa está muito mais dependente do capital de terceiros, aumentando sua exposição aos riscos financeiros assumindo taxas de juros maiores que contemplam estes riscos e que nem sempre são possíveis de honrar. O pagamento de juros sobre o endividamento consome boa parte da receita operacional da empresa e diminui sua capacidade de caixa. Definir a melhor política de fonte de financiamentos e de recursos de caixa é um dos mais complexos desafios para manter a existência de uma empresa.

4.3 SITUAÇÃO FINANCEIRA: ATIVO CIRCULANTE × PASSIVO CIRCULANTE

O Ativo Circulante também é conhecido como Ativo Corrente ou, ainda que não haja unanimidade, o Circulante, tanto o Ativo como o Passivo, são denominados Capital Total em Giro ou simplesmente Capital *em* Giro. Convenciona-se chamar o Ativo Circulante de Capital *de* Giro. Tanto a expressão *corrente* como a *em giro* são bem fáceis de ser entendidas: são contas com valores correntes (não fixos); são contas que estão constantemente em giro, em movimento, circulando.

Evidentemente, o desejável seria que o Ativo Circulante fosse sempre maior que o Passivo Circulante. Enquanto o segundo significa obrigações a pagar, o primeiro – Ativo Circulante – significa *dinheiro* (Caixa e Bancos) e *valores que se transformarão em dinheiro* (Duplicatas a Receber e Estoques).

Muitas vezes, mesmo que o Ativo Circulante seja maior que o Passivo Circulante, a empresa encontra dificuldade de pagamento das suas obrigações, isto porque as dívidas estão vencendo com rapidez maior do que os valores que se transformam em dinheiro. Isto é, os recebimentos da empresa ocorrem de forma mais lenta que os vencimentos das Contas a Pagar.

Quando ocorre este fato, a empresa recorre a empréstimos, descontos de duplicatas etc., no sentido de reforçar seu caixa para cobrir seus compromissos em vencimento. Dessa forma, a empresa recorre a Capital de Giro.

O ideal seria receber do cliente antes de pagar o fornecedor, isto é, maior prazo para pagamento do fornecedor e menor prazo para o recebimento do cliente, este é o melhor ciclo financeiro, pois sempre haverá disponibilidade (dinheiro em caixa) para liquidar o passivo circulante.

O ciclo financeiro tem início no momento em que a empresa paga os fornecedores pela compra dos estoques (matéria-prima, mercadorias de revenda etc.) se encerrando com o recebimento da venda. Assim o ciclo financeiro é o prazo médio para pagamento dos fornecedores e o prazo médio para recebimento das vendas.

4.3.1 Capital Circulante Líquido (CCL)

Ativo Circulante menos Passivo Circulante evidencia o *Capital Circulante Líquido* (CCL), ou seja, a parte do Ativo Circulante que não está comprometida com o Passivo Circulante.

Admita que uma empresa tenha um Ativo Circulante de $ 900 e um Passivo Circulante de $ 300. Observe que nesse exemplo se a empresa pagar todo o seu Passivo Circulante (na hipótese de ter dinheiro suficiente em Caixa), ainda lhe sobrarão $ 600 → CCL.[1] Portanto, os $ 600 não estão comprometidos com as dívidas da empresa a curto prazo. Repare que, pelo fato de a empresa possuir uma parcela que não será utilizada para pagamento de dívida, dá uma folga financeira maior a ela. No lado estritamente financeiro, quanto maior for o CCL maior será a flexibilidade financeira da empresa.

---

1   AC = 1.000.
     PC = 600.

BALANÇO PATRIMONIAL

ATIVO		PASSIVO E PL		
Caixa	200,00	Fornecedores	300,00	} Passivo Circulante
Banco	700,00	Financiamentos LP	300,00	} Passivo Não Circulante
Realizável LP	300,00			
Investimento	300,00	Capital Social	1.400,00	} Patrimônio Líquido
Imobilizado	300,00			
Intangível	200,00			
TOTAL	2.000,00	TOTAL	2.000,00	

Ativo Circulante { Caixa, Banco
Ativo Não Circulante { Realizável LP, Investimento, Imobilizado, Intangível

BALANÇO PATRIMONIAL

ATIVO		PASSIVO E PL		
Caixa	200,00	Fornecedores	300,00	
Banco	700,00	Financiamentos LP	300,00	} Capital de Giro Próprio
Realizável LP	300,00			
Investimento	300,00	Capital Social	1.400,00	
Imobilizado	300,00			
Intangível	200,00			
TOTAL	2.000,00	TOTAL	2.000,00	

Capital Circulante Líquido {

O Capital Circulante Líquido (CCL) ou *Capital de Giro Líquido* são sinônimos. Na verdade, outro aspecto que deve ser ressaltado na composição do CCL é referente ao Patrimônio Líquido, quando for maior que o Ativo não Circulante (ARL + AP), e, além disso, há uma parte no Ativo Circulante. Essa parte do Ativo Circulante é denominada Capital Circulante Próprio ou Capital de Giro Próprio.

Assim, o CCL pode ser formado por tipos de recursos à *parte do Capital de Giro Próprio*, que é igual à diferença entre o Patrimônio Líquido (PL) menos o Ativo não Circulante (Ativo Realizável a Longo Prazo mais Ativo Permanente) e pelo Capital Circulante de Terceiros (Exigível a Longo Prazo) que não estiver comprometido com terceiros (Passivo Circulante) será da *própria* empresa (não será entregue a terceiros). Ou seja, o Capital de Giro Próprio é a parte do PL que compõe o Ativo Circulante.

Quanto ao PC > AC, demonstra uma situação financeira desfavorável, pois há muito mais obrigações a honrar (dívidas a pagar) do que bens e direitos disponíveis (Caixa, Bancos, Aplicação Financeiras, Duplicatas e Contas a Receber e Estoques).

4.4 CONSIDERAÇÕES SOBRE OS BENS DO ATIVO IMOBILIZADO

Entende-se por Ativo Imobilizado todo ativo de natureza relativamente permanente que é utilizado na operação dos negócios de uma empresa e que não se destina à venda. Podemos diferenciar, de acordo com o conceito dado, três afirmações importantes que devem coexistir para que possamos classificar um Ativo não Circulante Imobilizado. Isso quer dizer que não basta que tenhamos apenas uma ou duas características, são necessárias três características, concomitantemente:

a) natureza relativamente permanente;

b) ser utilizado na operação dos negócios;

c) não se destinar à venda.

Demonstramos que o Ativo Imobilizado possui natureza *relativamente permanente* porque praticamente nenhum bem (exceto terrenos) tem vida ilimitada dentro da empresa, já que sofre desgaste com o uso e, com o passar do tempo, obsolescência. Isso tanto é verdade que a própria lei reconhece e autoriza as empresas a contabilizarem tais desgastes.

Assim, o edifício da fábrica, por exemplo, constitui um Ativo Imobilizado, pois possui, simultaneamente, as três características mencionadas: é uma propriedade relativamente permanente, é utilizada na operação dos negócios e não se destina à venda.

Por meio da utilização desses bens do Ativo Imobilizado, a empresa consegue gerar suas receitas e obtém o resultado durante sua atividade operacional. Para que esse resultado seja eficaz, há empresas que investem valores consideráveis, para se equipar e garantir a estrutura necessária para o bom andamento de seu negócio. Uma usina hidrelétrica, por exemplo, cujas instalações civil, hidráulica e mecânica são de valores altíssimos, justifica-se esse investimento elevado, para poder atender a todas as suas necessidades de produção.

Esse tipo de investimento em Ativo Imobilizado (gasto) é muito comum em indústrias. Uma empresa comercial e de serviços, todavia, possui Ativo Imobilizado de pequeno valor, normalmente em móveis e utensílios, máquinas e equipamentos, bem como equipamentos de informática, sendo que seu maior investimento se concentra, basicamente, na conta Estoque do Ativo Circulante. Dessa forma, o volume de aplicações nesses Ativos varia de empresa para empresa, de acordo com o seu ramo de atividade.

Há empresas que conseguem obter um bom rendimento operacional com seus bens adquiridos. Há outras do mesmo ramo de atividade, que, para garantirem aquele mesmo rendimento operacional, necessitam investir mais em seus Ativos imobilizados.

Seria difícil, portanto, determinar o valor ideal de investimento em bens do Ativo Imobilizado. Porém, a meta a ser alcançada é conseguir o máximo de rendimento do Ativo Imobilizado investindo o mínimo possível.

Atualmente, é comum as empresas investirem em outras empresas (normalmente fornecedores) para descentralizar sua produção, procurando reduzir risco de seu negócio e diminuir custos. Assim, o investimento em outras empresas visando o uso de sua estrutura operacional pode representar uma estratégia interessante para não investir em Ativo Imobilizado.

A terceirização é uma modalidade que reduz a necessidade e o risco de investimentos em Ativo Imobilizado. Há empresas como Nike, Adidas e Apple, por exemplo, que não têm uma máquina produtiva sequer, mas contratam os serviços de terceiros para a fabricação de seus produtos, muitas vezes em localidades distantes onde a mão de obra é mais barata, reduzindo ainda mais os custos de fabricação.

Outro aspecto importante relacionado ao Ativo Imobilizado é que esse grupo do Ativo não Circulante seja financiado pelo Patrimônio Líquido ou Exigível a Longo Prazo (Passivo não Circulante).

Como o Ativo Imobilizado não é mantido para venda, e sim utilizado para produzir as receitas operacionais da empresa, torna-se mais conveniente financiá-lo com recursos do Passivo não Circulante, que são dívidas que poderão ser pagas a longo prazo. Portanto, se forem utilizados recursos do Passivo Circulante, a empresa, certamente, terá dificuldades para administrar suas dívidas a curto prazo.

Destaca-se que uma forma de financiar o Ativo Imobilizado a longo prazo é a modalidade de *leasing* financeiro (arrendamento mercantil) que tradicionalmente oferece taxa menores de juros e é reconhecido normalmente na Contabilidade como Ativo Imobilizado de propriedade da empresa. As parcelas de seu financiamento são contabilizadas no Passivo Circulante, que incluem até as 12 parcelas vencíveis no exercício seguinte, e o restante no Passivo não Circulante (Exigível a Longo Prazo).

De acordo com a redação da Lei de nº 11.638/2007, no Ativo Imobilizado estão os direitos que tenham por objeto bens corpóreos destinados à manutenção das atividades da companhia ou da empresa ou exercidos com essa finalidade os decorrentes de operações que transfiram à companhia os benefícios, riscos e controle desses bens.

4.5 EXEMPLO DE TOMADA DE DECISÃO NO BALANÇO PATRIMONIAL

A seguir, a título de exemplo, apresentamos a Comercial Brasil Vencedor Ltda. com o seguinte Balanço Patrimonial, em 31-12-x1.[2]

Em $ mil					
ATIVO			PASSIVO e PATRIMÔNIO LÍQUIDO		
	x1	x0		x1	x0
Circulante			**Circulante**		
Caixa	200	–	Fornecedores	100	–
Duplicatas a Receber	300		Impostos a Recolher	1.000	–
Estoques	500	–	Outras Dívidas	100	–
Total Circulante	1.000	–	Total Circulante	1.200	–
Não Circulante			**Não Circulante**		
Realizável a LP			Exigível a LP		
Títulos a Receber	100	–	Financiamentos	1.400	–
Investimentos	1.000	–	Total não Circulante	1.400	–
Imobilizado	500	–	**Patrimônio líquido**		
Intangível	500	–	Capital	400	–
Total não Circulante	2.100	–	Reservas de Lucros	100	–
				500	–
Total	**3.100**		**Total**	**3.100**	

---

[2] Extraído e adaptado do livro de exercícios de: MARION, José Carlos. *Contabilidade empresarial*. 7. ed. São Paulo: Atlas, 2003.

Responda às seguintes questões:

1. Qual é o Capital Circulante Líquido da empresa?
2. A empresa conseguirá, sem problemas, pagar as suas dívidas?
3. Pressuponha que a empresa esteja atrasando um tipo de obrigação. Qual é?
4. A composição do endividamento (Capital de Terceiros) é boa?
5. As aplicações no Ativo Fixo são sensatas?
6. Você compraria ação desta empresa? Por quê? Admita que as ações sejam muito baratas.
7. A proporção de Capital Próprio em relação ao Capital de Terceiros é boa?
8. Qual seria sua atitude como administrador desta empresa?
9. O volume de Investimentos dos sócios é satisfatório?

Essa é a situação de uma empresa *que* não conseguirá pagar suas dívidas (**b**) (Ativo Circulante < Passivo Circulante); *que* atrasa impostos (veja que o valor do "Imposto a Recolher" é desproporcionalmente alto em relação a Estoques e Ativo Circulante) (**c**); *que* tem um endividamento muito elevado (**g**) (Capital de Terceiros/Total do Passivo = 2.600/3.100 = 84%); *que* aplica demais nos itens de natureza duradoura (**e**) (uma empresa comercial deveria aplicar mais em Estoque); e *que* o volume de Investimentos dos sócios é insuficiente (**i**), ou seja, o Capital de Terceiros é excessivamente elevado em relação ao capital próprio.

Em uma primeira análise, o ponto positivo da empresa é a qualidade (composição) do Capital de Terceiros (**d**). Note que a maior parte da dívida está no Exigível a Longo Prazo em comparação com o Passivo Circulante. Além de ser menos onerosa (mais barata, juros menores), a dívida de longo prazo é vantajosa porque se tem mais tempo para pagar. Alguém viu alguma virtude na empresa (no caso, uma Instituição Financeira) ao conceder recursos de longo prazo. Mais de 70% das empresas no Brasil são micros e pequenas empresas. Praticamente, todas elas trabalham com endividamento de Curto Prazo, estão sempre devendo e pagando juros altos. Portanto, a Cia. Itamar tem este lado positivo: ainda que sua dívida seja elevada (quantidade), possui um excelente perfil de endividamento (qualidade), em que a maior parte da dívida é a Longo Prazo.

Um bom administrador identificaria no Balanço Patrimonial que o maior problema da empresa é de ordem financeira: não tem Capital de Giro próprio (Capital Circulante Líquido é negativo) (**a**), não consegue pagar suas contas e atrasa impostos. O problema é que o Passivo Circulante é maior que o Ativo Circulante, ou seja, os valores a pagar no curto prazo são maiores que os valores a receber no curto prazo. Assim, a saída do administrador é aumentar o Ativo Circulante ou reduzir o Passivo Circulante.

Para aumentar o Ativo Circulante, a ideia (**h**) seria vender parte do investimento e aplicar em Estoque. Estaria melhorando sua atividade comercial sem prejuízo do negócio, pois o "investimento" relaciona-se com aplicações Permanentes que nada têm que ver com o ramo de atividade da empresa (aplicações não operacionais).

Para reduzir o Passivo Circulante, a melhor (**h**) saída seria renegociar os impostos. Ir até o fisco e propor o pagamento em 36 ou 48 meses é plenamente possível e aceitável, ou até

Cap. 4 • Algumas Decisões em Relação ao Balanço Patrimonial 67

mesmo em 60 meses. Assim, a grande parte da dívida de Curto Prazo passaria para Longo Prazo. A confissão espontânea do débito pode amenizar a situação.

Para definir se compraríamos ações (f) desta, teríamos que comparar os pontos fracos com os pontos fortes da empresa: o principal ponto fraco é a situação financeira, pois a empresa não consegue pagar suas contas. Como contrapartida, vimos que há duas saídas (vender Investimento e/ou renegociar Impostos) que podem corrigir o problema. Outro ponto fraco, aparentemente muito ruim, é que a empresa atrasa Imposto, neste caso, por se tratar de comércio, é o ICMS.

A questão aqui é se uma empresa com situação financeira sofrível deveria optar por atrasar Impostos, ou atrasar dívidas, ou ainda recorrer aos bancos.

Se a empresa atrasasse fornecedores, não teria mais mercadoria para vender. Atrasar salários levaria a empresa à paralisação. Os juros bancários de curto prazo são elevados e absorveriam a margem de lucro de uma empresa comercial, que, normalmente, é baixa.

Para uma empresa com situação financeira precária, atrasar Impostos poderia ser a alternativa menos ruim. Segundo os grandes juristas, deixar de pagar Impostos (ICMS, ISS) para arcar compromissos mais urgentes não configura crime contra a ordem tributária. Deixar de pagar por absoluta falta de condições financeiras é diferente de enganar o fisco ou sonegar. Esconder dados, efetuar operações simuladas etc. são práticas criminosas. Partindo-se desse raciocínio, podemos dizer que, em situações de desespero, a empresa agiu na opção menos ruim. Assim, o ponto fraco, negativo, passa a ser um atenuante.

Outro ponto fraco é a quantidade do endividamento, mais de 80% (a média brasileira é 48% e a dos países desenvolvidos chega até 60%).

O ponto forte, nesse item, é a qualidade da dívida, que é muito boa (mais da metade da dívida é de Longo Prazo).

Por fim, o último ponto fraco é um excesso de aplicação no item Investimento (Permanente), já que se trata de uma empresa comercial.

Poderíamos partir do princípio de que a empresa está investindo em outras empresas; que ela seja uma espécie de *holding* mista, isto é, administra outras empresas e seu próprio negócio é que é comércio. Assim, não poderíamos dizer que ela é mal administrada pelo excesso de Investimento Permanente.

Parece que há certo equilíbrio entre os pontos fracos e os pontos fortes. Haveria outro argumento que desempataria esta análise? Sim. A empresa é rentável. Veja que ela tem lucro no Patrimônio Líquido e que este lucro ($ 100) é relevante perto dos investimentos dos sócios ($ 400) – 100/400 = 25% de retorno do P. Líquido.

O fato de não ser uma empresa deficitária é extremamente positivo. Por isso, se comprássemos milhões de ações por um valor baixo, isso poderia trazer grandes lucros futuros para o investidor.

Se conseguíssemos ver uma saída para a empresa, sendo ela rentável e a ação muito barata, poderia ser viável esta aquisição.

EXERCÍCIOS PROPOSTOS

1.

(Quadrix – 2012 – CRBio-6ª Região) A situação Líquida Patrimonial indica:

a) O resultado da operação da entidade em determinado momento, evidenciado pelo lucro ou prejuízo.

b) A composição das exigibilidades da entidade em determinado momento, evidenciadas pela movimentação do passivo circulante.

c) A aplicação dos recursos da entidade em determinado momento, evidenciada pelas contas ativas.

d) A origem dos recursos da entidade em determinado momento, evidenciada pelas contas passivas.

e) A movimentação dos disponíveis da entidade em determinado momento, evidenciada pelas contas caixa.

2.

(FCC – 2011 – NOSSA CAIXA DESENVOLVIMENTO) O contador observou, ao analisar a equação patrimonial da Cia. Raio de Luz, que o valor total do Ativo correspondia ao dobro do valor do Patrimônio Líquido. Nesse caso,

a) o total do Patrimônio Líquido é igual ao total do Passivo.

b) o total do Passivo é igual ao dobro do Ativo.

c) existe Passivo a Descoberto nessa companhia.

d) o total do Ativo equivale a três vezes o total do Passivo.

e) o total do Passivo equivale à metade do total do Patrimônio Líquido.

3.

(COPEVE-UFAL – 2010 – Prefeitura de Rio Largo – AL) Dadas as seguintes afirmativas,

I. O objeto da contabilidade é a entidade que possui um patrimônio.

II. O principal objetivo da contabilidade é informar a seus usuários os fatos e seus reflexos na situação patrimonial.

III. Os economistas encarregados de análises globais ou setoriais de nossa economia interessam-se pelos dados contábeis das diversas unidades microeconômicas, os quais, convenientemente agregados e tratados estatisticamente, podem fornecer bases adequadas para as análises econômicas.

Verifica-se que:

a) apenas I e II são verdadeiras.

b) apenas a II é verdadeira.

c) apenas I e III são verdadeiras.

d) apenas II e III são verdadeiras.

e) todas são verdadeiras.

4.

Observe o Balanço Patrimonial da empresa BRASIL VITORIOSO Comercial Ltda. em 31.12.2017.

ATIVO	Valores em R$	PASSIVO	Valores em R$
CIRCULANTE	30.000,00	CIRCULANTE	40.000,00
Caixa	2.000,00	Fornecedores	30.000,00
Bancos	13.000,00	Salários a pagar	7.000,00
Estoque de mercadorias	15.000,00	Impostos a pagar	3.000,00
NÃO CIRCULANTE	70.000,00	PATRIMÔNIO LÍQUIDO	60.000,00
Máquinas e equipamentos	10.000,00	Capital social	65.000,00
Móveis e utensílios	5.000,00	Prejuízos acumulados	(5.000,00)
Imóveis	55.000,00		
TOTAL	100.000,00	TOTAL	100.000,00

Com base no Balanço Patrimonial apresentado, é CORRETO afirmar:

a) Os recursos de terceiros totalizam R$ 60.000,00.
b) A situação líquida patrimonial é superavitária em R$ 60.000,00.
c) O total das aplicações corresponde a R$ 13.000,00.
d) O total do imobilizado corresponde a R$ 55.000,00.
e) O total dos recursos próprios corresponde a R$ 65.000,00.

Para as questões de 5 a 7 considere, as informações constantes do balancete a seguir com a seguinte posição:

Contas	2016	2017
Aplicações financeiras de longo prazo	1.000	1.800
Capital social	2.400	4.100
Clientes	2.300	4.000
CMV	1.200	2.900
Depreciações acumuladas	100	200
Adiantamento a fornecedores	2.016	400
Despesas administrativas	300	650
Despesas de depreciações	100	100
Despesas de vendas	160	490
Despesas financeiras	140	360
Disponibilidades	1.500	1.800
Dividendos a pagar	600	750
Duplicatas descontadas	1.400	1.900
Provisão para contingências judiciais de longo prazo	1.400	1.600
Estoques	800	1.900

Contas	2016	2017
Fornecedores	1.200	2.800
Imobilizados	2.100	2.400
Impostos e contribuições a pagar	400	500
Participações societárias permanentes	500	1.500
Provisão para créditos de liquidação duvidosa – PCLD	100	200
Provisão para imposto de renda e contribuições	400	500
Reservas	600	1.350
Resultado com participações societárias avaliadas por equivalência patrimonial	0	500
Vendas	3.500	6.000

5.

O total do ativo circulante de 2016 e 2017, respectivamente:

a) R$ 5.100,00 e R$ 7.900,00.
b) R$ 4.700,00 e R$ 7.900,00.
c) R$ 7.900,00 e R$ 4.700,00.
d) R$ 4.700,00 e R$ 6.450,00.
e) R$ 4.000,00 e R$ 6.450,00.

6.

O total do passivo circulante de 2016 e 2017, respectivamente:

a) R$ 4.000,00 e R$ 6.450,00.

b) R$ 6.450,00 e R$ 4.000,00.
c) R$ 5.100,00 e R$ 7.900,00.
d) R$ 4.700,00 e R$ 6.450,00.
e) R$ 4.350,00 e R$ 4.700,00.

7.

O Capital Circulante Líquido (CCL) de 2016 e 2017 respectivamente:

a) R$ 1.400,00 e R$ 1.450,00.
b) R$ 700,00 e R$ 1.400,00.
c) R$ 1.400,00 e R$ 7.900,00.
d) R$ 700,00 e R$ 1.450,00.
e) R$ 1.450,00 e R$ 700,00.

8.

(FCC – AL-SP – Adaptado). Considere que uma empresa apresenta em 2016 a estrutura de balanço a seguir (valores em $ milhões).

Ativo		Passivo	
Caixa	1.000	Contas a pagar	800
Estoques	200	Empréstimos de curto prazo	500
Contas a receber	800	Financiamentos de longo prazo	2.000
Imóveis	5.000	Capital social	3.700
Total	7.000	Total	7.000

Com base nas informações, é correto afirmar que o Capital Circulante Líquido dessa empresa é de

a) + $ 200 milhões.
b) – $ 200 milhões.
c) + $ 700 milhões.
d) – $ 1.300 milhões.
e) + $ 2.000 milhões.

Com as informações do balanço abaixo responda as questões 9 e 10.

Grupos	Valores
Ativo circulante	300.000,00
Ativo realizável a longo prazo	100.000,00
Ativo permanente	900.000,00
Passivo circulante (impostos a recolher)	200.000,00
Passivo exigível a longo prazo (financiamentos)	150.000,00
Patrimônio líquido	950.000,00

9.

Em relação ao endividamento da empresa é correto afirmar que:

a) O capital próprio corresponde mais de 73% do patrimônio, assim podemos concluir que o endividamento é menor que 27%.

b) O patrimônio líquido indica que o endividamento da empresa com terceiros é maior que 73%.

c) O capital circulante líquido é de R$ 50.000,00.

d) O imobilizado é totalmente financiado por capital de terceiros.

e) A empresa logo vai ter problemas em honrar seus compromissos com terceiros, pois a longo prazo terá uma desencaixe maior de R$ 50.000,00.

10.

Com os dados do quadro acima é correto afirmar:

a) o capital próprio é de R$ 1.300.000,00.

b) o capital de terceiros é de R$ 150.000,00.

c) o conjunto de bens disponíveis e direitos realizáveis a curto prazo é de R$ 300.000,00.

d) o capital total à disposição da empresa é de R$ 950.000,00.

e) o capital à disposição da empresa é de R$ 950.000,00.

5

Demonstração de Resultado do Exercício (DRE) e Demonstração do Resultado Abrangente (DRA)

Assista ao vídeo sobre o capítulo.

uqr.to/15snv

5.1 INTRODUÇÃO

Estudamos, em capítulos anteriores, o mais importante relatório gerado pela Contabilidade, o Balanço Patrimonial. Por meio dele é possível identificar as mudanças patrimoniais que ocorreram durante exercício encerrado ou em qualquer data prefixada.

Por ordem de importância, passaremos a analisar a Demonstração de Resultado do Exercício, que tem por objetivo apresentar em detalhes, o resultado econômico de um exercício social, ou seja, o Lucro ou Prejuízo Contábil do referido período.

A Demonstração do Resultado é o relatório construído a partir dos saldos de encerramento de todas as contas de resultado. De modo geral, as contas de resultado são as receitas, as deduções de receitas, os custos, as despesas, os impostos e as participações sobre o lucro.

Portanto, em cada final de período, todas as despesas e as receitas são transferidas para a Demonstração do Resultado do Exercício, e, no próximo período, apurar-se-ão as despesas e as receitas começando-se do zero. Ou seja, não se acumulam as despesas e as receitas de um ano para o outro, isto é, há independência absoluta de períodos.

Ao final de cada exercício, as empresas devem seguir as disposições legais existentes, conforme a Lei das Sociedades por Ações (Lei nº 6.404/1976) atualizada e o CPC 26 (R1), além de especificarem a maneira que a Contabilidade deve elaborar e apresentar a Demonstração do Resultado do Exercício (DRE) e outras demonstrações, este CPC trouxe também uma novidade, que é a Demonstração do Resultado Abrangente do Período (DRA).

5.2 DEMONSTRAÇÃO DEDUTIVA

A Demonstração do Resultado do Exercício (DRE) é um resumo ordenado das *receitas* e das *despesas* da empresa em determinado período, normalmente são 12 meses. É apresentada de forma dedutiva (vertical), ou seja, das receitas subtraem-se as despesas e, em seguida, indica-se o resultado (lucro ou prejuízo).

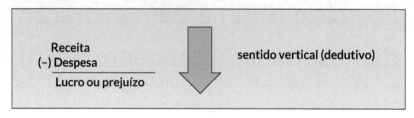

Figura 5.1 A demonstração dedutiva.

A DRE pode ser simples para micro ou pequenas empresas que não requeiram dados pormenorizados para a tomada de decisão, como é o caso de bares, farmácias, mercearias. Deve evidenciar o total de despesas deduzido do total das receitas, apurando-se, assim, o resultado sem destacar os principais grupos de despesas.

A DRE completa, exigida por lei, fornece maior número de minúcias para a tomada de decisão: grupos de despesas, vários tipos de lucro, destaque dos impostos sobre a renda etc.

As normas contábeis em vigor passam a exigir a Demonstração do Resultado Abrangente, que, a partir do resultado líquido obtido na DRE, inclui outros resultados abrangentes, tais como correção de erros, ajustes de reclassificações e mutações na reserva de reavaliação. Neste capítulo, será abordado o modelo da DRE, e não se pretende esgotar o assunto.

Veja a diferença entre a DRE simples e a DRE completa na Figura 5.2.

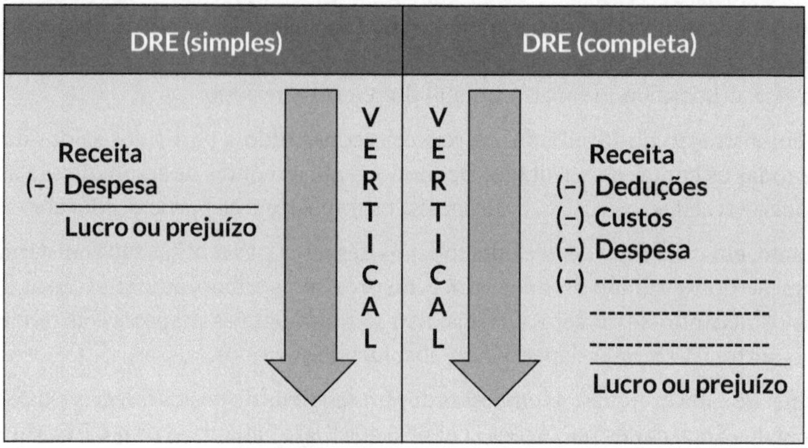

Figura 5.2 DRE simples × DRE completa.

Cap. 5 • Demonstração de Resultado do Exercício (DRE) e Demonstração do Resultado Abrangente (DRA)   **75**

Modelo de Demonstração do Resultado do Exercício – DRE que contempla a Lei nº 6.404/1976, atualizada pelas Leis nos 11.638/2007 e 11.941/2009, e o CPC 26 (R1), aprovado pela Resolução do CFC nº 1.185/2009.

DEMONSTRAÇÃO DO RESULTADO DO EXERCÍCIO	
Faturamento ou Receita Total	
(–) IPI Imposto sobre Produtos Industrializados	
Receita Bruta	
(–) Deduções da Receita Bruta	
= Receita Líquida	
(–) Custo das Mercadorias/Produtos/Serviços Vendidos	
(=) Lucro Operacional Bruto	
(–) Despesas com Vendas	V
(–) Despesas Gerais	E
(–) Despesas Administrativas	R
Outras Receitas e Despesas Operacionais	T
(+) Outras Receitas	I
(–) Outras Despesas	C
Resultado antes das Receitas e Despesas Financeiras	A
(+) Receitas Financeiras	L
(–) Despesas Financeiras	
Resultado antes dos Tributos sobre a Renda	
(–) IR/CSLL (Despesa com a Provisão do IR/CSLL)	
Resultado do Exercício antes das Participações	
(–) Participações Estatutárias sobre o Lucro	
Resultado Líquido das Operações Continuadas	
Resultado Líquido das Operações Descontinuadas	
Resultado Líquido do Exercício	
Resultado Atribuível aos Sócios Controladores	
Resultado Atribuível aos Sócios não Controladores	
Lucro/Prejuízo Líquido por Ação	
Lucro Líquido por Ação:	
Destinação: – Participação de acionistas ou sócios não controladores – Aos proprietários da entidade controladora	

Este formato de DRE não conflita com a Lei Societária no Brasil e é o modelo praticado em todo o país. Veja que até no Resultado antes das Despesas e Receitas Financeiras não há alterações relevantes.

A DRE é uma das principais demonstrações contábeis utilizadas na tomada de decisões por parte dos gestores das empresas independente de seu tamanho, e tem como foco principal compilar as informações do passado e dar uma visão abrangente sobre como a empresa vem se desenvolvendo, ao confrontar de um determinado período (mensal, trimestral, semestral ou anual) as receitas, custos e despesas para apurar o resultado líquido auferido. Estas informações são de grande relevância para o planejamento estratégico que vai definir que caminho a empresa vai seguir. Os índices de rentabilidade, como giro do ativo, margem líquida, rentabilidade do ativo e rentabilidade do Patrimônio Líquido, são gerados a partir da DRE, além de outros como a margem de contribuição, Ponto de Equilíbrio, EBITDA, LAJIR etc.

A apuração da demonstração do resultado se dá sob o princípio contábil do regime de competência, quando todas as despesas e custos que foram utilizados para obter a receita serão reconhecidos concomitantemente com a referida despesa (confronto das despesas com as receitas); e as receitas serão reconhecidas independentemente da forma de pagamento, ou seja, mesmo que a venda tenha sido feita a prazo, em 10 parcelas, sua receita total será reconhecida no resultado (DRE), ainda que pelo regime de caixa a entrada do dinheiro se dê em meses posteriores (Duplicatas a Receber).

As demonstrações financeiras das empresas constituem, como sabemos, uma espécie de radiografia econômico-financeira da firma, contendo dados de relevância não só para os seus proprietários, como também para todos aqueles que mantêm ou pretendem estabelecer uma relação de negócios com ela.

Acontece que, como no caso das radiografias, essas peças contábeis não revelam, à primeira vista, todas as suas indicações importantes, requerendo, para isso, que o observador conte com algum conhecimento prévio e saiba onde e como garimpar essas indicações.

5.3 DETALHES DE INFORMAÇÃO DA DRE

A preocupação na elaboração de um Relatório Contábil é a riqueza de detalhes, sem complicações, no sentido de propiciar um maior número de informações para a tomada de decisões. As parcelas dedutivas (subtrativas), que normalmente chamamos de despesas, são agrupadas de acordo com suas características.

Vamos admitir uma *indústria* elaborando o resultado para os usuários dos relatórios contábeis:

Receita Bruta	⇒	A *Receita Bruta* é constituída pela venda de produtos e subprodutos (na indústria), de mercadorias (no comércio) e prestações de serviços (empresa prestadora de serviços), incluindo todos os impostos cobrados do comprador, e não *excluindo* as devoluções de mercadorias (ou produtos) e os abatimentos concedidos pelas mercadorias (ou serviços) em desacordo com o pedido.

(continua)

Cap. 5 • Demonstração de Resultado do Exercício (DRE) e Demonstração do Resultado Abrangente (DRA) **77**

(continuação)

Receita Operacional Bruta (–) Deduções	⇒	**Total Geral das Vendas** Neste grupo incluem-se todos os valores que não representam sacrifícios financeiros (esforços) para a empresa, mas que são meros **ajustes** para se chegar a um valor mais indicativo que é a Receita Líquida, como, por exemplo, Impostos cobrados do consumidor no momento da venda, as devoluções e os cancelamentos de vendas
Receita Operacional Líquida (–) Custos do período	⇒	CPV – Custo dos produtos vendidos são somente os gastos da **fábrica** (gastos de produção), incluindo matéria-prima, mão de obra, depreciação de bens da fábrica, aluguel da fábrica, energia elétrica da fábrica etc. CMV – Custo das mercadorias vendidas CSP – Custo dos serviços prestados (mão de obra, despesas necessárias para fazer os serviços).
Lucro Bruto (–) Despesas Operacionais	⇒	Abrangem as despesas desde a promoção do produto até sua colocação ao consumidor, São as despesas com o pessoal da área de vendas, propaganda, marketing, estimativas de perdas com duplicatas derivadas de vendas a prazo. As despesas necessárias para administrar a empresa, de forma geral, são os gastos de **escritório visando à direção ou à gestão da empresa, bem como** as despesas financeiras, que são a remuneração aos capitais de terceiros, tais como: juros pagos ou incorridos, comissões bancárias, descontos concedidos, juros de mora pagos etc.
Lucro Operacional		É resultante da atividade operacional da empresa.
(+/–) Outras Despesas/Receitas	⇒	Se bem que seja um título inadequado, portanto nada define, é utilizado para despesas operacionais não enquadradas no grupo de despesas com vendas, administrativas e financeiras. Neste grupo, podemos incluir gastos imprevisíveis, anormais, extraordinários, que não contribuem para a obtenção de receita (vendas), por exemplo, perdas em recebimentos de crédito, quebra e obsolescência de estoque, sinistros com roubos, incêndios etc. Outras receitas podemos considerar as de caráter eventual, ou não, tais como: lucros de participações em outras sociedades, vendas de sucatas etc.
Lucro Antes dos Tributos (–) Provisão para o Imposto de Renda e Contribuição Social	⇒	Há pessoas que, voluntária ou involuntariamente, terão uma "fatia do lucro": Governo (por meio do Imposto de Renda); administradores, empregados (gratificação) etc.
Lucro Depois do Imposto de Renda e Contribuição Social (–) Participação dos sócios/acionistas	⇒	Sócios/Acionistas – distribuição do lucro para os sócios e dividendos no caso de acionista

Vamos comentar grupo por grupo, da **Demonstração do Resultado do Exercício**.

5.4 RECEITA LÍQUIDA

RECEITA BRUTA
(–) DEDUÇÕES
Receita Líquida

A Receita Bruta é o total bruto vendido no período, obtido na atividade principal da empresa com a venda à vista e a prazo de mercadorias e serviço, que é obtida multiplicando-se o preço unitário do produto ou serviço pela quantidade de vendas. São as vendas de produtos e de subprodutos (na indústria), de mercadorias (no comércio) e de prestações de serviços (empresa prestadora de serviços).

Na Receita Bruta estão inclusos os **impostos sobre vendas ou serviços** (os quais pertencem ao governo) cobrados do comprador e dela não foram subtraídas as **devoluções** de mercadorias ou produtos (vendas canceladas) e os **abatimentos concedidos** (descontos) pelas mercadorias (ou serviços) em desacordo com os pedidos ocorridos no período. Os impostos sobre as vendas são de responsabilidade dos clientes, devendo ser deduzidos dos valores recebidos pela empresa e encaminhados aos fiscos federal (IPI, PIS e COFINS), estadual (ICMS) ou municipal (ISS). No Brasil, as empresas são recolhedoras de impostos e de contribuições.

O objetivo em informar a Receita Bruta, incluindo aspectos tais como devoluções, abatimentos etc., é que o usuário das Demonstrações Financeiras terá acesso a esses dados (no item deduções), que, sem dúvida, são valiosos indicadores de eficiência ou ineficiência dos departamentos de produção e venda.

Não apreciaremos apenas se o montante de devoluções e abatimentos é elevado, mas também sua evolução percentual em relação às Receitas no decorrer de vários exercícios sociais.

No que tange a impostos, em muitos casos, a empresa vendedora ou prestadora de serviços é mera depositária dos tributos cobrados ao comprador. Depois de determinado prazo, ela os recolherá ao governo

Os Impostos e as **Contribuições** sobre as receitas, assim consideradas as **vendas** de mercadorias e serviços são aqueles gerados no momento da venda; variam proporcionalmente a receita auferida, ou seja, quanto maior for o total de vendas, maiores serão os impostos. São os mais comuns:

- IPI – Imposto sobre Produtos Industrializados (imposto federal cobrado das indústrias). Observações: a) O IPI é uma porcentagem sobre a receita bruta; b) Em uma empresa industrial, o faturamento é a soma de receita bruta com o IPI; e c) Em uma empresa comercial, o faturamento e a receita bruta são iguais, não há a cobrança do IPI, isto é, ela não é contribuinte.
- PIS – Programa de Integração Social (imposto federal);
- COFINS – Contribuição para a Seguridade Social (imposto federal);

- ICMS – Imposto Sobre Operações relativas à Circulação de Mercadorias e sobre Prestações de Serviços de Transporte Interestadual e Intermunicipal e de Comunicação (governo estadual);
- ISS – Imposto Sobre Serviços de qualquer natureza (governo municipal).
- Admita-se que, a empresa Brasil Indústria e Comércio de Produtos Eletrônicos S/A, tenha emitido uma nota fiscal de venda, cujo preço do produto seja de $ 10.000 mais os impostos como seguem: 30% de IPI, 1,65% de PIS e 7,60% de COFINS. O ICMS está incluso no preço do produto (a alíquota é de 18%, aparece no rodapé da Nota Fiscal, mas pode variar de Estado para Estado).

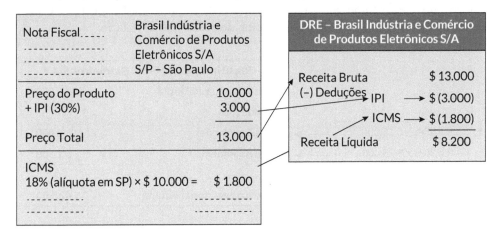

Figura 5.3 Nota fiscal e DRE da Brasil Indústria e Comércio de Produtos Eletrônicos S/A.

Note que o PIS e a COFINS não aparecem em destaque na nota fiscal como ocorre com o ICMS e IPI, no entanto são considerados impostos deduzidos da receita bruta de venda, respectivamente à alíquota de 1,65 e 7,60%, para o regime não cumulativo obrigados por toda as empresas optantes pelo Lucro Real, e 0,65% de PIS e 3,60% de COFINS para o caso do regime cumulativo obrigados a todas as empresas optantes pelo Lucro Presumido. No caso das empresas do SIMPLES NACIONAL estes impostos todos (IPI, ICMS, PIS, COFINS, e também o IRPJ e CSSL) são recolhidos de forma unificada (em uma única guia).

Aliás, os impostos sobre vendas não pertencem à empresa, mas ao governo. Ela é mera intermediária que arrecada impostos junto ao comprador do produto ou serviço e recolhe ao governo: por isso, não devem ser considerados como receita real da empresa (uma vez que, normalmente, quem paga esses impostos é o consumidor final, e não a empresa). Destaque para os padrões internacionais de Contabilidade que sugere que o DRE seja publicado a partir da Receita Líquida de Vendas, ou seja, já deduzidos dos impostos haja vista que na maioria dos países estes impostos que são considerados indiretos, pois incidem sobre o produto, são cobrados do consumidor quando este comprar.

As Devoluções (ou vendas canceladas) são mercadorias devolvidas por estarem em desacordo com o pedido (preço, qualidade, quantidade, avaria). Ou seja, são os valores referentes às mercadorias devolvidas pelos clientes ou serviços cancelados por eles. O comprador, sentindo-se prejudicado, devolve total ou parcialmente a mercadoria.

Os **Descontos** e os **Abatimentos** são reduções sobre os preços concedidos em momentos diferentes. Os descontos são dados no ato da emissão da nota fiscal, e o abatimento é calculado depois da emissão da nota fiscal, geralmente para impedir que a empresa vendedora, na tentativa de evitar devolução, proponha um abatimento no preço para compensar o prejuízo ao comprador. Tanto o desconto como o abatimento aparecem deduzindo a Receita Bruta, são renúncias de receitas.

Suponha que a empresa Brasil que Queremos Ind. e Com. de Produtos Eletrônicos tenha vendido $ 50.000 de produtos dos quais alguns não estavam em boa qualidade ou estavam em desacordo com o pedido, 50% para o comprador A e os outros 50% para B. A empresa A devolveu 20% do lote e a empresa B aceitou a proposta da empresa Brasil Indústria e Comércio de Produtos Eletrônicos S/A de 10% de abatimento para evitar devolução.

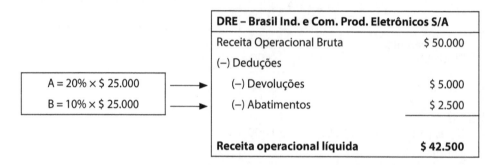

Portanto, as *deduções são os ajustes (e não as despesas) realizados sobre a Receita Bruta para se apurar a Receita Líquida.* A Receita Líquida é o valor que, de fato, pertence à empresa. Ajuste significa que não houve sacrifício financeiro ou esforço para obter a receita.

A diferença entre deduções (ajustes) e despesas é que as deduções não são sacrifícios financeiros para a empresa (impostos sobre as vendas, quem paga é o consumidor), enquanto despesas são sacrifícios, esforços, que onera a empresas.

5.5 COMO APURAR O LUCRO BRUTO

Receita Operacional Bruta
(–) Deduções
Receita Operacional Líquida
(–) Custo das Vendas
Lucro Operacional Bruto

O Lucro Operacional Bruto é a diferença entre a receita líquida e o custo das mercadorias vendidas, sem considerar despesas administrativas, de vendas e financeiras. Para

Cap. 5 • Demonstração de Resultado do Exercício (DRE) e Demonstração do Resultado Abrangente (DRA)   **81**

uma empresa prestadora de serviços o raciocínio é o mesmo: Lucro Operacional Bruto é a diferença entre a receita líquida e o custo do serviço prestado sem considerar aquelas despesas acima referidas.

Resumindo, subtrai-se da *receita* o custo da mercadoria ou do produto ou o do serviço que foram gastos ou consumidos para entregar o produto ou fazer o serviço não considerando as despesas administrativas, financeiras e de vendas.

O que restar do Lucro Operacional Bruto é utilizado para deduzir as despesas operacionais relacionadas às despesas de vendas, administrativas e financeiras, bem como à remuneração do governo (Imposto de Renda e Contribuição Social) e por fim o que sobrar depois de todas estas deduções será o lucro líquido que pertence aos sócios ou acionistas.

Quanto maior for a fatia denominada Lucro Bruto, maior poderá ser a remuneração dos administradores, dos diretores, do pessoal de vendas, do governo, dos proprietários da empresa etc.

5.5.1   Custo das vendas

A expressão *custo das vendas* é bastante genérica, devendo, por essa razão, ser especificada por setor na economia, assim para empresas:

- Industriais: o custo das vendas é denominado *Custo do Produto Vendido (CPV)*;
- Comerciais: o custo das vendas é denominado *Custo das Mercadorias Vendidas (CMV)*;
- Prestadoras de Serviços: o custo das vendas é denominado *Custo dos Serviços Prestados (CSP)*.

É importante ressaltar que só aparece aqui o custo referente aos produtos ou serviços vendidos. Dessa forma, existe o chamado confronto da receita com a despesa pelo regime de competência, já tratado anteriormente neste capítulo. Assim, se a empresa nada vende, não haverá a receita operacional bruta e consequentemente nem este item de custo na DRE. Todos os custos (caso da não venda) seriam acumulados na conta estoque. Por ocasião da venda, baixar-se-ia o estoque como custo do bem vendido. No caso dos serviços estas empresas, na medida em que tenham estoque de serviços em andamento, devem mensurá-los pelos custos de sua produção, que consistem principalmente em mão de obra e outros custos com pessoal diretamente envolvido na prestação de serviço, incluindo pessoal de supervisão, o material utilizado e os custos indiretos atribuíveis. Por exemplo, uma empresa de auditoria foi contratada para fazer auditoria em balanço e irá receber pelos serviços somente quando entregar o relatório de opinião da auditoria, assim a empresa de auditoria ao término do mês ou do exercício deverá quantificar quanto esforço (custo de mão de obra) financeiro já fora empregado para desenvolver o trabalho até aquele momento. Mesmo que ainda não tenha faturado o custo incorrido para realizar o trabalho até aquele ponto deverá ser contabilizado como estoque de serviços em andamento.

5.6 LUCRO OPERACIONAL

Receita Operacional Bruta
   (–) Deduções

Receita Operacional Líquida
   (–) Custo dos Produtos, das Mercadorias ou dos Serviços Vendidos

Lucro Operacional Bruto
(–) Despesas com Vendas, Gerais, Administrativas e Outras Despesas e Receitas
(– / +) Outras Despesas e Receitas
Resultado antes das Receitas e Despesas Financeiras
(– / +) Despesas Financeiras e Receitas Financeiras
Resultado antes dos Tributos e Participações sobre Lucro

O Lucro Operacional Líquido é obtido com a diferença entre o Lucro Bruto e as despesas operacionais.

5.6.1 Despesas operacionais (operações continuadas)

A palavra *operacional* está ligada a fatos contábeis que tenham relação com a atividade principal da empresa. No Brasil, as normas internacionais introduziram um novo conceito, que é a expressão *operações continuadas*. Mas a Lei nº 6.404/1976 ainda usa a expressão *operacionais*.

As despesas operacionais são as necessárias para produzir ou vender os produtos, prestar os serviços, administrar a empresa e financiar as operações. Enfim, são todas as despesas que contribuem para a manutenção da atividade operacional da empresa. Os principais grupos de despesas operacionais são especificados a seguir.

5.6.1.1 Despesas de vendas ou comerciais

Essas despesas abrangem desde a promoção do produto, da mercadoria ou do serviço até sua colocação junto ao consumidor (comercialização e distribuição). São despesas com o pessoal da área de venda, os salários dos vendedores, as comissões de vendas a vendedores e representantes comerciais da empresa, fretes para entrega de vendas, seguro de vendas, propaganda e publicidade, marketing, promoções, outras despesas gerais incorridas com as atividades comerciais, estimativa de perdas prováveis com vendas a prazo (provisão para crédito de liquidação duvidosa – PCLD) etc.

5.6.1.2 Despesas administrativas

As despesas administrativas são aquelas necessárias para administrar (dirigir) a empresa. De maneira geral, são gastos com a estrutura física e de pessoal da administração, que visam à direção ou à gestão da empresa. Despesas judiciais ou com escritórios de advocacia e auditoria são itens ligados exclusivamente a esse tipo de despesas.

Podem-se citar como exemplos: retirada pró-labore dos sócios, honorários administrativos, salários e encargos sociais do pessoal administrativo, aluguéis de escritório, materiais de escritório, seguro de escritório, depreciação de móveis e utensílios, assinaturas de jornais etc.

5.6.1.3 Despesas gerais

As despesas gerais são as mais comuns de qualquer empresa e aparecem nas áreas industriais, comerciais e administrativas. Na realidade, as despesas gerais passam a ser outro subgrupo comum às despesas dessas áreas citadas.

5.6.1.4 Outras Receitas e Despesas Operacionais

Neste grupo, temos que classificar as contas de receitas e as despesas acessórias no que diz respeito às atividades da empresa.

A Lei nº 11.941/2009 autorizou mais essa regra existente nas normas internacionais, de não segregação dos resultados em operacionais e não operacionais. Dessa maneira, as empresas precisam apresentar as "Outras Receitas e Despesas" no grupo operacional, e não depois da linha do "Resultado Operacional".

Alguns exemplos de contas mais relevantes classificáveis neste grupo: Aluguéis Ativos; Dividendos de Participações Societárias; Ganhos e Perdas de Capital; Resultado de Equivalência Patrimonial; Reversão de Provisão com Crédito de Liquidação Duvidosa, Vendas Diversas Acessórias etc.

5.6.1.5 Resultado Financeiro

O Resultado Financeiro é representado por um conjunto de contas de possíveis Receitas Financeiras e de Despesas Financeiras, composto pelos rendimentos (juros) e pelas variações monetárias. Ou seja, no caso do aplicador, os juros podem ser um crédito, ou no caso dos tomadores de empréstimos, um débito, enquanto as variações monetárias retratam as atualizações, ou do dinheiro aplicado ou dinheiro emprestado.

As despesas financeiras devem ser compensadas com as **Receitas Financeiras** (conforme disposição legal), isto é, estas receitas são deduzidas daquelas despesas, havendo indicação de cada uma delas.

As receitas de natureza financeira são as derivadas de: Descontos Obtidos; Juros Recebidos, Auferidos ou Ganhos; Prêmios de Resgate de Títulos e Debêntures; Receitas de Títulos Vinculados ao Mercado Aberto; Receitas sobre outros Investimentos Temporários etc.

As Despesas Financeiras são remunerações aos capitais de terceiros, tais como: Juros Pagos ou Incorridos; Comissões e Despesas Bancárias; Variação Monetária Prefixada de Obrigações; Descontos Concedidos etc.

Nas remunerações aos capitais de terceiras destacam-se as decorrentes das variações cambiais passivas, que aumentam a dívida ou diminuem o valor a receber em moedas estrangeiras.

Se o montante de Receita Financeira for maior que o da Despesa Financeira, a Receita Financeira será deduzida de outras Despesas Operacionais. Veja os exemplos em que a Despesa Financeira é maior que a Receita Financeira e vice-versa:

Em $ mil

DESPESA FINANCEIRA > RECEITA FINANCEIRA		DESPESA FINANCEIRA < RECEITA FINANCEIRA	
Despesas Financeiras	280.000	Despesas Financeiras	280.000
Receitas Financeiras	(80.000)	Receitas Financeiras	(390.000)
Despesas/Receitas Financeiras	200.000	Despesas/Receitas Financeiras	(110.000)
DESPESAS OPERACIONAIS		DESPESAS OPERACIONAIS	
De Vendas ou Comerciais	300.000	De Vendas ou Comerciais	300.000
Administrativas	250.000	Administrativas	400.000
Gerais	100.000	Gerais	100.000
Outras Receitas e		Outras Receitas e	
Despesas Operacionais	50.000	Despesas Operacionais	50.000
Financeiras*	200.000	Financeiras*	(110.000)
	900.000		590.000

* Deve-se, com o objetivo de apresentar maior grau de detalhe, indicar o confronto Despesa Financeira × Receita Financeira dentro do grupo de Despesas Operacionais, destacando seus respectivos valores.

5.6.1.5.1   Variações (cambiais) monetárias

Como o próprio título já indica, são variações monetárias quando se compara a moeda brasileira (R$) com qualquer outra moeda estrangeira.

Devem ser classificadas em um subgrupo de Despesas Operacionais.

A legislação brasileira exemplifica como Variações Monetárias as variações cambiais.

Se uma empresa contrai empréstimo em moeda estrangeira, por exemplo, 100.000 dólares, no início do ano, quando cada dólar está cotado a $ 3,00, sua dívida corresponde a $ 300 mil (100.000 dólares × 3,00).

Contudo, com a desvalorização do real, um dólar pode estar cotado a $ 3,90 no final do período. Dessa forma, a dívida corresponde a $ 390 mil (100.000 dólares × $ 3,90) no fim do exercício, havendo uma variação cambial de $ 90 mil (esses $ 90 mil são despesa para a empresa).

Observa-se que o *acréscimo nominal* da dívida foi de R$ 90.000. Esse acréscimo nominal é contabilizado no subgrupo Variação Monetária, com o título da *Variação Cambial*, de forma destacada, no item Despesa Financeira.

Essa variação monetária é conhecida como "passiva", pois decorre de uma dívida (Passivo). Se fosse o contrário, uma cifra a receber em dólar (ou qualquer moeda estrangeira), teríamos a variação monetária ativa. Neste último caso, seria tratado como uma receita financeira, aumentando o resultado.

Destaque das Variações Monetárias na DRE:

DESPESAS OPERACIONAIS		Em R$ mil
De Vendas ou Comerciais		$$$$
Administrativas		$$$$
Gerais		$$$$
Outras Receitas e Despesas Operacionais		$$$$
(±) Financeiras*	$$$$	
Variações Monetárias	90.000	$$$$

* Deve-se, com o objetivo de apresentar maior grau de detalhe, indicar o confronto Despesa Financeira × Receita Financeira dentro do grupo de Despesas Operacionais, destacando seus respectivos valores.

5.7 RESULTADO ANTES DOS TRIBUTOS

Considera-se para apuração do Resultado antes dos Tributos sobre o Lucro o lucro bruto menos todas despesas, mais outras receitas e receitas financeiras.

5.7.1 Como apurar o resultado do período depois dos tributos

IMPOSTO DE RENDA E CONTRIBUIÇÃO SOCIAL SOBRE O LUCRO

	Resultado antes dos tributos e participações sobre o lucro
(–)	Despesas com tributos sobre o lucro (Imposto de Renda e Contribuição Social sobre o Lucro)
(–)	Contribuições e Participações sobre o lucro
	Resultado líquido das operações continuadas
	Resultado líquido das operações descontinuadas
(+/–)	Resultado líquido do período

Figura 5.4 Apuração do Resultado Líquido do Período.

Principais fórmulas para tributação:

a) Lucro Real: é o procedimento utilizado para apuração do Imposto de Renda e da Contribuição Social sobre o Lucro Líquido da pessoa jurídica. A partir do lucro contábil, apurado pela Contabilidade da pessoa jurídica, é acrescido de ajustes (positivos e negativos) requeridos pela legislação fiscal.

b) Lucro Presumido: é uma forma de tributação simplificada para determinar o cálculo do Imposto de Renda e da Contribuição Social sobre o Lucro Líquido, conforme a aplicação de percentuais fixados pela legislação, de acordo com a atividade da pessoa jurídica, sobre a Receita Operacional Bruta, mais as outras receitas eventuais auferidas, como receitas financeiras e aluguéis.

c) Simples Nacional: são normas gerais relativas ao tratamento tributário diferenciado e favorecido a ser dispensado às microempresas e empresas de pequeno porte.

d) Lucro Arbitrado: o arbitramento do lucro é um tipo de regime tributário utilizado em ocasiões pontuais.

A alíquota do Imposto de Renda continua 15% (quinze por cento), e a do adicional, em 10% (dez por cento).

No entanto, a Lei nº 11.638/2007 dispõe sobre a possibilidade de a empresa contabilizar conforme as regras tributárias e, em seguida, fazer ajustes contábeis, para apresentação das Demonstrações Financeiras.

Será calculado Imposto de Renda adicional no valor que exceder o limite estipulado pela legislação vigente. Atualmente, esse limite está fixado em R$ 240.000,00 anuais (ou R$ 20.000,00 mensais).

Assim, quando o *lucro tributável*, por exemplo, for superior a R$ 240.000,00, a alíquota será 25% para o excedente desse limite.

O exercício social em que é gerado o lucro (ano X) denomina-se *ano base*. O exercício em que se paga o Imposto de Renda (ano X + 1) denomina-se *exercício financeiro*. Porém, atualmente, o Imposto de Renda é pago mensal ou trimestralmente, de forma antecipada.

Para as empresas que não calculam Imposto de Renda pelo Lucro Presumido, a base de cálculo para o Imposto de Renda não é exatamente o lucro apurado pela Contabilidade, mas o lucro ajustado às disposições da legislação do Imposto de Renda, que será denominado, como já vimos, Lucro Real. Este lucro será calculado em um livro extracontábil denominado Livro de Apuração do Lucro Real (LALUR).

5.7.2 Lucro do Período Proveniente de Operações em Continuidade

> Lucro Antes dos Tributos
> (–) Imposto de Renda e Contribuição Social
> = Lucro Depois do Imposto de Renda

O Imposto de Renda incide sobre o lucro efetivo da empresa, apurado contabilmente e coincidente com a variação patrimonial positiva, após efetuadas as devidas exclusões, adições e compensações.

Se apurarmos no *exercício social X* um lucro de $ 100 milhões, declararemos e recolheremos aos cofres públicos (Governo Federal), geralmente, 15% (quinze por cento) sobre o lucro ($ 15 milhões = 15% × $ 100 milhões) e mais uma sobretaxa de 10% sobre o que exceder R$ 240.000 anuais. Na verdade, é uma parcela do lucro canalizada para o governo.

O exercício social em que é gerado o lucro (ano X) denomina-se *ano-base*. O exercício no qual se paga o Imposto de Renda (ano X+1) denomina-se *exercício financeiro*. Hoje, o Imposto de Renda é pago no mesmo ano em que é gerado.

Pelo regime de competência, consideramos o Imposto de Renda no período em que foi gerado (ano-base), e não no período de pagamento (exercício financeiro), embora, atualmente, haja a coincidência.

Por ingerência fiscal, houve padronização do período-base de incidência do Imposto de Renda, que passa a ser necessariamente com o *ano-calendário* (1º-1 a 31-12).

Portanto, calcula-se o valor de Imposto de Renda a pagar e deduz-se do "Lucro Antes do Imposto de Renda".

Ressalte-se que a base de cálculo para o Imposto de Renda não é exatamente o lucro apurado pela Contabilidade, mas o lucro ajustado às disposições da legislação do Imposto de Renda, que será denominado *Lucro Real*.

5.7.2.1   Método para o cálculo das obrigações tributárias

As empresas fazem a escrituração mercantil, de acordo com as normas contábeis. Em seguida, utilizam um livro auxiliar (denominado Livro de Apuração do Lucro Real – LALUR) para, de acordo com as Normas do Imposto de Renda, ajustar o "lucro contábil" (obtido na escrituração mercantil) para ser oferecido à tributação numa nova base.

Para fins ilustrativos, utilizaremos este modelo: partindo-se da escrituração com obediência aos preceitos da legislação comercial, da Lei das Sociedades por Ações, e aos princípios (normas) de Contabilidade para, em seguida, fazer os ajustes tributários.

Apuração do Lucro Real (em livro auxiliar)

Ao lucro contábil ajustado de acordo com as exigências do Imposto de Renda denominamos *Lucro Real* (Lucro Tributável).

O Lucro Real é obtido por meio da seguinte fórmula: Lucro Antes do Imposto de Renda (Lair) + Inclusões (–) Exclusões.

Lair + Inclusões Fórmula (Adições)	Custos, despesas, perdas e quaisquer outros valores deduzidos na apuração do lucro que, de acordo com a legislação do Imposto de Renda, não são dedutíveis. *Exemplos*: multas fiscais punitivas pagas e contabilizadas como despesas, depreciação acima do permitido etc.
(–) Exclusões <u>(Subtrações)</u> = LUCRO REAL	Deduções permitidas pela legislação e que não foram subtraídas até o momento. *Exemplos*: prejuízos de exercícios anteriores, contribuições para instituições ou fundos de assistência ou previdência de empregados etc.

Portanto, Lucro Real = LAIR + Inclusões (–) Exclusões. Então:

$$\boxed{\text{Lucro Real} \times 15\% = \text{Provisão para Imposto de Renda}}$$

O Lucro Real é apurado no *Livro de Apuração do Lucro Real* com o objetivo de separar (primeiro passo) a apuração do resultado fiscal da Contabilidade financeira. Portanto, os itens anteriores não serão calculados na DRE, mas naquele livro.

Exemplo de Cálculo do Imposto de Renda

DEMONSTRAÇÃO DO RESULTADO DO EXERCÍCIO		
	Cia. Exemplo	Em$ mil
RECEITA BRUTA		58.000
(–) DEDUÇÕES		
ICMS		(4.000)
Abatimentos		(4.000)
RECEITA LÍQUIDA		50.000
(–) CUSTO DOS PRODUTOS VENDIDOS		(18.000)
LUCRO BRUTO		32.000
(–) DESPESAS OPERACIONAIS		
De vendas		(14.000)
Administrativas		(12.000)
LUCRO ANTES DAS RECEITAS E DESPESAS FINANCEIRAS		6.000
Despesas Financeiras		(3.000)
Perdas Extraordinárias		– 0 –
LUCRO ANTES DOS TRIBUTOS		3.000
(–) Provisão para Imposto de Renda		?

Considerando-se que não há participações, vamos calcular a Provisão para o Imposto de Renda, observando as seguintes disposições fiscais:

1. No CPV, a empresa calculou a *Depreciação* das Máquinas e Equipamentos, tendo como base 15%, e não 10%, como determina o Imposto de Renda. O valor de Máquinas e Equipamentos é de $ 60 milhões.

2. Consta em Despesa Administrativa uma *multa fiscal* no valor de $ 4,0 milhões.

3. Houve, no *exercício anterior*, um *prejuízo* de $ 3,0 milhões. (*Observação*: o Imposto de Renda permite deduzir prejuízos de exercícios anteriores para cálculo do Lucro Real do exercício atual, embora haja regras específicas).

Livro de Apuração do Lucro Real (Lucro Tributável)

Lucro Contábil (LAIR)	3.000.000
Inclusões:	
5% de excesso de Depreciação × 60.000.000	3.000.000
Multa Fiscal	4.000.000
	10.000.000
Exclusões:	
Prejuízo do Exercício Anterior	(3.000.000)
Lucro Real	7.000.000

Provisão para Imposto de Renda = 15% × Lucro Real

$$PIR = 15\% \times 7.000.000$$

$$PIR = 1.050.000$$

Obs.: não estamos considerando o adicional de 10%.

Então:

Lair	3.000.000
(–) PIR	(1.050.000)
Lucro Líquido das Operações Continuadas	1.950.000

Observamos que todas as inclusões se referem às cifras que a Contabilidade deduziu como despesas (e que, na verdade, para a empresa, são despesas reais), embora o IR não as aceite como dedutíveis:

- Se a empresa efetuou uma depreciação de 15% (e não 10%), inferimos que o desgaste real da máquina foi nessa base (15%).

- Se houve uma multa fiscal, isso representa desembolso para a empresa.

Todavia, o Imposto de Renda estabelece uma taxa máxima para Depreciação e que as Multas Fiscais representam uma penalização para a empresa, *não* sendo, portanto, *dedutíveis* para cálculo do Lucro Real.

Para efeito de distribuição de Dividendos, cálculo da rentabilidade da empresa, é o lucro apurado pela Contabilidade que prevalecerá, sendo irrelevante o Lucro Real (apurado para fins fiscais – IR).

Conforme a legislação brasileira, há outras provisões tributárias para serem calculadas, como a **Contribuição Social sobre o Lucro Líquido (CSLL)**. Desde 1º de fevereiro de 2000, a alíquota é de 9% (nove por cento).[1]

Lair
(–) Imposto de Renda
(–) Contabilidade Social (CSLL)
Lucro Líquido das Operações Continuadas

5.7.3 Lucro Líquido depois das Operações Descontinuadas

Conforme o Pronunciamento Técnico *CPC 31 – Operação Descontinuada* é o componente da empresa que tenha sido alienado ou esteja classificado como mantido para venda e:

a) representa uma importante linha separada de negócios ou área geográfica de operações;

---

[1] A base de cálculo para a CSLL também é ajustada extracontabilmente pelas adições, exclusões e compensação semelhante ao cálculo do Lucro Real.

b) é a parte integrante de um único plano coordenado para vender uma importante linha separada de negócios ou área geográfica de operações; ou

c) é uma controlada adquirida exclusivamente com o objetivo de revenda.

Dessa forma, Operações Descontinuadas são bens do Ativo não Circulante postos à venda. O resultado desta venda (Receitas ou Despesas) aparecem na DRE como Operações Descontinuadas.

5.7.4 Lucro Líquido

Após a apuração do *Lucro Depois das Operações Descontinuadas*, deduziremos as participações, previstas nos estatutos, de debêntures, de empregados e administradores, partes beneficiárias e as contribuições para instituições ou fundos de assistência ou previdência de empregados. Se as participações (empregados e administradores forem na forma de instrumentos financeiros, deverão ser destacados neste grupo).

Depois dessas deduções, encontra-se o *Lucro Líquido*, que é a sobra líquida à disposição dos sócios ou acionistas *(ou à empresa)*.

- *Das Debêntures* – As companhias podem solicitar empréstimos ao público em geral, pagando juros periódicos e concedendo amortizações regulares. Para tanto, elas emitirão títulos a longo prazo com garantias: são as debêntures.

  A debênture poderá assegurar a seu titular, além de juros e correção monetária, *participação no lucro da companhia* (dedutível para o Imposto de Renda).

- *De Empregados e Administradores* – É um complemento à remuneração de empregados e administradores. Normalmente, é definido no estatuto ou contrato social um percentual sobre o lucro. Constitucionalmente, a participação de empregados é obrigatória.

  Observamos que a participação aos administradores é desestimulada por nossa legislação, uma vez que não é permitida sua dedução para efeito de cálculo do Imposto de Renda (Lucro Real). A participação aos empregados é dedutível dentro de certos limites. Ou seja, a Lei das Sociedades por Ações estabelece que as participações sejam calculadas, depois de descontado o Imposto de Renda. Mas a legislação do Imposto do Renda determina que o IR seja calculado deduzindo os valores das participações dos debenturistas e empregados. Essas duas regulamentações criaram um problema contábil. De que modo calcular as participações sem IR e de que modo calcular o IR sem as participações?

- *Partes Beneficiárias* – Introduzida pela Lei nº 11.941/2009. Normalmente, são concedidas às pessoas que tiveram atuação relevante nos destinos da sociedade (tais como fundadores, reestruturadores etc.). São títulos negociáveis sem valor nominal que a Cia. pode criar a qualquer tempo. Os titulares destes títulos terão direito a *participação* (prevista em estatutos) *nos lucros anuais* (não dedutível para efeito do Imposto de Renda).

• *Contribuições para Instituições ou Fundos de Assistência ou Previdência de Empregados* – São as doações às constituições de fundações com a finalidade de assistir seu quadro de funcionários, às previdências particulares, no sentido de complementar aposentadoria etc. que, definidas em estatutos, serão calculadas e deduzidas como uma participação nos lucros anuais (são dedutíveis para efeito de Imposto de Renda).

No que tange às participações dedutíveis, para efeito de Imposto de Renda, destacamos que há limite fixado por aquela legislação.

DEMONSTRAÇÃO DO RESULTADO DO EXERCÍCIO (DRE)		
Lucro Depois do Imposto de Renda		1.000.000
(–) Participação de Debêntures	1.000.000 × 10%	(100.000)
		(900.000)
(–) Participação de Empregados	900.000 × 10%	(90.000)
		(810.000)
(–) Participação Administração	810.000 × 10%	(81.000)
		(729.000)
(–) Contribuições e Doações		- - - - - -
Lucro Líquido		- - - - - -

Como já foi visto, o Lucro Líquido é a sobra líquida à disposição dos proprietários da empresa. Os proprietários decidem a parcela do lucro que ficará retida na empresa e a parte que será distribuída aos donos do capital (Dividendos).

Se dividirmos o Lucro Líquido pela quantidade de ações em que está dividido o capital da empresa, obteremos o *Lucro Líquido por Ação do Capital Social*.

Nossa legislação, de acordo com o art. 187, inciso VII, da Lei nº 6.404/1976, estabelece que o Lucro Líquido por Ação do Capital Social deve ser indicado no final da Demonstração do Resultado do Exercício.

5.8 MODELO IDEAL DE DRE

Até então, contemplamos alguns modelos de apresentação da DRE. De forma resumida:

Legislação Societária	ITG 1.000	CPC 26
Receita Bruta	Receita Bruta	Receita Bruta
(–) Deduções	(–) Deduções	(–) Deduções
Receita Líquida	Receita Líquida	Receita Líquida
(–) Custo das Vendas	(–) Custo das Vendas	(–) Custo das Vendas
Lucro Bruto	Lucro Bruto	Lucro Bruto
(–) Despesas	(–) Despesas	(–) Despesas
de Vendas	de Vendas	comerciais
Administrativas	Administrativas	Administrativas
Financeiras (+) Rec. Fin.	outras Desp. Gerais	outras Rec./Desp. Operac.
Result. Operacional	Result. Operac. antes Res. Financeiros	Result. antes Desp./Rec. Financ.
(±) Rec./Desp. não Operacionais	(±) Rec./Desp. Financeiras	(±) Rec./Desp. Financeiras
(–) I.R. e contribuição social	(±) Rec./Desp. Operacionais	(–) I.R. e C.S.L.L.
(–) Participações/doações	Result. antes Tributos	(±) Operações Descontinuadas
Resultado Líquido	(–) I.R. e contribuição social	Destinação do Resultado
	Resultado Líquido	Resultado Líquido

Vamos, então, exemplificar um Modelo de Demonstração do Resultado do Exercício fundamentado na Legislação – Lei nº 6.404/1976 com as alterações das Leis nos 11.638/2007 e 11.941/2009, e as Normas Contábeis – CPC 26 e Resolução CFC nº 1.255/2009.

RECEITA BRUTA DE VENDAS
(–) DEDUÇÕES DE VENDAS
Vendas Canceladas
Descontos Incondicionais
Devoluções de Vendas
(–) IMPOSTOS SOBRE VENDAS
ICMS sobre Faturamento
RECEITA LÍQUIDA DE VENDAS
(–) Custo dos Produtos e Serviços Vendidos

(continua)

Cap. 5 • Demonstração de Resultado do Exercício (DRE) e Demonstração do Resultado Abrangente (DRA)   **93**

(continuação)

LUCRO BRUTO
(+/–) DESPESAS E RECEITAS OPERACIONAIS
Despesas Comerciais
Despesas Administrativas
Despesas Tributárias
Outras Receitas Operacionais
Outras Despesas Operacionais
Resultado de Investimentos em Coligadas e Controladas
RESULTADO ANTES DAS DESPESAS E RECEITAS FINANCEIRAS
(+/–) RESULTADO FINANCEIRO LÍQUIDO
Despesas Financeiras
Receitas Financeiras
RESULTADO ANTES DOS TRIBUTOS SOBRE O LUCRO
(–) Provisão para CSLL
(–) Provisão para IRPJ
RESULTADO LÍQUIDO DAS OPERAÇÕES CONTINUADAS
Resultado líquido após os tributos das operações descontinuadas
Resultado líquido de baixas de ativos e mensuração do valor justo
RESULTADO LÍQUIDO DO PERÍODO
Lucro Líquido por ação:
Destinação: • Participação de acionistas ou sócios não controladores   • Aos proprietários da entidade controladora

Este formato de DRE não conflita com a Lei Societária no Brasil e é o modelo praticado em todo o país. Veja que até o Resultado Antes das Despesas e Receitas Financeiras não há alterações relevantes.

5.9   LUCRO LÍQUIDO

É a sobra pertencente aos sócios ou acionistas (ou à empresa). Após a dedução do Imposto de Renda, faz-se a distribuição prevista no estatuto no caso das empresas por ações: de debêntures, de participação de empregados, de administradores e das contribuições para instituições ou fundos de assistência ou previdência de empregados; e no caso das demais empresas, faz-se a distribuição dos lucros conforme a definição dos sócios.

Após essas deduções, encontra-se o Lucro Líquido, que é a sobra Líquida à disposição dos sócios ou acionistas.

5.9.1 Lucro Líquido por Ação

Como já foi visto, o Lucro Líquido é a sobra líquida à disposição dos proprietários da empresa. Os proprietários decidem a parcela do lucro que ficará retida na empresa e a parte que será distribuída aos donos do capital (Dividendos).

Se dividirmos o Lucro Líquido pela quantidade de ações em que está dividido o capital da empresa, obteremos o *Lucro Líquido por Ação do Capital Social*.

Nossa legislação, de acordo com o art. 187, inciso VII, da Lei nº 6.404/1976, estabelece que o Lucro Líquido por Ação do Capital Social deve ser indicado no final da Demonstração do Resultado do Exercício.

5.10 CONSIDERAÇÕES COMPLEMENTARES

O formato de *DRE* apresentado não conflita com a *Lei Societária no Brasil* e é o modelo praticado em todo o país. Veja que até o Resultado Antes das Despesas e Receitas Financeiras não há alterações relevantes.

5.10.1 Resultado Antes das Despesas e Receitas Financeiras

Sempre existiu polêmica sobre a natureza de Despesas e Receitas Financeiras: operacional ou não operacional?

Neste formato de apresentação da DRE, calcula-se o Resultado antes desta despesa e receita (Financeira), podendo-se entender como um Resultado Operacional puro ou apenas uma classificação que facilita a análise da DRE.

5.10.2 Resultado Antes dos Tributos sobre o Lucro

O Resultado é praticamente o mesmo do modelo tradicional da DRE tratada neste capítulo. Porém, os itens seguintes são novidades.

5.10.3 Resultado Líquido das Operações Continuadas

É o resultado apresentado depois de deduzidas as despesas (receitas) financeiras e as despesas sobre o lucro.

Até esta linha da DRE, não deverão ser apresentados os resultados de operações descontinuadas da entidade.

5.10.4 Resultado Líquido do Período

Para chegar a este resultado final, temos:

5.10.4.1 Resultado Líquido após os tributos das operações descontinuadas

A operação descontinuada, como já vimos, é o componente da entidade que tenha sido alienado ou esteja classificado como mantido para venda e:

- represente uma importante linha separada de negócios ou área geográfica de operações;
- seja parte integrante de um único plano coordenado para vender uma importante linha separada de negócios ou área geográfica de operações;
- seja uma controlada adquirida exclusivamente com o objetivo de revenda;
- um componente de uma entidade compreende operações e fluxos de caixa que podem ser operacionalmente distinguidos do resto da entidade;
- entende-se também como unidade geradora de caixa ou grupo de unidades geradoras de caixa.

Em conformidade com o *CPC 31 – Ativo não circulante mantido para venda e operação descontinuada,* aprovado pela Deliberação CVM nº 598 de 15/09/2009, a entidade deve apresentar os respectivos resultados do período em uma única linha na DRE, *separadamente das receitas e despesas operacionais continuadas,* normalmente ao final da demonstração, líquidas dos efeitos tributários.

Nessa mesma linha, deve estar também somado o resultado líquido dos efeitos tributários decorrentes da operação de venda. Todos os detalhes relativos a essa linha devem ser divulgados preferencialmente em nota explicativa.

Ajustes nas demonstrações financeiras do período anterior devem ser efetuados para manter a comparabilidade das demonstrações financeiras e para que o usuário das demonstrações financeiras possa identificar os efeitos das operações que tenham sido descontinuadas à data do balanço do último período apresentado.

5.10.4.2 Resultado líquido de baixas de ativos e mensuração do valor justo

Nesta linha, deverão ser demonstrados os Ativos classificados como Ativos Mantidos para Venda *(CPC 31),* como também os Ativos Imobilizados baixados por ocasião de sua alienação ou quando o item não apresentar expectativa de benefícios econômicos futuros, sendo permanentemente retirado de uso. Um Ativo não Circulante mantido para venda é um Ativo, ou um grupo de Ativos, a ser alienado, por venda ou de outra forma, que pode estar associado com passivos diretamente relacionados a ele, que serão juntamente transferidos na transação.

O Ativo, ou o grupo de Ativos, não Circulante, é mantido para venda e deve ser mensurado pelo menor valor entre o contábil e o líquido de venda (valor justo menos as despesas de venda).

Quando se espera que a venda ocorra após um ano, a entidade deve mensurar as despesas de venda ajustando-as pelo seu valor presente. Qualquer aumento no valor presente das despesas de venda que resulte da passagem do tempo deve ser apresentado nos resultados como despesa financeira, aplicando-se as disposições do Pronunciamento Técnico *CPC 12 – Ajuste a Valor Presente.*

Quando identificada uma perda em seu valor recuperável, o valor do Ativo, ou grupo de Ativos, não Circulante mantido para venda, já líquido das despesas de venda, deve ser ajustado tão logo os indicadores dessa perda sejam identificados e razoavelmente mensurados.

5.11 Considerações Finais

5.11.1 Demonstração do Resultado Abrangente – DRA

Normas Contábeis no Brasil como a Resolução do CFC nº 1.185/2009 e o CPC 26 exigem que a entidade apresente a DRE e a DRA. Assim, a DRA passa a ser obrigatória mesmo não sendo prevista na Lei das Sociedades Anônimas. A Resolução CFC nº 1.255/2009 diz o seguinte:

A entidade deve apresentar seu resultado abrangente para o período em duas demonstrações – a Demonstração do Resultado do Exercício (DRE) e a Demonstração do Resultado Abrangente (DRA) – sendo que nesse caso a demonstração do resultado do exercício apresenta todos os itens de receita e despesa reconhecidos no período, exceto aqueles que são reconhecidos no resultado abrangente.

A DRA deve iniciar com a última linha da demonstração do resultado; em sequência devem constar todos os itens de outros resultados abrangentes. Esta Norma fornece tratamento distinto para as seguintes circunstâncias:

(a) os efeitos de correção de erros e mudanças de políticas contábeis são apresentados como ajustes retrospectivos de períodos anteriores em vez de como parte do resultado no período em que surgiram; e

(b) três tipos de outros resultados abrangentes são reconhecidos como parte do resultado abrangente, fora da demonstração do resultado, quando ocorrem:

(i) alguns ganhos e perdas provenientes da conversão de demonstrações contábeis de operação no exterior;

(ii) alguns ganhos e perdas atuariais (Benefícios a Empregados);

(iii) algumas mudanças nos valores justos de instrumentos de *hedge* (Tópicos sobre Instrumentos Financeiros).

A entidade deve divulgar separadamente na DRA os seguintes itens, como alocações para o período:

(a) resultado do período, atribuível;

(i) à participação de acionistas ou sócios não controladores;

(ii) aos proprietários da entidade controladora;

(b) resultado abrangente total do período, atribuível:

(i) à participação de acionistas ou sócios não controladores;

(ii) aos proprietários da entidade controladora.

5.11.2 Abordagem de duas demonstrações

Dentro dessa abordagem de duas demonstrações, a DRE deve apresentar, no mínimo, e obedecendo à legislação vigente, as contas a seguir enunciadas que apresentem valores, com o lucro líquido ou prejuízo como última linha.

5.11.2.1 Demonstração do Resultado do Exercício (DRE)

(a) receitas;

(b) custo dos produtos, das mercadorias ou dos serviços vendidos;

(c) lucro bruto;

(d) despesas com vendas, gerais, administrativas e outras despesas e receitas operacionais;

(e) parcela do resultado de investimento em coligadas (Investimento em Controlada e em Coligada) e empreendimentos controlados em conjunto (Investimento em Empreendimento Controlado em Conjunto (*Joint Venture*), contabilizada pelo método de equivalência patrimonial;

(f) resultado antes das receitas e despesas financeiras;

(g) despesas e receitas financeiras;

(h) resultado antes dos tributos sobre o lucro;

(i) despesa com tributos sobre o lucro;

(j) resultado líquido das operações continuadas;

(k) valor líquido dos seguintes itens:

(i) resultado líquido após tributos das operações descontinuadas;

(ii) resultado após os tributos decorrentes da mensuração ao valor justo menos despesas de venda ou na baixa dos Ativos ou do grupo de Ativos à disposição para venda que constituem a unidade operacional descontinuada;

(l) resultado líquido do período.

5.11.2.2 Demonstração do Resultado Abrangente (DRE)

A demonstração do resultado abrangente deve começar com o resultado do período como primeira linha, transposto da demonstração do resultado, e evidenciar, no mínimo, as contas que apresentem valores nos itens a seguir:

(a) cada item de outros resultados abrangentes classificado por natureza;

(b) parcela dos outros resultados abrangentes de coligadas, controladas e controladas em conjunto, contabilizada pelo método de equivalência patrimonial;

(c) resultado abrangente total.

98 Curso de Contabilidade para Não Contadores • *Iudícibus e Marion*

De acordo com esta Norma, os efeitos de correção de erros e mudanças de práticas contábeis são apresentados como ajustes retrospectivos de períodos anteriores em vez de como parte do resultado do período em que surgiram.

A entidade deve apresentar contas adicionais, cabeçalhos e subtotais na DRA e na DRE, quando essa apresentação for relevante para o entendimento do desempenho financeiro da entidade.

A entidade não deve apresentar ou descrever nenhum item de receita ou despesa como "item extraordinário" na demonstração do resultado ou na DRA, ou em notas explicativas.

5.11.3 Apresentação da DRA

A DRA pode ser apresentada de três maneiras:

a) como continuidade da DRE;

b) na Demonstração das Mutações do Patrimônio Líquido (DMPL); ou

c) como um relatório próprio.

O CPC sugere como ideal a DMPL. Porém, quando apresentada como um relatório próprio, o valor inicial deveria ser o resultado apurado na DRE (última linha).

De acordo com as Normas Internacionais, o modelo ideal seria como continuidade da DRE.

EXERCÍCIOS PROPOSTOS

1.

(FGV – 2013 – AL-MA) Quanto à interligação das contas da Demonstração do Resultado do Exercício e do Balanço Patrimonial de uma sociedade por ações, assinale a afirmativa correta.

a) O lucro líquido do exercício é encontrado após a dedução do imposto de renda e da contribuição social sobre o lucro líquido, das participações no resultado e da reserva legal constantes da demonstração do resultado do exercício, em que todas as contas constarão do balanço patrimonial sendo divididas em passivo circulante e patrimônio líquido.

b) O balanço patrimonial recebe diretamente da demonstração do resultado do exercício os valores das contas da provisão do imposto de renda e da contribuição social sobre o lucro líquido no passivo circulante e do lucro líquido do exercício no patrimônio líquido.

c) Após apurar o lucro líquido do exercício na demonstração do resultado do exercício, a empresa deverá destinar, em demonstração própria, parte desse lucro para as reservas de lucro e parte para os dividendos, sendo que os valores reservados comporão o patrimônio líquido e o valor dos dividendos o passivo circulante, todos no balanço patrimonial.

d) O valor da receita bruta de venda constante da demonstração do resultado do exercício estará, integralmente, na disponibilidade do ativo circulante, independente da operação ter sido à vista ou a prazo, enquanto os valores dos custos e das despesas constarão do passivo circulante desde que tenham sido provisionadas ou oriundas de operações a prazo.

e) Todas as receitas, custos e despesas constantes da demonstração do resultado do exercício, em atendimento aos princípios da continuidade, prudência e competência, devem apresentar, como contrapartida, contas do ativo circulante ou do passivo circulante do balanço patrimonial, mesmo que as operações tenham sido à vista ou a curto prazo.

2.

(FCC – 2012 – TRE-CE). Na apuração da receita líquida de vendas são computados os valores dos seguintes itens:

a) as vendas devolvidas, os desembolsos com transportes de mercadorias e os abatimentos recebidos pela empresa.

b) os impostos diretos sobre as vendas, as devoluções de mercadorias vendidas e abatimentos sobre as vendas.

c) o custo da mercadoria vendida, os impostos diretos, os descontos comerciais concedidos e os fretes e despachos sobre as vendas.

d) as devoluções de vendas, os descontos comerciais recebidos e os descontos financeiros concedidos aos clientes.

e) os gastos com transporte das mercadorias vendidas, o custo das mercadorias vendidas e os descontos financeiros concedidos.

3.

(CESGRANRIO – 2012 – LIQUIGAS). A Demonstração do Resultado do Exercício (DRE) confronta as receitas e os ganhos com as despesas e perdas de uma empresa.

Na estrutura da DRE, a diferença entre a receita líquida de vendas e o custo das mercadorias ou serviços vendidos expressa o valor da(o)

a) receita bruta das vendas.

b) faturamento bruto.

c) lucro ou prejuízo operacional.

d) lucro ou prejuízo líquido do exercício.

e) lucro bruto.

4.

(CESGRANRIO – 2012 – LIQUIGAS). Os relatórios contábeis apresentam, resumidamente e de forma ordenada, os dados colhidos pela contabilidade, ao longo de um determinado período de tempo, normalmente de doze meses, denominado exercício social.

Tais relatórios visam a apresentar aos usuários da contabilidade os principais fatos por ela registrados nesses mesmos períodos de tempo. Dentre eles, os mais importantes são as demonstrações contábeis ou demonstrações financeiras, na terminologia da lei societária.

A demonstração contábil, na qual os usuários podem observar o indicador global de eficiência da empresa consubstanciado no retorno que a mesma propicia ao investimento nela feito pelos respectivos donos, é a demonstração do(a)

a) Fluxo de Caixa.

b) Valor Adicionado.

c) Resultado do Exercício.

d) Lucro ou Prejuízo Acumulado.

e) Mutação do Patrimônio Líquido.

5.

(FCC – 2012 – TST). Determinada empresa reconheceu, durante o ano de 2011, R$ 500.000,00 em vendas realizadas. Durante este ano, reconheceu, adicionalmente, os seguintes itens: abatimento sobre vendas de R$ 16.000,00; devoluções de vendas de R$ 10.000,00; custo das mercadorias vendidas de R$ 260.000,00; comissões sobre vendas de R$ 7.500,00; impostos sobre vendas de R$ 90.000,00 e estimativa para perdas com créditos de liquidação duvidosa de R$ 5.000,00. Com base nessas informações, a empresa apurou em 2011 uma receita líquida e um lucro bruto, respectivamente, de

a) R$ 384.000,00 e R$ 124.000,00.
b) R$ 461.500,00 e R$ 201.500,00.
c) R$ 474.000,00 e R$ 214.000,00.
d) R$ 376.500,00 e R$ 116.500,00.
e) R$ 371.500,00 e R$ 111.500,00.

6.

(CESGRANRIO – 2012 – Petrobras). Uma diminuição das despesas administrativas mensais de uma empresa, que produz e vende certo produto, leva, na sua demonstração de resultados, a um(a)

a) aumento do Lucro Líquido.
b) aumento do Ativo.
c) aumento do Caixa.
d) diminuição do Passivo.
e) diminuição do Custo das Mercadorias.

7.

(CESGRANRIO – 2011 – Petrobras). A Companhia Ornato Comércio e Serviços S.A. apresentou as seguintes informações parciais retiradas do Livro-Razão, antes da elaboração das demonstrações contábeis:

Bonificações recebidas de fornecedor	R$ 1.000,00
Compras de mercadorias	R$ 67.000,00
Devolução de vendas	R$ 10.000,00
Estoque final de mercadorias	R$ 13.000,00
Estoque inicial de mercadorias	R$ 5.000,00
ICMS sobre as mercadorias vendidas	R$ 20.000,00
ISS sobre a prestação de serviços	R$ 2.000,00
Receita de prestação de serviços	R$ 30.000,00
Venda de mercadorias	R$ 120.000,00

Considerando-se exclusivamente as informações recebidas, o lucro bruto da Companhia Ornato, em reais, é de

a) 90.000,00.
b) 61.000,00.
c) 62.000,00.
d) 60.000,00.
e) 92.000,00.

8.

(CFC – Exame de Suficiência – FBC – 2016 – 2ª edição). Uma Sociedade Empresária realizou uma venda de mercadoria à vista, no valor de R$320.000,00, com incidência de ICMS à alíquota de 18%.

O Custo da Mercadoria Vendida foi de R$192.000,00.

O Lucro Bruto dessa única transação de venda realizada pela Sociedade Empresária é de:

a) R$ 70.400,00.
b) R$ 104.960,00.
c) R$ 128.000,00.
d) R$ 185.600,00.

9.

(CESPE – 2010 – TRE-MT). Considerando que, de acordo com a Lei nº 6.404/1976, a DRE deve ser apresentada na forma dedutiva com os detalhes necessários das receitas, despesas, ganhos e perdas, definindo claramente o lucro ou prejuízo do exercício, e por ação, assinale a opção correta.

a) O valor da receita líquida das vendas e serviços deve ser apurado pela diferença entre a receita bruta das vendas e serviços e o valor do custo das mercadorias e serviços vendidos.

b) O valor do lucro operacional bruto deve ser apurado depois da dedução dos valores referentes às despesas operacionais.

c) O lucro (ou prejuízo) líquido do exercício e o montante do lucro (ou prejuízo) por ação do capital social devem ser apurados depois da dedução dos valores das participações.

d) São exemplos de participações deduzidas na DRE: debêntures, fornecedores, administradores e partes beneficiárias.

e) Os abatimentos concedidos não são discriminados na DRE.

10.

(FUNIVERSA – 2010 – SEJUS-DF) Assinale a alternativa incorreta quanto à destinação dos lucros apurados pelas sociedades anônimas.

a) Juntamente com as demonstrações financeiras do exercício, os órgãos da administração da companhia apresentarão à assembleia geral ordinária, observado o disposto na Lei das Sociedades Anônimas e no estatuto, proposta quanto a destinação a ser dada ao lucro líquido do exercício.

b) Do resultado do exercício serão deduzidos, antes de qualquer participação, os prejuízos acumulados e a provisão para o Imposto sobre a Renda.

c) Caso a empresa apure prejuízo durante o exercício financeiro, este poderá ser absorvido, a critério da companhia, pelos lucros acumulados, pelas reservas de lucros ou pela reserva legal.

d) Antes do cálculo do dividendo obrigatório, a assembleia geral poderá, por proposta dos órgãos de administração, destinar para a reserva de incentivos fiscais a parcela do lucro líquido decorrente de doações ou subvenções governamentais para investimentos.

e) As participações estatutárias de empregados, administradores e partes beneficiárias serão determinadas, sucessivamente e nessa ordem, com base nos lucros que remanescerem depois de deduzidos o prejuízo e o imposto de renda.

6

Demonstração dos Lucros ou Prejuízos Acumulados (DLPAc)

Depois de estudar demonstrações contábeis, Balanço Patrimonial e Demonstração do Resultado do Exercício, vamos estudar Demonstração dos Lucros e Prejuízos Acumulados

De acordo com o CPC 26 (NBC TG 26 (R5)), a Demonstração dos Lucros ou Prejuízos Acumulados (DLPAc) deixa de existir, sendo substituída pela Demonstração das Mutações do Patrimônio Líquido (DMPL).

Todavia, a DLPAc está prevista na Lei nº 11.638/2007 e, para elaborar a DMPL, precisamos da Conta Lucros (ou Prejuízos) Acumulados. Além disso, a DLPAc está contida dentro da DMPL. Estes são bons motivos para estudarmos a DLPAc.

6.1 O QUE FAZER COM O LUCRO?

Os Lucros Acumulados significam lucros retidos remanescentes: não distribuídos para os proprietários e sem um destino certo (em suspenso), isto é, não canalizados para Reservas, Aumento de Capital etc.

Dentro do grupo Patrimônio Líquido, encontramos a conta *Lucros Acumulados* (ou Prejuízos). Como o Balanço Patrimonial é apresentado em duas colunas, encontraremos dois saldos nessa conta: o saldo no final do *exercício anterior* (ou saldo do início do exercício em análise) e o saldo no final *deste exercício* (período em análise).

Quando a Contabilidade apura o lucro de uma empresa, tornando-se este o seu primeiro passo, surge aí uma questão: qual o destino que se vai dar para este lucro?

Normalmente, uma parcela do lucro é paga na forma de distribuição de lucros aos sócios ou de dividendos aos acionistas remunerando o capital investido. Esta remuneração é conhecida como dividendos para os casos das companhias abertas, cujo capital é formado por ações e lucros; para as demais empresas, neste caso, o capital é formado por cotas de capital.

Outra parcela visa reinvestimento no capital na empresa, no sentido de fortalecer o Capital Próprio. Esta parcela é conhecida como **lucro retido** (não distribuído) e, mais cedo ou mais tarde, será incorporada ao *capital social* no Patrimônio Líquido.

Vamos admitir que a empresa Brasil que Queremos, após apurar um lucro de R$ 10.000, obedecendo seus estatutos, propõe distribuir 40% em forma de dividendos para os acionistas e o restante (60%) será capitalizado, ou seja, mantido na empresa para fortalecer o Capital Próprio. Assim, temos:

6.2 UM INSTRUMENTO DE INTEGRAÇÃO ENTRE DRE E BP

Todavia, o trajeto do lucro da DRE até o Balanço Patrimonial sofre tradicionalmente algumas transformações que devem ser explicadas aos usuários que se utilizam dos Relatórios Contábeis. A Demonstração de Lucros ou Prejuízos Acumulados dá a visão do que foi feito com o lucro líquido ou prejuízo apurado conforme a Demonstração de Resultado do Exercício (DRE).

No entanto, a Lei nº 6.404/1976 define, no art. 192, que os órgãos de administração da companhia (sociedades por ações) apresentarão à assembleia geral ordinária (AGO) proposta sobre a destinação a ser dada ao lucro líquido do exercício, enquanto para as demais empresas o Código Civil/2002, no art. 1.078, estabelece que a assembleia dos sócios deve realizar-se ao menos uma vez por ano, nos quatro meses seguintes ao término do exercício social, para que deliberem sobre o balanço patrimonial e sobre resultado econômico (DRE).

Assim a Contabilidade dará a destinação para o lucro na forma que ficou deliberado na assembleia, podendo ser para:

- Pagamento de dividendos no caso de acionistas, ou distribuição de lucros para sócios;
- Retenção como reserva de lucros para reserva legal, reservas estatutárias e de contingências, e as retenções de lucro (reserva orçamentária) para projetos de investimentos e expansões.

Com o advento da Lei nº 11.638/2007, no art. 176 dessa lei, a DLPAc é relacionada como uma demonstração financeira obrigatória. Todavia, no item *d* do art. 178, essa mesma lei diz que o Patrimônio Líquido é constituído em Capital Social, Reservas de Capital, Ajustes de Avaliação Patrimonial, Reservas de Lucros, Ações em Tesouraria e Prejuízos Acumulados, não incluindo a conta Lucros Acumulados.

Na realidade, a conta Lucros Acumulados, apesar de ser assim tratada em todos os comentários aos dispositivos legais, não é uma conta transitória; ela é uma conta normal do PL, com uma característica singular: pode apresentar no início ou no final do exercício dois tipos de saldo: "zero" ou "devedor" (no caso de prejuízo); é lógico que se ela tiver saldo "zero" não irá aparecer no Balanço Patrimonial. Nessas condições, a solução para o problema é a seguinte: recomendar a utilização da conta Lucros ou Prejuízos Acumulados para receber o lucro do exercício e promover a sua distribuição ou para eventuais reversões de reservas ou, ainda, para compensar eventuais prejuízos e manter a DLPAc com a finalidade de evidenciar essa movimentação, com a ressalva, em nota, sobre os saldos iniciais e finais. Neste capítulo, trabalharemos com a conta Lucros Acumulados com saldo. Entretanto, quando se tratar de Sociedades Anônimas ou Sociedades Limitadas de Grande Porte, o saldo deverá ser zero. Tratando-se de Sociedade Anônima de Capital Aberto, a DLPAc[1] deverá ser substituída pela Demonstração das Mutações do Patrimônio Líquido, evidentemente, com a conta Lucros Acumulados zerada.

Portanto, para ter mais transparência nos propósitos da empresa, esta deverá destinar todo o lucro, evitando, assim, saldos indefinidos na conta Lucros Acumulados.

Para as sociedades por ações, não existirá mais a conta de lucros acumulados no Patrimônio Líquido (PL), exigindo-se que todo o lucro seja destinado para pagamento de dividendos ou para uma das reservas descrita anteriormente. Na ocorrência de prejuízo no exercício, este será obrigatoriamente absorvido pelas reservas de lucro e pela reserva legal (nessa ordem), e, se ainda restar saldo, será constituída a conta de prejuízo (que pode se acumular com exercícios seguintes). Para as demais empresas nada mudou em relação à conta de lucros acumulados, no entanto, a assembleia de sócios poderá definir que o restante do lucro depois do que for distribuído seja destinado às reservas da mesma forma que as sociedades por ações.

A Demonstração dos Lucros ou Prejuízos Acumulados (DLPAc) serve de "ponte" (é a interligação) entre a DRE e o Balanço Patrimonial.

---

[1]   Como vimos, o CPC 26 e a NBC TG 26 (R5) substituem a DLPAc pela DMPL.

6.3 EXEMPLO DE DEMONSTRAÇÃO DOS LUCROS OU PREJUÍZOS ACUMULADOS

Vamos admitir que a Cia. Brasil que Queremos teve um lucro de $ 3.000.000 em 20x1, com o seguinte Balanço:

BALANÇO PATRIMONIAL					
Cia. Brasil que Queremos			Em $ mil		
ATIVO			PASSIVO e PL		
	31-12-x1	31-12-x0		31-12-x1	31-12-x0
			Patrimônio Líquido		
				2.350	950
			Lucros Acumulados		

Como já vimos, esta conta (Lucros Acumulados) representa a interligação entre o Balanço Patrimonial (BP) e a Demonstração do Resultado do Exercício (DRE).

Nosso objetivo é verificar agora porque houve uma variação de $ 950 em 31-12-x0 para $ 2.350 em 31-12-x1.

6.4 AJUSTES DE EXERCÍCIOS ANTERIORES

A nossa legislação estabelece que o Lucro Líquido do Exercício não deve ser influenciado por valores oriundos de outros exercícios em conformidade com o regime de competência que exige o confronto das receitas com as despesas do mesmo período de apuração. Dessa forma, teremos o Lucro Líquido realmente obtido com as operações num determinado ano.

Assim, se, por exemplo, constatássemos um erro de soma de cálculo na apuração dos estoques em 20x0, não poderíamos considerá-lo na DRE em 20x1 (ano em que foi descoberto o erro), pois estaríamos sendo incoerentes, e o regime de competência não estaria sendo preservado.

A legislação dispõe que como ajustes de exercícios anteriores serão considerados apenas os decorrentes de *efeitos da mudança de critério contábil*, ou da *retificação de erro imputável a determinado exercício anterior*, e que não possam ser atribuídos a fatos subsequentes.

A propósito, a legislação dispõe que as mudanças de métodos e políticas contábeis, de efeitos relevantes que impactam as Demonstrações Financeiras do exercício, devem para conhecimento dos usuários destas informações, ser especificadas nas notas explicativas.

No que tange à retificação de erros de exercícios anteriores, vamos admitir que o contador da Cia. Brasil que Queremos tenha cometido um erro de cálculo na despesa Depreciação, no exercício anterior (20x1), e contabilizado a mais $ 280.000. Agora, ele somará $ 280.000 ao lucro anterior. Não podemos esquecer que o Lucro Acumulado no Balanço de 31-12-x1 está composto em $ 280.000 a mais de despesa da depreciação, e que seria impossível retificar a Contabilidade para corrigir o erro na data que ele foi originado. Portanto, o caminho adequado é retificar o saldo de Lucros Acumulados na próxima DLPAc, deduzindo aquele excesso:

DEMONSTRAÇÃO DOS LUCROS OU PREJUÍZOS ACUMULADOS Cia. Brasil que Queremos	
Saldo em 31-12-x1_____	950.000
1. Ajustes de Exercícios anteriores	280.000
(+) Ajuste de despesas de Depreciação contabilizada a mais em (x1)	
Reversão de Reservas	_____
_____	_____
_____	_____
_____	_____
_____	_____
Saldo em 31-12-x2_____	_____

Assim, Lucros Acumulados em 31-12-x0 passa a ser adicionado de $ 280.000, sem interferir no Lucro Líquido do Exercício de 31-12-x1.

6.5 PROPOSTA DA ADMINISTRAÇÃO PARA DESTINAÇÃO DO LUCRO

Após a apuração do montante disponível (acumulado) do lucro, será destacada a proposta dos órgãos da administração da companhia, apresentada aos acionistas (assembleia geral), sobre a destinação a ser dada ao Lucro Líquido do Exercício.

Normalmente, essa proposta é aprovada na primeira reunião de acionistas do ano (assembleia geral ordinária). Independentemente da aprovação, já se efetuam as transferências. Esse procedimento é permitido por lei. No caso de alguma alteração (pouco provável nas companhias em que a administração possui também o controle acionário), serão feitas as correções necessárias nas transferências efetuadas.

Os órgãos administrativos, na proposta sobre a destinação do lucro apresentada na DLPAc, constituem reservas, baseando-se nos estatutos da empresa e na Lei das Sociedades por Ações. Essas reservas originadas do Lucro Líquido do Exercício são denominadas **Reservas de Lucros**.

Para as empresas sujeitas à Lei nº 11.638/2007 (Sociedades Anônimas e Limitadas de Grande Porte) foi eliminada a conta "Lucros Acumulados", ficando apenas "Prejuízos Acumulados". Para as demais empresas continua a conta "Lucros e Prejuízos Acumulados".

Antes de se estudar as Reservas de Lucros, apresentamos os modelos de DLPAc conforme a Lei das Sociedades Anônimas:

	31-12-x1	Exercício Anterior 31-12-x0
Saldo dos Lucros acumulados em 31-12-x0	xxxxxxxxx	---------------
(±) Ajustes de Exerc. Anteriores	xxxxxxxxx	---------------
(+) Lucro Líquido do Exercício	xxxxxxxxx	---------------
Lucro Total Disponível	xxxxxxxxx	---------------
(–) Transferências p/ Res. de Lucros		
a. Reserva Legal	xxxxxxxxx	---------------
b. Reserva Estatutária	xxxxxxxxx	---------------
c. Reservas p/ Contingências	xxxxxxxxx	---------------
	xxxxxxxxx	---------------
d. Retenção de Lucros (Reserva Orçamentária)	xxxxxxxxx	---------------
e. Reserva de Lucros a Realizar	xxxxxxxxx	---------------
(–) Dividendos		
Saldo dos Lucros Acumulados em 31-12-x1	xxxxxxxxx	---------------

6.6 TRANSFERÊNCIA DO LUCRO LÍQUIDO PARA RESERVAS DE LUCROS (DE ACORDO COM A LEI N° 6.404/1976 DAS S.A.)

6.6.1 Reserva Legal – Art. 193

Art. 193. Do Lucro Líquido do exercício, 5% (cinco por cento) serão aplicados, antes de qualquer destinação, na constituição da Reserva Legal, que não excederá 20% (vinte por cento) do Capital Social.

(...)

§ 2° A Reserva Legal tem por fim assegurar a integridade do Capital Social e somente poderá ser utilizada para compensar Prejuízos ou aumentar Capital. (Lei das S.A.)

Pressupondo que o Capital da Cia. Brasil que Queremos fosse de $ 8.000.000 e o Lucro Líquido de $ 3.000.000, a Reserva Legal seria de $ 150.000 ($ 3.000.000 × 5%). Observe que, neste caso, o limite para Reserva Legal é de $ 1.600.000 ($ 8.000.000 × 20%). O valor destinado a esta reserva está, portanto, longe do limite.

Esta reserva, assim como as demais reservas de lucros, depois de calculada, fará parte do Patrimônio Líquido da Empresa.

6.6.2 Reserva Estatutária – Art. 194

São aquelas previstas nos estatutos da empresa.

Art. 194. O estatuto poderá criar reservas desde que, para cada uma:

I – indique, de modo preciso e completo, a sua finalidade;

II – fixe os critérios para determinar a parcela anual dos lucros líquidos que serão destinados à sua constituição; e
III – estabeleça o limite máximo das reservas. (Lei das S.A.)

Admitindo-se que do estatuto da Cia. Brasil que Queremos constem 10% sobre o Lucro Líquido do Exercício para renovação de equipamentos, tem-se:

Reserva Estatutária $ 3.000.000 × 10% = $ 300.000.

6.6.3 Reserva para Contingência – Art. 195

Art. 195. A assembleia geral poderá, por proposta dos órgãos da administração, destinar parte do lucro líquido destinado à formação de Reserva com a finalidade de compensar, em exercício futuro, a diminuição do lucro decorrente de perda julgada provável, cujo valor possa ser estimado.
§ 1º A proposta dos órgãos da administração deverá indicar a causa da perda prevista e justificar, com as razões de prudência que a recomendem, a constituição da reserva. (Lei das S.A.)

A Cia. Brasil que Queremos, por não conceder aos seus funcionários os aumentos salariais de costume, prevê, para o próximo período, greve geral por ocasião do dissídio coletivo. A diretoria planeja, confidencialmente, suportar 30 dias de greve. Ultrapassando este limite, ela cederá às reivindicações dos seus funcionários. É prevista, portanto, para o mês de paralisação, uma diminuição de lucro em 17,0%. Então, podem-se equalizar os lucros dos dois anos, formando (deduzindo) 8,5%[2] de Reserva:

Reserva p/ Contingência = $ 3.000.000 × 8,5% = $ 255.000.

Admitindo-se que, por ocasião do dissídio, não ocorreu a greve prevista, como previsto pela diretoria, a contingência deixa de existir, e não há mais razões para sua manutenção, assim haverá a **Reversão** da Reserva para Contingência. Então, os $ 255.000 serão adicionados aos Lucros Acumulados no exercício do dissídio, compensando, assim, a diminuição do lucro que fora reservado para uma provável perda prevista.

Art. 195. (...)
§ 2º A reserva será revertida no exercício em que deixarem de existir as razões que justificaram a sua constituição ou em que ocorrer a perda. (Lei das S.A.)

Repare-se que, se não houvesse a greve, a reversão ocorreria da mesma forma.

Verifica-se que este expediente evita distribuir dividendos consideráveis em um período quando há perspectivas de diminuição de lucro, por perdas extraordinárias, no período seguinte. Evita, portanto, que situações favoráveis (otimistas) passem a pessimistas e propiciem instabilidade para o acionista.

---

[2] Metade da perda é assumida no exercício atual e a outra no exercício em que realmente ocorrer a perda. Dessa forma, seria disciplinada a distribuição de Dividendos, porquanto não há "gordos" dividendos num ano e, possivelmente, "magros" dividendos no ano seguinte.

Admitindo-se que a empresa paga 30% de dividendos anuais, tem-se:

20x0		20x1	
LL	3.000.000	2.490.000	Lucro Diminuído da perda
Res. p/ Contingência	(255.000)	+ 255.000	Reversão da Res. p/
Valor Base p/ Cálculo de			Contingência
Dividendos	2.745.000	2.745.000	
	× 30%	× 30%	
Dividendos em 20x0	823.500	823.500	Dividendos em 20x1

Observe que, se não houvesse Reserva para Contingência, em 20x0 haveria $ 900.000 de Dividendos, enquanto em 20x1 seria $ 747.000, com a reversão no final os valores totais de dividendos totalizam $ 1.647.000.

6.6.4 Reserva Orçamentária (reserva de lucros para expansão) – Art. 196

Parcelas do Lucro Líquido poderão ser retidas para expansão da empresa quando prevista em orçamento de capital aprovado pela Assembleia Geral.

Art. 196 § 1º O orçamento, submetido pelos órgãos da administração com a justificação da retenção de lucros proposta, deverá compreender todas as fontes de recursos e aplicação de capital, fixo ou circulante, e poderá ter a duração de até 5 (cinco) exercícios, salvo no caso de execução, por prazo maior, de projeto de investimento. (Lei das S.A.).

Admitindo-se que a Assembleia Geral aprovou um projeto de investimento, em que serão retidos 6% dos lucros do exercício, justificados no orçamento de capital, tem-se:

Reserva Orçamentária = $ 3.000.000 × 6% = $ 180.000.

6.6.5 Reserva de Lucros a Realizar

Pode haver parte do Lucro Líquido que ainda não tenha sido realizado financeiramente (o dinheiro deste lucro ainda não foi recebido). Um caso interessante era o ganho com a inflação até 1995, que "engordava" o Lucro Líquido, mas não significava, no momento, um acréscimo financeiro, isto é, aquele montante (ganho com a inflação) não crescia, em valor correspondente ao Caixa. Dessa forma, não seria justo pagar dividendos sobre a parcela não realizada financeiramente, caso contrário enfraqueceria a situação financeira da empresa.

Atualmente, os casos de Lucros a Realizar são: (a) quando uma empresa investidora tem seu lucro aumentado por ganho na investida. Este acréscimo de lucro na investidora (equivalência patrimonial) foi reconhecido, mas não houve o recebimento em dinheiro; (b) quando uma empresa tem lucro, cujo prazo de realização financeira ocorra após o término do exercício social seguinte. Este é o caso, por exemplo, de vendas a longo prazo: o recebimento financeiro vai acontecer após o término do ano seguinte.

O art. 202 da Lei das S.A. (nº 6.404/1976) assegura que o pagamento do dividendo proposto poderá ser limitado ao montante do lucro líquido do exercício que tiver sido realizado, como medida para proteger o caixa da empresa.

A reserva de Lucros a Realizar é calculada quando o dividendo obrigatório ultrapassar a parcela realizada financeiramente do lucro líquido. Vamos admitir que a Cia. Brasil que Queremos teve um lucro de R$ 1.000 (sendo que R$ 700 incluído nos R$ 1.000 é resultante de Equivalência Patrimonial – Lucro Econômico). Admita ainda que a Cia. Brasil que Queremos terá que pagar R$ 500 de dividendos obrigatórios. Neste caso, a empresa deverá contabilizar R$ 200 em Reserva de Lucros a Realizar e pagar dividendos de R$ 300. Veja que o Lucro Líquido realizado é apenas de R$ 300 (sendo que R$ 700 não foi realizado).

6.7 DIVIDENDOS – TRANSFERÊNCIA DE LUCRO LÍQUIDO PARA DIVIDENDOS – ART. 202

A parte do lucro que se destina aos acionistas das S.A., denomina-se **Dividendos**.

A Lei das Sociedades por Ações estabelece que parte do lucro líquido depois dos ajustes deverá ser distribuída como dividendos, e define as regras para definição de um dividendo mínimo quando o estatuto da companhia for omisso, com o objetivo básico de proteger os acionistas, sobretudo os minoritários.

O estatuto poderá estabelecer o dividendo com porcentagem do Lucro ou do Capital Social, ou fixar outros critérios para determiná-lo, desde que sejam regulados com precisão e minúcia e não sujeitem os acionistas minoritários ao arbítrio dos órgãos de administração ou da maioria.

Na hipótese de o estatuto ser omisso, os acionistas têm direito de receber como dividendo obrigatório a metade do **Lucro Líquido Ajustado** que será calculada da seguinte maneira:

> Lucro Líquido do Exercício
> (–) Quota destinada à constituição de Reserva Legal.
> (–) Importância destinada à formação de Reserva para Contingências.

Como já vimos, o pagamento do dividendo poderá ser limitado ao montante do Lucro Líquido do exercício que tiver sido realizado. A diferença (o excesso não realizado) será registrada como Reserva de Lucros a Realizar.

Os lucros registrados na Reserva de Lucros a Realizar, quando realizados, deverão ser acrescidos ao primeiro dividendo declarado após a realização.

6.8 DEMONSTRAÇÃO DOS LUCROS OU PREJUÍZOS ACUMULADOS (DLPAC)

DEMONSTRAÇÃO DOS LUCROS OU PREJUÍZOS ACUMULADOS Cia. Brasil que Queremos		
		Em $ mil
DISCRIMINAÇÃO	**31-12-x1**	**31-12-x0**
Saldo no início do período	950	
Ajustes de exercícios anteriores		
(+) Retificações de erros	280	
Lucro Líquido do Exercício	3.000	
Saldo Disponível	4.230	
Proposta da Administração para destinação do Lucro		
Res. Legal	(150)	
Res. Estatutária	(300)	
Res. Orçamentária	(180)	
Res. P/ Contingências	(255)	
Res. Lucros a Realizar	(95)	
Dividendos a Distribuir	(900)	
Saldo no final do período	**2.350**	**950**

Como visto anteriormente, para o caso de Sociedade Anônima ou empresa de grande porte, o saldo da conta Lucros Acumulados no final do exercício deveria ser zero. No caso da Cia. Brasil que Queremos o saldo de R$ 2.350 mil deveria ter sido destinado para reservas, dividendos etc., para zerar essa conta.

Destaca-se que o art. 186 da Lei das S.A. permite que a demonstração de lucros ou prejuízos acumulados seja incluída na demonstração das mutações do patrimônio líquido (DMPL). As Normas Brasileiras de Contabilidade exigem que a DMPL seja publicada conjuntamente com as demais demonstrações financeiras por apresentar um número maior de informações como veremos no próximo capítulo.

EXERCÍCIOS PROPOSTOS

1.

(CFC – 2016 – CFC – 1º Exame). Com relação à Demonstração dos Lucros ou Prejuízos Acumulados – DLPA, julgue os itens abaixo como Verdadeiros (V) ou Falsos (F) e, em seguida, assinale a opção CORRETA.

I.   A Demonstração das Mutações do Patrimônio Líquido – DMPL poderá ser incluída na Demonstração dos Lucros ou Prejuízos Acumulados – DLPA, a qual é mais abrangente que a anterior.

II. Quando a Entidade evidenciar o resultado e sua destinação nas Notas Explicativas, está desobrigada de publicar a Demonstração dos Lucros ou Prejuízos Acumulados – DLPA.

III. A Demonstração dos Lucros ou Prejuízos Acumulados – DLPA discriminará, entre outros, o saldo do início do período, as reversões de reservas de lucro e o lucro líquido do exercício. A sequência CORRETA é:

a) F, F, V.
b) F, V, F.
c) V, F, V.
d) V, V, F.

2.

(CEPERJ – 2013 – SEFAZ-RJ). O montante do dividendo por ação do capital social de companhia aberta deverá ser indicado no demonstrativo denominado:

a) balanço patrimonial.
b) demonstração de resultado abrangente.
c) demonstração do fluxo de caixa.
d) demonstração de origens e aplicações de recursos.
e) demonstração de lucros e prejuízos acumulados.

3.

(CEPERJ – 2012 – DEGASE). Da Demonstração dos Lucros ou Prejuízos Acumulados de uma determinada companhia, cuja elaboração se deu em 31/12/2010, foram extraídas as seguintes informações: (valores em reais)

Lucros acumulados até 31/12/2009 .... 120.000
Reversão de Reservas de Contingência 40.000
Constituição de Reserva Legal 7.500
Lucro Líquido do Exercício em 31/12/2010 .... 150.000
Dividendos a Pagar 45.000
Ajuste por depreciação superavaliada apropriada em 2009 .... 10.000

Com base nessas informações, o saldo final de Lucros Acumulados, em 31/12/2010, na referida demonstração, era igual a:

a) R$ 300.000.
b) R$ 257.500.
c) R$ 267.500.
d) R$ 247.500.
e) R$ 307.500.

4.

(CESGRANRIO – 2012 – LIQUIGAS). A demonstração do Lucro ou Prejuízo Acumulado (DLPA) de um exercício deve acolher os valores decorrentes de ajustes de exercícios anteriores, em atendimento aos dizeres do Princípio da Competência, para que assim o resultado do exercício possa ser adequadamente evidenciado de forma a expressar as operações que a ele pertencem efetivamente.

Dentre os exemplos de ajustes de exercícios anteriores, inclui-se a

a) alteração da taxa de depreciação anteriormente usada face à mudança de estimativa da vida útil do bem.
b) devolução de vendas no exercício social corrente de mercadorias vendidas ao cliente no exercício social anterior.
c) modificação da taxa de juros do financiamento do bem imobilizado, imposta por novo cenário econômico.
d) avaliação do investimento no capital de outra sociedade do Método de Custo para o de Equivalência Patrimonial.
e) retificação de erro imputável a determinado exercício anterior que possa ser atribuído a um fato subsequente.

5.

(CESGRANRIO – 2012 – Petrobras). Por imposição da lei societária, uma sociedade anônima de capital fechado utiliza a demonstração contábil (financeira) com o objetivo de evidenciar a destinação do resultado do exercício, proposta pela Administração à Assembleia Geral Ordinária, a quem cabe sua aprovação.

Essa demonstração contábil é denominada

a) Notas Explicativas.
b) Balancete de Verificação.
c) Demonstração dos Fluxos de Caixa.
d) Demonstração do Resultado do Exercício.
e) Demonstração dos Lucros ou Prejuízos Acumulados.

6.

(CESGRANRIO – 2011 – Petrobras) – A Lei nº 6.404/76 estabelece, no art. 176, as demonstrações contábeis que devem ser elaboradas pelas sociedades anônimas. O Comitê de Pronunciamentos Contábeis editou o CPC 26 – Apresentação das Demonstrações Contábeis –, estabelecendo o conjunto completo das demonstrações a ser apresentado por tais sociedades. De acordo com os termos do CPC 26, DEIXOU de ter obrigatoriedade de apresentação a demonstração

a) do Valor Adicionado.
b) do Lucro ou Prejuízo Acumulado.
c) do Resultado do Exercício.
d) dos Fluxos de Caixa.
e) das Mutações do Patrimônio Líquido.

7.

(CESPE – 2010 – TRE-MT – Adpatado).

DLPA – Exercício findo em 31/12/20x1 da Cia. RTC (R$)	
Saldo em 31 de dezembro de 20x0	– 1.000
(–) parcela de lucros incorporada ao capital	– 2.800
(+) lucro líquido do período	20.000
(–) proposta da administração para distribuição do lucro	– 11.000
Transferências para reservas	– 1.000
Dividendos a distribuir	– 7.000
Juros sobre o capital próprio	– 3.000
Saldo em 31 de dezembro de 20x1	5.200

A elaboração da demonstração dos lucros e prejuízos acumulados (DLPA) é de preparação rápida e simples, pois representa uma mera transcrição, de forma ordenada e racional, da conta razão lucros ou prejuízos acumulados da companhia. Com base nas disposições da referida lei, assinale a opção correta a respeito da DLPA elaborada pela Cia. RTC em 31/12/20x1, descrita na tabela anterior.

a) Houve ajustes de exercícios anteriores.
b) O valor da proposta da administração para distribuição do lucro equivale a 55% do valor do lucro líquido de 20x1.
c) No exercício de 20x1, a empresa incorporou ao capital social o montante de 16% do lucro líquido do período.
d) O valor dos juros sobre o capital próprio equivale a 14% do lucro do período.
e) Os dividendos a distribuir representam menos de 133% do saldo evidenciado pela DLPA em 31/12/20x1.

8.

(FCC – 2010 – TRF – 4ª REGIÃO). Dados extraídos da Demonstração de Lucros Acumulados da Cia. Pouso Alegre, relativos ao exercício encerrado em 31/12/2009 (em R$):

Ajuste credor de períodos anteriores	10.000,00
Dividendos propostos pela administração	150.000,00
Constituição da Reserva Legal	20.000,00
Lucro líquido do Exercício	400.000,00
Reversão da Reserva de Contingências	70.000,00
Constituição de outras reservas de lucros	240.000,00
Saldo em 31/12/2009	0,00

O saldo inicial em 31/12/2008 correspondia a um prejuízo acumulado, em R$, de

a) 50.000,00.
b) 30.000,00.
c) 70.000,00.
d) 60.000,00.
e) 80.000,00.

9.

(FCC – 2009 – TJ-SE) – O montante do dividendo por ação do capital social deve ser evidenciado

a) no Balanço Patrimonial e na Demonstração de Lucros ou Prejuízos Acumulados.
b) na Demonstração do Valor Adicionado e na Demonstração das Mutações do Patrimônio Líquido, quando for o caso.
c) na Demonstração de Resultado de Exercício e no Relatório do Conselho de Administração.

d) na Demonstração de Lucros ou Prejuízos Acumulados e na Demonstração das Mutações do Patrimônio Líquido se publicada.
e) no Relatório do Conselho de Administração e nas Notas Explicativas.

10.

(ESAF – Adaptado – SET-RN). A empresa Aurialvo S/A, que tinha lucros acumulados de R$ 25.000,00 apurou lucro líquido de R$ 200.000,00, e contabilizou a seguinte destinação proposta à Assembleia Geral, em ordem alfabética.

Dividendos	R$???
Imposto de Renda e CSLL	R$ 75.000,00
Participação de Administradores	R$ 8.000,00
Participação de Empregados	R$ 12.000,00
Reservas de Contingências	R$ 6.000,00
Reservas Estatutárias	R$ 10.000,00
Reserva legal	R$ 5.000,00
Reversão da reserva de contingência	R$ 2.000,00
Reversão da reserva estatutária	R$ 2.500,00

Sabendo-se que os dividendos foram distribuídos segundo o lucro ajustado para este fim nos termos legais e que os estatutos não estabeleceram o percentual devido, podemos dizer que a demonstração de lucros ou prejuízos acumulados vai demonstrar um "saldo atual" de

a) R$ 56.750,00.
b) R$ 65.500,00.
c) R$ 70.500,00.
d) R$ 89.500,00.
e) R$ 92.000,00.

7

Demonstração das Mutações do Patrimônio Líquido (DMPL)

7.1 ASPECTOS GERAIS

A Demonstração das Mutações do Patrimônio Líquido (DMPL) tem como finalidade demonstrar as variações nas contas que compõem o Patrimônio Líquido de uma empresa durante um exercício. A Demonstração apresenta os lançamentos credores e devedores na conta de Lucros ou Prejuízos Acumulados, que é uma das contas que integra o PL. Na DMPL, entenderemos o acúmulo e a destinação dos lucros em determinado período ou o tratamento dos prejuízos, caso estes tenham ocorrido.

A DMPL, dada sua amplitude, inclui a Demonstração de Lucros ou Prejuízos Acumulados (DLPAc).

A Lei das S.A., nº art. 186, permite à empresa que optar pela DMPL não elaborar separadamente a Demonstração dos Lucros ou Prejuízos Acumulados, no entanto, as Normas Brasileiras de Contabilidade exigem a DMPL como uma demonstração obrigatória de ser publicada e nada menciona sobre a DLPAc.

Ao contrário da DLPAc, que fornece a movimentação de uma única conta do Patrimônio Líquido (Lucros Acumulados), a DMPL evidencia a movimentação de todas as contas do PL ocorrida durante o exercício. Assim, todo acréscimo e toda diminuição do Patrimônio Líquido são evidenciados por meio dessa demonstração, bem como a formação e a utilização das reservas, inclusive aquelas não originadas por lucro.

A DMPL é mais completa e abrangente que a DLPAc. É consideravelmente relevante para as empresas que movimentam constantemente as contas do Patrimônio Líquido.

A relevância da DMPL não é só porque abrange a DLPAc, mas principalmente pelo fato de incluir também a Demonstração do Resultado Abrangente (DRA).

Assim, a DMPL é agrupada em dois blocos:

- Transações de capital com os sócios (lucro, reservas de lucro, dividendos etc.); e
- Resultados Abrangentes (resultado líquido e outros resultados abrangentes).

Segundo o CPC 26, Resultado Abrangente é a mutação que ocorre no Patrimônio Líquido durante um período que resulta de transações e outros eventos que não sejam derivados de transações com os sócios em sua qualidade de proprietário.

A técnica da elaboração da DMPL é relativamente simples, pois basta representar, de forma sumária e organizada, a movimentação ocorrida durante o exercício nas diversas contas que compõem o PL:

a) Indicaremos uma coluna para cada conta do Patrimônio Líquido (preferencialmente indicando o grupo de Reservas a que pertence). Se houver a conta dedutiva Capital a Realizar, iremos subtrair da conta Capital Social e será utilizada a conta Capital Realizado.

Quadro 7.1

DEMONSTRAÇÃO DAS MUTAÇÕES DO PATRIMÔNIO LÍQUIDO Cia. Brasil que Queremos										
Histórico das Movimentações	Capital Realizado	Reserva de Capital		Reservas de Lucro					Lucros Acumulados	Total
		Ágio na Emissão de Ações	Outras Reservas de Capital	Legal	Estatutária	p/ Cotingência	Orçamentária	Lucros a Realizar		

b) Nas linhas horizontais, indicaremos as movimentações das contas no mesmo estilo que fizemos com a DLPAc.

Quadro 7.2

| Histórico das Movimenta-ções | Capital Realizado | Reserva de Capital | | Reservas de Lucro | | | | | Lucros Acu-mula-dos | Total |
		Ágio na Emis-são de Ações	Outras Reser-vas de Capital	Legal	Estatu-tária	P/Con-tin-gência	Orça-mentá-ria	Lucros a Reali-zar		
DEMONSTRAÇÃO DAS MUTAÇÕES DO PATRIMÔNIO LÍQUIDO										
Cia. Brasil que Queremos										
• Saldos em 31-12-x0	–	–	–	–	–	–	–	–	–	–
• (±) Ajustes de Exercícios	–	–	–	–	–	–	–	–	–	–
• Aumento de Capital	–	–	–	–	–	–	–	–	–	–
• Reversões de Reservas	–	–	–	–	–	–	–	–	–	–
• Lucro Líquido do Exercício	–	–	–	–	–	–	–	–	–	–
Proposta da Adminis-tração de Destinação do Lucro	–	–	–	–	–	–	–	–	–	–
– Reserva Legal	–	–	–	–	–	–	–	–	–	–
– Reserva Estatutária	–	–	–	–	–	–	–	–	–	–
– Reserva Orçamentária	–	–	–	–	–	–	–	–	–	–
– Reservas p/ Contingências	–	–	–	–	–	–	–	–	–	–
– Reserva de Lucros a Realizar										
– Dividendos										
Saldos em 31-12-x1	–	–	–	–	–	–	–	–	–	–

c) A seguir, faremos as adições e/ou subtrações de acordo com as movimentações. Vamos admitir que o Capital em 31-12-x0 fosse de $ 7.000 e que durante o período houve um aumento de capital com a utilização de $ 1.000 de Reservas Estatutárias, cujo saldo inicial era de $ 1.500:

Quadro 7.3

Movimentações	Capital Realizado	Reservas de Capital			Reserva de Lucros Estatutária	Lucros Acu-mulados	Total
DEMONSTRAÇÃO DAS MUTAÇÕES DO PATRIMÔNIO LÍQUIDO							
Cia. Brasil que Queremos				**Em $ mil**			
Saldos em 31-12-x0	7.000	_____	_____	_____	1.500	_____	8.500
	_____	_____	_____	_____	_____	_____	_____
	_____	_____	_____	_____	_____	_____	_____
Aumento de Capital	1.000	_____	_____	_____	(1.000)	_____	zero
	_____	_____	_____	_____	_____	_____	_____
	_____	_____	_____	_____	_____	_____	_____
	_____	_____	_____	_____	_____	_____	_____
	_____	_____	_____	_____	_____	_____	_____
	_____	_____	_____	_____	_____	_____	_____
Saldos em 31-12-x1	8.000	_____	_____	_____	500	_____	8.500

Observação: neste exemplo, estamos admitindo que não houve nova Reserva Estatutária.

Fizemos, assim, uma movimentação no Patrimônio Líquido, demonstrando a origem do acréscimo no (aumento) Capital e da diminuição da Reserva Estatutária.

Veja que, no início, o total do PL era de $ 8.500 mil e em nada alterou no final do ano, pois não houve novos acréscimos ao PL, mas apenas uma permuta. Repare, ainda que, se fizéssemos a DLPAc, não seria identificada tal movimentação no PL.

Quadro 7.4   Exemplo de Demonstração das Mutações do PL

BALANÇO PATRIMONIAL					
Cia. Brasil que Queremos Em $ mil					
ATIVO	31-12-x0	31-12-x1	PASSIVO e PL	31-12-x0	31-12-x1
Circulante			**Circulante**		
Não Circulante			**Não Circulante**		
Real. a Longo Prazo			Exig. a Longo Prazo		
Investimentos					
			Patrimônio Líquido		
			– Capital	7.000	8.000
			Reservas de Capital		
			– Ágio na Emissão de		
			Ações		2.800
Imobilizado			**Reservas de Lucro**		
			– Reserva Legal	70	220
			– Reserva Estatutária	2.100	1.400
Intangível			– Reserva p/ Contingência	140	395
			– Reserva Orçamentária	28	303
			– Reserva de Lucros a		
			Realizar	14	109
			Lucros Acumulados	950	2.350
			Total PL	10.302	15.577
Total			Total	–	–

Observe que pela Demonstração dos Lucros ou Prejuízos Acumulados seria explicada apenas a diferença de $ 950.000 para $ 2.350.000, enquanto a Demonstração das Mutações do Patrimônio Líquido explica a variação de $ 10.302.000 para $ 15.577.000, que, sem dúvida, é muito mais abrangente.

No final do período, houve um Aumento de Capital com utilização de Reserva Estatutária. Os dados serão os mesmos da Demonstração dos Lucros ou Prejuízos Acumulados apresentada neste capítulo.

Como vimos, a DMPL é obrigatória para todos os tipos de empresa.

Neste exemplo, vamos admitir que a Cia. Brasil que Queremos poderia ter a conta Lucros Acumulados com saldo no Patrimônio Líquido. No Quadro 7.5, de forma mais apropriada, veremos um exemplo em que o saldo da conta Lucros Acumulados é zerado.

Quadro 7.5

Histórico das Movimentações	Capital Reali-zado	Reserva de Capital		Reservas de Lucro					Lucros Acumu-lados	Total
		Ágio na Emis-são de Ações	Outras Reser-vas de Capital	Legal	Estatu-tária	Orça-men-tária	P/ Con-tin-gência	Lucros a Rea-lizar		
DEMONSTRAÇÃO DAS MUTAÇÕES DO PATRIMÔNIO LÍQUIDO Cia. Brasil que Queremos										
Saldos em 31-12-X0	7.000	–	–	70	2.100	28	140	14	950	10.302
Ajustes de Exercícios *Anteriores	–	–	–	–	–	–	–	–	280	280
(–) Retificações de Erros	–	–	–	–	–	–	–	–	–	–
Doações	–	–	–	–	–	–	–	–	–	–
Aumento de Capital		2.800	–	–						2.800
Reversão de Reservas	1.000				(1.000)					–
Lucro Líquido do Exercício									3.000	3.000
Proposta da Admi-nistração de Destina-ção do Lucro	–	–	–	–	–	–	–	–	–	–
– Reserva Legal	–	–	–	150	–	–	–	–	(150)	–
– Reserva Estatutária	–	–	–	–	300	–	–	–	(300)	–
– Reserva Orçamen-tária	–	–	–	–	–	275	–	–	(275)	–
– Reserva p/ Contin-gência	–	–	–	–	–	–	–	–	–	–
– Reserva de Lucros a Realizar	–	–	–	–	–	–	255	–	(255)	–
– Dividendos ($ 0,225 p/ ação)									95	–
									(95) (805)	(805)
Saldos em 31-12-X1	**8.000**	**2.800**	**–**	**220**	**1.400**	**303**	**395**	**109**	**2.350**	**15.577**

*Aqui poderia ter dados referentes à Demonstração do Resultado Abrangente.

Se o Aumento de Capital fosse em novas integralizações, afetaria o total do Patrimônio Líquido, aumentando-o. Como podemos verificar, as parcelas transferidas de Lucros Acumulados para Reservas não afetam o montante do Patrimônio Líquido (pois não representam acréscimo ou diminuição, mas uma permuta). Dividendo, entretanto, é uma diminuição do Patrimônio Líquido, pois é uma distribuição de lucro que não fica na empresa, mas é canalizado para os acionistas.

122 Curso de Contabilidade para Não Contadores • Iudícibus e Marion

O Aumento de Capital, nesse caso, também não altera o montante do Patrimônio Líquido, porque é mera transferência de uma conta para outra conta de Patrimônio Líquido.

Na realidade, a coluna Lucros Acumulados é exatamente a Demonstração de Lucros ou Prejuízos Acumulados elaborada neste capítulo.

Portanto, como pode ser observado na Cia. Brasil que Queremos, a Demonstração dos Lucros ou Prejuízos Acumulados está contida na Demonstração das Mutações do Patrimônio Líquido. No Quadro 7.6 demonstramos exatamente isso:

Quadro 7.6

		Reserva de Capital		Reservas de Lucro						
DEMONSTRAÇÃO DAS MUTAÇÕES DO PATRIMÔNIO LÍQUIDO (DMPL)										
Movimentações	Capital Reali-zado	Ágio na Emissão de Ações	Outras Reservas de Capital	Legal	Estatu-tária	p/ Contin-gências	Orça-mentá-rias	Lucros a Realizar	Lucros Acumu-lados	Total
Saldo no Início do Período	—	—	—	—	—	—	—	—	—	—
Ajustes de Exercícios Anteriores										
Aumento de Capital	—	—	—	—	—	—	—	—	—	—
Reversão de Reservas							—		—	
Lucro Líquido do Exercício							—		—	
Proposta da Administração										
Reserva Legal				—					—	
Reserva Estatutária					—				—	
Reserva p/ Contingências						—			—	
Reserva Orçamentária							—		—	
Reserva Lucros a Realizar								—	—	
Dividendos										
Saldo final do período	—	—	—	—	—	—	—	—	—	—

Demonstração de Lucros ou Prejuízos Acumulados (DLPAc)

7.2 DMPL com saldo zero na conta lucros acumulados

A Lei nº 11.638/2007 inseriu alterações na Lei nº 6.404/1976, principalmente na conta Lucros ou Prejuízos Acumulados que não pode mais haver saldos positivos (lucros) sem destinação. Assim, seu saldo inicial em um exercício social deverá ser sempre zero, bem como seu saldo final.

Portanto, se não houver prejuízo, o lucro do exercício deve ser distribuído. Uma parte é indispensável que seja utilizada para construir reserva legal, a outa parte deve ser destinada aos sócios como dividendos e o restante a empresa pode utilizar como reserva de lucros ou para aumentar o capital.

Para as empresas sujeitas à Lei nº 11.638/2007, onde não poderia existir saldo na conta Lucros Acumulados, vamos ter os seguintes procedimentos:

Cap. 7 • Demonstração das Mutações do Patrimônio Líquido (DMPL) **123**

A Cia. Nova Realidade teve um lucro de $ 2.800 no exercício de 20x8. Esse Lucro Líquido foi totalmente destinado para:

- Reserva Legal → 5% × 2.800 = 140
- Reserva Estatutária → 20% × 2.800 = 560
- Reserva Orçamentária → 15% × 2.800 = 420
- Reserva de Lucros a Realizar → = 480
- Reserva de Contingência → = –
- Dividendos → = 1.200

2.800

No período de 20x8, houve um aumento de capital totalmente integralizado em dinheiro no total de $ 2.000.

PL em 31-12-x0		DLPAc em 20x1	
Capital	5.000	Saldo em 31-12-x0	–
Res. Capital	540	+ Ajuste Exerc. Ant.	–
Res. Legal	260	+ Reversão Reservas	–
Res. Estatutária	500	+ L. Líq. 20x8	2.800
Res. Contingência	280	Lucro Disponível	2.800
Res. Orçamentária	320	(–) Reserva Legal	(140)
Res. Lucros a Realizar	100	(–) Reserva Estatutária	(560)
		(–) Reserva Orçamentária	(420)
		(–) Res. Lucros a Realizar	(480)
Total do PL	7.000	(–) Dividendos	(1.200)
		Saldo em 31-12-x1	–

PL em	31-12-x0	31-12-x1
Capital	5.000	7.000
Res. Capital	540	540
Res. Legal	260	400
Res. Estatutária	500	1.060
Res. Contingência	280	280
Res. Orçamentária	320	740
Res. Lucros a Realizar	100	580
Total PL	7.000	10.600

Demonstração das Mutações do Patrimônio Líquido

Movimentação	Capital	Reserva de Capital	Reservas de Lucros					Lucros Acumulados	Total
			Legal	Estatutária	Contingência	Orçamentária	Res. Lucros a Realizar		
Saldo em 31-12-x0	5.000	540	260	500	280	320	100	–	7.000
Aumento de Capital	2.000	–	–	–	–	–	–	–	2.000
Lucro do Exercício	–	–	–	–	–	–	–	2.800	2.800
Distribuição do Lucro									
Res. Legal	–	–	140	–	–	–	–	(140)	–
Res. Estatutária	–	–	–	560	–	–	–	(560)	–
Res. Contingência	–	–	–	–	–	–	–	–	–
Res. Orçamentária	–	–	–	–	–	420	–	(420)	–
Res. Lucros a Realizar	–	–	–	–	–	–	480	(480)	–
Dividendos	–	–	–	–	–	–	–	(1.200)	(1.200)
Saldo em 31-12-x1	7.000	540	400	1.060	280	740	580	–	10.600

7.3 Estrutura da DMPL após a Lei nº 11.638/2007

Considerando alguns ajustes como Realização da **Reserva de Reavaliação** (Reserva esta que deixa de existir pela Lei nº 11.638/2007) e outras inclusões desta lei, colocamos uma sugestão da DMPL:

	Companhia Adventista Demonstração das mutações do Patrimônio Líquido para os exercícios findos em 31 de dezembro de x2 e x1 em milhares de reais									
	31-12-x2									
	Capital social			Reservas de capital						
	Subs-crito	Reali-zado	Ações de tesou-raria	Ágio na emis-são de ações**	Produto da alienação de partes benefi-ciárias e bônus de subscrição	Ajus-tes de avaliação patrimo-nial	Reser-vas de lucro*	Lucros ou Pre-juízos acumu-lados	Total x2	Total x1
Saldos iniciais										
Ajustes de anos anteriores										
Efeitos da mudança de critérios con-tábeis										
Retificação de erros de exercícios anteriores										
Saldo conforme esta publicação										
Aumento de capital com lucros e reservas e em espécie										
Aquisição de ações próprias										
Realização da reserva de reava-liação										
Lucro líquido do exercício										
Distribuição pro-posta à assembleia de acionistas										
Reservas*										
Dividendos a distri-buir (x por ação)										
Saldos finais										

* Reservas de lucros: aqui teríamos que abrir espaço para as Reservas: Legal, Estatutária, Contingência, Lucros a Realizar e Orçamentária (Expansão).

** Inclusive nos casos de conversão em ações de debêntures e partes beneficiárias.

ILUSTRAÇÕES

Faremos um exemplo de DLPAc e DMPL:

Com base nos elementos seguintes, elaboraremos:

1. *Demonstração dos Lucros ou Prejuízos Acumulados.*
2. *Demonstração das Mutações do Patrimônio Líquido.*
3. *O Patrimônio Líquido em 31-12-x1.*

Patrimônio Líquido em 31-12-x0

Capital		10.000.000
Bônus de Subscrição[1]	3.800.000	3.800.000
Reservas de Lucros		
Reserva Legal	300.000	
Reservas p/ Contingências	500.000	
Reserva Orçamentária	400.000	
Reserva de Lucros a Realizar	600.000	
Reserva Estatutária	1.000.000	
Lucros Acumulados	800.000	3.600.000
		17.400.000

a) A Cia. Exemplo, cujo Patrimônio Líquido em 31-12-x0 estava composto conforme discriminado anteriormente, teve um Lucro Líquido no exercício de x1 no valor de $ 2.500.000.

b) Aumento de Capital em 20x1

No início do exercício para $ 15.000.000 c/ Reserva de Capital (Bônus de subscrição);

Reserva Estatutária; e

Reserva Legal ($ 200.000).

No final do exercício para $ 18.000.000 c/ aumento em dinheiro com Ágio de $ 1.000.000.

c) O Lucro Acumulado no final do Exercício anterior era de $ 800.000

d) Proposta p/ Distribuição do Lucro:

Reserva Legal	5%
Reserva Estatutária	10%
Reservas p/ Contingências	+ $ 200.000
Reserva Orçamentária	6%

---

[1] O art. 182 da Lei nº 11.638/2007 trata como Reserva de Capital o "produto da alienação de partes beneficiárias e *bônus de subscrição*".

126 Curso de Contabilidade para Não Contadores • *Iudícibus e Marion*

e) Constatou-se dentro do Lucro Líquido uma parcela de Lucros a Realizar de $ 1.400.000.

f) O Estatuto da empresa não dispõe sobre dividendos mínimos obrigatórios.

g) O Capital da empresa é dividido em 18.000.000 de ações ao valor nominal de $ 1,00.

h) Constatou-se um erro imputável ao exercício de 20x0 de $ 200.000 a menor (o lucro foi a menor em 20x0 em $ 200.000).

Solução do Exercício

DEMONSTRAÇÃO DAS MUTAÇÕES DO PATRIMÔNIO LÍQUIDO

Cia. Exemplo – Exercício de 20x9   Em $ mil

Movimentações	Capital	Reservas de Capital		Ajuste de Avaliação Patrimonial	Reservas de Lucros					Lucros Acumulados	Total
		Bônus de Subscrição	Ágio		Reserva Legal	Reserva p/ Contingência	Reserva Orçamentária	Reserva de Lucros a Realizar	Reserva Estatutária		
Saldo em 1º-1-9x	10.000	3.800	–	–	300	500	400	600	1.000	800	17.400
Ajustes de Exercício Anterior	–	–	–	–	–	–	–	–	–	200	200
Aumento Capital I	5.000	(3.800)	–	–	(200)	–	–	–	(1.000)	–	–
Aumento Capital II	3.000	–	1.000	–	–	–	–	–	–	–	4.000
Reversão Reservas	–	–	–	–	–	–	–	(450)	–	450	–
Lucro Líquido	–	–	–	–	–	–	–	–	–	2.500	2.500
Distribuição Proposta:											
Reserva Legal 5%	–	–	–	–	125	–	–	–	–	(125)	–
Reserva Estatutária 10%	–	–	–	–	–	–	–	–	250	(250)	–
Reserva p/ Contingência	–	–	–	–	–	200	–	–	–	(200)	–
Reserva Orçamentária	–	–	–	–	–	–	150	–	–	(150)	–
Reserva de Lucros a Realizar	–	–	–	–	–	–	–	675	–	(675)	–
Dividendos a distribuir	–	–	–	–	–	–	–	–	–	(975)	(975)
Totais	18.000	– 0 –	1.000	–	225	700	550	825	250	1.575	23.125

EXERCÍCIOS PROPOSTOS

1.

(CFC – 2015 – CFC – 2º Exame) Em relação à Demonstração das Mutações do Patrimônio Líquido – DMPL, julgue os itens abaixo como Verdadeiros (V) ou Falsos (F) e, em seguida, assinale a opção CORRETA.

I. A Demonstração das Mutações do Patrimônio Líquido – DMPL é uma demonstração de apresentação obrigatória pela Lei das Sociedades por Ações.

II. A Demonstração das Mutações do Patrimônio Líquido – DMPL poderá substituir a Demonstração de Lucros e Prejuízos Acumulados – DLPA, pois as informações apresentadas na DLPA fazem parte da DMPL.

III. A Demonstração das Mutações do Patrimônio Líquido – DMPL evidencia quais contas sofreram alterações e os respectivos montantes, que deram origem às transformações ocorridas no Patrimônio Líquido.

IV. A Demonstração das Mutações do Patrimônio Líquido – DMPL deve evidenciar apenas as alterações ocorridas no Patrimônio Líquido relativas à parte dos acionistas não controladores.

A sequência CORRETA é:

a) F, V, F, V.
b) F, V, V, F.
c) V, F, F, V.
d) V, F, V, F.

2.

(FUNRIO – 2013 – INSS). A Demonstração das Mutações do Patrimônio Líquido evidencia a movimentação ocorrida durante o exercício nas diversas contas componentes do patrimônio líquido da entidade, sendo correto afirmar que o patrimônio total é afetado, dentre outras, pelas seguintes operações:

a) Compensação de prejuízos com reservas e redução por gastos na emissão de ações.

b) Redução por dividendos e acréscimo por subscrição e integralização de capital.

c) Acréscimo por reavaliação de ativos e aumento de capital com utilização de lucros e reservas.

d) Ajuste de avaliação patrimonial e reversão de reserva patrimonial para a conta de lucros ou prejuízos acumulados.

e) Aumento de capital com utilização de lucros e reservas e redução por ações próprias adquiridas.

3.

(FCC – 2013 – SEFAZ-SP). Considere as seguintes transações ocorridas durante o ano de 2012:

I. Pagamento de dividendos distribuídos em 2011.

II. Aumento de capital com bens do ativo imobilizado.

III. Ágio na emissão de novas ações.

IV. Recebimento de doações com obrigações futuras que serão cumpridas a partir de 2015.

Afetaram a Demonstração das Mutações do Patrimônio Líquido, no exercício de 2012, as transações que constam em

a) I e II, apenas.
b) II e III, apenas.
c) I e IV, apenas.
d) I, II e III, apenas.
e) I, II, III e IV.

4.

(CFC – 2013 – CFC – 2ª edição). Uma sociedade empresária em seu exercício findo em 2012, apresentava os seguintes dados extraídos da Demonstração das Mutações do Patrimônio Líquido – DMPL.

Descrição	Valores
Destinação para reserva de lucros a realizar	R$ 180,00
Aquisição de ações de emissão própria	R$ 336,00
Destinação para reserva legal	R$ 840,00
Reversão de reservas de contingências	R$ 4.896,00
Destinação para reserva estatuária	R$ 6.180,00
Distribuição de dividendos obrigatórios	R$ 14.196,00
Aumento de capital social com incorporação de reservas de lucros	R$ 15.600,00
Lucro líquido do exercício	R$ 16.800,00
Aumento de capital social com integralização em dinheiro	R$ 20.400,00

De acordo com os dados acima, a variação total do Patrimônio Líquido, apresentada na DMPL, foi de:

a) R$22.368,00.
b) R$22.704,00.
c) R$37.968,00.
d) R$38.304,00.

5.

(FCC – 2011 – TRT – 20ª REGIÃO (SE). Com relação à Demonstração das Mutações do Patrimônio Líquido (DMPL) pode-se afirmar que

a) esta demonstração é de apresentação obrigatória de acordo com as normas emanadas pela Lei das Sociedades por Ações.
b) nela são evidenciadas todas as alterações ocorridas no Patrimônio Líquido da entidade e o Resultado Abrangente total do período, segregando-se o montante total atribuível aos controladores e o montante correspondente à participação de não controladores.
c) a DMPL deve evidenciar somente as alterações ocorridas no Patrimônio Líquido relativas à parte do acionista controlador.
d) as empresas de capital aberto estão desobrigadas de apresentar a DMPL se divulgarem em notas explicativas a apuração do Resultado Abrangente.
e) as pequenas e médias empresas estão totalmente desobrigadas da apresentação desta demonstração, sendo a mesma, substituída integralmente pela Demonstração de Lucros/Prejuízos Acumulados.

6.

(CESGRANRIO – 2012 – LIQUIGAS) Numa sociedade anônima de capital fechado, a Demonstração das Mutações do Patrimônio Líquido (DMPL), levando em conta os aspectos técnico-conceituais e as determinações da Lei Societária, é considerada uma demonstração:

a) obrigatória, nos dizeres exclusivos da Lei das Sociedades por Ações.
b) utilizada somente para evidenciar as mutações ocorridas nas contas de Capital Subscrito e Capital a Realizar.
c) que pode ser substituída pela Demonstração do Lucro ou Prejuízo Acumulado (DLPA), nos termos da legislação social vigente.
d) menos completa que a Demonstração do Lucro ou Prejuízo Acumulado, vez que não apresenta informações sobre a distribuição do resultado.
e) para evidenciar as alterações das contas de Capital Social, Reservas de Capital e de Lucros, Ajustes de Avaliação Patrimonial, Ações em Tesouraria e Lucros Prejuízos Acumulados.

7.

(CESGRANRIO – 2011 – Petrobras). De acordo com a legislação atual e as normas emanadas pela CVM (Comissão de Valores Mobiliários) e pelo CFC (Conselho Federal de Contabilidade), oriundas dos Pronunciamentos Técnicos do CPC (Comitê de Pronunciamentos Contábeis), a demonstração de mutações do patrimônio líquido, dentre outros itens, deve apresentar:

a) as variações ocorridas nas obrigações de terceiros que deverão ser trazidas a valor presente.

b) a formação e utilização de todas as reservas, e não apenas as originadas de lucros.

c) os pagamentos de contratos futuros a termo de opções e *swap* que não possam ser classificadas como investimentos.

d) receitas financeiras oriundas de operações do mercado financeiro que não tenham transitado em resultado.

e) resultado líquido dos tributos incidentes sobre operações descontinuadas decorrentes de mensuração ao valor justo.

8.

Ao transcrever a demonstração das mutações do patrimônio líquido, o contador de determinada empresa de capital aberto, omitiu algumas informações, como mostrado na tabela a seguir, cujos valores são expressos em milhões de reais.

		Reservas de capital			Reserva de lucros			
	Capital social	Incentivos fiscais	Reserva de reavaliação em controlada	Ajustes de avaliação patrimonial	Reserva legal	Retenção	Lucros acumulados	Total
Em 31 de dezembro de 2007	12.380	1	17		1.018		10.834	24.250
Ajustes de adoção da Lei nº 11.638								
Saldo de abertura ajustado	12.380	1	17	0	1.018	0	10.580	23.996
Variação cambial de investimentos no exterior				1.083				1.083
Hedge accounting de investimentos líquidos no exterior								
Valor justo de ativos financeiros disponíveis para venda				(70)				(70)
Lucro líquido do exercício								
Destinações reserva legal					26		(26)	-

		Reservas de capital			Reserva de lucros			
	Capital social	Incentivos fiscais	Reserva de reavaliação em controlada	Ajustes de avaliação patrimonial	Reserva legal	Retenção	Lucros acumulados	Total
Dividendos propostos (R$ 6,11 por mil ações)							(50)	(50)
Reserva para investimentos						11.032	(11.032)	
Em 31 de dezembro de 2008	12.380	1	17	(35)	1.044	11.032	0	24.439
Variação cambial de investimentos no exterior				(1.289)				(1.289)
Hedge accounting de investimentos líquido no exterior				1.116				1.116
Hedge accounting operacional				(140)				(140)
Valor justo de ativos financeiros disponíveis para venda				(11)				(11)
Lucro líquido do exercício							4.660	4.660
Destinações reserva legal							(233)	
Dividendos propostos (R$ 205,68 por mil ações)							(1.107)	(1.107)
Reserva para investimentos							(3.320)	
Em 31/12/2009	12.830	1	17	(359)		14.352	0	

Assinale a opção correta em relação aos fatos contábeis evidenciados na demonstração das mutações do patrimônio líquido.

a) No ano de 2009, os efeitos no patrimônio líquido do *hedge accounting* de investimentos líquidos no exterior foram superiores aos efeitos da variação cambial de investimentos no exterior.

b) O resultado abrangente, em 2009, foi negativo em 324 milhões de reais.

c) A rentabilidade dos investidores, ou seja, o retorno sobre o patrimônio líquido, manteve-se estável nos dois períodos.

d) As reduções na conta ajustes de avaliação patrimonial decorrem de ganhos em instrumentos financeiros, tais como ativos financeiros disponíveis para venda.

e) Em 2009, a redução de 1.107 milhões de reais da conta lucros acumulados em decorrência de dividendos propostos corresponde a um aumento do mesmo valor em uma conta do ativo circulante.

9.

(CESGRANRIO – 2008 – BNDES). Informação parcial da Demonstração das Mutações do Patrimônio Líquido da Cia. Gama S/A, referente aos saldos finais apresentados no grupo do Patrimônio Líquido, no Balanço de 31/12/05.

Itens	Capital	Reserva de capital	Reserva de lucros			Lucro acum.	Total
			Legal	Estatutária	Contingência		
Saldo 31/12/2005	2.000.000	1.050.000	200.000	250.000	150.000	15.000	3.665.000
Aumento de capital							
Reversão re-serva							
L. líquido exer-cício							
Proposta distri-buição do lucro							
Reservas							
Dividendos							
Saldo em 31/12/2006							

Durante o exercício de 2006 ocorreram as seguintes situações:

- Aumento de capital proveniente de transferência de reservas de capital no valor de R$ 500.000,00 e aporte de capital por parte dos sócios de R$ 500.000,00

- Reversão de reserva de contingência estabelecida em função de perdas possíveis em matéria-prima que efetivamente ocorreram no exercício de 2006 no valor de R$ 100.000,00;

- Lucro líquido do exercício no montante de R$ 300.000,00;

- Distribuição de lucros em forma de reserva:

  - Reserva legal = percentual determinado pela lei

  - Reserva estatutária = R$ 100.000,00
  - Reserva para contingência = 80% do valor da reserva revertida
- Proposta para dividendos = R$ 0,08 por ação.

Sabendo-se que a Cia. Gama S/A só possui ações ordinárias, cujo valor nominal em 31/12/06 era de R$ 1,20, o saldo da coluna Lucros ou Prejuízos Acumulados, em 31/12/06, considerando exclusivamente as informações recebidas, em reais, é

a) 15.000,00.

b) 20.000,00.

c) 35.000,00.

d) 40.000,00.

e) 115.000,00.

10.

(FCC – 2008 – TCE-SP). Na Demonstração das Mutações do Patrimônio Líquido, não afetam o valor total do patrimônio

a) o reconhecimento de ajustes de exercícios anteriores.

b) o valor relativo aos dividendos distribuídos no período.

c) as reversões de reservas patrimoniais para a conta de resultado.

d) o reconhecimento das doações e subvenções recebidas.

e) o registro de prêmio recebido na emissão de debêntures.

8

Demonstração dos Fluxos de Caixa (DFC)

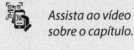

Assista ao vídeo sobre o capítulo.

uqr.to/15so5

8.1 FORMAS DE APURAÇÃO DE RESULTADO – ONDE ESTÁ O LUCRO FINANCEIRO?

A **Demonstração dos Fluxos de Caixa (DFC) é um dos principais relatórios contábeis para fins gerencias**. No Brasil, com a modificação da Lei nº 6.404/1976 pela Lei nº 11.638/2007, a DFC tornou-se obrigatória para as empresas de capital aberto e as grandes empresas (incluindo as limitadas). Portanto, estas empresas deverão seguir as disposições da Lei, no que diz respeito à escrituração e elaboração das demonstrações. **A DFC tem por finalidade demonstrar aos usuários das demonstrações financeiras as modificações ocorridas no Caixa de uma empresa durante o exercício social.**

O resultado apurado pela Contabilidade na Demonstração do Resultado do Exercício – DRE (Capítulo 5) é baseado no princípio contábil do Regime de Competência, obrigatório a todas as empresas, inclusive entidades sem fins lucrativos. De acordo com este princípio, as receitas e as despesas devem ser confrontadas e reconhecidas na apuração do resultado no período em que ocorrerem, sempre simultaneamente quando se correlacionarem, independentemente de recebidos ou pagos. Assim considera-se que este é um resultado econômico e não financeiro.

Quanto ao pagamento dos impostos a legislação obriga que seja feito pelo regime de competência, não importando se o dinheiro da receita de venda entrou ou não no caixa da empresa.

Mas sempre fica a dúvida, deu lucro? Para onde foi? Como saber se o dono do negócio, o empresário, não vê o dinheiro no caixa?

O resultado da DRE é o ganho contábil, denominado resultado econômico, o lucro que interessa para os gestores e donos das empresas é o FINANCEIRO. Assim a Demonstração de Fluxo de Caixa (DFC) tem a finalidade de fazer esta conexão entre o resultado econômico apurado na Contabilidade pelo regime de competência e o resultado financeiro. Na prática, no dia a dia das tomadas de decisões, o que importa é o caixa, ou seja, é verificar se a empresa, se o negócio está gerando receita ou não, e em que está impactando esta mutação do caixa para o patrimônio.

8.1.1 Regime de Competência

Este regime reconhece todos os fatos contábeis que provocam modificação no patrimônio da empresa, por meio das contas patrimoniais ou das contas de resultado, podendo ou não alterar o patrimônio líquido.

Os fatos contábeis podem ser de natureza:

- *Permutativa, qualitativa ou compensativa* – Quando representam trocas entre contas de ativos, passivos, ou ambas, sem provocar variação no montante do patrimônio líquido, ou ainda, mudança de contas dentro deste;
- *Modificativa ou quantitativa* – Quando provocam variações no patrimônio líquido;
- *Mista* – Envolvem, ao mesmo tempo, um fato contábil permutativo e um modificativo, ou seja, mudam a qualificação da conta e ao mesmo tempo seu quantitativo (valor).

Dessa forma, o lucro contábil nem sempre virou dinheiro em caixa para a empresa, pois exige que:

a) *A receita seja contabilizada no período em que for gerada, independentemente do seu recebimento.* Assim, se a empresa vendeu a prazo em dezembro do ano T0 para receber somente em T1, pelo regime de competência, considera-se que a receita foi gerada em T0, portanto, ela pertence a T0.

b) *A despesa será contabilizada como tal no período em que for consumida, incorrida, utilizada, independentemente do pagamento.* Assim, se em 5 de janeiro de T1 a empresa pagar o salário de seus funcionários (que trabalharam em dezembro de T0), a despesa compete a T0, pois foi nesse período que ela efetivamente incorreu.

O lucro é apurado, portanto, considerando aquele período (mês, trimestre, semestre, ano): toda a despesa gerada no período (mesmo que ainda não tenha sido paga) será deduzida do total daquela receita, também gerada no mesmo período (mesmo que ainda não tenha sido recebida).

Apuração do Resultado em 20x7		Regime de Competência
		Toda a receita auferida em 20x7 Toda a despesa incorrida em 20x7

Assim, uma venda ou compra a prazo deve ser registrada no mês em que foi efetuada. Da mesma forma, uma despesa com seguro, assinatura de jornais e revistas, por exemplo, deve ser reconhecida de acordo com seus períodos contábeis. Se a vigência for de um ano, por exemplo, seu valor deverá ser reconhecido proporcional e mensalmente durante esse período, independente de pagamento à vista ou a prazo.

Todas as Demonstrações Financeiras estudadas até aqui têm como suporte o Regime de Competência.

8.1.2 Regime de Caixa

O regime de caixa, diferentemente do regime de competência, só reconhecerá o fato contábil, permutativo ou modificativo quando os valores impactarem efetivamente o caixa ou equivalente de caixa na empresa, pelo recebimento ou pagamento. Este regime é utilizado para a elaboração do fluxo de caixa.

8.2 FLUXO DE CAIXA

O que importa para manter uma empresa viva é saber se ela está gerando caixa, fonte principal de recursos para continuar suas operações, pagar suas dívidas, aumentar o capital dos sócios e investidores, enfim criar valores e se sustentar. Com o atual cenário econômico mundial, e especificamente o brasileiro, o que muito se viu nas publicações dessas demonstrações (DFC) é que as empresas não geraram ou não estão gerando caixa, ou seja, não estão sendo capazes de bancar suas próprias operações e ficam recorrendo ao capital de terceiros para financiamento e manutenção de suas receitas operacionais.

É exatamente a Técnica do Regime de Caixa que dá base para a estruturação de um instrumento indispensável para a tomada de decisões por todos os tipos de empresa: Demonstração dos Fluxos de Caixa.

Esta demonstração vai muito mais longe do que a simples apuração de resultado no período (receita recebida **menos** despesa paga). Consideram-se investimentos, amortização de financiamentos, dividendos etc.

De forma condensada, a DFC indica a origem de todo o dinheiro que *entrou* no Caixa, bem como a aplicação de todo o dinheiro que saiu do Caixa em determinado período e, ainda, o Resultado do Fluxo Financeiro.

Assim como a Demonstração de Resultado do Exercício – DRE, a DFC é uma demonstração dinâmica e também está contida no Balanço que, por sua vez, é estático.

Se, por exemplo, tivermos um Balanço Patrimonial cujo disponível seja:

Circulante	31-12-x0	31-12-x1
Disponível	1.820.000	2.500.000

Estamos diante de uma situação estática, ou seja, uma fotografia do saldo disponível no início do período e outra no final dele. Mas quais foram as razões que contribuíram para o aumento das disponibilidades em $ 680.000? A DFC esclarece o que ocorreu no período em termos de saída e entrada de dinheiro no Caixa (demonstração dinâmica) e o resultado desse Fluxo.

A rigor, a intitulação DFC não é mais correta, uma vez que englobamos as contas de Caixa e Bancos. Dessa forma, seria mais adequado denominar **Demonstração do Fluxo de Disponível**.

É importante lembrar que na DFC se incluem os equivalentes de Caixa, que são os investimentos de curto prazo que têm alta liquidez, são facilmente conversíveis em Caixa e estão sujeitos a um risco insignificante de mudança no valor de conversão.

Todavia, este relatório há muito tempo já é denominado DFC. Portanto, para efeito de DFC, entenderemos o termo *Caixa* como disponível que inclui o Equivalente de Caixa, ou seja: Caixa, conta-corrente e aplicações financeiras de curto prazo, por exemplo, três meses ou menos, a contar da data de aquisição.

Portanto, consideram-se nesse fluxo os ingressos e as saídas de Caixa e equivalentes. Como Equivalentes de Caixa, devem ser consideradas as aplicações financeiras com característica de liquidez imediata.

A DFC vem esclarecer as situações controvertidas na empresa, como, por exemplo, por meio da comparação com a DRE, o porquê de a empresa ter um lucro considerável e estar com o Caixa baixo, não conseguindo liquidar todos os seus compromissos. Ou, ainda, embora seja menos comum, o porquê de a empresa este ano não ter dado lucro, embora o Caixa tenha pago todas as contas.

A DFC permite ao gerente financeiro a elaboração de melhor planejamento financeiro, pois em uma economia tipicamente inflacionária não é aconselhável excesso de Caixa, mas o estritamente necessário para fazer face a seus compromissos. Por meio do planejamento financeiro, o gerente saberá o momento certo em que contrairá empréstimos para cobrir a falta (insuficiência) de fundos, bem como quando aplicar no mercado financeiro o excesso de dinheiro, evitando, assim, a corrosão inflacionária e proporcionando maior rendimento à empresa.

Mas só com o conhecimento do passado (o que ocorreu) poder-se-á fazer uma boa projeção dos Fluxos de Caixa para o futuro (próxima semana, próximo mês, próximo trimestre etc.). A comparação dos Fluxos Projetados com o real vem indicar as variações que, quase sempre, demonstram as deficiências nas projeções. Essas variações são excelentes subsídios para o aperfeiçoamento de novas projeções dos Fluxos de Caixa.

8.3 PRINCIPAIS TRANSAÇÕES QUE AFETAM O CAIXA

A seguir, relacionaremos, em dois grupos, as principais transações que afetam o Caixa.

8.3.1 Transações que aumentam o Caixa (Disponível)

- *Integralização do Capital pelos Sócios ou Acionistas* – São os investimentos realizados pelos proprietários. Se a integralização não for feita em dinheiro, mas em bens permanentes, estoques, títulos etc., não afetará o Caixa.

- *Empréstimos Bancários e Financiamentos* – São os recursos financeiros oriundos das Instituições Financeiras. Normalmente, os Empréstimos Bancários são utilizados como Capital de Giro (Circulante) e os Financiamentos para aquisição de Ativo Fixo (Permanente).

- *Venda de Itens do Ativo Fixo* – Embora não seja comum, a empresa pode vender itens do Ativo Fixo. Nesse caso, teremos uma entrada de recursos financeiros.

- *Vendas à Vista e Recebimento de Duplicatas a Receber* – Normalmente, a principal fonte de recursos do Caixa, sem dúvida, é aquela resultante de vendas.

- *Outras Entradas* – Juros recebidos, dividendos recebidos de outras empresas, indenizações de seguros recebidas etc.

8.3.2 Transações que diminuem o Caixa (Disponível)

- *Pagamentos de Dividendos aos Acionistas* – Se os investimentos dos proprietários da empresa representam entrada em Caixa, os dividendos pagos, em cada exercício, significam diminuição de Caixa.

- *Pagamento de Juros e Amortização da Dívida* – O resgate das obrigações junto às Instituições Financeiras e os encargos financeiros (juros, comissão etc.) significam saída de dinheiro do Caixa.

- *Aquisição de Item do Ativo Fixo* – São as aquisições, à vista, de Imobilizado e de itens do subgrupo Investimentos (ações etc.).

- *Compra à Vista e Pagamentos a Fornecedores* – São aquelas saídas de numerários referentes à matéria-prima e material secundário.

- *Pagamentos de Despesa/Custo, Contas a Pagar e Outros* – São os desembolsos com despesas administrativas de vendas, com itens do custo e outros.

8.3.3 Transações que não afetam o Caixa

Por meio dos itens relacionados no **grupo A** observamos os principais encaixes (entrada de dinheiro no Caixa), e pelos itens relacionados no **grupo B,** os principais desembolsos (saída de dinheiro no Caixa).

Agora examinaremos algumas transações que não afetam o Caixa, isto é, não há encaixe e nem desembolso:

- *Depreciação, Amortização e Exaustão* – São reduções de Ativo, sem afetar o Caixa, no exercício em que são contabilizadas.

- *Provisão para Crédito de Liquidação Duvidosa* – Estimativa de prováveis perdas com duplicatas a receber (clientes) que não representam desembolso para a empresa, no momento.

- *Acréscimos (ou Diminuições)* – De itens de investimentos pelo método de equivalência patrimonial, poderá haver aumentos ou diminuições deles sem significar que houve vendas ou novas aquisições.

8.4 ELABORAÇÃO DOS FLUXOS DE CAIXA

A Demonstração dos Fluxos de Caixa pode ser elaborada sob duas formas distintas:

a) De posse dos registros da "conta Caixa" (ou Livro Caixa), ordenando as operações de acordo com sua natureza e condensando-as, poderíamos extrair todos os dados necessários.

b) De posse das Demonstrações Financeiras, uma vez que nem sempre teremos acesso à ficha (ou livro) da "conta Caixa", lançaremos mão de uma técnica bastante prática, propiciando, assim, a elaboração da Demonstração dos Fluxos de Caixa para empresas diversas.

Ressalte-se que, por seu aspecto prático, mesmo tendo acesso à conta Caixa, alguns contadores preferem elaborar a Demonstração dos Fluxos de Caixa pela técnica referida no item b. Por essa razão e pelo fato de propiciar a elaboração da Demonstração dos Fluxos de Caixa para qualquer empresa (sem necessidade de acesso à Contabilidade), enfatizaremos essa técnica.

8.5 MÉTODOS DE APRESENTAÇÃO DA DEMONSTRAÇÃO DOS FLUXOS DE CAIXA

De acordo com as normas contábeis, existem dois métodos igualmente válidos que poderão ser utilizados para a elaboração da Demonstração dos Fluxos de Caixa: o Direto e o Indireto.

8.5.1 Método Direto

A Demonstração dos Fluxos de Caixa pelo Método Direto é também denominada Fluxos de Caixa no Sentido Restrito. Muitos se referem a ele como o "verdadeiro Fluxo de Caixa", porque, ao contrário do que se verifica no Modelo Indireto, nele são demonstrados todos os recebimentos e pagamentos que efetivamente concorreram para a variação das disponibilidades no período.

Logicamente, exige maior esforço em sua elaboração, uma vez que deve ser feito todo um trabalho de segregação das movimentações financeiras, necessitando de controles específicos para esse fim.

As entradas e as saídas do Caixa são evidenciadas a começar das vendas – por seus valores efetivamente realizados (recebidos), em vez do lucro líquido, como no Método Indireto. A partir daí, são considerados todos os recebimentos e pagamentos oriundos das operações ocorridas no período.

Pode-se, dessa forma, verificar que esse modelo possui um poder informativo pedagógico bastante superior ao do Método Indireto, sendo sua compreensão melhor tanto aos usuários externos quanto ao planejamento financeiro do empreendimento.

8.5.2 Método Indireto

O fluxo obtido sob essa concepção é denominado Fluxo de Caixa pelo Método Indireto ou Fluxo de Caixa no Sentido Amplo. Isso se explica pela análise dos fundamentos de sua elaboração.

Consiste em estender à análise dos itens não circulantes – própria daquele relatório – as alterações ocorridas nos itens circulantes (Passivo e Ativo Circulante), excluindo, logicamente, as disponibilidades, cuja variação estamos buscando demonstrar.

Assim, são efetuados ajustes ao lucro líquido pelo valor das operações consideradas receitas ou despesas, mas que, então, não afetaram as disponibilidades, de forma que se possa demonstrar sua variação no período. Enfocamos o Caixa, consideramos como aplicações (saídas) do Caixa o aumento nas contas do Ativo Circulante e as diminuições no Passivo Circulante. Por outro lado, as diminuições de Ativo Circulante e aumentos nas contas do Passivo Circulante correspondem às origens (entradas) de Caixa.

Apesar de evidenciar a variação ocorrida nas disponibilidades, o fluxo estruturado, dessa maneira, não demonstra as diversas entradas e saídas de dinheiro do Caixa por seus valores efetivos, mas fornece uma simplificação com base em uma diferença de saldos ou inclusão de alguns itens que não afetam as disponibilidades como Despesas Antecipadas, provisão para Imposto de Renda etc.

8.6 ESTRUTURAÇÃO DA DEMONSTRAÇÃO DOS FLUXOS DE CAIXA

Assim como o Balanço Patrimonial é dividido em grupos de contas e a DRE em Custos e Despesas, a DFC deverá ser dividida em: (a) atividades operacionais; (b) atividades de financiamento; e (c) atividades de investimentos. Aliás, por essa razão é que denominamos Demonstração dos Fluxos de Caixa no plural, uma vez que se trata do conjunto de três fluxos (das operações, dos financiamentos e dos investimentos).

a. Atividades operacionais

Abrangem as transações que envolvem a consecução do objeto social da empresa, como receitas recebidas, recebimento de duplicatas, pagamento de fornecedores, pagamento de despesas operacionais etc.

As atividades operacionais podem ter estrutura semelhante à apuração do Lucro Operacional na DRE, ressaltando-se, evidentemente, que trata de fluxo financeiro e não econômico (DRE):

Receita Recebida (inclusive as duplicatas recebidas e outras) (–) Caixa Despendido na Produção (compras e outros custos)

Caixa Bruto Obtido nas Operações
(–) Despesas Operacionais pagas
  • de Vendas
  • Administrativas
  • Outras Despesas

Caixa Gerado no Negócio + Receitas Financeiras Recebidas (–) Despesas Financeiras Pagas
Caixa Gerado após as Operações Financeiras (–) Imposto de Renda e Contribuição Social pagos
Caixa Líquido após Pagamento dos Impostos

b. Atividades de financiamento

Além da captação de recursos provenientes dos proprietários da empresa (sócios ou acionistas) por meio do capital social, toda captação de empréstimos e outros recursos deverá ser incluída nesse grupo. A remuneração ao capital próprio em forma de distribuição de lucro (dividendos – juros de capital próprio) e a amortização dos empréstimos serão parcelas subtrativas nesse grupo.

c. Atividades de investimento

Transações de compra ou venda de Ativos Permanentes (não Circulantes), como aquisições ou vendas de participações em outras entidades e de Ativos Imobilizados utilizados na produção, na prestação de serviços ou manutenção do negócio etc.

8.7 RELEVÂNCIA DA DEMONSTRAÇÃO DOS FLUXOS DE CAIXA

Como já vimos, a Demonstração dos Fluxos de Caixa, quando usada em conjunto com as demais demonstrações contábeis, desencadeia informações que garantem aos usuários uma avaliação mais benéfica nas possíveis alterações nos ativos líquidos da entidade, sua estrutura financeira e sua capacidade para alterar os montantes e a época de ocorrências dos fluxos de caixa, a fim de adaptá-los às mudanças nas circunstâncias e oportunidades.

A DFC condensa, em determinado período, todas as entradas e saídas de dinheiro do Caixa (disponível). Se olharmos um Balanço Patrimonial, encontramos os saldos de Caixa:

Circulante	31-12-x1	31-12-x2
Disponível	1.500	2.300

A Demonstração dos Fluxos de Caixa evidenciará as razões do acréscimo de $ 800 no Disponível.

A estrutura da Demonstração dos Fluxos de Caixa será:

Cia. . . .
Demonstração dos Fluxos de Caixa
Período ___/___/___ a ___/___/___

Saldo no início do período   1.500
 (1-1-x2)*

 + Entradas (Fontes)

(–) Saídas (Aplicações)

                      (_____)

= Saldo no final do período   (31-12-x2)   2.300

  * Note que o saldo de 1º-1-X2 é o mesmo de 31-12-x1.

8.8 TÉCNICA DE ELABORAÇÃO DA DEMONSTRAÇÃO DOS FLUXOS DE CAIXA – MODELO DIRETO

De posse das Demonstrações Financeiras, iniciaremos a elaboração da Demonstração dos Fluxos de Caixa, sem a necessidade de se recorrer à informação interna da empresa. As demonstrações básicas para elaboração da DFC são:

- Balanço Patrimonial;
- Demonstração do Resultado do Exercício;
- Demonstração dos Lucros ou Prejuízos Acumulados ou Demonstração das Mutações do PL.

Vamos permitir que a Cia. Brasil Metais (empresa comercial) apresentasse as seguintes Demonstrações Financeiras:

BALANÇO PATRIMONIAL
Cia. Brasil Metais

Em $ mil

ATIVO	31-12-x1	31-12-x2	PASSIVO E PATRIMÔNIO LÍQUIDO	31-12-x1	31-12-x2
Circulante			**Circulante**		
Disponível ①	1.500	2.300	Fornecedores ⑧	1.000	2.000
Duplicatas a Receber ②	500	1.000	Empréstimos Bancários ⑨	1.000	1.470
Estoques ③	1.000	1.500	Imposto de Renda a		
			Pagar ⑩	–	1.050
Total do Circulante	3.000	4.800			
Não Circulante			Total do Circulante	2.000	4.520
Imobilizado			**Patrimônio Líquido**		
Móveis e Utensílios ④	1.200	1.500	Capital ⑪	4.500	6.000
(–) Depreciação Acumu-			Lucros Acumulados ⑫	–	1.100
lada ⑤	(200)	(320)	Total do PL	4.500	7.100
Terrenos ⑥	2.000	3.000			
Investimentos	3.000	4.180			
Participações em Outras					
Cias. ⑦	500	2.640			
Total não Circulante	3.500	6.820			
Total	6.500	11.620		6.500	11.620

DEMONSTRAÇÃO DO RESULTADO DO EXERCÍCIO
Cia. Brasil Metais

Em $ 10 mil

Receita Bruta ⑬		10.000
(–) CMV ⑭		(5.500)
Lucro Bruto		
(–) Despesa Operacional		
(–) Vendas ⑮	(500)	
(–) Administração ⑯	(380)	
(–) Depreciação ⑰	(120)	4.500
(–) Outras Despesas ⑱	(500)	(1.500)
Lucro Antes dos Tributos sobre o Lucro		3.000
(–) Provisão para Imposto de Renda ⑲		(1.050)
Lucro Líquido		1.950

DEMONSTRAÇÃO DOS LUCROS OU PREJUÍZOS ACUMULADOS
Cia. Brasil Metais

Em $ mil

Saldo em 1º-1-x2	0
(+) Lucro do Exercício	1.950
(–) Distribuição de Dividendos ⑳	(850)
Saldo em 31-12-x2	1.100

Observação: Como já vimos, pela atualização das Sociedades por Ações, o saldo da conta Lucros Acumulados deveria ser zero. Vamos considerar que a Cia. Brasil Metais não esteja sujeita a essa lei.

Elaboração da Demonstração dos Fluxos de Caixa (Cia. Brasil Metais)

A técnica de preparação com as definições e detalhes consta do CPC 03(R2), que é basicamente uma tradução da norma internacional IAS 7 (IASB), aprovada e transformada em norma de Contabilidade (NBC TG 03) pelo CFC por meio da Resolução nº 1.296/2010.

A metodologia para elaboração da Demonstração dos Fluxos de Caixa consiste na análise de item por item que afeta o Caixa, observando (a cada item) se, no período em apreciação, afetou o Caixa e, em caso positivo, o *quantum* (em que valor). Vamos elaborar a Demonstração dos Fluxos de Caixa para o ano x2.

ITENS DO ATIVO E PASSIVO
Em $ mil

		31-12-x1	31-12-x2	aumento
①	Disponível	1.500	2.300	800

O Disponível é justamente a conta objeto de nossa análise. Sabemos que há um saldo no início de x2 (1º-1-x2), de $ 1.500. No final do período (31-12-x2), o saldo era de $ 2.300. Houve um acréscimo no período de $ 800. O que levou a esse aumento? Quais foram os motivos? Vamos então analisar os itens que contribuíram para o acréscimo de $ 800 no Disponível.

DEMONSTRAÇÃO DE FLUXO DE CAIXA
Cia. Brasil Metais

	Período x2	Em $ mil
Saldo inicial	(1º-1-x2)	1.500 ①
+ Entradas		
(–) Saídas		( )
= Saldo final em 31-12-X2		2.300 ①

		31-12-x1	31-12-x2
②	Duplicatas a Receber	1.500	1.000

Precisamos observar, de início, que as *Duplicatas a Receber* originam-se (e só se originam) de *Vendas a Prazo*. Portanto, existe a união entre essas duas variáveis. Se não houver Receita a prazo, não haverá Duplicatas a Receber. Então, nossa análise será conjunta: *Duplicatas a Receber + Vendas a Prazo*.

Somos capazes de notar na Demonstração do Resultado do Exercício que o valor de Receita é de $ 10.000. Não sabemos, porém, se esse valor refere-se às Vendas a prazo (ou, se houver, Vendas à vista), embora, como veremos a seguir, isso não é relevante para elaboração da Demonstração dos Fluxos de Caixa.

Para Demonstração dos Fluxos de Caixa, interessa saber *o quanto entrou em dinheiro decorrente de vendas*, não importando se as vendas foram a prazo ou não.

Para descobrir o quanto entrou de dinheiro no Caixa decorrente de vendas no ano x2, poderemos partir de dois raciocínios (que levam ao mesmo resultado):

2a. No início de x2, a empresa tem a receber $ 500 referentes às vendas de 20x1. Admitindo-se que tenha recebido totalmente essas duplicatas em x2,[1] entraram no Caixa $ 500. Dessa forma, não há mais nada de duplicatas de x1. Portanto, o saldo a receber de $ 1.000 em 31-12-x2 refere-se única e exclusivamente às vendas de x2.

Ora, se a empresa vendeu $ 10.000 em x2 e tem a receber $ 1.000 (saldo de Duplicata a Receber em 31-12-x2), entraram para o Caixa $ 9.000 decorrentes dessa venda (10.000 vendido (–) 1.000 a receber).

Então, em x2 entraram para o Caixa:

500 decorrentes das vendas de x1;

9.000 decorrentes das vendas de x2;

9.500 total do recebimento.

2b. Outro caminho é considerar que as vendas de x2 foram realizadas totalmente a prazo. Nesse caso, teríamos:
$ 500 referentes a duplicatas a receber no início de x2;

+ $ 10.000 referentes a vendas a prazo em 20x2;

+ $ 10.500 total de duplicatas a receber em 31-12-x2 se a empresa não tivesse recebido nada em termos de Duplicatas a Receber.

Mas há no balanço $ 10.500 de Duplicatas a Receber?

Não. Há apenas $ 1.000 a receber.

Então, significa que a empresa recebeu a diferença, ou seja, $ 9.500 [10.500 (–) 1.000].

Ressaltamos, novamente, que não é relevante, para efeito da Demonstração dos Fluxos de Caixa, saber o quanto entrou de dinheiro no Caixa referente a vendas à vista ou a prazo. Importa, sim, saber o quanto entrou decorrente de vendas.

Daí julgamos que o segundo raciocínio é bem mais prático e podemos utilizá-lo sempre, aplicando a fórmula apresentada (2b), ou seja:

> Valor referente a Duplicatas a Receber no início do período
> + *Vendas no Período* (admitindo-se que tudo foi a prazo).
> = Total de Duplicatas a Receber se a empresa nada tivesse recebido.
> (–) *Valor referente a Duplicatas a Receber* no final do período.
> = Valor recebido no exercício decorrente de vendas.

---

[1] Observe que a entrada no Caixa é considerada mesmo que decorra de vendas de outro período, pois, nesse caso, não prevalece o Regime de Competência.

DEMONSTRAÇÃO DOS FLUXOS DE CAIXA		
Cia. Brasil Metais		
	Período x2	Em $ 10.000
Saldo Inicial 20x2		1.500 ①
Entradas:	Recebimento de Vendas	9.500 ②
(–) Saídas:		(___)
Saldo Final em 20x2		2.300 ①

③	Estoques	31-12-x1 1.000	31-12-x2 1.500

Na prática, o Estoque, por si só, não tem nenhuma influência nos Fluxos de Caixa.

No momento que o Estoque é formado, há o desembolso referente à compra de matérias-primas, materiais secundários e/ou referentes a custos no caso de indústria, como o pagamento de mão de obra, energia etc. Todavia, consideraremos cada componente individualmente.

Na ocasião que o Estoque é vendido, há o *encaixe* referente a vendas à vista ou, no futuro, às Duplicatas a Receber (vendas a prazo). Entretanto, esse caso já foi considerado no item anterior (item 2).

④	Móveis e Utensílios	31-12-x1 1.200	31-12-x2 1.500

Nessa conta de Móveis e Utensílios houve um aumento de $ 300. Significa que a empresa adquiriu mais móveis e utensílios, portanto, houve um pagamento para essa compra (*saída de dinheiro do Caixa*), pelo valor de $ 300. Contudo, uma preocupação básica é saber se a nova aquisição de itens do Ativo Não Circulante foi à vista e com recursos próprios (nesse caso, afeta o Caixa) ou financiada. No caso de aquisições à vista com recursos próprios, não há dificuldade para estruturar a Demonstração dos Fluxos de Caixa.

Nas aquisições financiadas, duas hipóteses poderiam ocorrer: a primeira é quando a empresa recorre a financiamentos de instituições financeiras e adquire o bem ou direito à vista; a segunda, menos comum para itens do Permanente (Ativo Não Circulante), é quando o próprio vendedor financia.

Na primeira hipótese, em geral, o dinheiro é creditado (colocado à disposição) pela instituição financeira à empresa e esta adquire o bem ou direito à vista. Portanto, há uma *entrada* de dinheiro no Caixa[2] por ocasião de sua liberação e uma *saída* de dinheiro do Caixa por ocasião da compra (aquisição).

Na segunda hipótese, cria-se uma dívida com o fornecedor do bem ou direito. Nesse caso, poderá haver saída parcial de dinheiro do Caixa quando há, por exemplo, uma entrada (uma primeira parte do pagamento). Outras saídas do Caixa ocorrerão por ocasião da amortização da dívida.

Porém, alguns contadores preferem, para simplificar, registrar, em termos de Demonstração dos Fluxos de Caixa, como saída o total da compra e como entrada o total do financiamento, como descrevemos na primeira hipótese.

DEMONSTRAÇÃO DOS FLUXOS DE CAIXA – EXERCÍCIO x2 *Cia. Brasil Metais*			Em $ mil
Saldo Inicial em x2			1.500 ①
Entradas: (Fontes)	Recebimento de Vendas	9.500 ②	
(–) *Saídas:* (Aplicações) Saldo Final em x2	Aquisição de Móveis Utensílios	300 ④	
			2.300 ①

⑤	Depreciação Acumulada	31-12-x1 200	31-12-x2 320

A Depreciação é uma parcela do custo do bem imobilizado considerada despesa ou custo periodicamente (mês, trimestre, semestre ou ano) em virtude, normalmente, do desgaste desse bem.

Repare que, à medida que consideramos Depreciação custo ou despesa, não estamos afetando o Caixa, isto é, não há nenhum desembolso. Portanto, a Depreciação é um fenômeno econômico, e não financeiro.

Por esse motivo a Depreciação não é considerada na Demonstração dos Fluxos de Caixa, assim como também não são consideradas a Provisão para Devedores Duvidosos, a Provisão para Perdas etc.

⑥	Terrenos	31-12-x1 2.000	31-12-x2 3.000

Somos capazes de considerar que houve uma nova aquisição de terrenos por $ 1.000. Ora, se houve uma nova aquisição, houve um desembolso (saída do Caixa) de $ 1.000. A afirmação

---

[2] Não devemos esquecer que o Caixa, em Demonstração dos Fluxos de Caixa, assume característica de disponível (Caixa + Bancos).

Cap. 8 • Demonstração dos Fluxos de Caixa (DFC)   **147**

é categórica, uma vez que não temos nenhuma dívida referente a Terrenos no Exigível a Longo Prazo e mesmo no Passivo Circulante.

Em $ mil

Saídas (Aplicações)	
Aquisição de Terrenos	$ 1.000

⑦	Participações em outras Cias.	31-12-x1 500	31-12-x2 2.640

Considerando-se que no nosso exemplo não haja Resultado da Equivalência Patrimonial, sem dúvida, podemos concluir que houve novas aquisições de ações no valor de $ 2.140 (2.640 – 500). Portanto, houve saída do Caixa de $ 2.140 (pagamento).

Em $ mil

Saídas (Aplicações)	
Aquisição de Outras Ações	$ 2.140

⑧	Fornecedores	31-12-x1 1.000	31-12-x2 2.000

O raciocínio é análogo a Duplicatas a Receber.

A conta Fornecedores normalmente existe derivada de Compras a prazo. Se não houver compras de matéria-prima (indústria) ou mercadorias para revenda (comércio), não haverá fornecedores nesse contexto.

Da mesma maneira que Vendas, para efeito de Fluxo de Caixa, não é relevante identificar se as Compras foram a prazo ou a dinheiro, e sim quanto se pagou referente a Compras ou Fornecedores.

Para tanto, precisamos conhecer o valor de Compras. Nossos demonstrativos não evidenciam tal valor, mas a Demonstração do Resultado do Exercício discrimina o valor do Custo da Mercadoria Vendida, e o Balanço Patrimonial, os valores dos Estoques Inicial e Final.

Mas o que é o Custo da Mercadoria Vendida em uma empresa comercial?

É quanto custou a mercadoria negociada, isto é, o preço de aquisição. Observamos que no início de 20x2 já havia $ 1.000 de Mercadorias (estoque inicial). A essas mercadorias foram adicionadas novas compras, e no final do período sobraram $ 1.500 (estoque final). Portanto, o CMV = Estoque Inicial + Compras (–) Estoque Final.

CMV = EI + C – EF

Compras = 6.000

5.500 = 1.000 + Compras – 1.500

5.500 =+ Compras – 500

Poderíamos (agora com o valor de Compras) admitir que o saldo de Fornecedores no início do período ($ 1.000) foi todo pago em 20x2. Portanto, houve uma saída do Caixa de $ 1.000. Dessa forma, o saldo a pagar no final do período ($ 2.000) refere-se exclusivamente às compras de x2. Ora, se o total de compra foi de $ 6.000, foram pagos, então, $ 4.000 ($ 6.000 comprados – $ 2.000 a pagar).

Então, o total de saída do Caixa foi de $ 5.000 ($ 1.000 referentes às compras de x1 + $ 4.000 referentes às compras de x2).

Outra maneira de encontrar a saída do Caixa referente ao pagamento de Compras é admitir que todas as compras foram a prazo, então:

$ 1.000 referentes a Fornecedores a pagar no início de 20x2

$ 6.000 referentes a Compras a prazo em 20x2

$ 7.000 o total de Fornecedores a pagar em 31-12-x2 se a empresa não tivesse pago nada em termos de compra de Mercadorias durante o ano.

Mas há no Balanço $ 7.000 de Fornecedores?

Não. Há apenas $ 2.000 a pagar.

Então significa que a empresa pagou a diferença, ou seja, $ 5.000 ($ 7.000 – $ 2.000).

Em $ mil

Saídas (Aplicações)	
Pagamento de Compras	5.000

		31-12-x1	31-12-x2
⑨	Empréstimos Bancários	1.000	1.470

O aumento de Empréstimos Bancários significa que a empresa contraiu mais empréstimos no valor de $ 470. Dessa forma, entraram mais $ 470 no Caixa da empresa (fonte de recursos).

Na análise de Empréstimos e Financiamentos é necessário ser cuidadosa, já que essas obrigações podem aumentar por mera atualização da dívida, como, (por exemplo, por causa da Variação Cambial. Enquanto as obrigações não forem pagas, não afetam o Caixa.

Se houver uma variação de um Financiamento de $ 1.000 para $ 1.400, em consequência da Variação Cambial, não significa que ocorreu entrada de recursos no Caixa. Essa variação pode ser constatada em conjunto com a Demonstração do Resultado do Exercício no grupo Variações Monetárias (Variação Cambial).

Em $ mil

Entradas (Fontes)	
Aumento de Empréstimos Bancários	470

⑩ Imposto de Renda a Pagar	31-12-x1 0	31-12-x2 1.050

No momento não afeta o Caixa. É apenas o reconhecimento de uma dívida com o governo. Afetará o Caixa na ocasião de seu pagamento (desembolso).

Se houvesse saldo anterior de IR a Pagar (31/12/x1) poderia, sim, afetar o Caixa.

⑪ Capital	31-12-x1 4.500	31-12-x2 6.000

Houve um aumento de Capital que, obviamente, não foi realizado com lucros[3] ou reserva, e sim com recursos dos próprios acionistas no valor de $ 1.500.

Normalmente, nesses casos, o capital é integralizado em dinheiro, representando fonte (origem) de recursos para o Caixa.

Não obstante seja bastante incomum, os recursos utilizados pelos proprietários da empresa para integralização de Capital podem ser bens materiais, tais como imóveis, móveis e utensílios, Veículos, Estoques etc. Nesse caso, o Caixa não é afetado.

Em $ mil

Entradas (Fontes) Integralização do Capital em Dinheiro	1.500

⑫ Lucros Acumulados ou Reservas	31-12-x1 0	31-12-x2 1.000

Normalmente não afetam o Caixa. Não podemos esquecer que os lucros e as reservas são originados da Receita, e esta já foi considerada fonte para o Caixa em Duplicatas a Receber (item 2).

Entre as exceções de reservas que afetam o Caixa, podemos citar o ágio nas vendas das ações da Cia. que está aumentando o Capital.

Vamos admitir que a Cia. Aliança esteja vendendo 1 milhão de ações para aumentar seu Capital. O valor de cada ação é de $ 1,00. Todavia, a empresa resolve vender por $ 1,20, cobrando um ágio de $ 0,20 por ação.

Dessa forma, o Caixa será aumentado em $ 1,2 milhão, sendo que $ 1 milhão será incorporado ao Capital e $ 0,2 milhão constituirá *Reserva* de Capital, ou seja, uma reserva resultante do ágio cobrado na venda das ações.

---

[3] A empresa não tinha lucros ou reservas para aumentar seu Capital. Ela não utilizou o lucro obtido em 20x2 (1.100), uma vez que seu valor não foi alterado.

Itens da Demonstração do Resultado do Exercício e da Demonstração dos Lucros ou Prejuízos Acumulados

(Em $ mil)

> ⑬ Receita Bruta
>
> Já estudada no item Duplicatas a Receber (item 2, Ativo e Passivo).
>
> ⑭ Custo da Mercadoria Vendida
>
> Já estudada no item Fornecedor (item 8).
>
> → Despesas Operacionais
>
> ⑮ Despesas de Vendas: $ 500

Significa que todas as despesas foram pagas, pois não há obrigação referente a Despesas de Vendas evidenciadas no Passivo Circulante.

Então, tivemos uma saída do Caixa de $ 500. Observamos ainda que não está incluído em Despesas de Vendas, Provisão para Devedores Duvidosos (não afeta o Caixa), porque essa conta não aparece deduzindo Duplicatas a Receber no Balanço Patrimonial.

> ⑯ Despesas Administrativas: $ 380

Significa que todas as Despesas de Administração foram pagas, pois não há dívida concernente a essas despesas no Passivo Circulante.

> ⑰ Depreciação

Como já vimos, não afeta o Caixa.

> ⑱ Despesas Financeiras: $ 500

Como não há discriminação de dívida no Passivo Circulante referente a Despesas Financeiras (Juros a Pagar etc.), significa que houve pagamento integral. Portanto, houve mais uma saída do Caixa de $ 500.

> ⑲ Provisão para Imposto de Renda: $ 1.050

Não houve saída do Caixa, uma vez que esta dívida está evidenciada no Passivo Circulante (não foi paga ainda). Veja item 10.

> ⑳ Distribuição de Dividendos: $ 850

Afeta o Caixa, pois houve um desembolso. Note que os Dividendos distribuídos já foram pagos, pois não constam como dívida no Passivo Circulante.

Cap. 8 • Demonstração dos Fluxos de Caixa (DFC) **151**

DEMONSTRAÇÃO DOS FLUXOS DE CAIXA *(Período 20x2)*		
	Cia. Brasil Metas	Em $ mil
Saldo Inicial em 20x2		1.500 ①
+ *Entradas* (fontes)		
Recebimento de Vendas	9.500 ②	
Empréstimos Bancários	470 ⑨	
Integralização de Capital	1.500 ⑪	
Total das Entradas	11.470	
(–) *Saídas* (Aplicações)		
Aquisições de Móveis e Utensílios	(300) ④	
Aquisição de Terrenos	(1.000) ⑥	
Aquisição de Novas Ações	(2.140) ⑦	
Pagamento de Compras	(5.000) ⑧	
Despesas de Vendas	(500) ⑮	
Despesas Administrativas	(380) ⑯	
Despesas Financeiras	(500) ⑱	
Dividendos	(850) ⑳	
Total das Saídas	10.670	
Excesso de Entradas sobre as Saídas (11.470 – 10.670)		800
Saldo Final em 20x2 (1.500 + 800)		2.300 ①

8.9 ESTRUTURAÇÃO DA DEMONSTRAÇÃO DOS FLUXOS DE CAIXA – MODELO DIRETO

Período de 20x2		Em $ mil
a) Atividades Operacionais		
Recebimento de Vendas		9.500
(–) Pagamentos de Compras		(5.000)
Caixa Bruto obtido nas Operações		4.500
(–) Despesas Operacionais Pagas de Venda Administrativas		(500)
Caixa Gerado no Negócio		(380)
(–) Despesas Financeiras Pagas		3.620
Caixa Gerado após as Operações Financeiras		(500)
		3.120
b) Atividades de Investimentos		
(–) Aquisições de Imobilizados e Investimentos		
Móveis e Utensílios	(300)	
Terrenos	(1.000)	
Ações de Outras Cias.	(2.140)	(3.440)
c) Atividades de Financiamentos		
Integralização de Capital	1.500	
Empréstimos Bancários	470	
(–) Dividendos Pagos	(850)	1.120
Resultado Final de Caixa		800
+ Saldo Existente em 31-12-x1		1.500
Saldo Existente em 31-12-x2		2.300

8.10 TÉCNICA DE ELABORAÇÃO DA DEMONSTRAÇÃO DOS FLUXOS DE CAIXA – MODELO INDIRETO

As Atividades de Investimentos e Financiamentos podem ser obtidas da mesma forma que o Modelo Direto. Assim, daremos ênfase para as *Atividades Operacionais*.

8.10.1 Técnicas para demonstrar as atividades operacionais

a) Ajuste do Lucro Líquido referente à Despesa não Desembolsável

Há determinados itens que reduzem o Lucro Líquido na Demonstração de Resultado do Exercício que não representam saída de dinheiro no momento. Daí o fato de se adicionar novamente Depreciação, que é um item econômico, e não financeiro. A Depreciação não significa um desembolso, mas um fato econômico.

Ajuste do Lucro Líquido no Circulante

O aumento do Estoque de novas *mercadorias* faz-se com dinheiro, o que leva à redução do Caixa.

Maior número de Duplicatas a Receber significa retardar o recebimento do dinheiro que iria para o Caixa e teria algum destino.

Reduções nos montantes de Estoque e Duplicatas a Receber significam mais recursos no Caixa.

Quando os clientes, por exemplo, antecipam pagamento, reduz-se o montante de Duplicatas a Receber e, consequentemente, aumenta-se o Caixa.

Por outro lado, se há aumento de Fornecedores no Passivo Circulante, há mais crédito, evita-se a saída do Caixa e pode-se utilizar o dinheiro para outras finalidades. A recíproca é verdadeira.

Se há redução de Imposto a Recolher, o dinheiro que seria usado para essa finalidade pode sê-lo para outros pagamentos.

Como regra geral, temos:

- os aumentos no Ativo Circulante provocam uso de dinheiro (Caixa); as reduções do Ativo Circulante produzem Caixa (origem de Caixa);

- os aumentos do Passivo Circulante evitam saída de mais dinheiro, aumentando o Caixa; as reduções do Passivo Circulante significam que o pagamento foi feito, reduzindo o Caixa (uso de Caixa);

- para calcular as variações líquidas, basta subtrair o saldo anterior do saldo atual das contas do Circulante (Ativo e Passivo).

8.10.2 Cálculo das atividades operacionais

Cia. Brasil Metais

A. Cálculo do Lucro Financeiro

Em $ mil

Lucro Líquido apurado na Demonstração do Resultado do Exercício em 20x2	$ 1.950
+ Depreciação	$ 120
Lucro Líquido Financeiro	$ 2.070

B. Cálculo das Variações do Circulante (Capital de Giro)

ATIVO	31-12-x1	31-12-x2	VARIAÇÃO	REFLEXO NO CAIXA
Duplicatas a Receber	$ 500	$ 1.000	$ 500	Adia recebimento: reduz o Caixa
Estoques	$ 1.000	$ 1.500	$ 500	Mais aquisição: reduz o Caixa
PASSIVO				
Fornecedores	$ 1.000	$ 2.000	$ 1.000	Posterga pagamento: favorece o Caixa
Empréstimos Bancários	$ 1.000	$ 1.470	$ 470	Tratado como Atividade de Financiamento
Imposto de Renda a Pagar	– 0 –	$ 1.050	$ 1.050	Posterga pagamento: favorece o Caixa

C. Estruturação das Atividades Operacionais

Lucro Líquido do Exercício		$ 1.950
+ Depreciação		$ 120
Lucro Financeiro		2.070
Variações no Circulante (Capital de Giro)		
– Aumento de Duplicatas a Receber	$ (500)	
– Aumento de Estoques	$ (500)	
– Aumento de Fornecedores	$ 1.000	
– Aumento de Imposto de Renda	$ 1.050	1.050
Caixa Gerado nas Atividades Operacionais		3.120

8.11 ESTRUTURAÇÃO DA DEMONSTRAÇÃO DOS FLUXOS DE CAIXA – MODELO INDIRETO

PERÍODO DE 20x2		Em $ mil
ATIVIDADES OPERACIONAIS		
Lucro Líquido apurado no Exercício		1.950
+ Depreciação		120
Lucro que afeta o Caixa		2.070
Variações no Circulante (Capital de Giro)		
Ativo – Aumento de Duplicatas a Receber (reduz o Caixa)	(500)	
– Aumento de Estoques (reduz o Caixa)	(500)	
Passivo – Aumento de Fornecedores (melhora o Caixa)	1.000	
– Aumento de Impostos a Pagar (melhora o Caixa)	1.050	1.050
Caixa Gerado nos Negócios		3.120
ATIVIDADES DE INVESTIMENTOS		
Aquisições de Ativo Não Circulante		
– Móveis e Utensílios	(300)	
– Terrenos	(1.000)	
– Ações de outras Cias.	(2.140)	(3.440)
ATIVIDADES DE FINANCIAMENTOS		
– Integralização do Capital	1.500	
– Novos Empréstimos Bancários	470	
– Dividendos Pagos	(850)	1.120
RESULTADO FINAL DO CAIXA		800
+ Saldo existente em 31-12-x1		1.500
Saldo existente em 31-12-x2		2.300

8.11.1 Modelo sugerido para a DFC – Indireto

Apesar de que não tenha ainda uma definição legal para a DFC modelo Indireto, apresentamos a seguinte sugestão, considerando que o método Indireto deverá ser o praticado pelas empresas:

Companhia Brasil Metais Demonstração dos fluxos de Caixa (método indireto) para os exercícios Findos em 31 de dezembro de x2 e x1 em milhares de reais		
	31-12-x2	31-12-x1
Atividades operacionais		
Lucro líquido		
Ajustes ao lucro		
Depreciação		
Lucro na venda de imobilizado (provisões)		
Despesas financeiras de longo prazo		
Resultado de equivalência patrimonial		

(continua)

(continuação)

Investimentos de curto prazo
  Variação das contas a receber
  Variação da PCLD
  Variação dos estoques
  Variação das Despesas Antecipadas
  Variação de outros Ativos Circulantes
  Variação de salários a pagar
  Variação de fornecedores
  Variação de despesas a pagar
  Variação da provisão para IR e CSSL
  Variação de outros Passivos Circulantes		

Caixa líquido gerado (consumido) pelas atividades operacionais		

Atividades de investimentos
  Investimentos não realizáveis a longo prazo
  Outros investimentos de longo prazo
  Investimentos de imobilizado
  Investimentos não intangíveis
  Investimentos em participações societárias
  Outros investimentos do Ativo não Circulante		

Caixa líquido gerado (consumido) pelas atividades de investimentos		

Atividades de financiamentos
  Aumento de capital
  Captação de longo prazo
  Pagamento de empréstimos
  Pagamento de dividendos e outros s/ o capital próprio		

Caixa líquido gerado (consumido) pelas atividades de financiamento		
Variação líquida do Caixa		
Caixa mais equivalentes de Caixas iniciais	–	–

A diferença entre os modelos Direto e Indireto está no fluxo operacional, embora ambos, evidentemente, tenham o mesmo resultado.

O método Direto facilita ao usuário avaliar a solvência da empresa, pois evidencia toda a movimentação dos recursos financeiros, as origens dos recursos de caixa e no que eles foram aplicados, pois calcula o fluxo de caixa das operações como produto de entradas e saídas de caixa efetivas – recebimentos de clientes, pagamentos a fornecedores etc. No método Indireto, em contrapartida, os recursos provenientes das atividades operacionais são demonstrados a partir do resultado do exercício (lucro ou prejuízo do DRE), ajustando as despesas não desembolsáveis, que não afetam o Caixa como depreciação e amortização, itens deferidos, e variações de contas do Ativo e Passivo Circulantes.

Destaca-se que o método Indireto é o preferido da maioria das empresas para elaboração e publicação da Demonstração de Fluxo de Caixa, no entanto não é tão revelador e seguro como o Direto, possibilitando a ocultação de informações sobre a verdadeira origem e aplicação de recursos. As críticas pelo uso do método Direto se concentram nos altos custos com o monitoramento, parametrização e acompanhamento de todas as movimentações de caixa.

Como a Lei nº 11.638/2007 não estipula o modelo obrigatório, as empresas optam mais pelo modelo Indireto por conta do menor custo e maior facilidade de preparação.

Observe que o modelo Direto mostra vendas recebidas e custos e despesas pagas (o que não acontece no Indireto).

As normas internacionais do IFRS determinam que o modelo Indireto da Demonstração dos Fluxos de Caixa seja adotado, já que este proporciona a conciliação com o Lucro Contábil.

No Brasil, a exemplo dos Estados Unidos, não há obrigatoriedade de escolha de modelo. Contudo as normas brasileiras determinam que, caso seja escolhido o modelo direto, este deve ser adaptado para proporcionar a conciliação com o Lucro Contábil.

EXERCÍCIOS PROPOSTOS

1.

(FCC-2017 – TER-PR) A Demonstração do Resultado do ano de 2016 e os Balanços Patrimoniais em 31/12/2015 e 31/12/2016 da empresa Drones não voadores S.A. são apresentados nos dois quadros abaixo.

Drones não voadores S.A.
Demonstração do Resultado – Período: 01/01/2016 a 31/12/2016

Receitas de vendas	**1.632.000**
(–) Custo das Mercadorias Vendidas	(1.048.000)
(=) Resultado com Mercadorias	**584.000**
(–) Despesas Operacionais	
Depreciação	(48.000)
Outras despesas operacionais	(472.000)
(+) Resultado de Equivalência Patrimonial	24.000
(+) Resultado antes dos efeitos financeiros	**88.000**
(–) Despesas Financeiras	(40.000)
(=) Resultado após os efeitos financeiros	48.000
(=) Outras receitas e despesas não recorrentes	
Lucro na Venda de Terrenos	56.000
(=) Resultado antes de Impostos e Participações	104.000
(–) Despesa com Imposto de Renda	(31.200)
(=) Resultado Líquido	**72.800**

Drones não voadores S.A.
Balanços Patrimoniais – Período: 31/12/2015 a 31/12/2016

ATIVO	31/12/2015	31/12/2016	PASSIVO	31/12/2015	31/12/2016
Ativo circulante	**528.000**	**1.029.600**	**Passivo circulante**	**624.000**	**1.175.320**
Caixa e Equivalentes de Caixa	40.000	253.600	Fornecedores	264.000	341.600
Valores a Receber de Clientes	224.000	384.000	Empréstimos a pagar	360.000	776.000
Estoques	264.000	392.000	Dividendos a pagar	–	26.520
			Imposto de renda a pagar	–	31.200
Ativo não circulante	**576.000**	**872.000**	**Patrimônio Líquido**	**480.000**	**726.280**
Investimentos	56.000	144.000	Capital	400.000	600.000
Imobilizado			Reservas de lucros	80.000	126.280
Equipamentos					
Terrenos					
TOTAL DO ATIVO	**1.104.000**	**1.901.600**	**TOTAL DO PASSIVO + PL**	**1.104.000**	**1.901.600**

Durante o ano de 2016 a empresa não vendeu nenhum outro bem ou direito do Ativo não circulante além do terreno, não liquidou qualquer empréstimo e não pagou as despesas financeiras do ano. Os valores em reais no ano de 2016, correspondentes ao Caixa das Atividades Operacionais, Caixa das Atividades de Investimento e ao Caixa das Atividades de Financiamento foram, respectivamente, em reais:

a) 138.400 (negativo); 264.000 (negativo) e 616.000 (positivo).

b) 42.400 (negativo); 320.000 (negativo) e 576.000 (positivo).

c) 82.400 (negativo); 320.000 (negativo) e 616.000 (positivo).

d) 74.400 (negativo); 288.000 (negativo) e 576.000 (positivo).

e) 98.400 (negativo); 264.000 (negativo) e 576.000 (positivo).

2.

(CFC – 2016 – 2º Exame) Uma Sociedade Empresária apresentou os seguintes eventos em 2015:

Eventos	Valor
Aquisição de móveis para uso, à vista	R$ 20.000,00
Venda, à vista, de imóvel de uso	R$ 200.000,00
Baixa do valor contábil do imóvel de uso vendido	R$ 80.000,00
Venda de mercadorias à vista	R$ 55.000,00
Compra de mercadorias à vista	R$ 30.000,00

Considerando-se o reflexo desses eventos nas atividades apresentadas na Demonstração dos Fluxos de Caixa, é CORRETO afirmar que:

a) os eventos geraram caixa líquido nas atividades operacionais, no valor de R$175.000,00.

b) os eventos geraram caixa líquido nas atividades de investimento, no valor de R$180.000,00.

c) os eventos geraram caixa líquido nas atividades operacionais, no valor de R$205.000,00.

d) os eventos geraram caixa líquido nas atividades de investimento, no valor de R$255.000,00.

3.

(CESPE – TJCE-2014)

Operações	Valor (em R$)
Aquisição de imobilizado	129.727
Aquisição de controlada	106.955
Aumento nos ativos operacionais	326.766
Aumento nos passivos operacionais	78.086
Captação de empréstimos e financiamentos	552.993
Depreciação e amortização	74.061
Equivalência patrimonial positiva	13.199
Lucro líquido do exercício	11.666
Pagamento de juros sobre empréstimos e financiamentos	71.808
Provisão para riscos tributários, cíveis e trabalhistas	28.735
Venda de contrato de exclusividade e direito de exploração	48.000

A tabela acima apresenta informações para a elaboração da demonstração dos fluxos de caixa de determinada empresa para o ano de 2013. Com base nessas informações, após a elaboração, pelo método indireto, da demonstração dos fluxos de caixa de acordo com o Pronunciamento Técnico do CPC 03 (R2),

a) o caixa consumido pelas atividades operacionais foi maior que o caixa consumido pelas atividades de investimento.

b) as atividades operacionais e as atividades de financiamento reduziram o saldo de caixa e equivalentes de caixa no final do exercício.

c) os três fluxos de caixa geraram caixa e aumentaram em mais de R$ 100.000 o saldo de caixa e equivalentes de caixa no final do período.

d) o caixa gerado pelas atividades de financiamento foi maior que R$ 500.000.

e) o caixa consumido pelas atividades de investimento foi menor que R$ 200.000.

4.

(FCC – 2010 – SEFIN-RO) Na Demonstração dos Fluxos de Caixa, são itens classificados como fluxo de caixa das atividades de financiamento

a) os pagamentos de caixa para resgatar ações da entidade e para reduzir o passivo relativo a arrendamento mercantil financeiro.

b) o caixa recebido proveniente da emissão de debêntures e os pagamentos para aquisição de ações ou instrumentos de dívida de outras entidades.

c) os pagamentos de caixa para aquisição de ativo intangível e o pagamento de dividendos.

d) os pagamentos de caixa a fornecedores de mercadorias e serviços e o caixa recebido pela emissão de instrumentos patrimoniais.

e) os recebimentos de caixa decorrentes de *royalties*, honorários, comissões e outras receitas e a amortização de empréstimos e financiamentos.

5.

(IBFC – 2013 – PC-RJ) Ao se elaborar a Demonstração de Fluxo de Caixa, deve-se atentar às transações relacionadas a atividades de investimento e financiamento que afetam ativos e passivos, mas não impactam o Caixa. Indique a opção abaixo que indica esse tipo de transação:

a) Aquisição de imobilizado via contrato de arrendamento mercantil.

b) Recebimento pela venda de participações em outras empresas, não classificado como equivalente de caixa ou mantido para negociação.

c) Resgate do principal de aplicações financeiras não classificadas como equivalentes de caixa.

d) Recebimentos resultantes da venda de imobilizado utilizado na produção.

e) Recebimentos resultantes da venda de intangível utilizado na produção.

6.

(FCC – 2013 – MPE-MA) Na elaboração da Demonstração dos Fluxos de Caixa pelo método indireto, são tratados como ajuste de resultado

a) as perdas estimadas para crédito de liquidação duvidosa e as comissões e prêmios pagos antecipadamente mesmo, quando classificadas no circulante.

b) as perdas estimadas para redução ao valor recuperável dos estoques e as recuperações de perdas com clientes.

c) os ganhos com alienação de imobilizado e as perdas estimadas para redução ao valor recuperável de imobilizados em andamento.

d) depreciação anual de propriedades para investimentos e gastos com pesquisas de mercado e de opinião.

e) mais-valia sobre os ativos líquidos das investidas – ágio por rentabilidade futura e depreciações e amortizações acumuladas de imobilizados.

7.

(FCC – 2013 – SEFAZ-SP) Durante o ano de 2012, a Cia. Desenvolvida S.A. adquiriu ações de sua própria emissão, pagou fornecedores de matéria-prima e pagou três prestações de um arrendamento mercantil financeiro referentes à aquisição de uma

máquina. Estas transações devem ser classificadas, respectivamente, na Demonstração dos Fluxos de Caixa como fluxos de caixa decorrentes das atividades:

a) operacionais, de financiamento e de financiamento.

b) de financiamento, operacionais e operacionais.

c) de investimento, operacionais e de financiamento.

d) de financiamento, operacionais e de investimento.

e) de financiamento, operacionais e de financiamento.

8.

(ESAF – 2013 – MF) A empresa Inovação S.A. produtora de cabos de energia efetuou as seguintes operações em 2012:

I. Lançamento da depreciação do ano.

II. Pagamento de dividendos.

III. Juros sobre o Capital Próprio Recebidos.

Pode-se afirmar que estes eventos afetam a Demonstração dos Fluxos de Caixa, respectivamente, como:

a) ajuste das atividades operacionais; saída das atividades de financiamento; entrada das fontes de investimento.

b) entrada das fontes de investimento; saída das fontes de financiamento; entradas das fontes de financiamento.

c) entrada das fontes de financiamento; entrada das fontes de investimento; saída das fontes de financiamento.

d) entrada das atividades operacionais; saída das atividades de financiamento; saídas das fontes de investimento.

e) saída das atividades operacionais; saídas das atividades operacionais; entrada das atividades operacionais.

9.

(IBFC – 2013 – PC-RJ) Pelo método indireto de elaboração da Demonstração dos Fluxos de Caixa, o aumento de Duplicatas a receber contribui para a formação do:

a) Caixa líquido gerado nas atividades de financiamento ou de investimentos.
b) Caixa líquido consumido nas atividades de investimentos.
c) Caixa líquido consumido nas atividades de financiamento.
d) Caixa líquido consumido nas atividades operacionais.
e) Caixa líquido gerado nas atividades operacionais ou de financiamento.

10.

(CEPERJ – 2012 – CEDAE-RJ) A Companhia Planaltina S.A. realizou, no exercício social de 2011, as seguintes operações:

Pagamento de salários	2.800
Integralização de capital em dinheiro	10.000
Venda de mercadorias à vista	21.000
Venda de mercadorias a prazo	10.000
Aquisição à vista de móveis e utensílios	5.000
Empréstimo efetuado em banco	10.000
Pagamento de impostos IPTU	5.000
Aquisição à vista de investimento permanente	15.000
Pagamento de despesas gerais	8.500
Compra a prazo de matéria-prima	6.000
Amortização de financiamentos obtidos	7.000
Pagamento a fornecedores	8.000
Alienação de bônus de subscrição	5.000
Venda à vista de bens fixos	8.000

Com esses dados, pode-se afirmar que, em 31/12/2011, na elaboração do DFC, o fluxo líquido de caixa, referente às atividades operacionais, foi igual a:

a) positivo de R$ 1.700.
b) negativo de R$ 8.300.
c) negativo de R$ 300.
d) negativo de R$ 4.700.
e) negativo de R$ 3.300.

11.

(FPR – 2010 – UFPR) A Demonstração dos Fluxos de Caixa deve ser segmentada em três grandes áreas:

1. Atividades operacionais.

2. Atividades de investimento.

3. Atividades de financiamento.

Com base nessa segmentação, é correto afirmar:

a) As atividades operacionais estão relacionadas com a aquisição de ativos imobilizados, assim como suas baixas, tendo como premissa que o parque fabril não deve sofrer sucateamento, sob pena de sofrer perdas nas vendas.
b) As atividades de financiamento levam em consideração as compras realizadas a prazo, junto aos fornecedores de mercadorias, visando o fortalecimento do capital de giro da empresa.
c) As atividades de investimento buscam a captação de recursos junto aos bancos, instituições financeiras, em complemento com os aportes de recursos feitos pelos sócios, por meio do aumento de capital, em dinheiro.
d) Os fluxos de caixa decorrentes das atividades operacionais são basicamente derivados das principais atividades geradoras de receita da entidade.
e) As atividades de financiamento, quando informam o pagamento de dividendos aos seus acionistas, demonstram os valores que estão aumentando o fluxo de caixa, pois os investidores são os principais elementos da organização.

9

Análise das Demonstrações Financeiras

9.1 INTRODUÇÃO

A nosso ver, não bastaria ter uma boa visão das Demonstrações Financeiras sem, pelo menos, ter uma rápida ideia de análise destas demonstrações. Assim, decidimos incluir neste trabalho um comentário bastante objetivo e resumido sobre a Análise das Demonstrações Financeiras, ressaltando a existência de outros trabalhos bem mais completos que este, com o título de Análise das Demonstrações Financeiras, ou, o que é mais comum, Análise de Balanços.

Embora a expressão mais adequada seja "Análise das Demonstrações Financeiras", uma vez que todas as demonstrações são alvo de análise, constatamos que a denominação Análise de Balanço é mais utilizada para intitular este tópico. Na verdade, não é só o Balanço Patrimonial que será analisado, não sendo, portanto, a expressão Análise de Balanços tecnicamente perfeita.

9.2 UM BREVE HISTÓRICO

É comum afirmar que a Análise das Demonstrações Contábeis é tão antiga quanto a própria Contabilidade. Desde aquela época o homem se preocupava com o controle de estoque de seu rebanho, e apurava o inventário comparando os equivalentes com cabras, vacas e carneiros, estabelecendo pesos para cada tipo de rebanho qualificando-os de tal forma que pudesse quantificar sua riqueza.

Todavia, remonta a um período mais recente o surgimento da Análise das Demonstrações Financeiras de forma mais sólida, mais adulta. É no final do século passado que observamos os banqueiros americanos solicitando as demonstrações (praticamente o Balanço) das empresas que desejavam contrair empréstimos.

E por se exigir, de início, apenas o Balanço para a Análise é que se introduz a expressão *Análise de Balanços* que perdura, como já vimos, até nossos dias. Com o tempo começou-se a pedir outras demonstrações para análise e para a concessão de crédito, como a Demonstração do Resultado do Exercício (antigo Lucros e Perdas).

A Análise das Demonstrações Financeiras desenvolveu-se ainda mais com o surgimento dos Bancos Governamentais, bastante interessados na situação econômico-financeira das empresas tomadoras de financiamentos.

A abertura do Capital por parte das empresas (Sociedades Anônimas – Lei nº 6.404/1976), possibilitando a participação de pequenos ou grandes investidores como acionistas, leva-os à escolha de empresas mais bem-sucedidas, tornando-se a Análise das Demonstrações Financeiras um instrumento de grande importância e utilidade para aquelas decisões.

As operações a prazo de compra e venda de mercadorias entre empresas, os próprios gerentes (embora com enfoques diferentes em relação aos outros interessados), na avaliação da eficiência administrativa e na preocupação do desempenho dos seus concorrentes, os funcionários, na expectativa de identificarem melhor a situação econômico-financeira, vêm consolidar a necessidade imperiosa da Análise das Demonstrações Financeiras.

9.3 DEMONSTRAÇÕES CONTÁBEIS PASSÍVEIS DE ANÁLISE E DE PREPARAÇÃO (RECLASSIFICAÇÃO)

Indubitavelmente, todas as Demonstrações Financeiras (DF) devem ser analisadas:

- Balanço Patrimonial (BP).
- Demonstração do Resultado do Exercício (DRE).
- Demonstração dos Fluxos de Caixa (DFC).

Mais ênfase é dada às duas primeiras demonstrações, uma vez que por meio delas é evidenciada de forma objetiva a situação financeira (identificada no BP e, em conjunto, na DRE).

9.4 TÉCNICAS DE ANÁLISE DAS DEMONSTRAÇÕES

A análise das demonstrações contábeis se dá principalmente pela comparação de valores entre contas ou de grupos de contas em determinado exercício ou de exercícios diferentes. As técnicas de comparações mais conhecidas e utilizadas são: Análise Horizontal e Análise Vertical. Mediante essas categorias de análises podem-se conhecer minúcias das demonstrações contábeis que fogem à análise por meio de índices.

Quando o índice ou indicador em seu cálculo utilizar valores de um mesmo exercício, estaremos fazendo uma análise designada vertical, e quando na composição do índice ou indicador utilizarmos valores de exercícios diferentes, estaremos fazendo uma análise horizontal.

Todavia, os índices (quocientes) são tidos como melhores instrumentos para avaliar a saúde das empresas. Iniciaremos com a Análise Horizontal.

9.5 ANÁLISE HORIZONTAL DAS DEMONSTRAÇÕES FINANCEIRAS

Uma vez padronizadas as demonstrações contábeis, a Análise Horizontal é facilmente realizada estabelecendo o ano inicial da série analisada como índice básico 100 e expressando as cifras relativas aos anos posteriores, com relação ao índice básico 100. Basta fazer a regra de três para encontrar os outros índices. Exemplo: suponha determinado item do Balanço Patrimonial com os seguintes valores:

Ano	20x6	20x7	20x8
Valores	$ 358.300	$ 425.000	$ 501.000
Índices	100	119	140

Assim, comparando os índices na base 100, o item analisado teve um crescimento de 19%, de 20x6 para 20x7, e de 40%, de 20x6 para 20x8. Alguns analistas completam a análise horizontal calculando o crescimento de 20x8 em relação a 20x7. Nesse caso, 20x7 passa a ser o *índice base 100* e 20x8 seria expresso pelo índice 118, significando que o item apresentou um crescimento de 18% com relação ao exercício anterior.

De tal modo, análise horizontal é quando comparamos valores ou índices de dois ou mais anos. Nossos olhos fixam um sentido horizontal.

9.6 CUIDADOS NA INTERPRETAÇÃO DOS RESULTADOS DA ANÁLISE HORIZONTAL

Se as cifras extraídas da demonstração financeira estiverem expressas em valores nominais, o crescimento dos índices (ou decréscimo) expressará porcentagens nominais.

Se as cifras estiverem corrigidas monetariamente, isto é, estiverem elas expressas em um poder aquisitivo da moeda de determinado ano-base (que poderá se situar no início, no fim, no meio ou até fora das datas-limite da série analisada), então o crescimento ou decréscimo dos itens poderá expressar o andamento real ou evolução da série analisada.

Por outro lado, a análise horizontal e a vertical complementam-se. Por exemplo: as **disponibilidades** de certa empresa investigada podem ter aumentado em uma série temporal, em valores absolutos. Entretanto, sua participação percentual sobre o ativo total da empresa, ou mesmo sobre o ativo circulante, pode ter diminuído, no mesmo período ou em certo ano da série. Se o objetivo da empresa, entre outros, é manter as *disponibilidades* em um mínimo possível, é preciso tomar cuidado com a análise de seu crescimento. Nesse caso e em outros, as análises horizontal e vertical devem ser utilizadas em conjunto para uma melhor definição do assunto.

9.7 ANÁLISE VERTICAL DAS DEMONSTRAÇÕES FINANCEIRAS

Basicamente, a análise vertical é realizada extraindo-se relacionamentos percentuais entre itens pertencentes à mesma Demonstração Financeira.

A finalidade da análise vertical é dar uma ideia da representatividade de determinado item ou subgrupo de uma demonstração financeira relativamente a determinado total ou subtotal tomado como base.

Por exemplo, num Balanço Patrimonial, podemos querer verificar quanto o *Ativo Circulante* representa com relação ao *Ativo Total*. Basta dividir a cifra representativa do Ativo Circulante pela cifra representativa do Ativo Total, multiplicar o resultado por 100 e colocar o sinal de percentagem. Exemplo: Ativo Circulante $ 101.000; Ativo Total $ 659.000. Dividindo 101.000 por 659.000, obtemos 0,1533. Isto significa que o *Ativo Circulante* representa cerca de 15,33% do *Ativo Total*.

Ressalta-se, todavia, que a análise vertical pode ser realizada para determinados subitens com relação ao total dos subitens. Por exemplo, poderíamos ter o interesse de calcular a representatividade de cada componente principal do Ativo Circulante com relação ao total do Ativo Circulante (continuaria válido também com referência ao Ativo Total). Assim, se os estoques estivessem representados por $ 49.000, diríamos que eles representam cerca de 48,51% do *Ativo Circulante* (e cerca de 7,44% do *Ativo Total*).

A análise vertical é importante para todas as Demonstrações Financeiras, mas ganha realce especial na Demonstração de Resultados, quando poderemos expressar os vários itens componentes da DRE referentes às vendas, brutas ou líquidas, e, dentro das despesas, representar cada uma delas com relação ao total de despesas e outros relacionamentos interessantes.

A análise vertical é para um único ano. Nossos olhos fixam num sentido vertical. Na análise horizontal, observamos a variação em dois ou mais anos.

9.8 CÁLCULO E INTERPRETAÇÃO DE QUOCIENTES CONTÁBEIS E FINANCEIROS

9.8.1 Introdução

A análise de demonstrações contábeis encontra seu ponto mais importante no cálculo e na avaliação do significado de quocientes, relacionando principalmente itens e grupos do Balanço e da Demonstração do Resultado. Passaremos a expor as formas de cálculo, o significado e as limitações de cada um dos principais relacionamentos.

A técnica de análise financeira por quocientes é um dos mais importantes desenvolvimentos da Contabilidade, pois é muito mais indicado comparar, digamos, o Ativo com o Passivo, do que simplesmente analisar cada um dos elementos individualmente.

O analista externo à empresa normalmente estará apenas de posse dos balanços, demonstrativos operacionais e outras poucas informações adicionais, ao passo que o analista interno poderá dispor dos detalhes, somente encontrados nos registros analíticos da empresa.

O uso dos quocientes tem como finalidade principal permitir ao analista extrair tendências e comparar os quocientes com padrões preestabelecidos. A finalidade da análise é, mais do que retratar o que aconteceu no passado, fornecer algumas bases para inferir o *que poderá acontecer no futuro*.

As limitações da análise financeira prendem-se basicamente à diversidade de métodos contábeis adotados pelas empresas, até dentro do mesmo setor. Também, a própria natureza estritamente financeira das indagações retrata as limitações implícitas em todo o método contábil. Entretanto, os quocientes, devidamente calculados sobre demonstrativos depurados dos efeitos do "embonecamento" (o *window dressing* dos americanos, que consiste nas manipulações frequentemente utilizadas pelos autores dos demonstrativos, no sentido de melhorar a aparência de resultados dos mesmos), auditados e analisados por analista experimentado, comparados com padrões preestabelecidos, são de grande utilidade para a análise de crédito e de tendências.

A periodicidade da análise depende dos objetivos que se pretende alcançar. Tratando-se de análise para finalidades externas, basicamente um cálculo anual ou semestral é suficiente. Após a apresentação de *como* calcular cada quociente, seguem-se comentários sobre a interpretação e problemas de cada um deles.

9.8.2 Quocientes de liquidez e endividamento

Este tópico engloba os relacionamentos entre contas do balanço que refletem uma situação estática de posição de liquidez ou entre fontes diferenciadas de capital. Conquanto de importância, como todos os quocientes ou grupos de quocientes, perdem em significação se não forem analisados em conjunto com outros grupos. No caso específico, os quocientes de rentabilidade e de atividade têm, ao longo dos anos, um efeito muito grande sobre os de liquidez. Já no que se refere à posição de endividamento, muitas vezes ela é o foco inicial de uma boa ou má situação de rentabilidade futura. Na verdade, liquidez e rentabilidade interagem uma sobre a outra, levando a uma determinada configuração empresarial.

9.8.2.1 Quocientes de liquidez

A palavra *liquidez* tem o sentido de velocidade (fluência), com a qual um Ativo pode ser transformado em dinheiro. Os índices desse grupo apontam para a base da situação financeira da empresa. Por meio da confrontação de Ativos de curto e longo prazos (Ativos não Permanentes) com as dívidas de curto e longo prazos, esses índices são obtidos e utilizados para avaliar a capacidade de pagamento da empresa, para saldar seus compromissos de longo prazo, curto prazo ou prazo imediato.

$$\text{a) Quociente de Liquidez Imediata} = \frac{\text{Disponibilidades}}{\text{Passivo circulante}}$$

Este quociente representa, de fato, o valor de quanto dispomos, imediatamente, para saldar nossas dívidas de curto prazo. Considere-se que a composição etária do numerador e denominador é completamente distinta. No numerador, temos fundos imediatamente disponíveis. No denominador, dívidas que, embora de curto prazo, vencerão em 30, 60, 90, 180 e até 360 dias. Assim, a comparação mais correta seria com o valor presente de tais vencimentos, ou colocando-se no denominador o valor que pagaríamos se nos dispuséssemos a pagar as dívidas de curto prazo hoje, de uma só vez. Provavelmente, obteríamos um desconto. Este quociente já teve uma importância maior, quando a existência de mercado financeiro e de capitais era restrita. Hoje, sem desprezar certo limite de segurança que vai variar de acordo com a natureza do empreendimento, com o tamanho da empresa, e com o "estilo" da administração, sem dúvida procura-se ter uma relação Disponível/Passivo Circulante a menor possível, em cada data. É claro que não podemos correr o risco de não contar com disponibilidades, quando as dívidas vencerem. Todavia, o orçamento de caixa é o melhor instrumento para prever ou prevenir tais acontecimentos. Devemos lembrar, por outro lado, que Disponível ocioso perde substância líquida quando nos encontramos em períodos de inflação.

$$\text{b) Quociente de Liquidez Corrente} = \frac{\text{Ativo Circulante}}{\text{Passivo circulante}}$$

Este quociente exibe quantos reais temos disponíveis e conversíveis em certos prazos em dinheiro, com relação às dívidas de curto prazo. É um índice muito divulgado e considerado o mais tradicional indicador da situação de liquidez da empresa. É preciso considerar que no numerador estão incluídos itens tão diversos como: disponibilidades, valores a receber a curto prazo, estoques e certas despesas pagas antecipadamente. No denominador, estão incluídas as dívidas e as obrigações vencíveis a curto prazo.

No quociente de liquidez é preciso, como de resto para muitos outros quocientes, atentarmos para o problema dos prazos dos vencimentos das Contas a Receber e das Contas a Pagar.

Por outro lado, a inclusão dos estoques no numerador pode diminuir a validade de quociente como indicador de liquidez. Suponha que a empresa normalmente demore 90 dias para receber suas vendas a prazo. Os estoques levam, em média, 120 dias para serem vendidos, sendo 30% à vista e o restante a prazo. O grau de conversibilidade dos vários itens que compõem o numerador do quociente é muito variado. Temos disponibilidades imediatas, valores a receber que se transformarão em dinheiro em 90 dias e estoques que, em 120 dias, proporcionarão uma entrada adicional em caixa de 30% do custo mais a margem do lucro. Por outro lado, vendas a prazo derivantes dos estoques demorarão 120 dias mais 90 dias para serem recebidas em dinheiro. O grau de risco, por outro lado, é completamente diferente. O Disponível não tem praticamente risco. Os Recebíveis têm um risco associado à ocorrência de devedores insolúveis e os estoques têm um risco muito maior, que é o da própria incerteza da venda, que, em certas circunstâncias, pode ser apreciável. Suponhamos que se espere uma fase de recessão para os próximos meses. É muito provável que os estoques se transformem em dinheiro muito mais demoradamente ou, até, tenham de ser baixados como perda, caso sejam deterioráveis.

Exemplo: Certa empresa mantém em t_0 um Disponível de $ 100.000. Os valores a receber são de $ 450.000 com os seguintes vencimentos: $ 100.000 daqui a 30 dias, $ 170.000 daqui a 60 dias, $ 180.000 daqui a 90 dias. O estoque, no valor de $ 100.000, irá demorar 30 dias em média para se transformar em venda (vamos considerar que a empresa somente venda a prazo) e, uma vez se transformando em Recebíveis, com 30% de lucro sobre o custo, vencerão: $ 28.899 em 30 dias, $ 49.111 em 60 dias e $ 52.000 em 90 dias. Por outro lado, a provisão para créditos de liquidação duvidosa é de 10% de todos os saldos de Contas a Receber vencíveis em cada data (por simplificação). Os valores a pagar de $ 325.000 vencem em 30 dias.

A taxa adequada de desconto é de 3% ao mês. Como se analisaria a posição de liquidez? Na verdade, ao aplicar simplesmente a fórmula, teríamos um quociente igual a:

$$\frac{R\$\ 100.000 + R\$\ 450.000 + R\$\ 100.000}{325.000} = \frac{650.000}{325.000} = 2$$

Para cada real de exigibilidade a curto prazo, estaríamos contrapondo R$ 2 de recursos imediata ou mediatamente disponíveis para fazer frente a tais compromissos.

Entretanto, este é um cálculo um tanto otimista. A rigor, deveríamos calcular valores atuais, no numerador e denominador (e deduzir as provisões, se elas já não foram lançadas).

	0 dia	30 dias	60 dias	90 dias	120 dias
Disponibilidades	100.000				
Valores a Receber		100.000	198.889	229.111	52.000
Provisão para Crédito de Liquidação Duvidosa (PCLD)		(10.000)	(19.889)	(22.911)	(5.200)
Valores Líquidos	100.000	90.000	179.000	206.200	46.800
Valores Atuais*	100.000	+ 87.379	+ 168.725	+ 188.702	41.581

= 586.387

Valor Atual das
Dívidas de Curto Prazo** _____ 315.534

Quociente de Liquidez Corrente Ajustado = $\dfrac{586.387}{\$\ 315.534}$ = 1.86

* $87.379 = \dfrac{90.000}{1,03}$; $168.725 = \dfrac{179.000}{(1,03)^2}$ etc.

** $315.534 = \dfrac{325.000}{1,03}$

Observação: Nos casos de direitos a receber e obrigações a pagar de longo prazo cujo valor seja relevante, há obrigação de trazer a valor presente separando os juros financeiros embutidos no período de amortização.

No caso, o quociente não diminui muito por termos considerado um acréscimo de $ 30.000 no numerador pela margem de lucro envolvida no estoque. Entretanto, algumas despesas adicionais poderiam surgir como consequência da venda do estoque, o que diminuiria os fluxos de caixa.

Assim, é preciso tomar muito cuidado para avaliar a situação real de nosso quociente de liquidez corrente (e de vários outros prazos em que existem diferenças de vencimento de direitos e obrigações).

$$c)\ \text{Quociente de Liquidez Seco} = \frac{\text{Ativo Circulante} - \text{Estoque}}{\text{Passivo Circulante}}$$

Esta é uma variante muito adequada para se avaliar conservadoramente a situação de liquidez da empresa. Eliminando-se os estoques do numerador estamos excluindo uma fonte de incerteza. Por outro lado, estamos extinguindo as influências e distorções que a adoção desse ou daquele critério de avaliação de estoques poderia acarretar, principalmente se os critérios foram mudados ao longo dos períodos. Permanecem os problemas dos prazos do Ativo Circulante (no que se refere aos recebíveis) e do Passivo Circulante. Em certas situações, pode-se traduzir em um quociente bastante conservador, visto a rotatividade dos estoques. O quociente apresenta uma posição bem realista e conservadora da liquidez da empresa em determinado momento, sendo preferido pelos emprestadores de capitais.

$$d)\ \text{Quociente de Liquidez Geral} = \frac{\text{Ativo Circulante} - \text{Realizável a Longo Prazo}}{\text{Passivo Circulante} + \text{Exigível a Longo Prazo}}$$

Esse quociente serve para detectar a saúde financeira (no que se refere à liquidez) de longo prazo do empreendimento. Ou seja, indica o quanto a empresa possui de ativos de curto e longo prazo, para sustentar hipoteticamente as dívidas de curto e longo prazo. Mais uma vez, o problema dos prazos empobrece o sentido e a utilidade do quociente, a não ser que seja levado em sua devida conta. Os prazos de liquidação do passivo e de recebimento do Ativo podem ser os mais diferenciados possíveis, ainda mais se considerarmos que temos Passivo e Ativo a Longo Prazo. Ao calcularmos o Quociente de Liquidez Corrente, o numerador estará afetado para mais pela entrada de dinheiro de um empréstimo a longo prazo pela entrada do Disponível, ao passo que o denominador não será afetado, pois somente o Passivo Circulante é considerado. Entretanto, a posição de longo prazo pode ser muito menos favorável.

Suponha, em t_0, a seguinte situação:

	Em milhões	
Ativo Circulante	100	
Ativo Não Circ. (somente Realiz. a Longo Prazo)	10	110
Passivo Circulante	100	
Exigível a Longo Prazo	0	
Patrimônio Líquido	10	110

O Quociente de Liquidez Corrente seria igual a 1.

Vamos supor que, logo em seguida, a empresa obteve um empréstimo, a longo prazo, de 50.

O Ativo Circulante se alteraria para 150. O Passivo Circulante ficaria inalterado e o Exigível a Longo Prazo aumentaria de 0 para 50.

Se nesse momento confiássemos apenas no Quociente de Liquidez Corrente, para avaliar a situação de solvência da empresa, resultaria igual a 1,5. Entretanto, a posição é ilusória, no longo prazo, pois o Quociente de Liquidez Geral é:

$$= \frac{160}{150} = 1,07$$

É muito importante, assim, associarmos os vários quocientes de liquidez entre si.

9.8.2.2 Quocientes de endividamento (estrutura de capital)

Estes quocientes relacionam as várias fontes de fundos entre si, procurando retratar a posição do capital próprio com relação ao capital de terceiros. São quocientes de muita importância, pois indicam a relação de dependência da empresa com relação ao Capital de Terceiros.

a) Quociente de Participação de Capitais de Terceiros sobre os Recursos Totais $=$

$$\frac{\text{Exigível Total*}}{\text{Exigível Total} + \text{Patrimônio Líquido}}$$

* Exigível Total = Passivo Circulante + Passivo Exigível a Longo Prazo.

Expressa o quociente a porcentagem que o endividamento representa sobre os fundos totais. Também significa qual a porcentagem do ativo total financiada com recursos de terceiros.

No longo prazo, a porcentagem de capitais de terceiros sobre os fundos totais não poderia ser muito grande, pois isto iria progressivamente aumentando as despesas financeiras, deteriorando a posição de rentabilidade da empresa.

Entretanto, muito irá depender da taxa de retorno ganha pelo giro no ativo dos recursos tomados por empréstimo, quando comparada com a taxa de despesas financeiras sobre o endividamento.

Se a taxa de despesas financeiras sobre o endividamento médio se mantiver menor que a taxa de retorno obtida pelo uso, no giro operacional dos fundos obtidos por empréstimo, a participação de capitais de terceiros será benéfica para a empresa, desde que isto não determine a situação de liquidez insustentável em determinados dias, semanas, ou meses do ano.

b) Quociente de Capitais de Terceiros/Capitais Próprios $=$

$$\frac{\text{Exigível Total}}{\text{Patrimônio Líquido}}$$

É outra forma de encarar a dependência de recursos de terceiros. Se o quociente, durante vários anos, fosse consistente e acentuadamente maior que 1, denotaria uma dependência exagerada de recursos de terceiros. Este quociente é um dos mais utilizados para retratar o posicionamento das empresas relativo aos capitais de terceiros. Grande parte das empresas que vão à falência apresenta, durante um período relativamente longo, altos quocientes de Capitais de Terceiros/Capitais Próprios. Isto não significa que uma empresa com um alto quociente necessariamente irá à falência, mas todas ou quase todas as empresas que vão à falência apresentam este sintoma. Daí o cuidado que deve ser tomado com relação à projeção de captação de recursos quando vislumbramos uma necessidade ou uma oportunidade de expansão. Deverão ser, na medida do possível, projetados os efeitos (sobre os demonstrativos financeiros futuros) das políticas alternativas de captação de recursos próprios (capitais de risco) e de terceiros ou uma adequada combinação de ambos, que, às vezes, é a melhor alternativa.

c) Quociente de Participação do Exigível a Curto Prazo sobre o Exigível total $= \dfrac{\text{Passivo Circulante}}{\text{Passivo Exigível Total}}$

É interessante verificar, do endividamento total, qual a parcela que vence no curto prazo. Esse quociente pode fornecer algumas indicações sobre como a entidade objeto de análise de crédito está financiando sua expansão (se estiver se expandindo). Esse financiamento deveria ser feito por endividamento de longo prazo. A evolução desse quociente no tempo (como de resto de todos os demais quocientes) é mais importante do que o nível atingido em determinado exercício.

Nesse, como em todos os demais quocientes, a comparação com as médias do setor em que se situar a entidade objeto de análise é muito importante.

9.8.3 Quocientes de rotatividade

Esses quocientes, que consideramos de alta relevância para análise de crédito, expressam a **velocidade** com que determinados elementos patrimoniais se renovam durante certo período de tempo. Devido a sua natureza, tais quocientes usualmente apresentam seus resultados em dias, meses ou períodos, fracionários ou múltiplos, de um ano. Sua importância é representada pelo fato de expressarem relacionamentos dinâmicos, que acabam influenciando a posição de liquidez e rentabilidade, mais adiante. Normalmente, tais quocientes abarcam ou relacionam entre si itens da Demonstração de Resultados e do Balanço Patrimonial ao mesmo tempo. Apresentamos, para efeito deste trabalho, os principais **quocientes de rotatividade**:

a) Rotatividade dos Estoques $= \dfrac{\text{Custo das Vendas}}{\text{Estoque Médio de Produtos (Mercadorias)}}$

Esse quociente, bastante popular entre os analistas, procura mensurar quantas vezes se "renovou" o estoque de produtos ou mercadorias por causa das vendas. Exemplo: a empresa analisada vendeu os produtos, durante o exercício, no valor de $ 100.000 e manteve um estoque médio de produtos (calculado pela média aritmética de estoque inicial e final ou pelo estoque médio dos 12 balancetes mensais) de $ 20.000.

O quociente, nesse caso, seria igual a 5, durante o período considerado. Isto significa que o estoque se renovou a cada 2,4 meses ou cerca de 72 dias, aproximadamente.

Os analistas consideram que, quanto maior a rotatividade do estoque, tanto melhor para a entidade. Isto é verdade desde que:

- a margem de lucro sobre vendas se mantenha constante (ou até aumente, é claro);
- se a margem tiver diminuído, que percentualmente tenha diminuído menos do que o acréscimo percentual da rotatividade (entre um período e outro).

Exemplo: suponha que a empresa objeto de análise de crédito tenha uma rotação de aproximadamente seis no exercício x9, resultante de:

$$\frac{\$\ 3.000.000\ (\text{custo das vendas})}{\$\ 500.000\ (\text{estoque médio})}$$

O valor de **receita de vendas** correspondente ao custo das vendas de $ 3.000.000 é de $ 4.500.000. A margem de lucro seria, portanto, de (4.500.000 – 3.000.000)/ 4.500.000, cerca de 33%. Admitamos, todavia, que a empresa analisada, num considerável esforço de promoção de maiores vendas, mantendo o estoque médio a um mínimo possível, consiga vender $ 6.000.000, para o período seguinte, mantendo um estoque médio de $ 700.000. O custo das vendas, entretanto, por causa do esforço realizado, redundando em maiores despesas, absorve agora 75% do valor das vendas em lugar de 67%, como o fazia no período anterior. A rotatividade do estoque será, de fato, maior, ou seja:

$$\text{Rotatividade dos Estoques} = \frac{\$\ 4.500.000\ (0,75\%\ \text{de } 6.000.000)}{\$\ 700.000}$$

Rotatividade = 6,4 vezes ou 1,875 mês ou 56 dias aproximadamente.

Entretanto, o lucro manter-se-ia igual em valores absolutos ($ 1.500.000) e declinaria como porcentagem das vendas (25%, quando era de 33%).

Um acréscimo da rotatividade do estoque de produtos ou de mercadorias não significa, necessariamente, portanto, aumento de lucro. Além disso, poderíamos incorrer em maiores despesas financeiras sobre a maior necessidade de capital de giro para expandir as vendas. É claro que o problema analisado refere-se ao acréscimo de rotatividade derivante de um aumento de vendas. Evidentemente, se as vendas se mantiverem constantes, a margem de lucro não se alterar e conseguirmos diminuir o estoque médio, aumentaremos a rotatividade, com tendência a aumentar o lucro.

O quociente de rotatividade visto para **produtos destinados à venda** poderia ser estendido aos estoques de materiais e de produtos em elaboração:

- ao de materiais: $\dfrac{\text{Custo dos Materiais Empregados}}{\text{Estoque Médio dos Materiais}}$

- ao de produtos em elaboração: $\dfrac{\text{Custo de Produção do Período}}{\text{Estoque Médio de Produtos em Elaboração}}$

b) Prazo Médio de Recebimento de Contas a Receber (Derivantes de Vendas a Prazo) $= \dfrac{\text{Duplicatas a Receber Médio}}{\text{Vendas Médias}}$

Este quociente indica quantos dias, semanas ou meses a empresa deverá esperar, em média, antes de receber suas vendas a prazo. Contas a Receber Médio deveria representar a média do maior número possível de saldos da conta Duplicatas a Receber (ou equivalente) durante o período observado.

As vendas médias (somente a parcela a prazo) são calculadas dividindo-se as vendas a prazo por 360, 12 etc., conforme desejemos o resultado expresso em dias, meses etc.

Exemplo:

$$\text{Em dias} = \frac{\text{Duplicatas a receber médio} \times 360}{\text{Receita bruta}}$$

Em $ Milhões						
	Janeiro	Fevereiro	Março	Abril	Maio	Junho
Saldo de Duplic. a Receber	1.200	1.500	1.400	1.300	1.700	1.900
Vendas a Prazo	1.350	1.500	1.050	1.600	1.800	2.000

Se quiséssemos calcular o quociente para o período de 6 meses poderíamos relacionar, entre outras variantes de cálculo:

$$\frac{\$ \ 1.500 \ (\text{Saldo Médio de Contas a Receber})}{\$ \ 51,67 \ (\text{Vendas Médias Diárias})} = 29$$

Isto significa que a empresa demora, em média, cerca de 29 dias para receber suas vendas a prazo.

O fato de uma empresa demorar mais ou menos para receber suas vendas a prazo pode derivar de vários fatores, tais como: usos e costumes do ramo de negócios, política de maior ou menor abertura para o crédito, eficiência relativa do serviço de cobranças, situação financeira de liquidez dos clientes (do mercado) etc. É necessário agir fortemente sobre os fatores que a empresa pode influenciar, a fim de encurtar o mais possível tal prazo. Obviamente, o custo da ociosidade de recebíveis é grande. Por um lado, a empresa deixa de receber dinheiro com o qual poderia investir (o desconto de duplicatas seria uma forma de dinamizar, desde que os custos não sejam excessivos); talvez, por isto mesmo, a empresa vai perdendo poder de compra à medida que os saldos de recebíveis se acumulam, com o efeito da inflação. Consideremos, entretanto, que o fato de auferir em dinheiro as contas a receber e deixar este dinheiro parado também redundará em perdas pela inflação, embora aumente a liquidez imediata.

c) Prazo Médio de Pagamento de Contas a Pagar (Derivantes da Compra de Insumos Básicos a Prazo) $= \dfrac{\text{Fornecedores Médio}}{\text{Compras Médias a Prazo}}$

Valem aqui as mesmas observações feitas para o quociente anterior, no que se refere a expressá-lo em dias, meses etc.

$$\text{Em dias} = \frac{\text{Fornecedores médio} \times 360}{\text{Compras}}$$

Representa a outra face da questão. Mais do que analisar os quocientes **b** e **c**, isoladamente, é o relacionamento ou comparação entre os dois que vai determinar a posição favorável ou desfavorável, a este respeito, da empresa.

Se uma empresa demora muito mais para receber suas vendas a prazo do que para pagar suas compras a prazo, irá necessitar mais capital de giro adicional para sustentar suas vendas, criando-se um círculo vicioso difícil de romper. Uma das poucas alternativas, no caso, é trabalhar, se for possível, com ampla margem de lucro sobre as vendas e tentar esticar ao máximo os prazos de pagamento adicionalmente a uma política agressiva de cobranças e desconto bancário.

d) Quociente de Posicionamento Relativo $= \dfrac{\text{Prazo Médio de Recebimento (b)}}{\text{Prazo Médio de Pagamentos (c)}}$

A empresa deveria fazer o possível para tornar este quociente inferior a 1 ou, pelo menos, perto de 1, a fim de garantir uma posição neutra.

Considere-se que a influência dos quocientes vistos é muito grande sobre a posição presente e futura de liquidez (a curto e a longo prazo). À medida que diminuirmos o prazo médio de recebimento em relação ao prazo médio de pagamentos, estaremos propiciando condições mais tranquilas para obter posicionamentos estáticos de liquidez mais adequados. Como o excesso de recebíveis diminui o "giro do ativo" (veja quocientes de rentabilidade), é preciso aumentar a margem de lucro sobre as vendas para compensar o efeito negativo de giro baixo. Isto nem sempre é possível. Como dificilmente poderemos modificar sensivelmente o prazo médio de pagamentos, resta agirmos sobre a margem de lucro.

e) Rotação do Ativo (Giro do Ativo) $= \dfrac{\text{Vendas}}{\text{Ativo Médio}}$

Este quociente de atividade expressa quantas vezes o ativo "girou" ou se renovou pelas vendas. Pode ser desdobrado numa série de subquocientes, tais como: Vendas/Ativo Circulante, Vendas/Ativo Permanente etc. No numerador, podemos utilizar vendas brutas ou, como variante, vendas líquidas.

Existe um grande interesse da empresa em vender bastante com relação ao valor do ativo. Quanto maior o "giro" do ativo, pelas vendas, maiores as chances de cobrir as despesas com uma boa margem de lucro. O denominador poderia ser constituído numa variante, pelo Ativo Médio Operacional. Duas empresas que ganhem a mesma margem sobre as vendas, digamos, 10% sobre as vendas, terão um retorno sobre o ativo completamente diferente se os giros do ativo forem distintos.

É por isso que se realiza um grande esforço para diminuir o investimento em recebíveis, estoques e outros ativos, no sentido de tornar o giro do ativo tão grande quanto possível. As Disponibilidades e o Ativo Permanente também devem ser controlados. Não que se vá, preconcebidamente, deixar de expandir a planta ou de adquirir os insumos básicos, mas procura-se "agilizar" os investimentos a um mínimo indispensável, deixando os estoques, principalmente, e os recebíveis num mínimo possível. Disponibilidades e Ativo Permanente também devem ser controlados. Muitas vezes, o Ativo está inflado por elementos registrados contabilmente, que se tornaram obsoletos e que deveriam ter sido baixados do Ativo e não o foram. O Ativo Médio, por outro lado, deveria ser calculado abrangendo o maior número de observações possível. Entretanto, o fato de usarmos duas observações apenas, a inicial e a final, é menos grave do que no caso de uma observação apenas. Na verdade, este denominador também poderia levar em conta o "Ativo Médio em Operação". Isto é, se uma parcela do Ativo Imobilizado, por exemplo, estivesse em construção ainda, não gerando receitas, deveria ser excluída do denominador.

Assim, uma empresa que tenha em operação um Ativo Médio de $ 3.500.000, cujas vendas para o período tenham sido de $ 4.700.000, terá um giro de ativo de

$$\frac{\$\ 4.700.000}{\$\ 3.500.000} = 1,34 \text{ vez no período}$$

Se o período for anual, significa que o ativo é "girado" por apenas 75% das vendas anuais. Isto é, antes de terminar nove meses do ano, o ativo terá sido "recuperado" pelas vendas.

Como vimos, este tipo de quociente de rotação pode ser detalhado para itens individuais do ativo. A finalidade é verificar qual o ativo específico cujo giro por demais lento está contribuindo negativamente para o giro lento do ativo total. Muitas vezes, a culpa reside no estoque e nos valores a receber: aqueles, por causa da superestocagem na espera de acréscimos nos preços de compra: estes, usualmente, como consequência de uma inadequada política de crédito e cobrança.

EXERCÍCIOS PROPOSTOS

1.

(FGV – 2013 – AL-MA) Observe o quadro abaixo e responda qual o grau de endividamento geral e a composição das exigibilidades são, respectivamente, de

Caixa	10.000	Adiantamento de salários	20.000
Debêntures emitidas para 36 meses	20.000	Capital social	50.000
Investimentos em coligadas	30.000	Máquinas para uso	40.000
Receita de vendas	60.000	Custo de vendas	40.000
Despesas regulares	10.000	Estoque de mercadorias	10.000
Veículos para renda	30.000	Financiamento para 24 meses	30.000
Empréstimos bancários para 30 dias	10.000	Fornecedores para 180 dias	20.000
Empréstimos à coligada	10.000	Adiantamento a clientes	10.000

Cap. 9 • Análise das Demonstrações Financeiras **175**

a) 53% e 38%.
b) 60% e 44%.
c) 85% e 55%.
d) 71% e 50%.
e) 50% e 35%.

d) 75%.
e) 80%.

2.

(CEPERJ – 2013 – SEFAZ-RJ) A relação entre o capital de terceiros e o capital próprio de uma determinada empresa é igual a 1,25. Se sua situação líquida é de 113.760,00, pode-se afirmar que a proporção do ativo total financiado por recursos de terceiros é de:

a) 25%.
b) 56%.
c) 66%.

3.

(CC – 2012 – TRT) A partir da análise das demonstrações financeiras da empresa AGA, obteve-se os seguintes indicadores: Grau de Endividamento (participação de capitais de terceiros em relação ao capital próprio) 200%; Composição do Endividamento 40%, Liquidez Corrente 1,6 e Liquidez Geral 1,0. Sabendo que o Ativo Total era R$ 375.000,00, o seu Ativo Circulante era, em reais,

a) 240.000.
b) 100.000.
c) 150.000.
d) 125.000.
e) 160.000.

4.

(FCC – 2012 – TRE-PR) Considere o Balanço Patrimonial da empresa Gama S.A. referente ao exercício financeiro de x2:

Empresa Gama S/A			
Balanço Patrimonial do Exercício findo em 31/12/x2			
ATIVO	**31/12/x2**	**PASSIVO**	**31/12/x2**
ATIVO CIRCULANTE	**7.200,00**	**PASSIVO CIRCULANTE**	**6.000,00**
ATIVO NÃO CIRCULANTE	**7.800,00**	**PASSIVO NÃO CIRCULANTE**	**4.000,00**
Realizável a longo prazo	1.550,00		
Investimentos	1.000,00		
Imobilizado	3.750,00	**PATRIMÔNIO LÍQUIDO**	**5.000,00**
Intangível	1.500,00		
TOTAL DO ATIVO	**15.000,00**	**TOTAL DO PASSIVO + PL**	**15.000,00**

Com base nessas informações, é correto afirmar que

a) a dívida da empresa representa 200% do seu capital próprio.
b) o capital de terceiros representa mais de 70% das fontes de recursos da empresa.
c) o capital próprio é suficiente para cobrir os investimentos em ativos permanentes.
d) a maior parte da dívida da empresa tem vencimento no longo prazo.
e) o índice de imobilização dos recursos não correntes é de 0,80.

5.

(FUNCAB – 2011 – Prefeitura de Várzea Grande – MT) Com o objetivo de analisar diversas Demonstrações Contábeis de um conjunto de empresas que solicitaram financiamento, ficou decidido que inicialmente, seriam escolhidos apenas 3 indicadores, de tal maneira que fosse possível fazer uma espécie de *ranking* das empresas de acordo com sua situação geral e também que não se perdessem muitas horas de trabalho nessas análises preliminares. A alternativa que apresenta indicadores que possibilitam avaliar a situação econômica e financeira das empresas, permitindo a partir dessa análise prévia descartar as empresas com menor potencial de pagamento dos financiamentos solicitados, é composta de indicadores:

a) de liquidez corrente, liquidez geral e liquidez seca, pois são os indicadores determinantes para avaliar a capacidade de pagamento.
b) de endividamento, pois eles é que determinarão as margens de comprometimento dos recursos totais das empresas.
c) de liquidez, de endividamento e de rentabilidade, pois são um conjunto de informações que se completam para fins de obtenção de uma análise ampla.
d) de liquidez, da taxa de retorno sobre o investimento e índices de atividade, pois são um conjunto de informações que se completam para fins de obtenção de uma análise ampla.
e) de endividamento, de liquidez e de atividade, pois são um conjunto de informações que se completam para fins de obtenção de uma análise ampla.

6.

(FCC – 2011 – TCE-PR) Ao ser efetuada a análise vertical e por quocientes do Balanço Patrimonial da Cia. Topázio, encerrado em 31-12-2010, constatou-se que:

I. O valor do Passivo Circulante correspondeu a 25% do total dos ativos da companhia.

II. O índice de liquidez corrente foi igual a 2 (dois).

III. A diferença entre o valor do Ativo Não Circulante e o do Passivo Não Circulante foi igual a 20% do total de ativos da companhia.

O índice de endividamento da companhia, definido como o quociente entre o total do Passivo e o total de ativos da companhia foi:

a) 40%.
b) 55%.
c) 50%.
d) 60%.
e) 45%.

7.

(MB – 2012 – QT) Sabe-se que existem diversos Quocientes/Indicadores Econômicos Financeiros afetos à Análise das Demonstrações Financeiras. Que quociente/indicador é representado pela seguinte equação:

$$\frac{Ativo\ Permanente}{Patrimônio\ Líquido}$$

a) Cobertura Total.
b) Composição do Endividamento.
c) Imobilização de Capital.
d) Rotação de Estoques.
e) Nível de Capitalização.

8.

(FCC – 2012 – TCE-SP)

Balanço Patrimonial 31-12-20x1					
Ativo			**Passivo + PL**		
	31-12-2011	**31-12-2010**		**31-12-2011**	**30-12-2010**
Disponível	90.000,00	75.000,00	Fornecedores	90.000,00	110.000,00
Clientes	180.000,00	125.000,00	Contas a pagar	70.000,00	46.000,00
Estoques	150.000,00	100.000,00	Dividendos a pagar	60.000,00	24.000,00
AC	**420.000,00**	**300.000,00**	**PC**	**220.000,00**	**180.000,00**
			Emp. de longo prazo	180.000,00	0,00
			PNC	**180.000,00**	**0,00**
Empréstimo a coligada	40.000,00	20.000,00			
Investimentos	100.000,00	80.000,00	Capital	380.000,00	260.000,00
Imobilizado	420.000,00	150.000,00	Reserva de capital	22.000,00	22.000,00
(–) Dep. Acumulado	–80.000,00	–50.000,00	Reserva de lucros	98.000,00	38.000,000
ANC	**480.000,00**	**200.000,00**	**PL**	**500.000,00**	**320.000,00**
Total do ativo	**900.000,00**	**500.000,00**	**Total do Passivo + PL**	**900.000,00**	**500.000,00**
Demonstração de Resultado - 2011					
Receita líquida de vendas					1.000.000,00
(–) Custo das Mercadorias Vendidas					– 450.000,00
(=) Lucro bruto					550.000,00
(–) Despesas operacionais					– 440.000,00
(+) Resultado positivo da equivalência					20.000,00
(=) Lucro antes da CSLL e do IRPJ					130.000,00
(–) CSLL e IRPJ					– 34.000,00
(=) Lucro líquido do exercício					96.000,00

O índice de rotação de estoques em 2011 correspondeu a:

a) 4,2.
b) 3,7.
c) 3,6.
d) 3,3.
e) 3,1.

9.

(FCC – 2012 – TRF – 2ª REGIÃO) A análise horizontal do Balanço Patrimonial levantado em 31-12-2011 mostrou que a conta de Clientes aumentou 40% em relação ao seu valor em 31-12-2010, que correspondeu a R$ 250.000,00. O total das vendas brutas da companhia realizadas a prazo nesse exercício foi R$ 1.080.000,00. Considerando-se o ano comercial, o prazo médio de recebimento das vendas a prazo foi, em dias, equivalente a:

a) 100.
b) 120.
c) 90.
d) 80.
e) 115.

10.

(CESGRANRIO – 2012 – Petrobras) A razão entre a margem bruta de vendas e a receita total de vendas de certa empresa é um indicador de sua

a) rentabilidade.

b) liquidez.
c) solvência.
d) rotação de estoques.
e) alavancagem financeira.

11.

(CIAAR – 2012) As empresas A e B apresentaram os seguintes dados extraídos de suas demonstrações contábeis ao final do exercício de 2011:

	Empresa A	Empresa B
Ativo circulante	R$ 180.000,00	R$ 120.000,00
Ativo não circulante	R$ 270.000,00	R$ 270.000,00
Ativo total	R$ 450.000,00	R$ 390.000,00
Passivo circulante	R$ 150.000,00	R$ 90.000,00
Passivo não circulante	R$ 75.000,00	R$ 124.500,00
Vendas líquidas	R$ 540.000,00	R$ 450.000,00
Lucro líquido	R$ 81.000,00	R$ 90.000,00
Estoques	R$ 50.000,00	R$ 45.000,00

A rentabilidade do ativo das empresas A e B foi, respectivamente, de

a) 5,56% e 4,33%.
b) 18% e 23%.
c) 83% e 87%.
d) 120% e 115%.

12.

CFC – 2011 – CFC) Em 31 de dezembro de 2010, uma determinada companhia publicou a seguinte demonstração contábil:

BALANÇO PATRIMONIAL (em R$)					
	2009	2010		2009	2010
ATIVO	**88.400,00**	**107.000,00**	**PASSIVO E PL**	**88.400,00**	**107.000,00**
Ativo circulante	**57.400,00**	**61.800,00**	**Passivo circulante**	**36.600,00**	**43.400,00**
Disponível	1.400,00	6.600,00	Fornecedores	22.000,00	28.000,00
Clientes	24.000,00	27.200,00	Contas a pagar	5.600,00	9.400,00
Estoques	32.000,00	28.000,00	Empréstimos	9.000,00	6.000,00
Ativo não circulante	**31.000,00**	**45.200,00**	**Passivo não circulante**	**21.800,00**	**30.000,00**
Realizável a longo prazo	12.000,00	18.000,00	Empréstimos	21.800,00	30.000,00
Imobilizado	19.000,00	27.200,00	**Patrimônio líquido**	**30.000,00**	**36.600,00**
			Capital	30.000,00	33.600,00

Com relação ao Balanço Patrimonial acima, assinale a opção **CORRETA:**

a) O Capital Circulante Líquido foi ampliado em R$ 2.400,00 e o Quociente de Liquidez Corrente foi reduzido em 0,15.

b) O Capital Circulante Líquido foi ampliado em R$ 4.600,00 e o Quociente de Liquidez Corrente foi reduzido em 0,10.

c) O Capital Circulante Líquido foi reduzido em R$ 2.400,00 e o Quociente de Liquidez Corrente foi reduzido em 0,15.

d) O Capital Circulante Líquido foi reduzido em R$ 4.600,00 e o Quociente de Liquidez Corrente foi reduzido em 0,10.

13.

(FCC – 2011 – TRF – 1ª REGIÃO) A rentabilidade relativa à participação dos acionistas é dada pelo quociente resultante

a) do lucro retido sobre o capital realizado.

b) da relação entre a venda bruta e o capital autorizado.

c) do lucro bruto sobre o capital de terceiros deduzido de 1 (um) inteiro.

d) da relação entre o patrimônio líquido e o capital de terceiros.

e) do lucro líquido sobre o patrimônio líquido.

180 Curso de Contabilidade para Não Contadores • *Iudícibus e Marion*

14.

(CFC – 2016 – CFC – 2º Exame) Uma Sociedade Empresária apresentou, em 30.6.2016, os seguintes dados retirados do seu Balancete de Verificação e a fórmula de Liquidez Geral:

Dados	Valor
Bancos Conta Movimento	R$ 192.000,00
Capital subscrito	R$ 1.440.000,00
Duplicatas a receber – curto prazo	R$ 144.000,00
Duplicatas a receber – longo prazo	R$ 460.800,00
Duplicatas descontadas – curto prazo	R$ 32.000,00
Empréstimos concedidos – longo prazo	R$ 307.200,00
Empréstimos obtidos – curto prazo	R$ 160.000,00
Estoques – curto prazo	R$ 576.000,00
Fornecedores – curto prazo	R$ 112.000,00
Terrenos de uso	R$ 64.000,00

$$\text{Liquidez geral} = \frac{\text{Ativo circulante} + \text{Ativo realizável a longo prazo}}{\text{Passivo Circulante} + \text{Passivo não circulante}}$$

Considerando-se apenas os dados apresentados, é CORRETO afirmar que o Índice de Liquidez Geral é de aproximadamente:

a) 0,96.
b) 2,25.
c) 5,53.
d) 6,29.

10

Quocientes de Rentabilidade e Outros Quocientes de Interesse

10.1 INTRODUÇÃO

Até este momento, discorremos sobre indicadores que envolvem mais os aspectos financeiros na análise das empresas. Passaremos, daqui em diante, a avaliar os aspectos econômicos na análise empresarial. Os índices de rentabilidade são os que, especificamente representam a situação econômica da empresa. Portanto, nossa atenção estará concentrada na geração dos resultados e na Demonstração do Resultado do Exercício. São os índices que exclusivamente retratam a situação econômica da empesa.

Expressar a rentabilidade em termos absolutos tem utilidade informativa bastante reduzida. Afirmar que a General Motors teve um lucro, digamos, de $ 6 bilhões em 20x6, ou que a Brasil que Queremos Ind. e Com. de Produtos Eletrônicos Ltda. teve um lucro de $ 200 mil, no mesmo período, pode impressionar no sentido de que todo mundo vai perceber que a primeira é uma empresa muito grande e a outra muito pequena e só; não refletirá, todavia, qual das duas deu maior retorno.

O objetivo, portanto, é calcular a taxa de lucro, isto é, comparar o lucro em valores absolutos com valores que guardam alguma relação com ele.

A combinação de itens do Ativo é que gera a Receita para a empresa. Na realidade, o Ativo significa investimentos realizados pela empresa a fim de obter Receita e, por conseguinte, Lucro. Desse modo, podemos obter a Taxa de Retorno sobre Investimentos. Isso representa o poder de ganho da empresa: quanto ela ganhou por real investido.

Se na situação anterior obtivemos um índice que mede a eficiência da empresa em gerar resultados, podemos também, do ponto de vista do empresário, observar que o retorno (lucro) está remunerando condignamente o capital investido no empreendimento. Neste momento, os recursos dos empresários estão evidenciados no Patrimônio Líquido. Assim, calcularmos a Taxa de Retorno do Patrimônio Líquido, também conhecida como *Return On Equity* (ROE).

Podemos também calcular a Margem de Lucro que evidencia quantos centavos a empresa ganha por real vendido. Há empresas que ganham mais por real (uma mercearia na praia); outras ganham menos (um grande supermercado).

De maneira geral, portanto, devemos relacionar o lucro de um empreendimento com algum valor que expresse a dimensão relativa dele, para analisar quão bem se saiu a empresa em determinado período. O melhor conceito de dimensão poderá ser ora volume de vendas, ora valor do ativo total, ora valor do patrimônio líquido, ou valor do ativo operacional, dependendo da aplicação que fizermos.

No que se refere ao lucro, por sua vez, muitas variantes podem ser empregadas: lucro operacional, lucro líquido, lucro antes ou após o imposto sobre renda etc. É importante que o conceito usado no numerador seja compatível com o empregado no denominador. Se estivermos interessados no Quociente de Retorno sobre o Ativo Operacional, devemos usar no numerador o Lucro Operacional e não o Lucro Líquido.

O fato é que, para determinadas finalidades, certos conceitos são melhores. Se quisermos calcular, para efeito preditivo, o que possa ocorrer com a rentabilidade da empresa no futuro, em termos de tendência, será melhor excluir do numerador e do denominador contas e valores não repetitivos ou não operacionais. Se, por outro lado, desejarmos ter uma ideia da lucratividade em sua totalidade, será conveniente relacionar o Lucro Líquido com o Investimento Total. Se quisermos ter uma ideia do retorno para os acionistas, o melhor será relacionarmos o Lucro Líquido (após o Imposto de Renda) com o Patrimônio Líquido.

10.2 QUESTÕES A SEREM APRECIADAS NO CÁLCULO DA RENTABILIDADE

No momento que há a comparação do Lucro com Ativo, ou Lucro com o Patrimônio Líquido, devem ser consideradas duas questões:

- Diferentes conceitos de lucro poderão ser utilizados: Lucro Líquido, Lucro Operacional, Lucro Bruto etc. É necessário que o numerador seja coerente com o denominador. Se utilizarmos o Lucro Líquido no numerador, utilizaremos o Ativo Total no denominador. Utilizando o Lucro Operacional no numerador, utilizaremos o Ativo Operacional no denominador, e assim sucessivamente.

- Quando utilizamos o Ativo ou o Patrimônio Líquido no denominador para o cálculo da Taxa de Retorno, podem ser o médio.

$$\text{Ativo Médio} = \frac{\text{(Ativo Inicial + Ativo Final)}}{2}$$

$$\text{PL Médio} = \frac{\text{(PL Inicial + PL Final)}}{2}$$

O argumento é que nem o Ativo Final nem o Ativo Inicial geraram o resultado, mas a média do Ativo utilizado no ano. Da mesma maneira será o Patrimônio Líquido.

No entanto, com a intenção de Análise Horizontal, o cálculo com o Ativo ou Patrimônio Líquido final é válido.

10.2.1 TAXA DE RETORNO SOBRE INVESTIMENTO (TRI) DO PONTO DE VISTA DA EMPRESA

Este índice é também chamado de Rentabilidade sobre o Total das Aplicações (Ativo Total). Porém, a nomenclatura *Retorno sobre Investimento* ou *Return on Investment* (ROI) retrata melhor a sua natureza. Na prática, esse é um dos índices mais utilizados, por isso a importância da sua análise das demonstrações contábeis.

$$TRI = \frac{Lucro\ Líquido}{Ativo\ Médio}$$

Vamos admitir os dados de duas empresas, que apresentam as seguintes situações:

	Empresa A	Empresa B
Vendas Líquidas	1.500.000	1.875.000
Ativo Médio	600.000	937.500
Lucro Líquido (DIR)	150.000	234.375

Para a Empresa A, a Taxa de Retorno será igual a:

$$TRI = \frac{150.000}{600.000} = 0,25\ ou\ 25\%$$

Para a Empresa B, a Taxa de Retorno será igual a:

$$TRI = \frac{234.375}{937.500} = 0,25\ ou\ 25\%$$

O poder de ganho das empresas para cada $ 1,00 investido é de $ 0,25 para as empresas A e B. Isso significa que, em média, haverá uma demora de quatro anos para que as empresas obtenham de volta seu investimento (100%/25%), ou seja, o *payback* do investimento total é calculado dividindo-se 100% pelo TRI (*payback* = tempo médio de retorno).

10.2.2 TAXA DE RETORNO SOBRE INVESTIMENTO (TRI) DO PONTO DE VISTA DOS PROPRIETÁRIOS

Para a Empresa A, a Taxa de Retorno será igual a:

$$TRPL = \frac{150.000}{1.500.000} = 0,10\ ou\ 10\%$$

Para a Empresa B, a Taxa de Retorno será igual a:

$$TRPL = \frac{234.375}{1.875.000} = 0,125 \text{ ou } 12,5\%$$

O poder de ganho dos proprietários para cada $ 1,00 investido é o seguinte: para o da empresa A, há um ganho de $ 0,10; para o da empresa B, o ganho é de 0,125.

Isso significa que, em média, demorará 10 anos para empresa A e 12 anos e meio para empresa B. São os prazos para que os proprietários recuperem seus investimentos (*payback* dos proprietários).

10.3 RENTABILIDADE DA EMPRESA × RENTABILIDADE DO EMPRESÁRIO (ROI × ROE)

A sigla ROI significa, em inglês, *Return On Investiment*, e a expressão em português é chamada Retorno sobre o Investimento ou Rentabilidade do Ativo (TRI). Já a sigla ROE é *Return On Equity*, que significa Retorno sobre o Capital Investido pelos Proprietários, que também é igual a Retorno sobre Patrimônio Líquido (TRPL). Veja as fórmulas:

$$ROI = TRI = \frac{\text{Lucro Líquido}}{\text{Ativo}} \times ROE = TRPL = \frac{\text{Lucro Líquido}}{\text{Patrimônio Líquido}}$$

A rentabilidade é medida em função dos investimentos. As fontes de financiamento do Ativo são Capital Próprio e Capital de Terceiros. A administração adequada do Ativo proporciona maior retorno para a empresa.

Por outro lado, os donos de empresa querem saber quanto esse retorno (LL) representa em relação ao capital que eles (donos) investiram.

É possível que essas duas formas de medir rentabilidade pareçam a mesma coisa, sem trazer grande contribuição para a tomada de decisão. Daí nossa iniciativa de avaliar em um exemplo que deverá esclarecer decisivamente a importância de analisar pelos dois ângulos.

Admitamos que a Empresa Brasil Sucesso Ltda., no ano 1, obteve um lucro de $ 185.162, tendo o seguinte Balanço Patrimonial:

Ativo		Passivo	
Circulante	220.000	Capital de Terceiros	185.130
Não Circulante (Imobilizado)	705.744	Patrimônio Líquido	740.644
Total	925.744	Total	925.744

Admitamos que o gerente do Banco Oportunista ofereça um crédito de $ 700.000 por um ano, renovável.

O contador faz diversas simulações. Admitindo-se que a empresa aceite os $ 700.000 emprestados do Banco Oportunista. As simulações realizadas pressupõem todas as alternativas para usar os recursos tanto no Ativo Circulante quanto no Ativo permanente. A melhor opção é um acréscimo no lucro de $ 50.000, já deduzidos os juros, se aplicar $ 400.000 no Circulante e $ 300.000 no Ativo não Circulante (Imobilizado).

De modo que a empresa partiu do pressuposto que distribuiu todo o lucro em forma de dividendos, você concordaria em aceitar esse empréstimo?

a) Se você fosse o dono?	b) Se você fosse o administrador?

Vamos ver como fica o Balanço Patrimonial da empresa:

Ativo	Antes	Depois	Passivo	Antes	Depois
Circulante	220 + 400	620	Capital de Terceiros	185 + 700	885
Não Circulante	705 + 300	1.005	Patrimônio Líquido	740 + 0	740
Total	925	1.625	**Total**	925	1.625

Quadro dos Índices do tripé:

Administrador	Fórmula	Antes do Empréstimo	Depois do Empréstimo	Resultado
Liquidez	$\dfrac{AC}{PC}$	$\dfrac{220}{185} = 1,19$	$\dfrac{620}{885} = 0,70$	Piorou sensivelmente
Endividamento	$\dfrac{CT}{\text{Passivo Total}}$	$\dfrac{185}{925} = 20\%$	$\dfrac{885}{1.625} = 55\%$	Piorou
Rentabilidade	$\dfrac{LL}{\text{Ativo}}$	$\dfrac{185}{925} = 20\%$ *Payback* 5 anos	$\dfrac{185+50}{1,625} = 14\%$ *Payback* 7,14 anos	Piorou

Empresário	Fórmula	Antes do Empréstimo	Depois do Empréstimo	Resultado
	$\dfrac{LL}{PL}$	$\dfrac{185}{740} = 25\%$ *Payback* 4 anos	$\dfrac{185 + 50}{740} = 32\%$ *Payback* 3 anos	Melhorou

Veja que, nesse caso, para o proprietário, a aquisição do empréstimo é bom negócio, pois aumenta a rentabilidade de 25% para 32%, reduzindo o *payback* em um ano.

Porém, do ponto de vista do administrador, diminui a liquidez, aumenta o endividamento e reduz o *payback* da empresa em mais de dois anos. Parece que esse empréstimo faria o proprietário mais rico e a empresa mais pobre. Assim, do ponto de vista gerencial, não é interessante aceitar esse empréstimo, pois o tripé pioraria.

10.4 MARGEM DE LUCRO SOBRE AS VENDAS

Por alguns denominada simplesmente *Margem Operacional (MB)*, este quociente compara o lucro bruto com as vendas líquidas, de preferência. É interessante, todavia, controlar o montante de deduções de vendas com relação às vendas brutas, em uma análise à parte.

Entretanto, também tem validade o cálculo (dos quocientes deste tópico) com vendas brutas, com interpretação ligeiramente modificada. Usaremos valores líquidos, para efeito deste material.

Efetivamente, este quociente já pode ter sido calculado por ocasião da análise vertical da Demonstração de Resultados. Pode ser entendido de duas formas:

a) Margem Operacional = $\dfrac{\text{Lucro Operacional}}{\text{Vendas Líquidas}}$

b) Margem Líquida = $\dfrac{\text{Lucro Líquido (DIR)}[1]}{\text{Vendas Líquidas}}$

Este quociente, apesar dos esforços constantes para melhorá-lo, comprimindo despesas e aumentando a eficiência, apresenta-se baixo ou alto de acordo com o tipo de empreendimento. Por exemplo, normalmente a indústria automobilística (ou de refino de petróleo) tem margens relativamente pequenas e valor de venda muito alto. O inverso pode ocorrer para pequenos negócios comerciais, industriais etc.

10.5 GIRO DO ATIVO

Este quociente já foi visto como quociente de rotatividade. Aqui ele volta e ganha realce e importância para compor o retorno sobre o investimento.

Pode ser calculado de duas formas:

a) Giro do Ativo Operacional = $\dfrac{\text{Vendas Líquidas}}{\text{Ativo Operacional Médio}}$

b) Giro do Ativo Total = $\dfrac{\text{Vendas Líquidas (ou Receitas Líquidas)}}{\text{Ativo Total Médio}}$

Para efeito da aplicação deste livro ressaltamos as duas variantes.

No Ativo Operacional, não serão incluídas as contas de Realizável a Longo Prazo (normalmente, são contas não operacionais) e as contas do subgrupo Investimentos (não visam a manutenção da atividade operacional). Não deverão ser incluídas as aplicações no mercado financeiro (salvo as esporádicas e temporais, objetivando rendimento do dinheiro que será utilizado em breve).

O índice obtido é que demostra se a empresa está realizando vendas compatíveis com o tamanho das aplicações feitas para constituição do Ativo Operacional.

> Ativo Operacional = Ativo Total (–) (Realizável a Longo Prazo + Investimentos)

---

[1] DIR = Depois do Imposto de Renda. É o lucro líquido à disposição dos sócios/proprietários ou acionistas.

10.6 TAXA DE RETORNO SOBRE O INVESTIMENTO

É, provavelmente, o mais importante quociente individual de toda a análise de balanços para a administração. O retorno sobre o Investimento pode ser calculado de duas formas:

a) Retorno sobre o Investimento Operacional = Margem Operacional × Giro do Ativo Operacional

b) Retorno sobre o Investimento Total = Margem Líquida × Giro do Ativo Total

Assim, em termos gerais, o Quociente de Retorno sobre o Investimento =

Q/RI = Margem × Giro *ou*

Q/RI = Lucro/Ativo

$$Q/RI = \frac{Lucro}{Ativo}$$

Como vimos, duas variantes podem ser utilizadas: a operacional e a líquida. Por outro lado, o denominador é médio e valem todas as observações já feitas para o cálculo de valores médios.

Exemplo: duas empresas apresentam as seguintes condições:

	Empresa A	**Empresa B**
Vendas Líquidas	1.500.000	1.875.000
Ativo Médio	600.000	937.500
Lucro Líquido (DIR)	150.000	234.375

Para a Empresa A, a Taxa de Retorno (DIR) seria igual a:

$$\text{Margem Líquida} = \frac{150.000}{1.500.000} = 0,10$$

Multiplicada por:

$$\text{Giro do Ativo Total} = \frac{1.500.000}{600.000} = 2,5 \text{ vezes}$$

$$= \text{Retorno} = 0,10 \times 2,5 = 0,25$$

Em porcentagem, isto significa que a taxa de retorno sobre o investimento (Quociente de Retorno sobre o Investimento) é de 25%.

A Empresa B, aplicando-se um cálculo semelhante, obteria uma taxa de retorno de 25% também (Margem de 0,125 e Giro de 2,0).

Assim, duas empresas com margem e giro individualmente diferentes podem acabar obtendo a mesma taxa de retorno. Note-se, todavia, que dependendo de sua estrutura de custos e despesas, as duas empresas exemplificadas atingem o ponto de equilíbrio em valores diferentes.

Para esse efeito, suponhamos que a Empresa A tenha 50% de suas despesas totais fixas e a Empresa B apenas 25%.

A despesa das empresas poderia apresentar-se conforme segue:

	Despesa Total Empresa A	Despesa Fixa de A
(1.500.000 – 150.000)	$ 1.350.000	$ 675.000 (50%)

	Despesa Total Empresa B	Despesa Fixa de B
(1.875.000 – 234.375)	$ 1.640.625	$ 410.156 (25%)

A porcentagem de Despesas Fixas em relação às Vendas seria de:

$$\text{Empresa A} = \frac{675.000}{1.500.000} = 0,45$$

$$\text{Empresa B} = \frac{410.156}{1.875.000} = 0,21875$$

O Ponto de Equilíbrio[2] para as duas empresas seria alcançado em:

$$\text{Empresa A PE \$} = \frac{675.000}{1 - 0,45} = \$ 1.227.273 \text{ de Vendas}$$

$$\text{Empresa B PE \$} = \frac{410.156}{1 - 0,21875} = \$ 525.000 \text{ de Vendas}$$

Note-se que, como consequência das estruturas diferenciadas de despesas, a Empresa A teria que vender mais do que a Empresa B para alcançar o ponto de equilíbrio, embora a segunda seja de dimensões maiores, tendo obtido, ambas, o mesmo retorno líquido sobre o investimento (25%).

10.7 IMPORTÂNCIA DE DETALHAR A TAXA DE RETORNO EM DOIS OU MAIS COMPONENTES

Como vimos, a taxa de retorno sobre o investimento, nas duas versões (operacional e líquida), acaba sendo expressa por uma divisão entre um conceito de lucro e um conceito de investimento. No fundo, TR = Lucro/Investimento.

---

[2] O conceito de Ponto de Equilíbrio é tratado no Capítulo 14.

Por que então detalhar este quociente em Margem × Giro se, afinal, o resultado é o mesmo?

A resposta deve ser encontrada no problema da maior facilidade de analisar as causas que podem ter levado a empresa a um desempenho melhor ou pior do que o desejado.

É possível que o problema da queda da taxa de retorno resida na margem. Nesse caso, a empresa deverá realizar controle eficiente de despesas e agilização da política de vendas. Se, todavia, o problema estiver do lado do giro, é possível que devamos também concentrar a atenção na administração de ativo, evitando ociosidade de recursos.

Por outro lado, tanto a margem como o giro podem ser detalhados em seus componentes, a fim de identificarmos exatamente onde estão as áreas-problemas. Por exemplo, pode ser que na margem o problema não esteja sempre no lado das despesas, mas numa falta de agressividade da política de vendas da empresa. Por outro lado, todavia, lembre-se de que, se aumentarmos as Vendas e o Lucro não crescer proporcionalmente, a margem diminuirá. Isto, por outro lado, pode ser compensado pelo aumento do giro.

Como vimos, consideramos o retorno sobre o ativo um dos quocientes individuais mais importantes de toda a Análise de Balanços, também para análise de crédito, porque representa a medida global de desempenho da empresa e leva em conta todos os fatores envolvidos. Este quociente deveria ser usado como grande teste geral de desempenho de uma empresa, numa base comparativa entre os resultados obtidos e a meta desejada de retorno. A análise dos desvios e investigação de todos os fatores que podem ter ocasionado os desvios nos dão grande entendimento do mecanismo empresarial.

Este método de análise de desempenho tem sido denominado Sistema Du Pont de Análise Financeira e tem tido grande aceitação mundial. A figura final resultante seria de ROI (*Return On Investment*) que é exatamente o nosso Quociente de Retorno sobre o Investimento ou Taxa de Retorno sobre o Investimento.

10.8 RETORNO SOBRE O PATRIMÔNIO LÍQUIDO

Este quociente é também de grande importância e pode ser calculado de duas formas, apresentando o mesmo resultado:

a) Quociente de Retorno sobre o Patrimônio Líquido $= \dfrac{\text{Lucro Líquido (DIR)}}{\text{Patrimônio Líquido Médio}}$

b) Quociente de Retorno sobre o Patrimônio Líquido $= \dfrac{\text{Taxa de Retorno sobre o Ativo}}{\text{Porcentagem do Ativo Financiado pelo Patrimônio Líquido}}$

Observação: Patrimônio Líquido Médio $= \dfrac{\text{Patrimônio Líquido Inicial} + \text{Patrimônio Líquido Final}}{2}$

De fato, suponhamos uma empresa com os seguintes dados resumidos (médios, com exceção do lucro):

ATIVO		
Ativo Circulante	150.000	
Ativo não Circulante	350.000	500.000
PASSIVO E PATRIMÔNIO LÍQUIDO		
Passivo Circulante	120.000	
Passivo Exig. a LP (Não Circulante)	170.000	290.000
Patrimônio Líquido		210.000
		500.000
Lucro do Período (DIR)	$ 75.000	

a) $$\text{Quociente de Retorno sobre o Patrimônio Líquido} = \frac{\text{Lucro (DIR)}}{\text{P. Líquido}} = \frac{75.000}{210.000} = 0,357 = 35,7\%, \text{ ou}$$

b) $$\text{Quociente de Retorno sobre o Patrimônio Líquido} = \frac{\text{Taxa de Retorno sobre o Ativo}}{\text{Porcentagem do Ativo Financiada pelo Patrimônio Líquido}}$$

A Taxa de Retorno sobre o Ativo seria de:

$$\frac{75.000}{500.000} = 0,15$$

A Porcentagem do Ativo Financiado pelo Patrimônio Líquido seria de:

$$\frac{210.000}{500.000} = 0,42$$

O Quociente de retorno sobre o Patrimônio Líquido seria de:

$$\frac{0,15}{0,42} = 0,357 = 35,7\%$$

A vantagem da segunda forma de cálculo é que leva em conta a estrutura de capital da empresa e abre caminho para o entendimento do fenômeno da "alavancagem".

O quociente **b** pode também ser expresso no denominador por [1 – Quociente de Capitais de Terceiros sobre Capital Total].

Assim ficaria:

$$\text{QRPL} = \frac{\text{Taxa de Retorno sobre o Ativo}}{1 - \dfrac{\text{Exigível Total}}{\text{Exigível Total + P. Líquido}}}$$

Em nosso exemplo,

$$QRPL = \frac{0,15}{1-0,58} = \frac{0,15}{0,42} = 0,357 = 35,7\%$$

A importância do Quociente de Retorno sobre o Patrimônio Líquido (QRPL) reside em expressar os resultados globais auferidos pela gerência na gestão de recursos próprios e de terceiros, em *benefício dos acionistas*. Para efeito de análise de crédito é uma segurança indireta de continuidade do empreendimento (se o quociente for adequado) e de retorno dos recursos emprestados.

10.9 QUOCIENTE DE ALAVANCAGEM FINANCEIRA

De grande relevância e complexidade, indica se os recursos que estão sendo tomados por empréstimo pela entidade estão obtendo um retorno adequado pela sua aplicação no ativo da mesma.

Existem várias maneiras de calcular o quociente supracitado e as variantes são numerosas e complexas suas interpretações. Para efeito desse texto o Quociente será assim expresso:

$$\text{Quociente de Alavancagem Financeira} = \frac{\dfrac{\text{Lucro Líquido (DIR)}}{\text{Patrimônio Líquido Médio}}}{\dfrac{\text{Lucro Líquido + Despesas Financeiras}}{\text{Ativo Médio}}}$$

O grau de alavancagem (resultado da divisão supra) deveria ser pelo menos igual a 1.

10.10 OUTROS QUOCIENTES DE INTERESSE

Procuramos, nos tópicos anteriores, apresentar uma visão sumária dos quocientes mais relevantes, principalmente na apreciação da liquidez, estrutura de capital e rentabilidade.

O número de relacionamentos que podem ser extraídos de demonstrativos contábeis é o mais variado possível. Alguns trabalhos chegam a relacionar centenas de quocientes com as mais diversas finalidades. Entretanto, julgamos melhor apresentar, em detalhe, a forma de cálculo e interpretação *dos principais* deles.

Apresentamos, a seguir, outros quocientes importantes, principalmente do ponto de vista do investigador, com exceção do primeiro:

a) Quociente (Grau) de Imobilização do Patrimônio Líquido[3] $= \dfrac{\text{Ativo Fixo}}{\text{Patrimônio Líquido}}$

---

3   QIPL = $\dfrac{\text{Ativo Fixo + Realizável a Longo Prazo,}}{\text{Patrimônio Líquido}}$ uma variante.

Este quociente pretende retratar qual a porcentagem dos recursos próprios que está imobilizada em plantas e instalações, bem como outros permanentes, ou que não está "em giro". Alega-se que tal quociente não deveria aproximar-se e, muito menos, superar 1. Isto somente será válido, é claro, em período plenamente operacional da empresa. Se investirmos uma parcela exagerada dos recursos em Ativo Permanente (Ativo Não Circulante), poderemos ter problemas sérios de Capital de Giro Líquido.

$$b) \quad \text{Valor Patrimonial da Ação} \ = \ \frac{\text{Patrimônio Líquido}}{\text{N}^{\circ}\text{ de Ações em Circulação}}$$

Este quociente pode ser de importância para o investidor em certas circunstâncias, tais como quando pretende retirar-se da empresa, em casos de fusão, incorporação etc., mas frequentemente sua relação com o valor venal da ação é pequena em nosso mercado. O resultado do quociente poderia ser comparado com o valor pago unitariamente para adquirir as ações. Nesse caso, todavia, deveríamos corrigir monetariamente os dois valores unitários. Para alguns minoritários será mais relevante comparar o valor de mercado da ação quando foi adquirida e no momento de avaliação.

Resumindo, o quociente *supra* expressa uma tendência de capitalização da empresa. Entretanto, note-se que o quociente é afetado, como todos os demais, pelas práticas contábeis, não representando, via de regra, muito mais que um elemento de comparação entre o valor da ação e o valor patrimonial em momentos distintos.

$$c) \quad \text{Quociente Preço/Lucro} \ = \ \frac{\text{Valor de Mercado da Ação}}{\text{Lucro por Ação}}$$

Este é outro quociente clássico do ponto de vista do investidor. Se utilizado no ato de decidir se vale a pena ou não adquirir ações de certa empresa, significaria quantos exercícios seriam necessários para "recuperar" o valor desembolsado para adquirir a ação.

Suponha que certa empresa tivesse um lucro líquido (após o Imposto sobre a Renda) de $ 250.000,00 em determinado período. O número de ações é de 250.000, o lucro por ação, portanto, é de... $ 1,00. Se o valor de mercado da ação for de, digamos, $ 5,00 o quociente Preço/Lucro será igual a $ 5,00/$ 1,00 = 5, isto é, em cinco anos recuperaríamos, com os lucros, o investimento realizado, se prevalecerem as mesmas condições.

A evolução do quociente no tempo é de interesse, embora tenha sido muito difícil em nosso mercado estabelecer tendências significativas, tendo em vista que ele tem tido comportamentos muito mais ligados a fatores emocionais, psicológicos e causados por influência de ações governamentais no setor do que propriamente por influência da evolução efetiva da empresa no tempo.

d) Lucro Ganho pelas Ações Ordinárias $= \dfrac{\text{Lucro Líquido (DIR) – Dividendos Preferenciais}}{\text{N}^{\circ}\text{ de Ações Ordinárias}}$

O significado do quociente é imediato. No fundo, expressa o lucro ganho em cada ação ordinária, após o imposto de renda e os dividendos de ações preferenciais, se estes forem fixos.

O quociente visa calcular qual a margem de segurança para pagamento dos dividendos preferenciais e quantas vezes tais dividendos são cobertos pela geração de lucros da empresa.

Poderíamos construir um quociente análogo para a garantia de pagamento de despesas financeiras, juros e encargos com financiamentos. Algumas vezes, transforma-se o lucro líquido (conceito de renda) em equivalente de caixa, para se ter uma ideia do montante de fundos gerados para cobrir certos encargos.

e) Quociente de Dividendos p/ Ação $= \dfrac{\text{\$ Dividendos Pagos no Período}}{\text{N}^{\circ}\text{ de Ações Beneficiadas}}$

O significado deste quociente também é imediato. Procura-se avaliar a relação entre o montante de dividendos pagos e o número de ações que receberam o benefício. A tendência do quociente, no tempo, é de relevância para o valor de mercado da ação ou para sua maximização. Interessante é comparar a evolução, no tempo, dos dois quocientes: lucro por ação e dividendo pago por ação. Poderá haver períodos em que o lucro por ação é bom, mas o dividendo pago por ação não o é. Isto pode ser devido a vários fatores, inclusive a uma geração de recursos de caixa não suficiente para o pagamento da taxa normal de dividendos por ação.

10.11 POSSIBILIDADES DE CÁLCULO DE QUOCIENTES

Reforçamos, como já estudamos, que o número de combinações possíveis com os dados dos demonstrativos contábeis é imenso. Alguns quocientes especiais terão interesse em casos específicos. Por exemplo: num banco talvez seja de interesse listar os depósitos remunerados com os não remunerados. Numa empresa de seguros, por sua vez, a análise dos vários tipos de reservas técnicas e matemáticas, bem como a da carteira de ações, terá um interesse todo especial. Em outras empresas, poderemos ter um interesse especial em outros relacionamentos. As possibilidades são inúmeras. Todavia, consideramos que, num grande número de situações, os quocientes vistos neste livro servem às finalidades essenciais de uma análise de balanços, principalmente numa empresa industrial ou comercial.

10.12 COMPARAÇÕES DE QUOCIENTES

Já tivemos oportunidade de realçar a importância das comparações. O assunto, todavia, é tão crítico que voltamos a ele.

Como vimos, qualquer análise de balanços de determinada empresa deveria ser comparada com:

a) série histórica da mesma empresa;

b) padrões previamente estabelecidos pela gerência da empresa;

c) quocientes análogos de empresas pertencentes ao mesmo ramo de atividade, bem como as médias, medianas e modas dos quocientes do setor;

d) certos parâmetros de interesse regional, nacional ou mesmo internacional.

Para nossas finalidades deseja-se comparar os quocientes com os análogos dos concorrentes, em particular dos concorrentes diretos, ou, então, situar-se em relação à média dos concorrentes. Este desejo é mais do que natural, é uma necessidade, a fim de sabermos a posição relativa da nossa empresa no conjunto. Até recentemente, a não ser que a própria empresa colecionasse os balanços das concorrentes e realizasse todas as análises, isto não seria possível. De alguns anos para cá, começaram a surgir publicações periódicas em que é realizada uma espécie de *ranking* das empresas; conforme algum critério e relacionando, inclusive por setor, certos quocientes básicos. A revista *Exame* publica um suplemento anual, em agosto, sobre tais empresas. São caracterizadas, por vendas, as 1.000 maiores empresas privadas do Brasil, entre outras informações de interesse. Um número básico de 10 quocientes (exemplo: liquidez geral, endividamento, riqueza criada, EBITDA, salário e encargos, tributos etc.) é reproduzido na própria listagem da classificação das 1.000 maiores empresas privada. Há também o *site* Econoinfo, que publica as demonstrações financeiras dos últimos seis anos da maioria das empresas brasileiras listadas na bolsa, conforme *link*: http://www.econoinfo.com.br/solucoes/financas-e-mercado, e para quem procura informações das empresas estrangeiras, o *site* finanças Yahoo, *link*: https://br.financas. yahoo.com/, publica dos últimos 4 anos a DRE, o Balanço patrimonial e a Demonstração do Fluxo de Caixa, de empresas das principais bolsas mundiais, inclusive a brasileira, por exemplo Honda Motors na NYSE e Frankfurt, GM Company na NYSE etc.

A Serasa, por sua vez, estabelece critérios interessantes para composição que tratamos a seguir.

10.13 COMO INTERPRETAR "EM CONJUNTO" OS QUOCIENTES

Este é um dos aspectos básicos da análise de crédito. Nenhuma fórmula ou "receita de bolo" ou quadro especial etc. vai substituir o julgamento e a "arte" de cada analista, em cada caso. Da mesma forma que nenhum computador poderá substituir o médico na interpretação de um conjunto de sintomas aparentemente desconexos ou mesmo indicando certa enfermidade, quando, na realidade, tendo em vista as características do paciente e seu histórico clínico, a doença é outra. Cada paciente é também um indivíduo diferente, mesmo que os sintomas sejam aparentemente os mesmos. Cada empresa é uma individualidade e como tal deve ser analisada.

O que se pode formar, pela apreciação conjunta dos quocientes, o mais das vezes, é uma opinião de conjunto, mais do que um *veredicto*. O equilíbrio e a ponderação devem ser as características dominantes do analista. Suponhamos que uma empresa, num lapso de tempo considerável, venha apresentando bons quocientes de rentabilidade e sofríveis de liquidez. Esta empresa está, possivelmente, numa situação pior que outra que apresente quocientes de rentabilidade e liquidez apenas razoáveis. A distorção ou arritmia entre rentabilidade e liquidez pode ser admitida em períodos curtos, mas não se deve transformar numa tendência, pois irá provocar pontos de dificuldades praticamente paralisantes para a empresa. A começar pela própria rentabilidade; como consequência das cargas cada vez maiores de juros e despesas financeiras sobre empréstimos tomados para minorar os apertos financeiros, ela piorará e se agravará cada vez mais, numa espécie de círculo vicioso, a liquidez.

As providências que aconselhamos para uma análise conjunta dos quocientes são as que a seguir enumeramos:

1. Antes mesmo de iniciar a análise de balanços, conheça intimamente a empresa que pretende analisar: o produto que transaciona, a função da produção da empresa, se existem operações típicas de financiamento etc.

2. Colecione todos os quocientes calculados e faça a análise:

    a) Individual: anote sua avaliação de cada quociente individualmente. Compare com o quociente análogo médio do setor (Serasa – Centralização de Serviços de Bancos).

    b) Por grupos: faça uma análise isolada:

    1. da liquidez;

    2. do endividamento (estrutura de capital);

    3. da rentabilidade;

    4. de outros quocientes de interesse.

    Compare com os quocientes e as conformações dos grupos acima do setor.

    Anote algumas conclusões preliminares para cada grupo.

    c) Coloque todos os principais quocientes numa folha de trabalho. Compare atentamente a situação de liquidez, de endividamento, os quocientes de atividades e a posição de rentabilidade. Procure formar uma opinião de conjunto sobre os quocientes. Se a rentabilidade for adequada e a liquidez não, verifique atentamente os quocientes de rotatividade e de endividamento. Escreva todas as suas observações e conclusões.

Apesar de ter apresentado resultados, às vezes, até especuladores, consideramos que nenhum critério estatístico, por mais relevante e adequado que seja, possa substituir o julgamento, a sensibilidade e a experiência do analista.

10.14 QUADRO-RESUMO DE TODOS OS PRINCIPAIS QUOCIENTES A SEREM CALCULADOS

Quocientes de Liquidez

a) Liquidez Imediata = $\dfrac{\text{Disponibilidade}}{\text{Passivo Circulante}}$

b) Liquidez Corrente = $\dfrac{\text{Ativo Circulante}}{\text{Passivo Circulante}}$

c) Liquidez Seca $= \dfrac{\text{Ativo Circulante} - \text{Estoques}}{\text{Passivo Circulante}}$

d) Liquidez Geral $= \dfrac{\text{Ativo Circulante} + \text{Realizável a Longo Prazo}}{\text{Passivo Circulante} + \text{Exigível a Longo Prazo}}$

Quocientes de Endividamentos

a) Participação do Capital de Terceiros $= \dfrac{\text{Capital de Terceiros}}{\text{Total do Passivo}}$
    Sobre os Recursos Totais

b) Grau de Endividamento $= \dfrac{\text{Capital de Terceiros}}{\text{Patrimônio Líquido}}$

c) Composição do Endividamento $= \dfrac{\text{Passivo Circulante}}{\text{Capital de Terceiros}}$

Quocientes de Rotatividade

a) Prazo Médio de Rotação dos Estoques $= \dfrac{\text{Estoque Médio} \times 360}{\text{Custo das Vendas}}$

b) Prazo Médio do Recebimento das Vendas $= \dfrac{\text{Duplicatas a Receber Médio} \times 360}{\text{Receita Bruta}}$

c) Prazo Médio de Pagamento das Compras $= \dfrac{\text{Fornecedores Médio} \times 360}{\text{Compras}}$

d) Posicionamento RELATIVO $= \dfrac{\text{(b)}}{\text{(c)}}$

10.15 UTILIZAÇÃO DO "TERMÔMETRO DA INSOLVÊNCIA" NA ANÁLISE DE CRÉDITO

A análise de balanços tem auxiliado os gerentes de crédito na tarefa de decidir se vale a pena ou não conceder créditos a seus clientes. Tal tipo de decisão, por ser muitas vezes recorrente, se beneficia muito de técnicas quantitativas que auxiliam a construir quadros de referência e de decisão rápidos. A esse respeito, técnicas estatísticas têm sido desenvolvidas para auxiliar na utilização de índices na análise de crédito. Um destes instrumentos é o modelo de análise discriminante reportado por Edward I. Altman (Financial, discriminant analysis and the prediction of corporate bankruptcy. *Journal of Finance*, 23 Sept. 1968). Em seu modelo, Altman combina certo número de quocientes de liquidez, alavancagem, rentabilidade e rotatividade a fim de estimar a probabilidade de uma empresa ir à falência. O modelo tem sido capaz de prever a falência com adequacidade para um período de um ou dois anos no futuro.

No Brasil, Stephen C. Kanitz, do Departamento de Contabilidade e Atuária da Faculdade de Economia e Administração da Universidade de São Paulo (FEA/USP), tem desenvolvido esforços numa linha semelhante de trabalho. Construiu o chamado "termômetro da insolvência" que explicaremos rapidamente a seguir, composto de um número reduzido de quocientes. Por meio de tratamento estatístico de dados de algumas empresas que realmente faliram, conseguiu montar o que denominou de "fator de insolvência" e que consiste em relacionar alguns quocientes, atribuindo pesos aos mesmos e somando e subtraindo os valores assim obtidos. Conforme a soma recaia na zona de "insolvência", de "penumbra" ou de "solvência".

O fator de insolvência é calculado da seguinte forma:

$$X1 = \frac{\text{Lucro Líquido}}{\text{Patr. Líquido}} \times 0,05$$

$$X2 = \frac{\text{Ativ. Circulante + Realizável a Longo Prazo}}{\text{Exigível Total}} \times 1,65$$

$$X1 = \frac{\text{Ativo Circulante – Estoques}}{\text{Passivo Circulante}} \times 3,55$$

$$X1 = \frac{\text{Ativo Circulante}}{\text{Passivo Circulante}} \times 1,06$$

$$X1 = \frac{\text{Exigível Total}}{\text{Patr. Líquido}} \times 0,33$$

FATOR DE INSOLVÊNCIA = X1 + X2 + X3 – X4 – X5

Se a soma resultar num valor compreendido entre 0 e 7, a empresa estará na faixa de "solvência". Se recair entre 0 e –3, estará na zona de "penumbra" e se cair na faixa de –3 a –7, estará na zona da "insolvência".

Quocientes de Rentabilidade

a) Margem Líquida de Lucro = $\dfrac{\text{Lucro Líquido}}{\text{Receita Líquida}}$

b) Giro do Ativo = $\dfrac{\text{Receita Bruta}}{\text{Ativo Médio}}$

c) Taxa de Retorno sobre Investimentos = $\dfrac{\text{Lucro Líquido}}{\text{Ativo Médio}}$

d) Taxa de Retorno Sobre Patrimônio Líquido = $\dfrac{\text{Lucro Líquido}}{\text{Patrimônio Líquido Médio}}$

Outros Quocientes

a) Grau de Imobilização = $\dfrac{\text{Ativo Imobilizado}}{\text{Patrimônio Líquido}}$

b) *Fator de Insolvência* $= \dfrac{\text{LL}}{\text{PL}} \times 0{,}05 + \text{Liquidez Geral} \times 1{,}65 +$

Liquidez Seca $\times$ 3,55 – Liquidez Corrente $\times$ 1,06 – $\dfrac{\text{ET}}{\text{PL}} \times 0{,}33$

EXERCÍCIOS PROPOSTOS

1.

(IBFC – 2013 – PC-RJ) Com base nas informações abaixo, responda às questões

BALANÇO PATRIMONIAL			
Empresa de transportes Dá no Pé			
	31/12/x1		31/12/x1
Circulante		Passivo Circulante	
Disponível	2.200,00	Fornecedores	19.000,00
Duplicatas a receber	8.800,00		
Estoques	1.200,00		
Total do Circulante	12.200,00	Patrimônio Líquido	
Imobilizado	27.000,00	Capital Social	20.200,00
Total do Ativo	39.200,00	Total do Passivo	39.200,00

As vendas líquidas da empresa somaram $ 65.000,00, sendo o custo das mercadorias vendidas e as despesas operacionais no montante de $ 50.000,00.

Em relação à empresa Dá no Pé, pode-se afirmar que sua Margem Líquida foi de:

a) 0,45.
b) 0,38.
c) 0,55.
d) 0,23.
e) 0,12.

2.

(CESGRANRIO – 2013 – BNDES) A maioria das empresas utiliza capital de terceiros em suas estruturas de capital, a fim de conseguir uma maior alavancagem financeira.

Isso se deve, dentre outros motivos, ao fato de

a) o custo médio ponderado de capital ser cada vez menor quanto mais capital de terceiros a empresa tiver em sua estrutura de capital.

b) o serviço da dívida com relação ao capital de terceiros ser lançado contabilmente na DRE da empresa antes do cálculo do imposto de renda.

c) o capital próprio sempre receber sua remuneração antes da remuneração do capital de terceiros.

d) a remuneração pela utilização do capital próprio, via dividendos, ser lançada contabilmente na DRE da empresa, antes do cálculo do imposto de renda.

e) as empresas não possuírem restrição de capital para realizarem todos os seus projetos.

3.

(FCC – 2011 – TRF – 1ª REGIÃO) Na análise vertical da Demonstração do Resultado de Exercício, o valor resultante da relação lucro após deduções, impostos e contribuições sobre as vendas é denominado

a) retorno do investimento.

b) margem líquida.

c) retorno operacional.

d) margem operacional.

e) retorno financeiro.

4.

(CESPE – 2010 – INMETRO) Os dados abaixo (valores em reais) são relativos aos saldos hipotéticos de balanço de certa empresa.

Caixa	100.000
Duplicatas a receber	1.000.000
Capital	1.000.000
Juros passivos a transcorrer	500.000
(vencíveis em até 360 dias)	
Estoques	500.000
Empréstimos bancários	600.000
(vencíveis em até 360 dias)	
Impostos a recolher	500.000
Imobilizado	5.700.000
Investimentos	600.000
Reservas de lucros	700.000
Bancos conta movimento	400.000
Financiamentos	5.500.000
(90% vencíveis a longo prazo)	
Ações em tesouraria	500.000
Fornecedores	100.000
Contas a pagar	400.000
Duplicatas descontadas	500.000

Em relação aos saldos de balanço mostrados no texto, assinale a opção correta.

a) A empresa apresenta excesso de capital de giro.

b) A liquidez corrente da empresa é superior à unidade.

c) As exigibilidades da empresa são compostas por 25% de recursos de curto prazo e 75% de recursos de longo prazo.

d) A conta duplicatas descontadas, para fins de análise de balanço, é um passivo circulante financeiro, o que leva esse grupo a somar R$ 1,1 milhão.

e) Se a rotação do ativo for três e a margem operacional líquida for 0,20, o lucro operacional líquido será inferior a R$ 5,0 milhões.

5.

ACAFE – 2009 – MPE-SC) Analise as informações abaixo e responda:

Conta	Valor (R$)
Despesas administrativas	130.000
Despesas tributárias	80.000
CMV	280.000
Receita Bruta de Vendas	800.000
Impostos sobre Vendas	110.000
Despesas com Vendas	50.000
Devolução de Vendas	20.000
Ativo Total	1.030.000
Outras Despesas Operacionais	20.000
Lucro Líquido	110.000

A Margem Líquida está compreendida no intervalo:
a) 13 e 15.
b) 08 e 10.
c) 10 e 12.
d) 16 e 18.
e) 18 e 20.

6.

(ACAFE – 2009 – MPE-SC)

Conta	Valor (R$)
Caixa	10.000
Clientes	50.000
Estoques	30.000
Fornecedores	60.000
Investimentos	160.000
Despesas antecipadas	10.000
Salários a pagar	85.000
Reservas	20.000
Capital social	200.000
Imobilizado	100.000
Empréstimos a longo prazo	80.000
Aplicações de liquidez imediata	90.000
Diferido	10.000
Encargos a pagar	25.000
Bancos c/ mov.	10.000

O índice de imobilização de Patrimônio Líquido está compreendido no intervalo:
a) 125 e 130.
b) 120 e 125.
c) 110 e 115.
d) 115 e 120.
e) 130 e 135.

7.

(IBFC – 2013 – PC-RJ) Considerando o Balanço Patrimonial, a Demonstração do Resultado do Exercício e o montante de Compras para o ano de x1, responda às questões.

CIA. PLAYBACK			
Ativo Circulante		**Passivo Circulante**	
Disponível	2.000,00	Fornecedores	5.000,00
Duplicatas a receber	7.000,00		
Estoques	5.000,00		
Total do circulante	14.000,00		
Imobilizado	40.000,00	Patrimônio Líquido	49.000,00
Total do Ativo	54.000,00	Capital Social	54.000,00

DEMONSTRAÇÃO DO RESULTADO DO EXERCÍCIO – Exercício findo em x1

CiA. PLAYBACK	$
Receita Bruta	50.000,00
Receita Líquida	50.000,00
(–) Custo do Produto Vendido	–23.000,00
Lucro Bruto	27.0000,00
Compras	17.000,00

Em que:

PMRV = Prazo Médio de Recebimento de Vendas

PMRE = Prazo Médio de Renovação de Estoques

PMPC = Prazo Médio de Pagamento de Compras

Pode- se afirmar quanto ao ciclo operacional e o ciclo financeiro da empresa *Playback*:

a) Em torno de 105 dias e 48 dias, respectivamente.

b) Em torno de 72 dias e 78 dias, respectivamente.

c) Em torno de 106 dias e 50 dias, respectivamente.

d) Em torno de 27 dias e 28 dias, respectivamente.

e) Em torno de 129 dias e 23 dias, respectivamente.

8.

(UFF – 2009 – UFF). Existe um importante indicador de lucro que evidencia a capacidade de geração de caixa de um negócio, a partir de suas atividades operacionais, que é denominado:

a) LAIR.

b) LALUR.

c) LAJIR.

d) LAJIDA.

e) LL.

9.

(CESPE – 2014 – TJ-CE)

	2013	2012
Liquidez corrente	1,1283	1,1263
Liquidez seca	0,8187	0,7082
Margem operacional	0,0193	0,0333
Prazo médio de estocagem (em dias)	82	107
Relação de capital de terceiros/capital próprio	8,1962	6,8547
Retorno sobre o patrimônio líquido	(0,0013)	0,0024

Com base na tabela acima, que apresenta o cálculo dos índices contábeis após o fechamento das demonstrações contábeis comparativas de determinada empresa em 31/12/2013, e na análise desses índices contábeis, assinale a opção correta.

a) O capital de giro líquido é negativo nos dois períodos.

b) A rentabilidade das vendas em 2012 foi maior do que em 2013.

c) Nos dois períodos, os investidores tiveram retornos menores que zero.

d) A redução do giro do estoque em 2013 justificaria uma redução do retorno sobre o ativo.

e) O endividamento da empresa é decrescente.

10.

(VUNESP – 2013 – TJ-SP)

A empresa LAUNY Indústria e Comércio Ltda. apurou em seus registros contábeis os seguintes dados:

Venda de mercadorias	$ 32.000
Venda de produtos	$ 122.000
Venda de serviços	$ 24.000
ICMS sobre vendas	$ 30.000
ISS	$ 2.000
PIS e COFINS	$ 4.000
IPI faturado	$ 20.000
Custo das Mercadorias Vendidas	$ 18.000
Custo dos Produtos Vendidos	$ 46.000
Custo dos Serviços Prestados	$ 8.000
Despesas Comerciais	$ 16.000
Despesas Financeiras	$ 12.000
Receitas Financeiras	$ 4.000
Despesas Administrativas	$ 36.000
Receitas de Aluguéis	$ 10.000

Receita de Venda de Equipamento Usado	$ 14.000
Custo do Equipamento Vendido	$ 10.000
Provisão para Imposto de Renda	$ 3.000
Provisão para Contribuição Social	$ 2.200
Participação dos Empregados nos Lucros	$ 1.000
Participação dos Administradores nos Lucros	$ 800

Com base nas contas do Balancete de Verificação acima, assinale a alternativa correta.

a) Índice de Rotação dos Estoques (considerando o CMV de $ 500.000) = 2,4 vezes ao ano.

b) Índice de Rentabilidade da Cia. = 0,12:1,00.

c) Índice de Endividamento = 0,34:1,00.

d) Índice de Imobilização de Capital = 0,62:1,00.

e) Índice de Liquidez Corrente = 1,59:1,00.

11

Custos

11.1 CUSTOS E OUTRAS NOMENCLATURAS

Na Contabilidade, encontramos diversos termos com significados diferentes que muitas vezes são utilizados de forma inadequada. Por exemplo, podemos encontrar termos como: *desembolso, dispêndio, gasto, desencaixe, despesa, custo, perda* e outros de natureza subtrativa.

Além dos termos de natureza subtrativa, há aqueles que significam acréscimos como: *receita, ganho, encaixe* etc.

Vamos descrever os significados desses termos sem uma preocupação de esgotar o assunto ou de dar uma conotação de profundidade, pois nesse caso deveriam ser vistos livros mais específicos.

Receita – A Receita corresponde, em geral, a vendas de mercadorias ou prestações de serviços. Ela aparece (é refletida) no Balanço por meio de entrada de dinheiro no Caixa (Receita à Vista) ou entrada em forma de Direitos a Receber (Receita a Prazo) – Duplicatas a Receber.

A Receita sempre aumenta o Ativo, embora nem todo aumento de Ativo signifique Receita (empréstimos bancários, financiamentos etc. aumentam o Caixa Ativo da empresa e não são Receitas).

Todas as vezes que entra dinheiro no Caixa por meio de receita à vista, recebimentos etc., denominamos esta entrada de *Encaixe*.

A receita é definida, no pronunciamento CPC 30 (R1), como o ingresso bruto de benefícios econômicos, durante o período observado no curso das atividades ordinárias da entidade, que resultam no aumento do seu Patrimônio Líquido, exceto os aumentos de Patrimônio Líquido relacionados às contribuições dos proprietários.

Gasto (ou Dispêndio) – É todo sacrifício para aquisição de um bem ou serviço com pagamento no ato (desembolso) ou no futuro (cria uma dívida). Assim, a empresa tem gasto na compra de bens do Imobilizado, na compra de matéria-prima, na produção etc. Em um primeiro estágio, todo sacrifício para aquisição de bem ou serviço é um gasto (é um conceito consideravelmente amplo). Portanto, no momento em que a empresa adquire um bem ou um serviço nos defrontamos com um gasto.

Desembolso – É todo dinheiro que sai do Caixa (disponível) para um pagamento. Podemos também utilizar o termo *Desencaixe* como sinônimo de desembolso. Portanto, desembolso é o efetivo pagamento por um bem ou serviço.

De fato, mais cedo ou mais tarde, o gasto será um desembolso. Todavia, nem todo desembolso é um gasto. Por exemplo, amortização ou quitação de empréstimo bancário é um desembolso, mas não é um gasto.

Perda – Significa ato ou efeito de perder. É um gasto involuntário, anormal, extraordinário. Exemplo: desfalque no caixa, inundações, greves, incêndio, perda de um veículo em um desastre etc.

Na prática, é bastante difícil prever uma perda (por ser anormal).

Geralmente, a perda em Contabilidade está relacionada a um desaparecimento de Ativo. A perda reduz o Ativo (consequentemente, o PL).

Ganho – Da mesma forma que a perda, o ganho é bastante aleatório. É um lucro que independe da atividade operacional da empresa. Ex.: ganhos monetários (ganhos com a inflação), venda de um imobilizado por valor acima de seu custo, recebimento de seguro por um bem perdido etc.

O Ganho aumenta o Ativo (consequentemente, o PL).

Tanto a perda quanto o ganho refletem no PL, diminuindo ou aumentando o lucro apurado na DRE.

Custo – Quando a matéria-prima é adquirida, denominamos esse primeiro estágio de Gasto; em seguida, ela foi estocada no Ativo (ativada); no instante em que a matéria-prima entra em produção (produção em andamento), associando-se a outros gastos de fabricação, reconhecemos (a matéria-prima + outros gastos) como Custo. Portanto, Custo é o gasto relativo a bem ou serviço utilizado na produção de outros bens ou serviços.

Assim, todos os gastos no processo de industrialização que contribuem com a transformação da matéria-prima (fabricação) entendemos como custo: mão de obra, energia elétrica, desgaste das máquinas utilizadas para a produção, embalagem etc.

Por conseguinte, em uma *indústria*, identificamos como custo todo o gasto de dentro da fábrica, seja ele matéria-prima, mão de obra, desgaste de máquina, aluguel da fábrica, imposto predial da fábrica, pintura da fábrica etc.

Despesa – É todo o consumo de bens ou serviços para a obtenção de receita. É exatamente aqui que despesa se diferencia de perda, pois enquanto aquela (despesa) representa sacrifícios no sentido de obter receita, esta (perda) não gera receita.

Por exemplo, no momento em que é gerada a *despesa de comissão dos vendedores*, há também uma receita, ou seja, venda de bens ou serviços resultantes do trabalho dos vendedores. Esta despesa é normal, previsível, orçável.

Uma perda com desfalque no caixa não provocou nenhuma receita, só subtração. É um fato anormal, imprevisível, não foi orçado.

A despesa é definida, no pronunciamento CPC 00 (R2), como reduções nos Ativos ou aumentos nos Passivos, que resultam em reduções no Patrimônio Líquido, exceto aqueles referentes a distribuições aos detentores de direitos sobre o Patrimônio.

11.2 DIFERENÇA ENTRE DESPESA E ATIVO (INVESTIMENTO)

Quando há um gasto que deverá trazer benefícios futuros para a empresa, denomina-se este gasto de Investimento. Pelo fato de esse gasto ser classificado no Ativo, podemos chamar em vez de Investimento, simplesmente, Ativo.

A característica do Ativo é trazer benefícios futuros ou ter potencial para gerar receitas e, consequentemente, lucro para a empresa. Assim, uma máquina, quando adquirida, tem potencial de trazer benefícios por muitos anos.

Despesa é exatamente o contrário. Depois da sua ocorrência, não traz mais benefícios para a empresa. A despesa com comissão de vendedores provocou uma receita, mas não trará mais benefício para a empresa.

Daí afirmar-se que despesa é bem ou serviço consumido para a obtenção da receita.

Imagine uma senhora que vai a um supermercado fazer compras de alimentos. Chegando na sua casa, guarda esta compra na despensa e vai fazer sua Contabilidade pessoal. Não há dúvidas, aquele alimento trará benefícios para ela e sua família, é um Investimento, contabilizado no Ativo.

Passando o tempo, todavia, a senhora prepara o alimento e apronta uma linda mesa para os seus queridos saciarem a sua fome. Olhando para aquela farta mesa, ela pensa: "não há dúvida, ainda é Ativo, pois vai proporcionar um benefício para todos nós".

Após consumir aquele alimento, inicia-se o processo de transformação de Ativo em despesa nos estômagos daquela família. Resta, apenas, a senhora ir até sua Contabilidade, baixar (descontar) o valor da compra do seu Ativo e lançar como uma despesa já que cumpriu com seu principal papel de gerar benefício, neste caso alimentar a família, neste ponto cessa o ativo pois ele deixa de existir.

Assim, todas as vezes que um Ativo cumpre totalmente seu papel, ou perde o seu potencial de trazer benefícios (obsolescência, data de validade, quebra etc.), seu valor é descontado do total do Ativo (baixado) e lançado como uma despesa. No primeiro caso como custo, pois trouxe benefício esperado e no segundo caso é classificado como outras despesas operacionais (perda, não esperada), por exemplo, imagine se, no caso da senhora acima, sua compra fosse roubada ou os produtos perecessem: não haveria benefício para ela e sua família. Ela teria que baixar o seu Ativo como perda.

Não se esqueça, chamaremos de despesa se provocar um último benefício (direta ou indiretamente), pois o ativo deixou de existir por alguma razão.

11.3 DIFERENÇA ENTRE ATIVO E CUSTO

Como já vimos, custo é a utilização de bens ou serviços na produção de outros bens ou serviços.

Assim, na fabricação de uma mesa utilizam-se vários bens que a empresa tem no seu estoque (madeira, pregos, tinta, parafusos...) e serviços (mão de obra, serviços de terceiros etc.).

No final, a mesa está lá pronta para ser usada, para trazer benefícios ou para vender. Como ela vai trazer benefícios permanece no Ativo. Podemos dizer que este Ativo (mesa) custou $ "x" e foi contabilizado ao custo histórico, ou custo original ou custo de fabricação.

O termo *custo* é um gasto reconhecido só no momento do uso dos fatores de produção (material, mão de obra...) para a fabricação de um produto ou serviço.

Assim, quando a empresa comprou madeira, pregos, tinta..., teve um gasto, vamos admitir, de $ 1.000. Como este gasto vai trazer benefícios tem a característica de um Investimento, é contabilizado, portanto, no Ativo como Estoque de Material.

No momento da fabricação da mesa, estes fatores (material) são tirados do almoxarifado e levados para a produção.

Contabilmente, tiramos aqueles $ 1.000 da conta Estoque de Material e os lançamos num novo controle (conta, ou sistema contábil) com o título Custo de Produção.

Aí começam os Custos: somamos ao valor do material usado a mão de obra, a depreciação das máquinas que estão sendo utilizadas para a fabricação da mesa, a energia elétrica consumida pelas máquinas, a manutenção delas, enfim, todos os gastos para produção.

Se estivéssemos num final de mês e a mesa não estivesse pronta, o custo acumulado até o momento apareceria no Ativo como "Estoque de Produto em Andamento" (Estoque em Elaboração).

Ao terminar a mesa, somam-se todos os custos de produção e contabiliza-se como um "Estoque de Produto Acabado" no Ativo.

Portanto, numa indústria, Custo é o gasto para se produzir um bem que contabilmente permanece no Ativo da empresa.

11.4 DIFERENÇA ENTRE CUSTO × DESPESA × PERDA

Admita que a mesa fabricada por aquela indústria foi totalmente destruída por um incêndio. É necessário tirá-la do Ativo, pois não traz mais benefício para a empresa. Por ser um fato anormal, imprevisível, e por não provocar receita, tratamos o valor baixado do Ativo como perda. Portanto, perda é identificada por não ter nenhum valor. Recuperável ou que seja possível compensá-la.

No entanto, a hipótese acima felizmente não é comum. O comum seria vender a mesa. No momento da venda, o estoque é baixado, pois o bem está sendo transferido para um comprador e não trará mais benefícios para a empresa.

Quando vendido o bem é baixado do ativo, diretamente para despesas, por exemplo, venda de um produto fabricado que estava em estoque, é lançado como custo de produtos vendidos, já que seu benefício deixou de existir ao gerar a receita de venda.

Poderíamos chamar de Despesa do Produto Vendido. Todavia, esta terminologia não é habitual, ainda que seja a correta. Convencionou-se chamar este item de Custo do Produto Vendido, pela sua origem, ou seja, Custo de Produção.

Dessa forma, todos os gastos originados na fábrica, por ocasião da venda do bem produzido, são conhecidos como Custo dos Produtos Vendidos.

Por convenção, as despesas abrangem apenas os gastos com vendas, administração e despesas financeiras.

Pela Lei das Sociedades Anônimas, identificamos três tipos de despesa: de vendas, administrativas e financeiras. Para fins deste trabalho, seguiremos a convenção em que Custos são os gastos de fábrica e Despesas os gastos de escritório e da administração central.

11.5 CUSTOS DE PRODUTO E DESPESAS DO PERÍODO

Uma diferença fundamental entre custo e despesa é a característica por que custo se identifica com um produto que está sendo fabricado e despesa se identifica com o período, o exercício, o ano.

Portanto, custos dos produtos são gastos de produção atribuídos às unidades que foram produzidas.

Os principais custos que compõem o produto são conhecidos como custos diretos (primários): os materiais (matéria-prima) e a mão de obra (remuneração aos funcionários que trabalham para o produto).

Além dos *custos primários*, há outros como aluguel de fábrica, depreciação das máquinas, seguro da fábrica, energia elétrica etc.

Quando se fabrica um produto, todos estes custos (diretos e outros) são acumulados à unidade fabricada para se conhecer o seu custo. Por isso chamamos de Custo do Produto.

Ao acumular-se o custo ao produto, contabilmente, este produto fica nos estoques. No momento da venda, é baixado como Custo do Produto Vendido. Se o produto não for vendido, não aparece na DRE, mas fica no Ativo, enquanto as despesas, sendo usualmente de natureza não fabril, são distribuídas no período, não se acumulando ao produto.

Assim, à medida que uma despesa administrativa é incorrida, lança-se como despesa do período, aparecendo imediatamente na DRE.

Portanto, custo identifica-se com o produto fabricado ou o serviço prestado, e despesa com o mês ou ano em que ela ocorreu.

11.6 SEPARAÇÃO DE CUSTO E DESPESA NA DEMONSTRAÇÃO DO RESULTADO DO EXERCÍCIO (DRE)

Para melhorar a eficiência na análise da DRE, é costume separar na sua estrutura os custos e as despesas.

Outros gastos, como já vimos, que não contribuem ou não se identificam com a transformação da matéria-prima, ou não são realizados dentro da fábrica, mas que não deixam de ser um sacrifício financeiro para obter Receita, são tratados como Despesas: comissão de vendedores, juros, aluguel do escritório, honorários administrativos etc.

Em uma empresa *industrial*, o emprego de matéria-prima, de mão de obra e de outros gastos para transformá-la em produtos (gastos na fábrica) denominamos, no momento da venda do produto transformado, de Custo dos Produtos Vendidos (CPV).

Em uma empresa *comercial*, no momento da revenda da mercadoria adquirida para esse fim, é denominado o preço pago pela mercadoria Custo das Mercadorias Vendidas (CMV). Neste caso, não há custo de transformação, pois o comércio é mero intermediário entre a indústria e o consumidor. Portanto, Custo numa empresa comercial é o preço pago pela mercadoria a ser revendida.

Em uma empresa *prestadora de serviços*, no momento da entrega do serviço realizado, o emprego da mão de obra e, se houver, do material consumido na prestação de serviço, denominamos Custo dos Serviços Prestados (CSP). Portanto, Custo numa empresa prestadora de serviços é a mão de obra, o material e outros gastos aplicados aos serviços prestados.

Uma empresa que presta serviços de limpeza terá como custo o salário da faxineira, do supervisor de faxina, do material de limpeza etc. Porém, o salário do pessoal de escritório do departamento de pessoal, da gerência etc. será despesa. Num hospital, a remuneração de médico, enfermeira e todos os gastos com o paciente (alimentação, remédios...) são custos. Porém os gastos de marketing, pessoal administrativo e outros de escritório são despesas.

Portanto, na apuração do resultado, consideraremos dois grupos distintos como dedutíveis de Receitas: Custos de Período e Despesas.

11.7 DIFERENÇA ENTRE CUSTOS DE PERÍODO, DESPESAS E DEDUÇÕES

De maneira geral, custos de período e despesas representam sacrifícios, esforços no sentido de obter receita.

As deduções aparecem na DRE como ajustes, ou seja, parcelas subtrativas que não representam sacrifícios financeiros pela empresa, mas mera indicação no sentido informativo.

Por exemplo, no momento da venda, a empresa é obrigada a cobrar um adicional para o governo (federal, estadual ou municipal, dependendo do caso) a título de imposto: IPI, PIS, COFINS, ICMS, ISS...

Somando-se ao valor das vendas os impostos indiretos, vamos ter a Receita Bruta.

Estes impostos são recolhidos pela empresa (que fez a venda) ao governo. Entretanto, não são recursos próprios da empresa, e sim a parcela cobrada de quem comprou.

Desta forma ao demonstrar o resultado, deduz-se da Receita Bruta os respectivos impostos, indicando-se o valor da Receita Líquida (total de vendas diminuída destes impostos).

Outras subtrações são tratadas como ajustes: devoluções, cancelamento de vendas, descontos comerciais etc.

Normalmente, as deduções aparecem como a primeira subtração da DRE, ajustando a Receita Bruta em Receita Líquida.

11.8 CUSTOS E DESPESAS CONFORME A LEI DAS S.A.

A Lei das Sociedades por Ações apresenta apenas uma forma de elaboração da DRE, ou seja, por função da despesa. Enquanto, o CPC 26 (R1), alinhado com as normas internacionais IFRS, propicia que a DRE seja apresentada de duas maneiras, melhor dizendo, pela função das despesas ou por sua natureza. Os itens 102 e 103 do CPC 26 (R1) definem esses dois modelos de apresentação.

Pela Lei das Sociedades por Ações, depois de subtrair as deduções, chegando-se à Receita Líquida, subtraem-se os Custos dos Produtos Vendidos (no caso de Indústria), os Custos das Mercadorias Vendidas (no caso de Comércio) ou os Custos dos Serviços Prestados (no caso de Prestação de Serviços). Neste momento, encontra-se o Lucro Bruto.

Em seguida são demonstradas as despesas operacionais necessárias para vender os produtos, administrar a empresa e financiar as operações. Enfim, são todas as despesas que contribuem para a manutenção da atividade operacional da empresa.

Os principais grupos de Despesas Operacionais são os especificados a seguir.

11.8.1 Despesas de Vendas

Abrangem desde a promoção do produto até sua colocação junto ao consumidor (comercialização e distribuição).

São despesas com o pessoal da área de vendas, comissões sobre vendas, propaganda e publicidade, marketing, fretes e seguros para entrega de mercadoria, estimativa de perdas com duplicatas derivadas de vendas a prazo (Perdas Estimadas para Créditos de Liquidação Duvidosa – PECLD) etc.

11.8.2 Despesas Administrativas

São aquelas necessárias para administrar (fazer a gestão) a empresa. De maneira geral, são gastos nos escritórios visando à direção ou à gestão da empresa.

Como exemplo, temos: honorários administrativos, salários e encargos sociais do pessoal administrativo, aluguéis de escritórios, materiais de escritório, seguro de escritório, depreciação de móveis e utensílios, assinaturas de jornais etc.

11.8.3 Resultado Financeiro

Se trata do resultado entre o confronto das receitas financeiras com as despesas financeiras, em que estas são as remunerações aos capitais de terceiros, tais como: juros pagos ou incorridos, comissões bancárias, correção monetária prefixada sobre empréstimos, variação cambial passiva, descontos concedidos, juros de mora pagos etc. e aquelas são os juros ativos, descontos obtidos, variação cambial ativa etc.

Normalmente, nos países desenvolvidos, consideram-se Despesa e Receita Financeiras como Não Operacionais. No Brasil, por força da Lei das Sociedades por Ações, são consideradas Operacionais.

Após subtrair as despesas operacionais, apura-se o Lucro Operacional.

11.9 CONTABILIDADE DE CUSTOS

De maneira geral, a Contabilidade de Custos, como a própria denominação induz, cuida dos custos da empresa, não tendo sua atenção voltada para as despesas.

Vimos que, numa indústria, a todos os fatores de produção que compõem um estoque (gastos de fábrica) chamamos de Custos. Assim, podemos dizer que a Contabilidade de Custos tem como primeira preocupação a *avaliação de estoques*.

Todavia, por ocasião das vendas, estes estoques são baixados do Ativo e lançados pelo regime de competência, como Custo do Produto Vendido, apurando-se o Lucro Bruto. Assim, por extensão, a Contabilidade de Custos está preocupada com a *apuração do resultado*, ou seja, identificar o lucro de forma mais adequada.

Entretanto, a função da Contabilidade de Custos não se limita a isso. Preocupa-se com o *Controle* dos Custos e a ajuda às tomadas de decisões. No que diz respeito ao controle, sua incumbência é fornecer dados para o estabelecimento de padrões, orçamentos e outras maneiras de previsão, comparando o quanto custou (real) com o quanto deveria custar (previsão ideal), analisando as variações, com o objetivo de reduzir os custos.

A Contabilidade de Custos está voltada, ainda, para as *tomadas de decisões*: qual é a quantidade mínima que se deve produzir e vender para não se ter prejuízo? Qual produto é mais rentável para estimular sua produção? Qual produto devemos cortar para aumentar a rentabilidade? É melhor produzir ou comprar certos itens de terceiros? Qual é o preço adequado para cada produto? Sobre qual item de Custos devemos exercer melhor Controle? Como reduzir Custos? Todas essas questões e outras são respondidas pela Contabilidade de Custos.

11.10 SISTEMA DE PRODUÇÃO

Normalmente, uma fábrica pode produzir em dois sistemas distintos:

O primeiro sistema denominamos *por ordem ou encomendas*, quando o cliente faz uma encomenda, como construção civil, móveis especiais, um lote de parafusos com medida es-

Cap. 11 • Custos **211**

pecífica, um trabalho de consultoria (no caso de prestação de serviços). Mesmo que não haja encomenda, a empresa pode determinar uma ordem de produção para um produto (ou lote) específico: um prédio, um transformador de grande porte, um navio etc.

O segundo sistema denominamos *por processo ou contínuo*, quando a empresa produz de forma contínua (ininterrupta) determinado produto, que normalmente vai para o estoque, para, em seguida, ser vendido, como farinha de trigo, açúcar, cimento, medicamentos, automóveis etc.

Quando se trata do primeiro caso, a forma de acumular custos por produto (custeio) é a seguinte: os custos são acumulados numa conta específica ou numa ficha exclusiva para cada ordem ou encomenda. Terminando a encomenda, somam-se os custos e se tem o custo do produto fabricado (quando vendido é baixado de Estoque para Custo do Produto Vendido). Se terminou o exercício (período) e o produto ainda está em fabricação, o valor acumulado aparece no Estoque em Andamento (Ativo).

Quando se trata do segundo caso, os custos não são acumulados por produto, mas por linha de produção. Por exemplo, no mês de maio, na linha de montagem do automóvel "x", produziram-se 133 automóveis. Somam-se todos os custos da linha de montagem e dividem-se por 133 para se saber o Custo Unitário.

EXERCÍCIOS PROPOSTOS

1.

(COMPERVE – 2017 – MPE--RN – Adaptado) Os custos recebem diferentes classificações em função da necessidade de geração de informação para que se possam tomar decisões ou, simplesmente, atribuir valor aos bens produzidos ou aos serviços prestados. A soma de todos os custos de produção, exceto os relativos a matérias-primas e a outros eventuais adquiridos e empregados sem nenhuma modificação pela empresa, é denominada:

a)   custos de transformação.
b)   custos primários.
c)   custos indiretos.
d)   custos de oportunidade.

2.

(CESPE – 2017 – TRE-PE) A tabela a seguir apresenta a relação de receitas, custos e despesas de uma sociedade industrial que produz determinado produto.

Contas	Valor (em R$)
Mão de obra indireta	104.000
Salário dos operadores de produção	150.000
Energia elétrica do escritório de vendas	6.000
Salário dos vigilantes da fábrica	27.000
Embalagem utilizada na produção	2.000
Salário da secretária do escritório de vendas	2.500
Matéria-prima utilizada na produção	47.000
Aluguel da fábrica	12.500
Receita de vendas	1.020.000
Impostos sobre vendas	180.000
Energia elétrica da fábrica	4.000
Depreciação de veículos de entrega	6.000

a) As despesas totalizaram R$ 16.500.
b) Os custos indiretos de fabricação da sociedade totalizaram R$ 147.500.
c) A depreciação dos veículos de entrega compõe o valor total dos custos indiretos de fabricação.
d) Os custos diretos dessa sociedade são superiores a R$ 202.500.
e) Se a indústria produziu 1.000 unidades do referido produto, o custo de produção unitário foi de R$ 352,50.

3.

(IESES – 2017 – GasBrasiliano) Identifique o valor das compras em determinado período com as seguintes informações: Estoque Inicial = R$ 2.700,00 Estoque Final = R$ 3.000,00 Custo da Mercadoria Vendida = R$ 320,00

a) R$ 3.320,00.
b) R$ 620,00.
c) R$ 3.020,00.
d) R$ 300,00.
e) R$ 2.380,00.

4.

(COMPERVE – 2017 – MPE-RN – Adaptado) Responda com base nas informações presentes no quadro a seguir.

Considere uma sociedade empresária industrial que confecciona roupas infantis em sistema de produção contínua. Essa sociedade iniciou suas atividades no dia 01 de março de 2017, com um lote de 12.000 peças, das quais estavam concluídas, ao final desse mês, apenas 10.000. O controle de produção levantou os seguintes dados:

- para a conclusão das últimas 2.000 peças, faltavam apenas o acabamento e a embalagem, que representam 10% do custo total de uma peça pronta;

- o custo de material foi calculado em R$ 28.320,00;

- o custo de mão de obra direta foi calculado em R$ 6.780,00;

- os demais custos de produção somaram R$ 18.000,00;

- 80% das peças concluídas foram vendidas por R$ 8,00 cada uma;

- há 25% de impostos incidentes sobre as vendas da empresa;

- a empresa utiliza o método de custeio por absorção.

O valor registrado do estoque final de produtos em elaboração é de

a) R$ 8.100,00.
b) R$ 8.850,00.
c) R$ 12.000,00.
d) R$ 10.120,00.
e) R$ 10.850,00.

5.

(CFC – 2017 – 1º Exame – Adaptado) ESTOQUES compreendem ativos mantidos para venda no curso normal dos negócios; em processo de produção para venda; ou na forma de materiais ou suprimentos a serem consumidos ou transformados no processo de produção ou na prestação de serviços. Assinale a opção em que NÃO constam exemplos de Estoque:

a) produtos acabados e produtos em processo de produção pela entidade.

b) matérias-primas e materiais que aguardam utilização no processo de produção, tais como embalagens e material de consumo.

c) mercadorias compradas por um varejista para revenda ou terrenos e outros imóveis para revenda.

d) custos de mercadorias vendidas, veículos de uso e software de uso.

Cap. 11 • Custos **213**

6.

(CFC – 2017 – 1º Exame) Uma indústria fabrica os produtos "A", "B" e "C". No mês de fevereiro, apresentou as seguintes informações:

Informações	Produtos		
	"A"	**"B"**	**"C"**
Volume de produção acabada	200 unidades	100 unidades	
Volume de produção em elaboração			300 unidades
Matéria-prima consumida por unidade	R$ 15,00	R$ 20,00	R$ 18,00

O gasto com mão de obra aplicada na produção dos três produtos nesse mês totalizou R$ 25.500,00. Para efeitos de apuração do custo, a indústria distribui esse gasto aos produtos de acordo com a quantidade produzida.

Informações adicionais:

• não havia saldo inicial de produtos em elaboração.

• toda a matéria-prima necessária para produzir as unidades acabadas e em elaboração foi integralmente aplicada na produção.

• no final do mês de fevereiro, a produção em elaboração do produto "C" está num estágio de 70% de acabamento em relação à mão de obra.

Considerando-se apenas as informações apresentadas, o Custo dos Produtos em Elaboração do Produto "C" no mês de fevereiro é de:

a) R$ 10.500,00.
b) R$ 12.750,00.
c) R$ 15.900,00.
d) R$ 18.150,00.

7.

(INAZ do Pará – 2017 – DPE-PR) Uma empresa resolveu comprar uma nova máquina para auxiliar em suas atividades, mas devido as suas finanças necessitou recorrer a um financiamento no Banco Muito Dinheiro S.A. Uma das condições para liberação do financiamento é a apresentação dos seus Demonstrativos Financeiros. Segue abaixo o Balancete de 31.12.20xx:

• Caixa: R$ 2.500,00

• Salários a pagar: R$ 500,00

• FGTS e PIS a pagar: R$ 200,00

• Estoques: R$ 800,00

• Cliente a receber: R$ 5.000,00

• CMV: R$ 3.000,00

• Salários: R$ 3.500,00

• Energia elétrica: R$ 1.000,00

• Impostos: R$ 350,00

• Financiamentos a pagar: R$ 5.000,00

• Receitas de vendas: R$ 8.000,00

• Fornecedor: R$ 2.500,00

Para liberação de qualquer financiamento a empresa solicitante necessita demonstrar que é rentável, nesse sentido, qual foi o resultado obtido pela empresa em 31.12.20xx:

a) R$ -350,00.
b) R$ 3.1500,00.
c) R$ 3.650,00.
d) R$ 500,00.
e) R$ 150,00.

8.

(CFC – 2016 – 2º Exame) Em 1º.7.2016, uma Indústria apresentou os seguintes dados:

• Estoque de 100 unidades de produtos acabados no montante total de R$ 500.000,00

• Estoque de Matéria-prima no montante de R$ 200.000,00

Durante o mês de julho de 2016, não ocorreu nenhuma venda, e os gastos apresentados pela Indústria foram:

Gastos com matéria-prima	R$ 175.000,00
Gastos com propaganda	R$ 50.000,00
Gastos com mão de obra	R$ 300.000,00
Gastos com depreciação de máquinas	R$ 80.000,00
Gastos com energia elétrica da indústria	R$ 120.000,00

No mês de julho de 2016, foram iniciadas 250 unidades e acabadas 50 unidades.

Toda a matéria-prima necessária para a produção das 250 unidades já foi alocada, tanto às unidades acabadas quanto às unidades em elaboração.

Para fins de alocação dos demais custos, o processo de fabricação das 200 unidades em elaboração encontra-se em um estágio de 25% de acabamento.

Considerando-se que a Indústria adota o Custeio por Absorção, o saldo final do Estoque de Produtos Acabados, em 31.7.2016, é de:

a) R$ 785.000,00.
b) R$ 810.000,00.
c) R$ 675.000,00.
d) R$ 600.000,00.

9.

(ESPE – 2016 – TCE-PR – Adaptada) A respeito de custo e despesa, assinale a opção correta.

a) Nas empresas que prestam serviços de consultoria, as quotas de depreciação são sempre despesas.
b) Em se tratando de entidades não industriais, custo e despesa são sinônimos, uma vez que não há estocagem.
c) O gasto relativo a bem ou serviço utilizado na produção de outros bens ou serviços pode ser custo ou despesa, conforme o ambiente empresarial em que ocorre.
d) O gasto com juros, comissões e correções monetárias, são consideradas despesas financeiras e classificada separadamente no DRE.
e) O pagamento, em dinheiro, da conta de energia elétrica relativa à área comercial de uma indústria é um item de custo.

10.

(CFC – 2015 – 2º Exame) Uma Sociedade Empresária apresentou os seguintes gastos mensais:

Aquisição de matéria-prima no período	R$ 25.000,00
Comissão devida aos vendedores pela venda de produtos no mês	R$ 5.000,00
Tributos sobre o lucro	R$ 2.000,00
Imobilizado adquirido a prazo	R$ 60.000,00

Considerando-se as terminologias utilizadas em custos, assinale a opção

CORRETA.

a) O total dos investimentos é de R$ 60.000,00; e o total das despesas é de R$ 32.000,00.
b) O total dos investimentos é de R$ 60.000,00; o total dos custos é de R$ 25.000,00; e o total das despesas é de R$ 7.000,00.
c) O total dos investimentos é de R$ 85.000,00; e o total das despesas é de R$ 7.000,00.

d) O total dos investimentos é de R$ 85.000,00; o total dos custos é de R$ 2.000,00; e o total das despesas é de R$ 5.000,00.

11.

(FCC – 2015 – TCE-CE) Cia. Industrializa & Vende, para produzir seu único produto, incorreu nos seguintes gastos durante o mês de janeiro de 2015:

- Compra de matéria-prima: R$ 37.000,00 (valor líquido dos tributos recuperáveis).
- Fretes e seguros pagos na aquisição das matérias-primas: R$ 3.000,00 (não inclusos no valor de compra da matéria-prima acima e líquido dos tributos recuperáveis).
- Mão de obra direta: R$ 20.000,00.
- Remuneração da supervisão da fábrica: R$ 18.000,00.
- Remuneração da administração geral da empresa: R$ 30.000,00.
- Energia elétrica utilizada na produção: R$ 8.000,00.
- Depreciação referente às máquinas utilizadas na produção: R$ 12.000,00.
- Comissão dos vendedores: R$ 4.000,00.
- Outros custos indiretos de produção: R$ 10.000,00.
- Fretes sobre a venda: R$ 2.000,00.
- Encargos financeiros sobre empréstimos obtidos: R$ 3.000,00.

Sabe-se que:

I. Os gastos da administração geral da empresa não são rateados para o setor de produção;

II. Não havia produtos em elaboração no início e no fim do mês de janeiro de 2015;

III. O estoque inicial de matéria-prima era R$ 7.500,00;

IV. O estoque final de matéria-prima era R$ 12.500,00.

O custo da produção acabada da Cia. Industrializa & Vende, em janeiro de 2015, utilizando o custeio por absorção foi

a) R$ 85.000,00.
b) R$ 103.000,00.
c) R$ 109.000,00.
d) R$ 114.000,00.
e) R$ 108.000,00.

12.

Verifique as afirmações e responda:

I) Receita está relacionado diretamente com vendas de mercadorias ou a prestação de serviços.

II) Gasto é todo sacrifício para aquisição de um bem ou serviço, e em um determinado momento pode vir despesa como, por exemplo, a depreciação do ativo imobilizado, ou custo de produtos vendidos.

III) Quando há um gasto que deverá trazer benefício futuro para a empresa normalmente é classificado como um investimento, por exemplo, estoques, compra de ativo imobilizado. Pode ser simplesmente denominado ATIVO.

IV) A diferença entre custo e ativo está no fato do ativo transformar-se em custo no momento em que a empresa inicia a produção de um bem, mesmo permanecendo no ativo da empresa em estoque produtos em elaboração ou acabado, seu gasto é considerado custo de fabricação (estoque), e no momento de sua venda se transforma em despesa no DRE para apuração do resultado.

V) Em relação ao custo identifica-se diretamente com o produto fabricado ou serviço prestado, e despesa com o mês ou ano (regime competência) em que ela ocorreu.

São afirmações corretas:

a) Todas as afirmações são corretas.
b) Apenas a IV é incorreta.
c) As afirmações I, II e IV são corretas.
d) Apenas as afirmações I e V são corretas.
e) Apenas a I é correta.

13.

(FCC – 2015 – TCM-GO) A Indústria Gelix produz sorvete de morango que é vendido em galões de 5 litros. No mês de dezembro de 2014, ocorreram os seguintes eventos: – Aquisição de uma máquina no valor de R$ 800.000,00, com vida útil econômica de 5 anos, que foi colocada em funcionamento em janeiro de 2015. – Aquisição de matéria prima, no dia 15/12/2014, pelo custo de R$ 10.000,00, a qual foi estocada. – Consumo de matéria prima, que foi adquirida em novembro de 2014 pelo custo de R$ 8.000,00, na produção de sorvete. Normalmente, há um desperdício de 5% da matéria prima no processo produtivo. – O estoque de embalagens (galões) adquiridos em meses anteriores no valor de R$ 1.500,00 foi danificado em decorrência de um problema anormal na parte hidráulica das instalações, não mais podendo ser utilizado pela empresa na produção de sorvetes. – Pagamento de salários e encargos do mês de dezembro de 2014 referentes aos funcionários da área de produção no valor de R$ 7.000,00. – Pagamento de fretes para entrega dos galões de sorvete vendidos em dezembro de 2014 no valor de R$ 500,00. Os galões de sorvete produzidos em dezembro de 2014 foram vendidos em janeiro de 2015. Com base nestas informações, é correto afirmar que, em dezembro de 2014,

a) os investimentos foram R$ 800.000,00.
b) as perdas do período foram R$ 1.900,00.
c) o custo da produção do período foi R$ 15.000,00.
d) as despesas foram R$ 900,00.
e) os gastos foram R$ 825.500,00.

14.

(FEPESE – 2014 – Prefeitura de Palhoça – SC)

Coluna 1 Terminologia:

1– Custos

2– Desembolso

3– Despesas

4– Gasto

5– Investimentos

6– Perdas

Coluna 2 Descrição

( ) É aquilo que a empresa despende para adquirir bens ou serviços, como, por exemplo, compra de matérias-primas, com mão de obra, compra de imobilizado, entre outras despesas, podendo ser à vista ou a prazo.

( ) Refere-se ao pagamento como consequência dos gastos, podendo ser um pagamento antecipado, à vista ou a prazo.

( ) São bens ou serviços consumidos de modo anormal, ou seja, este tipo de consumo não faz parte do dia a dia da empresa.

( ) São todos os gastos que não são utilizados nas atividades de produção da empresa e usados para fins de gerar receitas.

( ) São utilizados na fabricação de um produto ou na prestação de serviços.

( ) Todos os gastos que se destinam à aquisição de bens de uso da empresa ou em aplicações de caráter permanente.

Assinale a alternativa que indica todas as afirmativas corretas.

a) 1 – 3 – 4 – 2 – 6 – 5.
b) 2 – 6 – 3 – 1 – 5 – 4.
c) 3 – 4 – 5 – 1 – 2 – 6.
d) 4 – 2 – 6 – 3 – 1 – 5.
e) 5 – 3 – 4 – 1 – 3 – 4.

12

Cálculo de Custos

12.1 DADOS PARA CÁLCULO DE CUSTOS

Vimos que a primeira preocupação da Contabilidade de Custos é o cálculo do custo do produto para avaliar (valorar) os estoques e para apurar o lucro por ocasião da venda do produto.

Além disso, este cálculo do custo por produto irá propiciar o estabelecimento do preço final, o custo unitário por produto (para se conhecer a rentabilidade unitária), o custo por item que compõe o produto (matéria-prima, mão de obra, depreciação, energia elétrica...) para se comparar com o orçado etc.

Para o cálculo de custos iremos desenvolver um exemplo em que uma empresa trabalha com mesas e cadeiras.

Para tanto, ela adquiriu no mês de maio/20x7 madeira (matéria-prima), havendo um saldo de abril:

Saldo de abril/20x7 – 40 tábuas por $ 160,00 cada (estoque no início do mês)

2/5 – 60 tábuas por $ 200,00 cada (compra do mês)

No mês, a empresa trabalhou com três operários com o rendimento de $ 10,00 por hora, sendo que 1/3 do tempo foi dedicado à mesa e o restante à cadeira.

Além disso, a empresa teve outros custos (veja que não estamos incluindo despesas):

Depreciação de máquinas e serrarias (fábrica)	$ 125,00
Seguro da fábrica	$ 25,00
Aluguel da fábrica	$ 160,00
Energia elétrica da fábrica	$ 60,00
Materiais diversos (pregos, parafusos, tintas)	$ 200,00
Salários dos supervisores e outros	$ 240,00
	$ 810,00

A empresa produziu no mês 10 mesas em primeiro lugar e depois 50 cadeiras; cada cadeira utiliza uma tábua e cada mesa utiliza duas tábuas.

Antes de iniciarmos o cálculo dos custos, é necessário separar os custos das despesas. Na fabricação de mesas e cadeiras, os gastos na fábrica (produção) são custos: matéria-prima, mão de obra, depreciação das máquinas da fábrica, aluguel da fábrica, energia elétrica, imposto predial da fábrica etc.

Portanto, não entram como CUSTO os gastos de escritórios (Despesas) tais como: salário do pessoal de vendas, administrativo e financeiro, aluguel do escritório, depreciação de bens do escritório, imposto predial do escritório etc.

12.2 1º PASSO: SEPARAÇÃO DE CUSTOS DIRETOS E INDIRETOS

Os custos são divididos em dois grandes grupos: Custos Diretos e Custos Indiretos.

a) *Custos diretos* são aqueles que se identificam com o produto. São apropriados (acumulados) diretamente aos produtos fabricados porque há medida objetiva de seu consumo nessa fabricação. Conhece-se exatamente quanto cada produto absorveu de custo. O caso mais simples é a Matéria-prima. Para montar uma cadeira precisa-se exatamente de uma tábua. Uma tábua custou $ 160,00. Portanto, posso atribuir um custo de $ 160,00 de Matéria-prima por cadeira.

Outro Custo Direto é a Mão de obra dos operários. Sabe-se exatamente quanto tempo demora para fabricar uma cadeira. Basta calcular o custo de mão de obra por hora e atribuí-lo exatamente às cadeiras e mesas. Neste caso, denominaremos Mão de Obra Direta (MOD).

b) *Custos indiretos* são aqueles não identificáveis por produto. Não há uma medida objetiva, mas há a necessidade de estimar, de distribuir os custos aleatoriamente por produto (rateio).

Por exemplo, quanto se deve atribuir de custo de aluguel, seguro... para cada cadeira e cada mesa? Não se sabe exatamente; há necessidade de aproximar, de arbitrar.

No caso de pessoal que trabalha com limpeza na fábrica, supervisores, engenheiros de produção etc. e que não operam diretamente no produto, fica difícil saber quanto tempo se dedicou ao produto mesa/cadeira. Nesse caso, denominaremos Mão de Obra Indireta (MOI).

Há custos que podem ser tratados como Direto ou Indireto. No caso de energia elétrica, se houver um marcador (relógio) por máquina, pode-se identificar quantos quilowatts consome por produto. Neste caso, pode-se tratar a energia elétrica (força) como direto. Todavia, o gasto com luz será indireto.

A depreciação no Brasil é tratada como Custo Indireto, pois se trabalha com uma taxa fixa de depreciação e se deprecia o bem, estando ele trabalhando ou ocioso. Se fizéssemos a depreciação por volume produzido (o que não é comum) poderíamos tratá-la como Custo Direto.

Outro aspecto é a relevância do item de custo. No caso de materiais diversos (pregos, parafusos, tinta...) poderíamos identificar o quanto se utilizou para cada produto. Todavia, trata-se de um valor tão pequeno que não compensa tal esforço. Neste caso, normalmente, trata-se como Custo Indireto de Fabricação.

Em nosso exemplo, trataremos como Custos Diretos apenas a Mão de obra e a Matéria-prima. Os demais serão tratados como Custos Indiretos.

12.3 2° PASSO: CÁLCULO DO CUSTO DA MATÉRIA-PRIMA

A Matéria-prima é um Custo Direto, portanto, fácil de se identificar por produto.

Excluindo os impostos – O primeiro passo é excluir os impostos, sobre vendas, inclusos no preço da Matéria-prima. Os impostos sobre vendas, como vimos no capítulo anterior, para a Matéria-prima não são custos (e nem despesas), mas deduções, sendo que o seu ônus recai sobre o consumidor e não na empresa. Os impostos IPI, ICMS, ISS... não compõem o custo.

Admitindo-se que há ICMS sobre o preço da Matéria-prima adquirida, vamos excluí-lo (à base de 18% incluso no preço).

Abril/20x7 – $160,00 \times 18\% = 28,80$

$160,00 - 28,80 = 131,20$ (preço sem ICMS)

02/05/20x7 – $200,00 \times 18\% = 36,00$

$200,00 - 36,00 = 164,00$ (preço sem ICMS)

Assim, temos:

Custo Líquido → abril de 20x7 → 40 tábuas × 131,20 = $ 5.248,00

Custo Líquido → 2/05/20x7 → 60 tábuas × 164,00 = $ 9.840,00

Avaliação do material – O segundo passo é a avaliação da Matéria-prima. Foi comprada a mesma Matéria-prima em duas ocasiões com preços diferentes.

Se comprássemos Matéria-prima especificamente para uso em determinada produção, sem mistura de preço, não haveria problemas no reconhecimento do valor a atribuir: seria o seu *preço específico* de aquisição.

No nosso caso, porém, as tábuas são iguais e seria impraticável um controle de distinção de preço.

Preço médio ponderado – Um método bastante usado no Brasil é o *Preço Médio Ponderado* para o cálculo do Material.

Abril/20x7   – 40 tábuas × 131,20 = 5.248,00
02/05/20x7   – 60 tábuas × 164,00 = 9.840,00
TOTAL   100   15.088,00

PREÇO MÉDIO PONDERADO = $ 150,88 – (15.088/100)

Consumo de Matéria-prima → cadeira 50 × 1 tábua = 50 tábuas
Consumo de Matéria-prima → mesa   10 × 2 tábuas = 20 tábuas
70

Dessa forma, foram utilizadas 70 tábuas. Ora, como existiam 100 tábuas, significa que 30 sobram para o mês seguinte. Assim, temos o Estoque Final de Matéria-prima.

Portanto:

Cadeira	50 tábuas × $ 150,88 =	$ 7.544,00
Mesa	20 tábuas × $ 150,88 =	$ 3.018,00
Est. Final	30 tábuas × $ 150,88 =	$ 4.526,00
Total	100 tábuas	$ 15.088,00

PEPS (FIFO) – Outro método utilizado no Brasil, aceito pelo Imposto de Renda para avaliar materiais, é o *PEPS (FIFO)*: Primeiro que Entra é o Primeiro que Sai (*First In, First Out*).

É como um verdureiro na feira: primeiro ele tentaria vender para o cliente a verdura mais antiga, o que entrou em primeiro lugar, para depois vender a mais fresca.

Se utilizássemos esse método, teríamos em primeiro lugar:

> 10 mesas = 20 tábuas × $ 131,20 = $ 2.624,00,
> mas sobraram ainda deste lote 20 tábuas (pois havia 40 tábuas);

e em segundo lugar:

> 50 cadeiras → 20 tábuas do lote de abril × $ 131,20 = $ 2.624,00
> (50) tábuas → 30 tábuas do lote de maio × $ 164,00 = $ 4.920,00
> 50 tábuas – SUBTOTAL = $ 7.544,00

Sobram ainda deste lote 30 tábuas (60 compradas → 30 consumidas)

> Estoque Final → 30 tábuas do lote de maio × $ 164,00 = $ 4.920,00
> TOTAL GERAL $ 15.088,00

UEPS (LIFO) – Por fim, há um terceiro método, não usado no Brasil, pois não é aceito pelo Imposto de Renda: *UEPS (LIFO)* – Último que Entra é o Primeiro que Sai (*Last In, First Out*).

É como uma loja de material de construção que vai amontoando cimento à medida que compra e, na venda, vai tirando os sacos que estão em cima das pilhas.

No nosso caso, seria:

> 10 mesas – 20 tábuas × $ 164,00 = $ 3.280,00
> (a última compra que entrou: 02/05/20x7)
> sobraram 40 tábuas deste lote;
> 50 cadeiras – 40 tábuas × $ 164,00 = $ 6.560,00
> (a última compra que entrou: 02/05/20x7)
> 10 tábuas × $ 131,20 = $ 1.312,00
> (referente à compra de abril/20x7)
> SUBTOTAL = $ 11.152,00
> Estoque final de tábuas – 30 × $ 131,20 = $ 3.936,00
> TOTAL GERAL = $ 15.088,00

Custo de reposição (NIFO) – O método UEPS (LIFO) é o que mais se aproxima do preço de mercado, pois toma como base o preço da última compra. Este método não é aceito pela legislação, embora, em épocas inflacionárias, é aquele que se aproxima mais da nossa realidade.

É o custo de reposição, todavia, o ideal, sobretudo em economias inflacionárias. Muito melhor que o LIFO é o custo a valores de reposição que é conhecido como *NIFO (Next In, First Out)*, ou seja, o valor do próximo produto a ser adquirido é aquele que servirá de base para avaliação de Estoques. Esse método também não é aceito pela nossa legislação, pois contraria o princípio do Custo Original.

A avaliação baseada em Custo de Reposição seria calcada no seguinte:

"Se eu adquirisse a mercadoria hoje, quanto ela custaria?"

Assim, se uma tábua fosse custar na próxima compra $ 250,00, este seria o custo, principalmente para determinação do preço de venda. Excluindo o ICMS, o preço por tábua seria de $ 205,00.

Neste tipo de avaliação, considera-se o Estoque pelo seu valor corrente de mercado, importando a sua reposição e não o quanto foi gasto para adquiri-lo ou fabricá-lo.

Por outro lado, ganha corpo no Brasil a Contabilidade Gerencial, cujo objetivo é fomentar os tomadores de decisões (gerentes, administradores etc.) com dados reais, sem se preocupar com o governo (Contabilidade Fiscal) e com os Princípios Básicos de Contabilidade (Contabilidade Científica). Muitas empresas já estão desenvolvendo esta Contabilidade paralela com excelentes resultados.

O estoque a valores de reposição, no campo operacional, foi largamente utilizado nos supermercados e em grandes empresas comerciais que remarcam as mercadorias no momento em que os fabricantes anunciam o aumento de preços na época da hiperinflação.

Para fechar o nosso exemplo trabalharemos com o Preço Médio.

12.4   3º PASSO: CÁLCULO DO CUSTO DA MÃO DE OBRA DIRETA (MOD)

Quando pensamos em mão de obra, entendemos que não se trata apenas do valor contratual ou do valor nominal do salário, mas da Inclusão dos Encargos Sociais, ou seja, os custos decorrentes da Folha de Pagamento: férias, 13º Salário, INSS, descanso remunerado, feriados, FGTS etc.

Vamos calcular o Custo Total da Mão de obra por operário considerando o ano todo para, a seguir, dividir pelas horas trabalhadas.

Para um funcionário que ganha $ 10,00 por hora, iremos fazer o cálculo anual, para depois dividir por 11 meses efetivamente trabalhados, já que o trabalhador tem um mês de férias. Se estivéssemos considerando o primeiro ano de trabalho, é óbvio que o número de meses trabalhados seria 12, obtendo-se um valor diferente.

Cálculo da Remuneração Total (Anual)[1]

Remuneração média por mês: 220 horas (jornada 44 horas semanais).

Considerando o ano, teremos: 11 meses × 220 h × $ 10,00   = 24.200,00

13º Salário considerando um salário fixo:

220 h × $ 10,00   = 2.200,00

Férias – o funcionário tem direito a 30 dias de férias mais

1/3 de remuneração: $ 2.200,00 + $ 733,00   = 2.933,00

Observação: O funcionário, se quiser,
pode gozar 20 dias de férias e 10 dias
tirar em dinheiro, bem como poderá a
empresa ter programa de participação
nos lucros, e ou resultados (PLR) (não
consideraremos estas hipóteses)   = <u>xxxx</u>

Subtotal das Remunerações   29.333,00

INSS – além do INSS, a empresa destina
um percentual ao Senai, Sesi (no caso de
Indústria), Incra, Salário-Educação e outros,
cuja taxa gira *em torno* de 25% ao mês (não
se inclui aqui a parte do empregado)

25,2% × (24.200,00 + 2.933,00 + 2.200,00)   = 7.391,92

FGTS – Recolhe 8% ao mês

8% × (24.200,00 + 2.933,00 + 2.200,00)   = 2.346,64

Seguro Acidentes de Trabalho (em média)

2,0% × (24.200,00 + 2.933,00 + 2.200,00)   = <u>586,66</u>

TOTAL DE ENCARGOS + SALÁRIOS   = 39.658,22

Horas Úteis Trabalhadas

Número total de dias por ano	365
(–) Domingos	(52)
(–) Férias (30 dias – 4 domingos excluídos no item anterior)	(26)
(–) Feriados	(12)
DIAS ÚTEIS TRABALHADOS	275

---

[1] Não há rigor técnico neste cálculo. São valores e percentuais aproximados. Nosso objetivo é mostrar a metodologia.

Não deduzimos faltas justificadas, em que o funcionário não trabalha, mas recebe salários (licença-paternidade, auxílio-doença, luto, gala...).

Normalmente, o funcionário trabalha 6 dias por semana (ou 5 dias, se compensar o sábado) totalizando uma jornada semanal de 44 horas. Isto representa 7,33 horas diárias (44 horas semanais/6 dias).

Ao se retomar o exemplo logo acima, cada funcionário custa em média para a empresa $ 39.658,22 por ano ou $ 3.605,30 por mês ($ 39.658,22/11). Dividimos por 11 meses, pois 1 mês de férias não é trabalhado.

Se considerarmos três funcionários, o custo mensal da MOD será de $ 10.815,90 (3 × 3.605,30).

```
Cadeiras 2/3 × 10.815,90  =   7.210,60
Mesas    1/3 × 10.815,90  =   3.605,30
         Total               10.815,90
```

Ora, o acréscimo do preço-hora é de $ 9,66 (salário nominal $ 10,00) significando que houve um acréscimo de 96,60% de encargos sociais (9,66/10,00). Sem considerar, ainda, as despesas de vale-transportes, vale-refeição e alimentação, plano de saúde e de seguro de vida dos trabalhadores, uniformes, equipamento de proteção individual etc., o que em determinado seguimento de negócio poderá elevar os custos do empregado para aproximadamente 120% dos salários contratados.

Voltando ao nosso exemplo, cada funcionário custa em média para a empresa $ 39.658,22 por ano ou $ 3.605,30 por mês ($ 39.658,22/11). Dividimos por 11 meses, pois 1 mês de férias não é trabalhado.

Considerando três funcionários, o custo mensal da MOD será de $ 10.815,90 (3 × 3.605,30).

```
Cadeiras  2/3 × 10.815,90   = 7.210,60
Mesas     1/3 × 10.815,90   = 3.605,30
          Total               10.815,90
```

12.5   4º PASSO: DISTRIBUIÇÃO DOS CUSTOS INDIRETOS DE FABRICAÇÃO (CIF)

Os Custos Indiretos são os que dependem de cálculos, rateios ou estimativas para serem apropriados em diferentes produtos, portanto, são os custos que só são apropriados indiretamente aos produtos. O parâmetro utilizado para as estimativas é chamado base ou critério de rateio.

Como vimos, os Custos Indiretos não se identificam por produto, por isso há necessidade de fazer uma distribuição proporcional por produto, de forma arbitrária (rateio), considerando algum critério previamente estabelecido.

Ao se observar os Custos Indiretos, constatamos que o maior item é o salário dos supervisores ($ 240,00). Os supervisores trabalham tanto para cadeiras quanto para mesas, ficando difícil detectar quantas horas exatas trabalham para um produto ou para outro. Daí a necessidade de Rateio.

a) Rateio proporcional à mão de obra

Como eles fiscalizam os operários, poderíamos partir do pressuposto de que o correto seria distribuir os custos indiretos proporcionais à Mão de obra Direta:

```
Cadeiras  2/3 × 810,00  =  $ 540,00
Mesas     1/3 × 810,00  =  $ 270,00
            1               $ 810,00
```

b) Rateio proporcional à matéria-prima (MP)

Alguém, contudo, poderia contestar que há outros custos elevados além do item supervisores e que o correto seria ratear proporcionalmente a Matéria-prima, já que Materiais Diversos é o custo individual mais elevado, considerando que mais Matéria-prima consumida significa mais pregos, mais parafusos, mais tintas etc. Dessa forma, teríamos:

```
Cadeira  50 × 1 tábua   = 50 tábuas 50/70 =   71,42%
Mesa     10 × 2 tábuas  = 20 tábuas 20/70 =   28,58%
                          70 tábuas         100,00%
```

Assim, teríamos:

```
Cadeira  71,42% × $ 810,00  =  $ 578,50
Mesa     28,58% × $ 810,00  =  $ 231,50
                               $ 810,00
```

c) Rateio proporcional aos custos diretos

Alguém poderia ainda, diante de inúmeras alternativas, argumentar que o ideal seria fazer rateio proporcional aos Custos Diretos:

	MP		MOD		Total	
Cadeiras	7.544,00	+	7.210,60	=	14.754,60	(69%)
Mesas	3.018,00	+	3.605,30	=	6.623,30	(31%)
	10.562,00	+	10.815,90	=	21.377,90	(100%)

Assim:

```
Cadeira  69% × $ 810,00  = $ 558,90
Mesa     31% × $ 810,00  = $ 251,10
           100%            $ 810,00
```

Para cada critério, teríamos um resultado diferente:

	Critérios		
	MOD	MP	C. Diretos
Cadeiras	540,00	578,50	558,90
Mesas	270,00	231,50	251,10
	810,00	810,00	810,00

Vamos admitir que o critério preferido seja Custos Diretos. Nada impediria, todavia, que se fizesse o rateio com critérios diferentes para cada item.

12.6 5º PASSO: CÁLCULO DO CUSTO TOTAL

ITENS	CUSTOS			
	MP	MOD	CIF	TOTAL
Cadeiras	7.544,00	7.210,60	558,90	15.313,50
Mesas	3.018,00	3.605,30	251,10	6.874,40
TOTAL	10.562,00	10.815,90	810,00	22.187,90

CUSTO UNITÁRIO

$$50 \text{ cadeiras} - \$ \ \frac{15.313,50}{50} = \$ \ 306,27 \text{ por cadeira}$$

$$10 \text{ mesas} - \$ - \frac{6.874,40}{50} = \$ \ 687,44 \text{ por mesa}$$

EXERCÍCIOS PROPOSTOS

1.

(FRAMINAS – 2015 – Prefeitura de Belo Horizonte – MG) De acordo com a terminologia de custos, analise as seguintes afirmativas:

I. A depreciação de equipamentos que são utilizados em mais de um produto é classificada como custos indiretos de fabricação.

II. Não existe alocação de custos indiretos de fabricação aos produtos quando uma indústria produz vários tipos de produtos.

III. De acordo com o critério do custo médio ponderado, o custo de cada item é determinado a partir da média ponderada do custo de itens semelhantes no começo de um período e do custo dos mesmos itens comprados ou produzidos durante o período.

IV. O critério PEPS pressupõe que os itens de estoque que foram comprados ou produzidos primeiro sejam vendidos em primeiro lugar e, consequentemente, os itens que permanecerem em estoque no fim do período sejam os mais recentemente comprados ou produzidos.

A quantidade de afirmativas CORRETAS é igual a

a) 1.
b) 2.
c) 3.
d) 4.

2.

(FCC – 2015 – SEFAZ-PI) Sobre os custos e despesas de uma empresa que produz dois tipos de tecido de algodão, é correto afirmar que

a) a depreciação do prédio onde funciona a fábrica é um custo fixo indireto de cada metro de tecido e deve compor o valor do estoque pelo método de custeio variável.
b) os gastos com propaganda específicos para um dos dois tipos de tecido são um custo fixo direto e devem compor o valor do estoque pelo método de custeio por absorção.
c) o valor referente às horas trabalhadas pela supervisão da produção, comum aos dois tipos de tecido e cujo salário é mensal, é um custo variável indireto de cada metro de tecido e deve compor o valor do estoque pelo método de custeio pleno.
d) o algodão consumido na produção é um custo variável direto de cada metro de tecido e deve compor o valor do estoque pelo método de custeio por absorção.
e) a comissão dos vendedores, calculada como percentual do preço bruto de vendas, deve compor o valor do estoque pelo método de custeio pleno.

3.

(FCC – 2015 – TCM-GO) Considere as informações da Cia. Alfa, referentes ao mês de dezembro de 2014:

Itens	Ração Tipo A	Ração Tipo B
Quantidade produzida (em kg)	200.000	400.000
Quantidade vendida (em kg)	180.000	360.000
Preço de venda bruto (por kg)	R$ 2,00	R$ 1,50
Matéria-prima (por kg produzido)	R$ 0,84	R$ 0,63
Mão de obra direta (por kg produzido)	R$ 0,20	R$ 0,20
Comissões sobre o preço bruto de vendas	6%	6%
Tributos sobre vendas	12%	12%

No início do mês de dezembro de 2014 não havia estoques iniciais de produtos acabados e em elaboração e, no final deste mês, não havia estoques de produtos em elaboração. Os custos fixos indiretos e as despesas fixas indiretas mensais são, respectivamente, R$ 20.000,00 e R$ 10.000,00.

Considerando que a empresa utiliza como critério de rateio o custo total de matéria-prima, os valores dos estoques finais de ração tipo A e de ração tipo B em 31/12/2014, pelo método de custeio

a) 22.000,00 e 35.000,00.
b) 21.600,00 e 34.400,00.
c) 23.200,00 e 36.800,00.
d) 21.940,00 e 34.040,00.
e) 24.000,00 e 38.000,00.

4.

(FGV – 2015 – DPE-RO) Considerando as informações do texto 2, o custo de produção do período foi de:

Texto 2

Uma empresa teve os seguintes custos no mês de maio/15:

Gastos	$
Aluguel do armazém dos produtos acabados	800
Depreciação das máquinas de produção	200
IPTU do prédio da fábrica	450
Mão de obra direta	400
Mão de obra indireta	550
Material direto	50
Salário do departamento de compras	150

No mesmo período, a empresa teve a produção de 150 unidades e vendeu 120.

a) 2.600.
b) 2.450.
c) 1.960.
d) 1.650.
e) 1.320.

5.

(FRAMINAS – 2015 – Prefeitura de Belo Horizonte – MG) Sobre o esquema básico da contabilidade de custos, assinale a alternativa INCORRETA.

a) Apuração dos custos indiretos – separação entre custos diretos e despesas – apropriação dos custos diretos a cada produto.
b) Separação entre custos e despesas – apropriação dos custos indiretos e despesas aos produtos – apuração dos custos diretos.
c) Separação entre custos e despesas – rateio dos custos indiretos aos pro-

dutos – apuração dos custos diretos a cada produto. As despesas serão registradas diretamente na demonstração do resultado do exercício.
d) Separação entre custos e despesas – apropriação dos custos diretos a cada produto – rateio dos custos indiretos para a locação a cada produto.

6.

(FGV – 2015 – DPE-RO) Quando uma indústria utiliza uma máquina durante o seu processo produtivo, a contabilidade de custos classifica esse consumo como:

a) custo direto que não foi desembolsado no passado, mas já que a depreciação da máquina contribuiu para constituição de um novo ativo, será reconhecida no resultado do período em que o produto foi processado.
b) custo indireto de fabricação, que já foi desembolsado no passado e apenas consumido durante o processo produtivo, mas que contribuiu para constituição de um novo ativo.
c) gasto que não foi desembolsado durante o processo produtivo, mas que representa uma despesa variável, já que a depreciação da máquina contribuiu para constituição de um novo ativo.
d) gasto que não será desembolsado até que o produto acabado seja desintegrado do ativo, já que a depreciação não é reconhecida no resultado do período em que o produto foi processado.
e) gasto que não foi desembolsado durante o processo produtivo, mas que representa um custo indireto, já que a depreciação da máquina contribuiu para constituição de um novo ativo.

7.

(FGV – 2015 – DPE-RO) Considerando as informações do texto 3, o produto que apresenta o maior custo unitário é:

Texto 3:

A empresa de alimentos congelados Tumbata revende 53 produtos e produz outros cinco. Em abril de 2015 a empresa produziu 4.000 pizzas, 3.200 lasanhas, 7.100 hambúrgueres, 900 frangos desfiados e 5.000 kibes com os seguintes custos:

	Matéria--prima	Mão de obra direta
Custos	**$ 15 por kg**	**$ 4 por hora**
Pizza	800 kg	320 h
Lasanha	1.300 kg	160 h
Hambúrgueres	200 kg	400 h
Frango desfiado	820 kg	270 h
Kibe	1.000 kg	450 h

Os custos indiretos totalizam $ 24.000 e a Tumbata apropria-os conforme o tempo de mão de obra direta.

a) Pizza.
b) Lasanha.
c) Hambúrgueres.
d) Frango desfiado.
e) Kibe.

8.

(FGV – 2015 – DPE-RO) Considerando os seguintes custos com embalagem unitária por produto:

Produto	Embalagem $
Pizza	3,00
Lasanha	6,00
Hambúrgueres	9,00
Frango desfiado	12,00
Kibe	15,00

Com base nas informações do texto 3, o produto que apresenta o maior valor de custo variável total é:

a) Pizza.
b) Lasanha.
c) Hambúrgueres.
d) Frango desfiado.
e) Kibe.

9.

(CFC – 2015 – 1º Exame) Uma determinada indústria fabrica dois produtos: A e B.

No mês de fevereiro de 2015, a indústria incorreu em Custos Indiretos de Fabricação no total de R$ 15.000,00.

Nesse mesmo mês, foram produzidas 2.000 unidades de cada produto.

Para produzir o produto A, foram consumidas 3.000 horas/máquina e, para produzir o produto B, foram consumidas 7.000 horas/máquina.

Os Custos Indiretos de Fabricação são apropriados aos produtos, com base nas horas/máquina consumidas.

Os custos variáveis de cada um dos produtos são de R$5,00 por unidade.

Considerando os dados acima, o custo unitário total do produto A, calculado pelo Custeio por Absorção, no mês de fevereiro, é de:

a) R$ 7,25.
b) R$ 7,50.
c) R$ 8,75.
d) R$10,25.

10.

(CESGRANRIO – 2014 – LI-QUIGAS) Uma indústria, contribuinte do IPI e do ICMS, comprou matéria-prima de outra indústria para a sua linha de produção, apresentando os seguintes valores, em reais, transcritos da nota fiscal de compra:

- Matéria-prima = 2.000,00
- IPI = 200,00
- ICMS = 240,00

Exclusivamente com essas informações, verifica-se que o valor do estoque de matéria-prima, decorrente somente dessa compra, em reais, é de

a) 1.560,00.
b) 1.760,00.
c) 1.800,00.
d) 1.960,00.
e) 2.000,00.

11.

(FGV – 2014 – SUSAM) Em 01 de fevereiro de 2014, a Cia. W tinha em seu estoque 20 unidades da mercadoria y, sendo o estoque total avaliado a R$ 200,00.

Durante o mês de fevereiro de 2014, a Cia. W realizou as seguintes operações:

1. Compra de 15 unidades de y pelo total de R$ 195,00.

2. Venda 30 unidades de y pelo valor unitário de R$ 20,00.

3. Compra de 12 unidades de y por R$ 18,00 cada.

4. Venda de 10 unidades de y pelo total de R$ 220,00.

Em 28 de fevereiro de 2014, o valor do Custo das Mercadorias Vendidas de acordo com o método Custo Médio Ponderado Móvel é, aproximadamente, de

a) R$ 485,00.
b) R$ 499,00.
c) R$ 596,00.
d) R$ 641,00.
e) R$ 820,00.

12.

(IESES – 2014 – GasBrasiliano) Referente a avaliação dos estoques, temos:

Dia (mês X)	Operação	Quantidade	$ Unitário	$ Total
03	Estoque inicial	100	3,00	300,00
11	Compra	100	4,00	400,00
17	Compra	100	5,00	500,00
25	Venda	150	9,00	1.350,00

respectivamente pelo sistema PEPS e UEPS, quando fazemos uma operação de venda de 250 unidades temos os valores relativos a este CMV no período de:

a) 1.050,00 e 950,00.
b) 1.000,00 e 1.050,00.
c) 950,00 e 1.050,00.
d) 1.200,00 e 1.350,00.

13.

(CFC – 2016 – 1º Exame) Em fevereiro de 2016, uma Sociedade Empresária apresentava os seguintes dados a respeito de suas operações com mercadorias.

Data	Operações
2.2.16	Estoque inicial de mercadorias: 80 unidades ao custo unitário de R$ 20,00.
10.2.16	Compra de mercadorias: 170 unidades ao preço total de R$ 6.000,00, nesse valor incluído o ICMS recuperável de 15%.
20.2.16	Venda de mercadorias: 200 unidades pelo preço total de R$ 8.000,00, com incidência de ICMS de 15%.

28.2.16	Compra de mercadorias: 50 unidades ao preço total de R$ 3.000,00, nesse valor incluído o ICMS recuperável de 15%.

A empresa utiliza Registro de Inventário Permanente. O estoque de mercadorias é avaliado pela Média Ponderada Móvel.

Com base nos dados informados, o valor do Custo das Mercadorias Vendidas no período é de:

a) R$1.340,00.

b) R$2.290,00.

c) R$3.890,00.

d) R$5.360,00.

13

Custos para Decisão

13.1 PONTO DE EQUILÍBRIO

13.1.1 Introdução

Um dos pontos fundamentais quando se fala em Custos para decisão é o cálculo do ponto de equilíbrio.

No estudo do ponto de equilíbrio, relacionamos três variáveis básicas: Custo, Volume e Lucro.

Por meio desse relacionamento teremos condições de detectar o mínimo que uma empresa precisa produzir e vender para não ter prejuízo.

É exatamente no momento em que as Receitas Totais alcançam os custos totais. A partir daí, com uma unidade a mais que se venda a empresa passa a ter lucro.

13.1.2 Relação custo/volume/lucro

Esta análise é um dispositivo utilizado para projetar o lucro que seria obtido a diversos níveis possíveis de produção e de vendas, como também para analisar o impacto sobre o lucro de modificações no preço de venda, nos custos ou em ambos. Ela é baseada no Custeio Variável e, por meio dela, pode-se estabelecer qual a quantidade mínima que a empresa deverá produzir e vender para que não incorra em prejuízo.

De grande relevância para todos os níveis de gerência tem sido o bom aproveitamento de noções de custo: para "dissecar" a anatomia da estrutura de custos da empresa e acompanhar os relacionamentos entre as variações de volume e variações de custos (e, portanto, de lucro).

Para entender a natureza das relações entre custo, volume e lucro é necessário primeiro definir, de forma simplista:

a) *Custos e Despesas Variáveis*: os que variam na mesma proporção das variações ocorridas no volume de produção ou outra medida de atividade. Exemplos comumente apresentados como de custos variáveis: matéria-prima, mão de obra direta, comissões sobre vendas etc. Algumas despesas variam proporcionalmente com a alteração das vendas, mais do que com a produção. É o caso típico de comissões sobre vendas.

b) *Custos e Despesas Fixos*: teoricamente definidos como os que se mantêm inalterados, dentro de certos limites, independentemente das variações da atividade ou das vendas.

Exemplos muito citados de custos fixos: ordenados de mensalistas, depreciações, aluguéis etc.

c) *Semivariáveis e Semifixos*: existem ainda, segundo os autores, categorias interme-diárias entre variáveis e fixas. São as denominadas semivariáveis e semifixas. Na prática, não é fácil distinguir estas duas últimas espécies. Os custos semivariáveis se aproximariam mais dos custos variáveis do que dos fixos, quanto ao seu compor-tamento. Possuem um componente fixo a partir do qual seu comportamento passa a ser variável. Desse ponto de vista, energia elétrica seria um custo semivariável. Tem uma pequena parte fixa (que tem de ser paga independentemente do nível do consumo) e a partir daí a conta cresce na proporção do número de kW consumidos (ou de forma mais acelerada).

Como exemplo de custo semifixo cita-se frequentemente o gasto com supervisão da fábrica. Mantém-se fixo dentro de certos intervalos de atividade (menores do que os citados para definir custo fixo) e, abruptamente, eleva-se para atingir outro "patamar", em que ficará por mais algum tempo, até dar um novo "salto".

A validade de tais definições é, na melhor das hipóteses, apenas didática e de ordem prático-simplificadora, pois na realidade o comportamento dos itens de custo é o mais variado possível, em face das variações de volume.

13.1.3 O caso de mão de obra direta

Frequentemente, o valor total do custo da mão de obra direta e indireta de um período não guarda relação de proporcionalidade direta com as flutuações de volume, por uma série de problemas, entre os quais o fato de, no Brasil, devido aos altos custos de contratação e recruta-mento, os empresários hesitarem em ajustar prontamente a força de trabalho às flutuações da demanda. Isto leva a incluir maiores cargas de tempo ocioso remunerado como custo indireto, no que se refere ao pessoal da fábrica. A mão de obra direta, todavia, deveria, rigorosamente, ser proporcional às variações das ordens completadas, pelo menos em número de horas, com exceção de pequenas diferenças de eficiência e ociosidade. Ela é variável na distribuição que podemos fazer a esta ou àquela ordem, mas frequentemente é fixa em seu total.

13.1.4 Características dos custos fixos

Os custos fixos, por sua vez, são fixos mais nas intenções dos que assim os classificam do que na realidade. Muitas vezes, embora fixos quanto à intensidade do esforço ou do serviço envolvido, estes sofrem variações devidas apenas à inflação ou ao acréscimo de preços. Somente algumas despesas, tais como ordenados do pessoal administrativo, são fixas ou pelo menos previsíveis para o período orçamentário, desde que os reajustes sejam previsíveis.

Mesmo os custos variáveis, que presumivelmente não só deveriam acompanhar proporcionalmente a variação de volume, como também deveriam ser fixos unitariamente, sofrem, pelo menos no médio prazo, o impacto de economias e deseconomias de escala, de ineficiências e eficiências, variando mais ou menos proporcionalmente ao que a definição possa admitir.

Entretanto, os conceitos contábeis, por mais aproximados e sofríveis que possam ser, têm uma utilidade extraordinária na prática. O contador, ao admitir certas simplificações, está perfeitamente consciente do desvio cometido em relação ao conceito teórico da economia.

Isso é válido no que se refere não só ao custo, como também à receita. Frequentemente, a Função Receita e a Função Custo não são lineares, mas os contadores, embora perfeitamente cônscios disto, colocam as funções dentro da "camisa de força" da linearidade, por simplificação e para evitar os custos e as demoras das análises mais sofisticadas. Num bom número de casos, a simplificação acaba dando resultados práticos bastante próximos e razoáveis. Em alguns dos outros, todavia, o desvio pode ser grosseiro.

13.1.5 Ponto de equilíbrio contábil

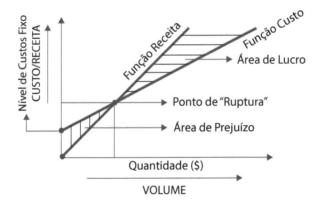

Figura 13.1 Representação do ponto de equilíbrio de um negócio (*breakeven point*).

A Figura 13.1 representa a visão clássica do contador no que se refere às funções receita e custo.[1] Assim, ambas são representadas com retas, sendo que a de Receita se inicia na origem e a de Custo inicia-se já em certa altura, independentemente do nível de atividade, devido ao

---

[1] Como neste capítulo estamos tratando de valores repetitivos ao longo dos períodos, utilizamos *custo* como sinônimo de *Despesa* e vice-versa.

custo fixo. O ponto de encontro entre as duas curvas representa o "ponto de ruptura" (ou de equilíbrio), a partir do qual a empresa aufere lucro e abaixo do qual incorre em prejuízos. O Ponto de Equilíbrio Contábil é a quantidade que equilibra a receita total com a soma dos custos e despesas relativos aos produtos vendidos.

Poderíamos ter incluído no gráfico a reta de custo variável, que partiria da origem, da mesma forma que a de receita, mas com inclinação menor, porém nada de essencial seria adicionado; somente mostraria a diferença entre receita e custos variáveis (margem de contribuição), importante em algumas situações.

Como se vê, as premissas são bastante simplistas. Não somente trata-se de retas, mas elas, visualmente, continuariam indefinidamente em seus caminhos, ampliando cada vez mais o lucro, a partir do ponto de equilíbrio. É claro que o contador admite estas simplificações dentro de certos limites de produção.

É importante conhecer bem as limitações de certas simplificações admitidas pelos contadores a fim de poder usar as técnicas sempre que possível e socorrer-nos de outras mais apuradas, quando necessário.

13.1.6 Do ponto de vista econômico e financeiro

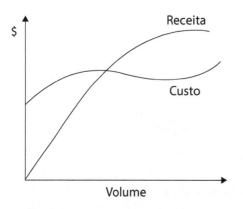

Figura 13.2 Ponto de Equilíbrio para as curvas de Receita e Custo.

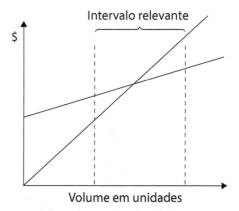

Figura 13.3 Ponto de Equilíbrio: intervalo de variação relevante.

O Ponto de Equilíbrio Econômico é a quantidade que iguala a receita total com a soma dos custos e das despesas acrescida de uma remuneração mínima sobre o capital investido pela empresa. Essa remuneração mínima correspondente à taxa de juros de mercado multiplicada pelo capital e é denominada pelos economistas Custo de Oportunidade. O Custo de Oportunidade equivale à remuneração que a empresa obteria se aplicasse seu capital no mercado financeiro, em vez de no seu próprio negócio.

A figura representa a visão do problema por parte do economista, sem dúvida mais válida do ponto de vista real, pelo menos setorialmente. Entretanto, dentro do que se denomina "intervalo de variação relevante", e desde que o volume não caia fora dos limites de tal intervalo (intervalo em que a empresa tenha tido alguma experiência prática), a linearidade pode ser assumida, em algumas circunstâncias.

O "intervalo de variação relevante" consiste em traçar um corte no gráfico convencional, sem tomá-lo como válido em toda sua extensão.

Na verdade, o "intervalo relevante" representa um "flagrante" daquela faixa de variação de volume suficientemente pequena para que, nela, a linearidade seja válida.

Por sua vez, o Ponto de Equilíbrio Financeiro é a quantidade que equipara a receita total com a soma dos custos e das despesas que representam desembolso financeiro para a empresa. Por exemplo, os encargos com depreciação são excluídos do cálculo do PEF, pois não representam desembolso para a empresa.

13.1.7 Fórmula do Ponto de Equilíbrio

O Ponto de Equilíbrio ocorrerá exatamente quando as Receitas Totais (RT) forem iguais aos Custos Totais (CT):

$$RT = CT$$

Sabemos que os Custos Totais são a soma dos Custos Fixos mais os Custos Variáveis (CF + CV):

$$RT = CF + CV$$

Como pretendemos trabalhar em unidades, sabemos que a empresa terá:

RT = Preço Unitário × Quantidade

CV = Custo Variável Unitário × Quantidade

RT = CF + CV; passará, portanto:

P. unit. × Quantidade = CF + CV unit. × Quantidade

P. unit. × Q = CF + CV unit. × Q

P. unit. × Q – CV unit. × Q = CF

Q (P. unit. – CV unit.) = CF

$$Q = \frac{\text{C. Fixo}}{\text{P. unit.} - \text{CV unit.}}$$

Este resultado é muito importante, pois nos indica que o ponto de equilíbrio é alcançado num número tal de unidades vendidas igual ao quociente entre custos fixos e a diferença entre preço unitário de venda e custos unitários variáveis. Poderíamos expressar:

$$\text{Ponto de Equilíbrio} = \frac{\text{Custos e Despesas Fixos}}{\text{Margem de Contribuição Unitária}}$$

Margem de Contribuição é o Preço Unitário menos o Custo Variável Unitário. Assim, se o Preço de Venda é $ 15,00 e o Custo Variável Unitário é $ 10,00, isto significa que cada unidade vendida ajudará a pagar o Custo Fixo Total em $ 5,00.

Veja que o Custo Variável Unitário é Imutável. A empresa tem, em moeda constante, o mesmo gasto de Matéria-prima e Mão de obra, independentemente da quantidade produzida.

Isto pode ser intuitivamente entendido, pois se os custos fixos independem do volume de atividade (premissa aceita), teremos de vender tantas unidades de produto quantas forem necessárias para, por meio da margem ganha em cada uma delas (preço de venda menos custo variável), chegar a cobrir os custos fixos, e, assim, atingir o ponto de equilíbrio (os custos variáveis já foram cobertos, pois levamos em conta a diferença entre preço de venda e custos variáveis).

Exemplo:

Custos Fixos, previstos em $ 6.376.350,00

– Preço de Venda $ 15,00

– Custo Unitário Variável $ 10,00

$$\text{Ponto de Equilíbrio} = \frac{6.376.350,00}{15,00 - 10,00} = \frac{6.376.350,00}{5,00} =$$

$$= 1.275.270 \text{ unidades do produto}$$

Testemos o resultado obtido. Se estiver correto, multiplicando-se o número de unidades pelo preço unitário de venda, deverá resultar num valor de venda igual aos custos totais (lucro zero).

Assim, $1.275.270 \times \$ 15,00 = \$ 19.129.050,00$ (Vendas totais)

O custo total, para esse nível de venda (e produção), será de:

$ 6.376.350,00 (parte fixa) + $ 10,00 × 1.275.270 (parte variável) =

$ 6.376.350,00 + $ 12.752.700,00 = $ 19.129.050,00

De fato, ao vendermos o número de unidades indicadas, alcançaremos uma receita total igual às despesas totais.

A fórmula apresentada, em quantidades, é importante, pois permite alcançar ou calcular o ponto de equilíbrio de cada produto, quando a empresa produzir mais de um, contanto que consigamos apropriar uma parcela do custo fixo total a cada produto (o que não deixaria de ser dificultoso). Além do mais, mesmo na hipótese de produto único, é muito importante, como indicação para o setor de produção, conhecer quantas unidades deverá produzir.

13.1.8   Outros conceitos de Ponto de Equilíbrio

O Ponto de Equilíbrio estudado é conhecido como Ponto de Equilíbrio Contábil. O Prof. Eliseu Martins, em seu livro *Contabilidade de custos* (9. ed. São Paulo: Atlas, 2008, p. 261) também conceitua Pontos de Equilíbrio Econômico e Financeiro, além do Ponto de Equilíbrio Contábil. Se uma empresa tem as seguintes características:

Custos + Despesas Variáveis: $ 8.000/un.

Custos + Despesas Fixos: $ 5.000.000/ano

Preço de Venda: $ 10.000/un.

Sabemos que seu Ponto de Equilíbrio será obtido quando a soma das Margens de Contribuição ($ 2.000/un.) totalizar o montante suficiente para cobrir todos os Custos e Despesas Fixos; esse é o ponto em que contabilmente não haveria nem lucro nem prejuízo (supondo produção igual à venda). Logo, esse é o *Ponto de Equilíbrio Contábil* (PEC):

$$PEC = \frac{\$ 5.000.000/ano}{\$ 2.000/un.} = 2.500 \text{ un./ano, ou } \$ 25.000.000/ano \text{ de Vendas}$$

Entretanto, um resultado contábil nulo significa que, economicamente, a empresa está perdendo (pelo menos o juro do capital próprio investido). Voltamos, assim, ao conceito de Custo de Oportunidade.

Supondo que essa empresa tenha tido um Patrimônio Líquido no início do ano de $ 20.000.000, colocados para render um mínimo de 6% a.a., temos um lucro mínimo desejado anual de $ 1.200.000.

O Ponto de Equilíbrio Econômico (PEE) será obtido quando a soma das Margens de Contribuição totalizar então $ 6.200.000, para que, deduzidos os Custos e Despesas Fixos de $ 5.000.000, sobrem os $ 1.200.000 de lucro mínimo desejado:

$$PEE = \frac{\$ 6.200.000/ano}{\$ 2.000/un.} = 3.100 \text{ un./ano, ou}$$

$$\$ 31.000.000/ano \text{ de Receitas}$$

Se a empresa estiver obtendo um volume intermediário entre as 2.500 e as 3.100 unidades, estará obtendo resultado contábil positivo, mas estará economicamente perdendo, por não estar conseguindo recuperar sequer o valor do juro do capital próprio investido (no nosso caso, um rendimento mínimo de uma caderneta de poupança).

Por outro lado, o Resultado Contábil e o Econômico não são coincidentes, necessariamente, com o *resultado financeiro*. Por exemplo, se dentro dos Custos e Despesas Fixos de $ 5.000.000 existir uma Depreciação de $ 1.000.000, sabemos que essa importância não irá representar desembolso de caixa.

Dessa forma, os desembolsos fixos serão de $ 4.000.000/ano; portanto, o Ponto de Equilíbrio Financeiro (PEF) será obtido quando conseguirmos obter uma Margem de Contribuição Total nessa importância:

$$PEF = \frac{\$ 4.000.000/ano}{\$ 2.000/un.} = 2.000 \text{ un./ano, ou}$$

$$\$ 20.000.000 \text{ de Receitas Totais}$$

Se a empresa estiver vendendo nesse nível, estará conseguindo equilibrar-se *financeiramente*, mas estará com um *prejuízo contábil de $ 1.000.000*, já que não estará conseguindo recuperar-se da parcela "consumida" do seu Ativo Imobilizado. Economicamente estará, além desse montante, perdendo os $ 1.200.000 dos juros, com um prejuízo total de $ 2.200.000.

13.2 QUAL O MELHOR PRODUTO? QUAL PRODUTO CORTAR?

13.2.1 Conceitos básicos

Na Contabilidade de Custos, encontramos dois tipos distintos de Custeio (forma, método de apropriação de custos).

Custeio por Absorção – Todos os custos de produção (Custos Fixos e Variáveis) são apropriados (contabilizados, computados) aos produtos.

Até agora, temos trabalhado com este método, considerando até os custos fixos indiretos, difíceis de ser distribuídos proporcionalmente aos produtos.

Custeio Variável (ou Custeio Direto) – Neste método, somente são apropriados aos produtos todos os Custos Variáveis. Os custos fixos são tratados como despesas, não sendo alocados aos produtos.

A Contabilidade de Custos para custeamento da produção tem legítimos interesses em avaliar o custo unitário global do produto. Em primeiro lugar, a noção intuitiva de custo já leva para aquela direção; em segundo lugar, na determinação de comportamento, a função custo unitário é importante no médio e longo prazos; em terceiro lugar, é necessária, em muitas circunstâncias, para fixação de preços de venda.

A Contabilidade de Custos, quando procura custear o produto atribuindo-lhe também uma parte do custo fixo, como já vimos, é conhecida como Contabilidade de Custos pelo método de custeamento "por absorção" ou global. Os custos fixos são "absorvidos" na produção ou alocados a ela de alguma forma, pelo menos os de fabricação.

Alternativamente, existe um método de custeamento da produção, também já visto, que aloca à produção apenas os *custos variáveis*, considerando todos os custos fixos como *custos de período*. A premissa desta concepção é que, independendo os custos fixos do volume de produção (dentro de certos limites), não tem sentido alocar tais custos à produção, resultando este rateio em alocações arbitrárias e até enganosas.

Não é absolutamente finalidade deste tópico discutir as vantagens e desvantagens do custeamento "por absorção" e do custeamento "direto" ou "variável". Estes autores consideram que ambas as metodologias têm aplicação na prática empresarial. Na verdade, o problema da conceituação do custo fixo não é resolvido de forma adequada, nem pelos fatores do custeio direto nem pelos de absorção. Consideramos que a produção, de qualquer maneira, exigiu um "esforço" por parte das facilidades da empresa, mensuráveis pelo nível de custos fixos e, portanto, estes devem ser alocados à produção de alguma forma proporcional ao uso que cada produto fez de tais facilidades. Isto, todavia, leva, em muitas circunstâncias, a critérios de rateio absolutamente arbitrários, embora aparentemente lógicos.[2] Um departamento

---

[2] Uma nova forma de custeio por absorção, o *ABC costing*, alocando os custos indiretos às atividades, diminui bastante os inconvenientes dos critérios tradicionais.

produtivo eficiente é, por vezes, penalizado por uma grande carga de custos rateados de outro departamento ineficiente.

Os seguidores do custeamento direto, por outro lado, levam demasiadamente a sério a definição contábil de custo fixo, isto é, de que o nível de custos fixos independe das variações de produção. Na verdade, poder-se-ia demonstrar que certos tipos de custos fixos poderiam ser evitados se não houvesse produção.

Assim, as duas concepções são incompletas. Entretanto, se tivéssemos de escolher entre elas, para finalidades de tomada de decisões, principalmente do tipo que trataremos neste tópico, sem dúvida escolheríamos o custeamento direto. Cremos que, embora a definição contábil de custo fixo seja limitada, os efeitos perniciosos de rateios arbitrários (a não ser que por métodos quantitativos se obtenha, efetivamente, a base científica para os rateios) são piores do que tais limitações. Em certas circunstâncias, como veremos mais adiante, poderemos atribuir aos departamentos (e, portanto, à produção) certos tipos de custos fixos perfeitamente identificados *com* e *no* departamento (por exemplo, depreciação das máquinas utilizadas no departamento), e deixar os demais como custo de período. Trata-se de um meio-termo entre o custeamento direto puro e o custeio por absorção. Parece-nos uma abordagem bastante racional. Todavia, isto somente será possível se tivermos uma departamentalização de custos. De qualquer forma, as vantagens do custeamento direto para certas tomadas de decisões são evidenciáveis.

Exemplo

A Cia. Novo Brasil trabalhava com três produtos distintos: Produto A, Produto B e Produto C.

O desempenho dos produtos no período findo em 31-12-2017, foi o seguinte, no que se refere aos custos e receitas:

PRODUTO	RECEITA	CUSTO TOTAL	LUCRO	CUSTOS VARIÁVEIS	CUSTOS FIXOS RATEADOS
A	$ 260.000	$ 187.500	$ 72.500	$ 150.000	$ 37.500
B	$ 220.000	$ 250.000	$ (30.000)	$ 200.000	$ 50.000
C	$ 140.000	$ 62.500	$ 77.500	$ 50.000	$ 12.500
	$ 620.000	$ 500.000	$ 120.000	$ 400.000	$ 100.000

Informações Adicionais:

Não existem estoques iniciais e finais.

Foram produzidas e vendidas:

10.000 unidades de A

7.500 unidades de B

2.500 unidades de C

A capacidade máxima de produção da empresa, medida em horas de mão de obra direta, foi totalmente utilizada e não ultrapassa 150.000 horas anuais.

Não existem problemas de mercado no que se refere a vender o produto isoladamente ou em conjunto (problema de imagem). As quantidades máximas que o mercado absorveria de cada produto são: A, 12.000; B, 9.500; C, 3.000.

Uma unidade de A demora 5 horas para ser produzida.

Uma unidade de B demora 2 horas para ser produzida.

Uma unidade de C demora 34 horas para ser produzida.

Os custos fixos são alocados aos produtos na base do valor da matéria-prima mais mão de obra direta mais outros custos variáveis incorridos, para cada produto.

Análise do Caso – Aceitando as informações da Contabilidade de Custos e utilizando o critério de absorção, seríamos levados a cortar o produto B, por apresentar prejuízo.

Entretanto, vamos apenas fazer uma listagem dos produtos em ordem decrescente de desempenho total, segundo o custeio por absorção:

1º Produto C

2º Produto A

3º Produto B

A abordagem do custeamento direto puro analisaria os dados de maneira diferente, senão vejamos:

PRODUTO	RECEITA	CUSTOS VARIÁVEIS	MARGEM DE CONTRIBUIÇÃO
A	$ 260.000	$ 150.000	$ 110.000
B	$ 220.000	$ 200.000	$ 20.000
C	$ 140.000	$ 50.000	$ 90.000
	$ 620.000	$ 400.000	$ 220.000
(–) Custos fixos			$ 100.000
= Lucro Líquido			$ 120.000

O *ranking* dos produtos seria o seguinte (pela margem total):

1º Produto A

2º Produto C

3º Produto B

A Margem de Contribuição Total é uma sistemática razoável, pois mostra qual produto contribui mais para pagar os custos fixos.

Afinal, quem estará certo? – Não estamos, ainda, em condições de dizer quem está absolutamente certo. Apenas que o critério utilizado em segundo lugar é menos enganoso, no sentido de uma decisão do tipo "qual produto cortar", pois demonstra claramente que os três produtos apresentam uma margem de contribuição positiva para a cobertura dos custos fixos. Se deixarmos de vender qualquer um deles, nem por isso os custos fixos abaixarão (em alguns casos, isto pode ocorrer, todavia, preferimos utilizar a definição "ingênua" de custo fixo).

Entretanto, se, com base na tabela efetuada pelo processo tradicional, resolvermos eliminar o produto B, os efeitos líquidos da decisão na premissa do caso serão:

Margem de Contribuição de A	$ 110.000
Margem de Contribuição de C	$ 90.000
	$ 200.000
(–) Custos Fixos	$ 100.000
= Lucro Líquido	$ 100.000

O lucro líquido diminui, portanto, após deixarmos de vender o produto B. Mesmo que conseguíssemos evitar alguma parcela de custo fixo, provavelmente seria menor do que $ 20.000.

A solução dada pelo custeamento direto puro é melhor do que a fornecida pelo custeamento por absorção puro, pelo fato de ter chamado a atenção para a circunstância de que, enquanto um produto tiver uma margem de contribuição positiva (maior do que a economia de despesas fixas que eventualmente obteríamos retirando o produto da linha), vale a pena continuarmos oferecendo o produto.

O Melhor Mix – Entretanto, não estamos certos, ainda, de que tenhamos escolhido o melhor *mix*, ou a melhor combinação de produtos.

O conceito de margem de contribuição total ou unitária tem suas vantagens, mas precisa estar acoplado a outro conceito, ou seja, ao *fator limitativo de capacidade*.

Procurar o produto que tem maior margem não é, muitas vezes, suficiente. Precisamos investir insumos no produto que apresente a melhor margem de contribuição por fator limitativo de capacidade.

Neste aspecto, o que vai interessar, no caso, é a margem de contribuição por hora de cada produto, já que horas-homem é nosso fator limitativo.

PRODUTO	MARGEM DE CONTRIBUIÇÃO UNITÁRIA	MARGEM DE CONTRIBUIÇÃO POR HORA
A	$ 11,00	$ 2,20
B	$ 2,67	$ 1,33
C	$ 36,00	$ 1,06

Pela margem de contribuição unitária, isto é, dividindo-se a margem de contribuição total pelo número de unidades vendidas, o *ranking* é o seguinte:

1º Produto C

2º Produto A

3º Produto B

A colocação é igual, no caso, à do conceito de lucro total por absorção.

A análise pela margem de contribuição unitária ainda pode levar-nos a erro, pois podemos ter um produto que apresente grande contribuição ao lucro total, mas baixa margem unitária.

Qual o Melhor Produto? – A margem de contribuição por *fator limitativo de capacidade* dá sempre a resposta certa ao nosso problema.

Interessa produzir e vender (desde que haja condições de mercado) o produto em que ganhamos mais para cada unidade de fator limitativo empregada. O fator escasso, no caso, são horas (poderia ser matéria-prima em outro caso etc.); logo, dentro daquilo que o mercado nos permite, devemos produzir o produto que melhor aproveite o fator limitativo.

Pela margem de contribuição por hora (obtida dividindo-se o valor da margem de contribuição total pelo produto entre unidades e número de horas para produzir uma unidade), o *ranking* final é o seguinte:

1º Produto A

2º Produto B

3º Produto C

O exemplo, dramatizado em seus contornos, é claro, foi de uma evidência espetacular sobre os enganos que poderemos cometer se utilizarmos qualquer critério que não seja o de fator limitativo de capacidade.

Analisemos (dentro das hipóteses simplificadas de mercado admitidas) a composição ótima (a que maximiza o lucro) para a empresa: *teríamos de produzir o máximo do produto A que o mercado pudesse absorver* (em seguida, de B, e o que sobrar, de C).

A – 12.000 unidades × 5 horas cada = 60.000 horas

B – 9.500 unidades × 2 horas cada = 19.000 horas

C – 2.088 unidades × 34 horas cada = <u>71.000 horas</u>[3]

150.000 horas

A composição anterior resultaria no lucro máximo possível, dentro das condições apresentadas.

PRODUTO	RECEITA	CUSTO VARIÁVEL	MARGEM DE CONTRIBUIÇÃO
A	$ 312.000	$ 180.000	$ 132.000
B	$ 278.635	$ 253.365	$ 25.270
C	$ 116.928	$ 41.760	$ 75.168
	$ 707.563	$ 475.125	$ 232.438
(–) Custos fixos			$ 100.000
= Lucro Líquido			$ 132.438

Qualquer outra composição resultaria num lucro total menor (ou no máximo igual). Aliás, este é o tipo de decisão que pode merecer a aplicação de técnicas de programação linear. Todavia, foi perfeitamente possível resolver adequadamente o problema, sem utilizar esta técnica explicitamente, mas levando em conta as restrições existentes.

---

[3]   Na verdade, com o produto C consumiríamos apenas 70.992 horas, sobrando 8 horas, que poderiam ser realocadas para A e B, se o mercado aceitasse, ou para o estoque.

Se o mercado pudesse absorver mais unidades de A e B, o lucro total seria muito maior. Note que, ao calcularmos o *ranking* de acordo com o fator limitativo de capacidade, conseguimos alocar as horas de forma a produzir tudo o que o mercado pudesse absorver dos Produtos A e B e gastamos o que restou das horas em C. Apesar de o lucro total obtido não ser dramaticamente maior do que o obtido por qualquer outra tentativa, fica demonstrada a validade da abordagem exposta.

Pelo critério da margem de contribuição total, a ordem de classificação seria: 1º, A; 2º, C; 3º, B.

Vejamos qual seria o lucro:

PRODUTO	RECEITA	CUSTO VARIÁVEL	MARGEM DE CONTRIBUIÇÃO
A	$ 312.000*	$ 180.000	$ 132.000
C	$ 148.232**	$ 52.940	$ 95.292
B	$ 29,33	$ 26,67	$ 2,66
	$ 460.261,33	$ 232.966,67	$ 227.294,66
(–) Custos fixos			$ 100.000,00
= Lucro Líquido			$ 127.294,66

* Os valores para as tabelas foram obtidos utilizando-se o quadro inicial de lucro por absorção. Assim, o preço unitário de venda foi calculado dividindo-se $ 260.000,00 por 10.000 unidades (para o produto A). Este preço unitário foi multiplicado pelo número de unidades do produto a ser vendido, segundo cada alternativa. Assim, $\frac{260.000}{10.000} \times 12.000 = 312.000$, para o produto A, se vendermos as 12.000 unidades.

O mesmo critério é utilizado para os outros produtos e para o custo variável.

** Só 2.647 unidades de C podem ser produzidas, dada a limitação de 150.000 horas no total, deixando 2 horas para produzir uma unidade de B.

O lucro líquido foi maior do que na alternativa custeio por absorção, mas menor do que o obtido pela margem de contribuição por fator limitativo. Note que não é o método que faz aumentar ou diminuir o lucro; este aumenta ou diminui como consequência das classificações dos produtos, e estas, sim, resultam dos métodos. As 150.000 horas de capacidade podem ser esgotadas produzindo A, B ou C, em proporções variadas.

Se utilizássemos a classificação resultante da margem de contribuição unitária, teríamos o mesmo resultado obtido utilizando-se a classificação do custeio por absorção, pois as classificações foram idênticas.

Conclusão

Sem a pretensão de avaliar definitivamente a controvérsia entre custeamento por absorção e custeamento variável, procuramos neste tópico realçar um dos casos em que a utilidade do custeamento direto (ou variável) é mais acentuada.

Apoiados em noções amplamente discutidas com professores universitários e colegas de profissão, esclarecemos a importância de irmos mais além do que a apuração da margem de contribuição total, para aquele tipo de decisão.

Verificamos que o elemento crítico na decisão é a margem de contribuição por fator limitativo de capacidade e não, propriamente, a simples margem de contribuição total, e mesmo a margem de contribuição unitária.

Esta constatação permite-nos adotar, dentro das limitações de nossa capacidade instalada, decisões que maximizam os lucros, pois levam-nos a alocar nossa limitada capacidade aos produtos efetivamente mais lucrativos.

EXERCÍCIOS PROPOSTOS

1.

(FCC – 2015 – TCE-CE) A Cia. Processadora, ao analisar os custos do seu único produto, obteve as seguintes informações:

	Quantidade produzida	Custo unitário	Custo total
Custo 1	10.000 unidades	R$ 3,00	R$ 30.000,00
	15.000 unidades	R$ 3,00	R$ 45.000,00
	20.000 unidades	R$ 3,00	R$ 60.000,00

	Quantidade produzida	Custo unitário	Custo total
Custo 2	10.000 unidades	R$ 6,00	R$ 60.000,00
	15.000 unidades	R$ 4,00	R$ 60.000,00
	20.000 unidades	R$ 3,00	R$ 60.000,00

Com base nessas informações, é correto afirmar que os custos 1 e 2 são, em relação ao volume de produção, respectivamente,

a) indireto e variável.
b) variável e variável.
c) fixo e variável.
d) variável e fixo.
e) fixo e indireto.

2.

(FGV – 2015 – DPE-RO) Ao utilizar o custeio variável, a empresa imputará:

a) custos e despesas variáveis como investimento.
b) custos e despesas fixas da produção em elaboração no resultado.

c) custos fixos e variáveis da produção acabada como investimento.
d) custos fixos e variáveis da produção em elaboração no resultado.
e) custos variáveis e despesas fixas como investimento.

3.

(CFC – 2016 – 1º Exame) Em relação à apuração dos custos por produto, considerando-se uma determinada capacidade instalada, classifique os custos a seguir como fixos ou variáveis e, em seguida, assinale a opção CORRETA.

I. Custo com material de embalagem componente do produto.

II. Custo com depreciação das máquinas, apurada pelo Método Linear.

III. Custo com salário e encargos do supervisor da produção, a quem estão subordinadas as equipes responsáveis pela fabricação de três tipos de produto, todos produzidos no período.

A sequência CORRETA é:

a) Fixo, Fixo, Variável.
b) Fixo, Variável, Variável.
c) Variável, Fixo, Fixo.
d) Variável, Variável, Fixo.

4.

(IF-TO – 2016 – IF-TO) São consideradas características de custos fixos quando:

a) o valor total sofre variação dentro de determinada faixa de produção.
b) o valor é constante por unidade, independente da quantidade produzida.
c) seu valor total varia na produção direta do volume de produção.
d) a alocação aos produtos ou centros de custos é normalmente feita de forma direta, sem a necessidade de utilização de critérios de rateios.
e) o valor por unidade produzida varia à medida que ocorre variação no volume de produção por tratar de um valor fixo diluído por uma quantidade maior.

5.

(IF-TO – 2016 – IF-TO) São os custos que mantêm relação direta com o volume de produção ou serviço. E na maioria das vezes seu crescimento no total evolui na mesma proporção do acréscimo no volume produzido:

a) custos fixos.
b) custos diretos.
c) custos variáveis.
d) custos indiretos.
e) custos fixos e variáveis.

6.

(CFC – 2016 – 2º Exame) No mês de agosto de 2016, a Indústria "A" produziu 600 unidades de um determinado produto e apresentou a seguinte composição do custo de produção:

Itens	Valor
Matéria-prima	R$ 84.000,00
Mão de obra direta	R$ 336.000,00
Custos fixos	R$ 132.000,00

Para apurar o custo de produção, adota-se o Custeio por Absorção.

No início do mês de setembro de 2016, a Indústria recebe uma proposta para adquirir 600 peças semiacabadas da Indústria "B" a um custo de R$ 850,00 por unidade, e mais um frete de R$ 40,00 por unidade.

Para processar e acabar esse lote adquirido da Indústria "B", em vez de produzir integralmente o lote de peças internamente, a Indústria "A" incorreria nos seguintes custos:

Itens	Valor
Matéria-prima	R$ 9.000,00
Mão de obra direta	R$ 6.000,00
Custos fixos	R$ 11.400,00

Diante das informações apresentadas, assinale a alternativa CORRETA.

a) A Indústria "A" deve recusar a proposta, pois o custo unitário da peça será de R$ 915,00, que é maior do que o custo atual, no valor de R$ 700,00.

b) A Indústria "A" deve aceitar a proposta, pois, com redução dos custos de fabricação, o custo unitário da peça será de R$ 894,00, que é menor que o custo atual, no valor de R$ 920,00.

c) A Indústria "A" deve aceitar a proposta, pois o custo unitário de cada peça será de R$ 890,00, que é menor que o custo atual, no valor de R$ 920,00.

d) A Indústria "A" deve recusar a proposta, pois o custo unitário da peça será de R$ 934,00, que é maior do que o custo atual, no valor de R$ 920,00.

7.

(CFC – 2015 – 2º Exame) Uma Indústria apresenta os seguintes custos de produção referentes ao mês de janeiro de 2015:

Produtos	Matéria-prima	Mão de obra
A	R$ 9.100,00	R$ 12.000,00
B	R$ 2.600,00	R$ 3.000,00
C	R$ 1.300,00	R$ 2.000,00

Os Custos Fixos do mês totalizaram R$6.500,00. Esses custos fixos são indiretos e distribuídos entre os produtos na proporção da matéria-prima consumida, nos casos em que o critério exige alocação de tais custos.

Com base nos dados acima, é CORRETO afirmar que:

a) o custo do produto A, calculado com base no Custeio Variável, é de R$ 21.100,00.

b) o custo do produto A, calculado com base no Custeio Variável, é de R$ 25.650,00.

c) o custo do produto B, calculado com base no Custeio por Absorção, é de R$ 5.600,00.

d) o custo do produto C, calculado com base no Custeio por Absorção, é de R$ 3.300,00.

8.

(CFC – 2016 – 1º Exame) A quantidade de produto, no Ponto de Equilíbrio Contábil, é aumentada quando:

a) a empresa aumenta o custo fixo e o restante permanece constante.

b) a empresa aumenta o preço de venda unitário do produto e o restante permanece constante.

c) a empresa diminui o custo fixo e o restante permanece constante.

d) a empresa diminui o custo variável unitário do produto e o restante permanece constante.

9.

(CESGRANRIO – 2013 – BNDES) O ponto de equilíbrio contábil, também chamado de ponto de ruptura ou *Break-even Point*, ocorre quando a:

a) margem de contribuição total igualar as despesas fixas totais.

b) margem de contribuição total igualar os custos fixos totais.

c) receita total igualar custos e despesas totais.

d) receita total superar os custos fixos totais gerando o lucro desejado pelos proprietários.

e) receita líquida total igualar os custos totais deduzidos dos não desembolsados.

Cap. 13 • Custos para Decisão   247

10.

(FCC – 2013 – TRT – 15ª Região (Campinas)) A Cia. Holanda produz e vende, por R$ 1.000 a unidade, o produto "A". Para produzir e vender este produto, incorre na estrutura de custos e despesas abaixo.

Custos variáveis p/ unidade	Despesas variáveis de venda p/ unidade	Total dos custos fixos	Despesas fixas totais
R$ 400	R$ 100	R$ 480.000	R$ 20.000

Em um determinado período, a empresa estabelece como objetivo diminuir seu endividamento em R$ 300.000 e ainda gerar um lucro de R$ 100.000, mantendo a mesma estrutura de custos e despesas. Para alcançar seus objetivos, a empresa deveria produzir e vender, em unidades:

a) 1.200.
b) 1.600.
c) 1.800.
d) 2.000.
e) 1.000.

11.

(CEPERJ – 2013 – SEFAZ-RJ) Uma indústria apresentou os seguintes saldos em sua contabilidade:

CUSTOS E DESPESAS FIXAS TOTAIS

Depreciação de máquinas e equipamentos.. 49.536,00

Mão de obra direta e indireta..... 159.264,00

Seguro da fábrica 15.920,00

Comissão de vendedores............. 56.880,00

CUSTOS E DESPESAS VARIÁVEIS UNI-TÁRIAS

Material direto................................ 1.004,00

Embalagens... 238,00

Propaganda e publicidade.................. 68,00

Diversos custos e despesas................. 34,00

Considerando um preço de venda unitário de 2.752,00 para se atingir o ponto de equilíbrio, as unidades produzidas e vendidas por ano devem corresponder a:

a) 155.
b) 159.
c) 171.
d) 195.
e) 200.

12.

(Makiyama – 2012 – CPTM)

A análise de custo-volume-lucro é uma ferramenta influente para identificar a extensão e magnitude de um problema econômico pelo qual a empresa esteja passando, assim como ajudá-la a encontrar as soluções necessárias. A respeito dessa análise, considere os itens a seguir.

I É uma ferramenta poderosa no planejamento e na tomada de decisão.

II Enfatiza os inter-relacionamentos de custos, quantidades vendidas e preços, agrupando toda a informação financeira de uma empresa.

III Foca nos fatores que afetam uma mudança nos componentes de lucro.

IV Aborda problemas como o número de unidades que precisam ser vendidas para atingir o ponto de equilíbrio.

Está correto apenas o que se afirma em:

a) I, II, III e IV
b) IV
c) I, III e IV
d) II e III
e) I, II e III

13.

(CFC – 2011 – 2º Exame) Uma empresa de treinamento está planejando um curso de especialização. Os custos previstos são: Custos Variáveis de R$ 1.200,00 por aluno e Custos Fixos de R$ 72.000,00, dos quais R$ 4.800,00 referem-se à depreciação de equipamentos a serem utilizados. O curso será vendido a R$ 6.000,00 por aluno. O Ponto de Equilíbrio Contábil se dá com:

a) 10 alunos.
b) 12 alunos.
c) 14 alunos.
d) 15 alunos

14.

(FCC – 2011 – NOSSA CAIXA DESEN-VOLVIMENTO) Dados sobre uma mercadoria fabricada pela Cia. Miranda:

Ponto de equilíbrio mensal em unidades..20.000

Custo fixo mensal .... R$ 240.000,00

Preço unitário de venda da mercadoria .....
.... R$ 28,00

O custo variável total correspondente ao número de unidades do ponto de equilíbrio mensal é, em R$,

a) 480.000,00.
b) 380.000,00.
c) 320.000,00.

d) 560.000,00.
e) 428.000,00.

15.

(FCC – 2010 – TCM-CE) Considere as seguintes informações da empresa W:

Custos mais Despesas Variáveis: R$ 40,00 por unidade

Custos mais Despesas Fixas: R$ 4.000,00 ao ano

Preço de Venda: R$ 60,00 por unidade

Patrimônio Líquido: R$ 10.000,00 média anual

Rentabilidade anual esperada: 10% ao ano

Depreciação anual: R$ 600,00

O ponto de equilíbrio Contábil, Econômico e Financeiro é respectivamente, em unidades,

a) 200, 180 e 170.
b) 200, 250 e 170.
c) 250, 180 e 120.
d) 250, 120 e 145.
e) 235, 180, e 225.

16.

(FGV – 2008 – TCM-RJ) Determinada empresa industrial fabrica e vende dois produtos: M e C. Observe os dados desses dois produtos:

Produto	M	C
Preço de venda	25,00	15,00
Matéria-prima A (em kg/unid.)	1	1,2
Matéria-prima B (em kg/unid.)	2	0,5
Horas-máquina 1 (em h/unid.)	2	2
Horas-máquina 2 (em h/unid.)	3	1
Demanda (em unid./mês)	50	80

Sabe-se que os recursos são onerosos e limitados, conforme a tabela a seguir:

Recursos	Custo unitário	Disponibilidade
Matéria-prima A	$ 1,00/kg	140 kg
Matéria-prima B	$ 2,00/kg	150 kg
Máquina 1	$ 3,00/h	300 h
Máquina 2	$ 4,00/h	300 h

Sabe-se, ainda, que:

I. a empresa não tem como aumentar as suas disponibilidades no próximo mês; portanto, precisa gerenciar aquelas restrições;

II. a empresa tem por política trabalhar sem estoque final de produtos acabados.

Assinale a alternativa que indique quantas unidades a empresa precisa produzir e vender de cada produto no próximo mês para maximizar seu resultado nesse próximo mês.

a) M = 25; C = 0.
b) M = 0; C = 116,67.
c) M = 44; C = 80.
d) M = 44; C = 96.
e) M = 50; C = 80.

17.

(COMPERVE – 2017 – MPE-RN) Em relação ao comportamento dos custos quanto ao seu volume de atividades, eles podem ser classificados de forma diferenciada. Considerando essa classificação, a opção na qual há um gráfico que representa o comportamento dos custos semivariáveis é:

a)

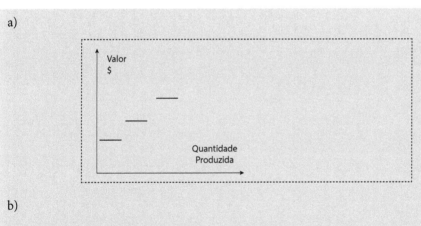

b)

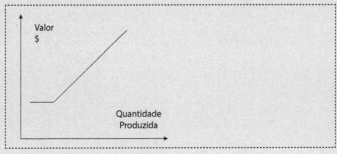

c)

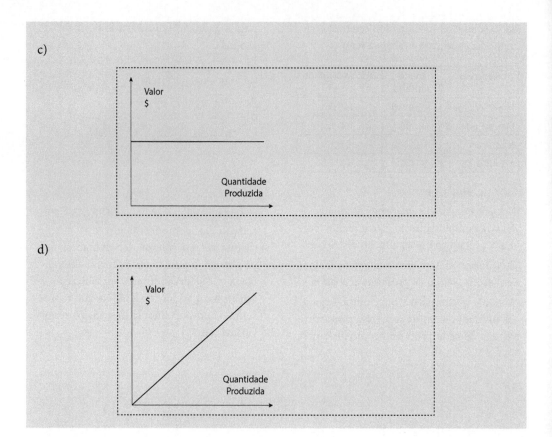

d)

14

Custos para Controle Custo-Padrão

14.1 INTRODUÇÃO

Sistemas de custo baseados na apuração de "custos reais", isto é, custos já incorridos, são importantes para traçar, através do tempo, o perfil da estrutura de custos da empresa e para fornecer dados de grande valia para auxiliar na previsão de tendências. Destacamos aqui a grande contribuição da Contabilidade de custos que registra acima de tudo, também, informações sobre os custos incorridos, que medem o quanto de dispêndio financeiro foi necessário para fabricar o produto, e tudo que se pode medir se pode controlar.

Claramente, o custo real deve ser apurado, mesmo num sistema de custo-padrão, pelo menos periodicamente, a fim de efetuarmos as comparações entre o padrão e o realizado. Importante é realçar, entretanto, que a empresa ou baseia seu sistema de apuração em *custos reais* ou em *custos-padrão*, conquanto naquele sempre se integrem previsões, pelo menos no que se refere aos custos indiretos de fabricação, e neste se harmonizem as formas de se apurarem as variações com os custos reais. A filosofia dos dois sistemas, todavia, é completamente diferente. Enquanto o sistema baseado em custos reais se preocupa apenas em custear a produção para apuração de quanto "custou" determinado produto ou linha, um sistema de custo baseado em custos-padrão preocupa-se, basicamente, em delinear o quanto "deveria" custar certa produção, levando-se em conta algumas condições normais (ou ideais, em alguns casos). Envolve uma noção de meta a alcançar, de eficácia e de eficiência.

Normalmente, quando se fala em custo-padrão, limita-se sua amplitude à área de custos de produção, conquanto existam sistemas de custo-padrão abrangentes e estendidos às áreas administrativa, de distribuição, enfim, a toda a empresa. Limitaremos nosso enfoque à abordagem mais comum, isto é, à área fabril. Também, costuma-se afirmar que o custo-padrão, por visar, inclusive, ao controle de eficiência das operações fabris, é mais detalhado e analítico do que a correspondente parcela do orçamento operacional da empresa que se dedica à produção.

Nas palavras de C. T. Horngren, em seu livro *Cost accounting: managerial emphasis* (3. ed. Englewood Cliffs: Prentice-Hall, 1972. p. 227),

> o *approach* do orçamento flexível nos diz "conte-me qual foi seu nível de atividade durante a semana ou mês passado e eu lhe darei um orçamento que especifique quais os custos que deveriam ter ocorrido. Eu lhe farei um orçamento sob medida para aquele volume particular, *após o fato (...)*".

De fato, o orçamento operacional é uma etapa de um processo mais amplo que denominamos planejamento empresarial. Esta etapa é integrada quanto aos vários aspectos ou setores da empresa que abarca. Inicia-se pelo *orçamento de vendas*, segue-se com o *orçamento de produção*, deste derivam os *orçamentos de compras* etc., o todo levando, em última análise, a um balanço e demonstrativo de resultados projetados. A visão orçamentária, portanto, é a de um todo.

Por outro lado, não podemos esquecer que o custo-padrão, além de ser baseado em previsões e metas, é consubstanciado em "padrões" ou *standards* técnicos algo mais detalhados que as previsões orçamentárias e, acima de tudo, o custo-padrão é, concomitantemente a sua finalidade de planejamento, um sistema de custeamento de produtos e tem filosofia de controle das operações.

No que concerne ao custo-padrão, controle tem um significado mais restrito, *quando necessário*, do que o sentido mais amplo, de avaliação de desempenho, comum em orçamento. Entretanto, também este último conteúdo pode ser atribuído ao custo-padrão, pois que da análise de variações surgem importantes consequências para a avaliação de desempenho no sentido de "quão bem atingimos o curso esperado". Num sentido mais restrito, o custo-padrão é um hábil instrumento de controle das operações, indicando se estas foram realizadas acima ou abaixo dos padrões de eficiência fixados. O custo-padrão também é um custo estabelecido pela empresa como meta para os produtos de sua linha de fabricação, levando-se em consideração as características tecnológicas do processo produtivo de cada um, a quantidade e os preços dos insumos necessários para a produção e o respectivo volume de unidades de produção. Certos padrões, como de mão de obra direta, podem ter em sua base estudos científicos de tempos e movimento. Um padrão assim estabelecido é, antes de mais nada, um parâmetro de controle de eficiência, num sentido pouco mais restrito do que comumente empregamos quanto ao termo *controle* em Contabilidade Gerencial.

14.2 PONTO DE CONTATO IMPORTANTE ENTRE ORÇAMENTOS E CUSTOS-PADRÃO

Um ponto em que é extremamente crítica a interface entre orçamento operacional geral e custo-padrão é o estabelecimento do *nível de capacidade* sobre o qual repousam todas as estimativas.

Nada impede que o orçamento seja expresso em um nível de capacidade prevista como razoável para o período abrangido pela previsão orçamentária e que o custo-padrão seja baseado na *capacidade normal*, por ser esta última a base utilizada, usualmente, no estabelecimento dos padrões técnicos.

Se assim procedermos, o custo-padrão terá uma filosofia distinta da do orçamento operacional. Este tratará de estimar o que poderemos atingir, nas condições previsíveis para o período abrangido; aquele será uma sublimação dos padrões físicos predeterminados em condições normais de capacidade.

Conquanto existam sistemas que operam com tal dualidade de abordagens e mesmo se considerando certas vantagens derivantes de comparações que daí possam advir, consideramos que, na prática gerencial, os dois instrumentos – o custo-padrão mais analítico e abarcando também o custeamento da produção, bem como o controle num sentido amplo e restrito, e o plano orçamentário global, verdadeira síntese da administração científica da empresa – devam estar expressos *ao mesmo nível de capacidade*, a capacidade normal, se for o caso. Se, entretanto, a capacidade normal for algo difícil de obter, por uma série de circunstâncias e fatores conjunturais, no período orçamentário, talvez o mais prático, mesmo correndo o risco de contrariar os "filósofos" e puristas da Contabilidade de Custos, seja projetar um nível de capacidade mais consentâneo com as condições possíveis de ser antecipadas para o período orçamentário.

Continuamos fiéis ao ponto de vista de que o *starting point* de todo o processo é o que desejamos e o que podemos efetivamente vender. Se isto estiver dentro dos limites, mesmo que máximos, de nossa capacidade de produzir, levando-se em conta os fatores limitativos e as dimensões de nossa empresa, e se no volume de vendas escolhido o lucro é o maior entre as demais alternativas, esta será a altura ou nível de capacidade pela qual devemos expressar todos os custos. A meta, portanto, não é a capacidade de produzir, mas as consequências, na produção e em seu volume, da capacidade de vender.

Em alguns casos, a empresa adota o "orçamento flexível", isto é, orça despesas para vários níveis da ocupação da capacidade. Para a Contabilidade dos custos da produção, esta variante do orçamento flexível ou variável oferece a opção de maior facilidade na estimativa do comportamento de certas despesas.

Portanto, orçamentos flexíveis são preparados para um intervalo de variação e fornecem uma boa base comparativa pelo fato de terem sido construídos para captar as variações de volume.

Orçamentos flexíveis são muito importantes para poder comparar o custo real com o custo orçado no mesmo volume e para estabelecer comportamentos de custos com as variações do volume.

A esse respeito, C. T. Horngren classifica as despesas em: variáveis proporcionalmente, variáveis em degraus, fixas discricionárias, fixas imputadas e mistas. A primeira corresponde à definição clássica de custo variável. A segunda é a que varia de acordo com alguma outra medida de atividade que não volume ou venda. Por exemplo, o número de pedidos de reparos em produtos com garantia pode não ter nenhuma relação com as vendas ou produção daquele período. Ainda assim, o custo é considerado variável. Os custos mistos são os que contêm elementos fixos e variáveis (semivariáveis e semifixos, segundo nossa classificação). Fixas discricionárias e imputadas são categorias que recaem no gênero de despesas fixas.

Orçamentos flexíveis são elaborados mais para custos indiretos de fabricação, mas podem incluir matéria-prima e mão de obra direta.

14.3 NATUREZA E TIPOS DE PADRÃO

Afirmamos que o custo-padrão é uma meta a ser alcançada. Entretanto, é necessário fixar os critérios para estabelecer o próprio padrão. Quão ambiciosos deveremos ser no estabelecimento dos padrões?

Deveriam eles ser a expressão de condições ideais (ou da perfeição) ou deveríamos levar em conta vários eventos reais que contribuem para a não obtenção da perfeição?

De certa forma, voltamos aqui ao mesmo ponto conceitual discutido por ocasião do volume normal e do volume esperado, embora a ênfase seja outra.

Os vários autores enumeram três tipos básicos de padrão:

a) Padrões Básicos de Custo;

b) Padrões Ideais de Custo;

c) Padrões Correntes de Custo.

Os primeiros representam padrões básicos fixados em determinado período e nunca alterados. A hipótese seria de que os relatórios contábeis que reportam diferenças entre os custos reais e os custos expressos ao nível de padrão básico expressem tendências. Este tipo de padrão é raramente utilizado, pois as tendências perdem seu significado porque mudanças no produto e nos métodos exigem mudança nos padrões.

Os segundos representam o ideal, em termos de ser alcançada a máxima eficiência técnica dentro da fábrica. São utilizados quando se deseja forçar a organização rumo a um desempenho excelente, mas podem ter, segundo nossa forma de ver, efeitos contraproducentes. Uma meta excessivamente ambiciosa pode desestimular, pela irrealidade com que transparece aos olhos dos operários, supervisores etc.

Já os padrões correntes (ou, segundo outras nomenclaturas, "padrões que podem ser atingidos"), embora sejam elaborados para estimular um bom desempenho, são passíveis de ser alcançados, bastando para tanto que a eficiência seja maior do que a dos anos passados. São padrões "apertados", apresentando quase sempre pequenas variações desfavoráveis quando comparados com os custos reais, mas não ideais. Levam em conta certa proporção de desperdício, tempo ocioso etc., embora em níveis bastante reduzidos.

O Custo Real é o custo efetivo incorrido pela empresa em determinado período de produção. Se o Custo Real for superior ao Custo Padrão, a variação (diferença) aí ocorrida será considerada *desfavorável*, uma vez que o custo efetivo foi maior que o estipulado como meta para a empresa. Se ocorrer o contrário, o Custo Real ser inferior ao Custo Padrão, a variação será considerada *favorável*, uma vez que a empresa apresentou custo menor do que o estipulado como meta.

De acordo com os tipos apresentados, preferimos o terceiro tipo de padrão. O primeiro é demasiado estático. O segundo, conforme foi dito, é uma espécie de "sonho de paraíso do engenheiro", uma fábrica ideal em que não existe ineficiência, desperdício, tempo ocioso, parada de máquinas etc.

14.4 SÃO OS PADRÕES RESULTADO DE ESTUDOS CIENTÍFICOS E DE ENGENHARIA, DE TEMPOS, MOVIMENTOS, ROTINAS ETC.?

É muito difundida a ideia de que os padrões, principalmente de quantidades, sejam sempre o resultado de estudos minuciosos de engenharia, resultantes de provas controladas e outras metodologias técnicas e de engenharia.

Conquanto isto seja verdadeiro (e até desejável) em um bom número de circunstâncias, não significa que uma estimativa baseada em experiência passada (desde que o desempenho e a eficiência desta experiência sejam comparáveis com o que se deseja) ou um procedimento misto que leve em conta estudos técnico-científicos e outros elementos não possam ser considerados um padrão. Na verdade, padrão é um coeficiente que a administração, os homens de linha, os supervisores etc. acham razoável e adequado, bem como possível de ser alcançado, mesmo que para isto se necessite de um ótimo desempenho e, até mesmo, que isso se constitua um desafio. Entretanto, deve ser considerado razoável pelos supervisores na base de suas experiências. De nada adianta um padrão estabelecido em bases rigorosamente científicas se ele for considerado *utópico* ou *inatingível* pelos supervisores.

Apesar de tudo, a utilização de tais padrões técnico-científicos é importante, desde que os padrões sejam obtidos após uma série razoável de testes e mensurações, dando a possibilidade de ocorrerem desperdícios, ociosidades etc., o que somente irá ocorrer se os padrões forem estabelecidos após uma boa série de provas.

Importante também será comparar os padrões estabelecidos em nossa empresa com padrões nacionais ou internacionais que possam existir. Isto pode dar uma ideia de quanto afastados nos encontramos das melhores médias. De pouco proveito prático, entretanto, será utilizarem-se pura e simplesmente tais padrões como "nosso padrão", a não ser que não haja uma forma econômica de estabelecer nosso próprio padrão.

Voltamos a insistir, entretanto, que, qualquer que seja a origem dos padrões, eles somente serão válidos se forem aceitos por aqueles que irão ser julgados quanto a seu desempenho em relação a eles. Nem sempre estas pessoas deverão ter a palavra final sobre a fixação dos padrões, mas deverão achá-los "atingíveis", mesmo que tenham de admiti-lo de forma recalcitrante. Se todos os supervisores da empresa viverem comentando e até zombando dos padrões existentes, como irreais, utópicos e inatingíveis, sem dúvida tais padrões deverão ser reestudados.

14.5 APURAÇÃO E ANÁLISE DE VARIAÇÕES ENTRE PADRÃO E REAL

Sob o ponto de vista gerencial, o que mais interessa é a apuração e o significado das variações entre o custo-padrão (ou orçado) e o custo real.

14.5.1 Variações na receita (vendas)

A Cia. Gerencial apresenta os seguintes dados:

Previsão de Venda: 3.000 unidades a $ 15 cada uma

Realização: 4.000 unidades a $ 10 cada uma

Valor Total Previsto	= $ 45.000
Valor Total Realizado	= $ 40.000
Diferença (Var. Líquida)	= $ 5.000 desfavorável

Variação de Quantidade – A variação de quantidade foi positiva, pois vendemos mais quantidades do que foi previsto. A fim de esta variação não ser afetada pela de preços, devemos expressá-la em termos de preço-padrão (previsto).

A variação de quantidade é frequentemente atribuída como de responsabilidade dos vendedores, no caso. Atribuindo à diferença de quantidades o preço-padrão, estaremos sendo neutros com relação aos vendedores, pois escapa a eles o controle dos preços de venda.

Assim, a variação de quantidade = 1.000 × $ 15 = $ 15.000 favorável.

Variação de Preços – A diferença entre os preços previstos e reais é desfavorável, pois o previsto foi superior ao real.

Nesta variante simplificada, a Variação de Preço = (preço-padrão – preço real) × quantidades reais = $ 5 × 4.000 = $ 20.000, *desfavorável*. Teríamos, assim, apenas duas variações: de quantidade e de preços.

Assim:

Variação quantidade = $ 15.000 (favorável)

Variação preço	= $ 20.000 (desfavorável)
Diferença	$ 5.000 (desfavorável)

Como poderiam ser interpretadas as variações – A variação de quantidades é, frequentemente, a mais fácil de explicar e de atribuir, no que se refere a sua responsabilidade.

Se, no caso, foi imposta aos vendedores a meta de vender 3.000 unidades e esta meta foi realista, sem dúvida devemos interpretar a venda adicional de 1.000 unidades como bom desempenho por parte dos vendedores. Entretanto, também pode ter ocorrido maior venda em quantidades devido ao preço médio de venda mais baixo que o previsto.

Como veremos mais adiante, julgamentos precipitados sobre o sentido isolado de cada variação podem ser muito enganosos.

No exemplo em tela, a variação desfavorável de preço pode ser devida a vários fatores:

Um erro de previsão.

Uma falha do setor responsável pela proposição de reajustes.

Por incrível que possa parecer, uma falha de distribuição das vendas durante o ano por parte dos próprios vendedores. Estes podem ter forçado maior volume de pedidos do que o previsto nos meses em que o preço unitário de venda era menor, resultando num *preço* *médio ponder*ado das vendas menor do que o previsto (de $ 15 para $ 10). Com isto obtiveram uma variação de quantidade favorável, porém, pelo efeito desfavorável da variação de preços, a empresa perdeu em sua totalidade.

Veja, portanto, que o julgamento aparentemente tão correto sobre o presumido bom desempenho dos vendedores pode ser algo precipitado se *não analisarmos todas as circunstâncias que podem ter ocorrido.*

Neste sentido, é frequente afirmar-se que, da mesma forma que na análise de balanços, o cálculo de variações fornece mais uma gama de perguntas inteligentes a serem respondidas, e não as respostas.

14.5.2 Variações de matéria-prima (MP)

Os conceitos e fórmulas vistos no exemplo simplificado com Vendas são válidos para o caso de matéria-prima.

Definimos, assim, duas variações básicas.

Variação de Quantidade = preço unitário padrão × (quantidades-padrão – quantidades reais)

Variação de Preço = quantidades reais × (custo unitário padrão – custo unitário real)

Exemplo

O departamento produtivo Z requisitou ao almoxarifado e consumiu 4.000 unidades da matéria-prima A para fabricar 1.000 unidades do produto Y. O custo unitário padrão para esta matéria-prima era de $ 5 por unidade. A ficha de custo de estoque apontou um custo real de $ 5,20 por unidade. Pela ficha de custo-padrão, para fabricar 1.000 unidades do produto Y seriam necessárias 4.020 unidades de matéria-prima.

Custo Total Padrão	= 4.020 × $ 5	= $ 20.100
Custo Total Real	= 4.000 × $ 5,20	= $ 20.800
Variação Líquida Desfavorável a Ser Explicada		$ 700
Variação de Quantidade = $ 5 × (4.020 – 4.000)		= $ 100, favorável
Variação de Preços = 4.000 × ($ 5 – $ 5,20)		= $ 800, desfavorável
Variação Líquida Global		$ 700, desfavorável

A variação de quantidade foi favorável (+), pois o consumo real foi menor do que o padrão, ou seja, foram gastas 20 unidades de matéria-prima a menos, no entanto, em relação ao preço a variação foi desfavorável (–), pois o custo unitário real foi maior em $ 0,20 em relação ao custo-padrão o que explica a variação líquida global desfavorável (–) em $ 700.

Como interpretar as variações? – É difícil interpretar o que pode estar ocorrendo, principalmente se não dispusermos de todo o quadro de variações calculado, isto é, variações de matéria-prima (MP), variação de mão de obra direta (MOD) e variação de custos indiretos de fabricação (CIF).

As possíveis interpretações do que possa ter ocorrido são semelhantes, embora com sentido oposto, às vistas, quando do exemplo com Vendas.

Aparentemente, houve eficiência do setor produtivo, pois este conseguiu consumir menos unidades do que deveria, de acordo com o padrão, desde que o padrão, é claro, seja realístico.

A variação de preços de matéria-prima fica influenciada pela avaliação de estoques. Idealmente, deveríamos comparar um custo unitário padrão com um preço unitário instantâneo de compra. Entretanto, em uma empresa que trabalha com muitas unidades de produto adquiridas em várias datas, temos de recorrer à avaliação por um dos conhecidos métodos, PEPS, UEPS, ou Média Ponderada, mais amiúde, este último, por ocasião da requisição de materiais diretos, a fim de ajustarmos o saldo da conta de ativo a seu custo real.

A variação de preço é de difícil análise e atribuição, pois, além do problema da influência da avaliação de estoque, o padrão sempre é fixado numa data mais antiga. O padrão, todavia, pode ser corrigido por índices gerais de preços, ou calculado novamente, periodicamente.

Se continuada e consistentemente, após terem sido levadas em conta todas as defasagens de data e de preços, ainda assim o custo unitário padrão estiver sempre menor que o custo unitário real, pode suspeitar-se de algum problema no setor de compras. Talvez os fornecedores não estejam sendo selecionados de forma adequada. Por outro lado, um custo real menor que o padrão nem sempre é fator positivo. O comprador pode estar adquirindo material de qualidade inferior do que o especificado, a preços menores.

As variações de preço sempre são as mais complexas de ser entendidas e atribuídas as suas responsabilidades. Frequentemente, certos preços escapam ao controle do setor de compras, aumentando simplesmente pela inflação ou por um fenômeno de oferta e procura. Mesmo que corrijamos o padrão frequentemente, os preços reais sempre estarão aumentando antes e mais rapidamente, por isso, existe uma tendência de os custos unitários reais serem maiores que os custos-padrão.

Uma análise cuidadosa dos desvios, todavia, sempre poderá apontar se estes são devidos aos fatores supra, e, portanto, aceitáveis, ou se algo de anormal existe. Uma investigação minuciosa, a partir de uma suspeita de anormalidade, fatalmente levará à raiz do problema. Observa-se que uma das vantagens do custo-padrão consiste, também, em dificultar e coibir certas manobras do agrado de alguns raros compradores, pois estes sabem que as diferenças estão sempre sendo apuradas e analisadas.

14.5.3 Outra forma de análise das variações

Os autores do custo-padrão também abordam as variações em três etapas diferentes (no nosso caso estamos trabalhando com duas variações):

Variação da Quantidade

Variação de Preço Pura

Variação Mista

Vamos admitir o seguinte exemplo:

Seja: $ 100 custo unitário padrão

   $ 150 custo unitário real

   300 unidades reais

   250 unidades-padrão

Padrão – 250 unidades × $ 100 = $ 25.000

Real – 300 unidades × $ 150 = $ 45.000

Diferença desfavorável $ 20.000

Variação da Quantidade:

$ 100 × (250 – 300) = $ 5.000, desfavorável

Variação de Preço Pura:

250 × ($ 100 – $ 150)   = $ 12.500 desfavorável

        Subtotal $ 17.500 desfavorável

Variação Mista:

(250 – 300) × ($ 100 – $ 150) = $ 2.500 desfavorável

        Total $ 20.000 desfavorável

14.5.4 Variação de mão de obra direta (MOD)

A fórmula de cálculo da variação de mão de obra direta é análoga à da matéria-prima. Entretanto, em vez de variação de quantidade, normalmente os autores referem-se à expressão variação de uso (ou de eficiência), e em lugar de variação de preço, prefere-se a expressão variação de taxa.

Assim,

Variação de Uso = Taxa unitária padrão – (horas-padrão – horas reais)

Variação de Taxa = horas reais – (taxa unitária padrão – custo unitário real).

Verifica-se, portanto, que o conceito é análogo ao utilizado em materiais. Na variação de uso, as horas-padrão referem-se, também, às *horas-padrão contidas na produção real.*

A interpretação das variações de mão de obra, conquanto análoga à de matéria-prima, em geral é mais complexa, pois o próprio padrão é muito mais difícil de ser estabelecido em mão de obra direta do que em materiais. O comportamento humano, por outro lado, é muito variável, refletindo em maior ou menor eficiência.

Se utilizarmos, numa tarefa, vários tipos de mão de obra direta, teremos taxas diferenciadas, tanto padrão quanto real. Ou efetuamos um cálculo de variação para cada tipo ou poderemos dispor apenas de taxas e custos unitários médios ponderados.

Por outro lado, o custo unitário real pode aumentar por acréscimos de salários inesperados por ocasião da fixação do padrão.

O significado da variação de uso está relacionado com a eficiência da utilização e com o desempenho da mão de obra direta. Entretanto, o estabelecimento de turnos extras, por exemplo, pode diminuir esta eficiência, e isto deverá ser levado em conta, antes de atribuirmos responsabilidade por uma variação desfavorável ao supervisor encarregado.

Exemplo

Numa empresa industrial, foram consumidas no mês de janeiro 10.000 horas de mão de obra direta na produção de 600 unidades de produto. Pelos padrões, deveríamos ter consumido 10.100 horas. A taxa unitária padrão era de $ 4,85 por hora. A Contabilidade de custos real apropriou $ 5.

Custo Total Padrão = 10.100 horas × $ 4,85 = $ 48.985

Custo Total Real = 10.000 horas × $ 5[1] = $ 50.000

Variação Líquida Global a ser explicada = $ 1.015 desfavorável[2]

Cálculo das Variações Parciais:

Variação de Uso = $ 4,85 × (10.100 – 10.000) = $ 485 favorável

Variação de Taxa = $ 10.000 × ($ 4,85 – $ 5)   = $ 1.500 desfavorável

Variação Líquida Global $ 1.015 desfavorável

A variação de uso é favorável, pois consumimos menos horas do que o previsto.

A variação de taxa é desfavorável, pois a taxa real foi maior que a padrão.

14.5.5 Variações de custos indiretos de fabricação (CIF)

Basicamente, os custos indiretos de fabricação expressam a melhor medida da capacidade da empresa, pois, embora nem todos os custos indiretos sejam fixos, a maioria deles é indireta, e tais custos, principalmente os custos comprometidos, na terminologia de Horngren (depreciação, seguro de fábrica, imposto sobre a propriedade, salários de supervisores-chave etc.), de fato, representam a dimensão da capacidade fixa instalada. É claro que, quanto maior o número de maquinismos e equipamentos, de edificações industriais, de supervisores e gerentes de fábrica, maior a capacidade e maiores os custos indiretos respectivos.

Normalmente, as variações ocorridas entre os *custos indiretos reais* e os *custos indiretos absorvidos* (alocados à produção, segundo alguma base) são devidas a dois fatores básicos:

---

[1]   Este valor unitário de $ 5 é obtido dividindo-se o custo total real pelas horas reais consumidas. É um custo unitário de período, portanto.

[2]   A variação líquida será desfavorável se o custo real superar o padrão.

Erros na previsão dos custos indiretos de fabricação (CIF) em reais e, consequentemente, na taxa unitária de custos indiretos.

Diferenças, para mais ou para menos, no aproveitamento da capacidade instalada – Se produzirmos mais produtos do que o previsto, estaremos utilizando melhor a capacidade da planta, embora possamos ter custos de mão de obra e matéria-prima maiores do que os previstos, por causa da maior produção. Entretanto, agora estamos tratando de custos indiretos, apenas. Independentemente do custo da matéria-prima e mão de obra, o fato de termos obtido uma produção maior do que a prevista significa, desde que a previsão tenha sido expressa a um nível razoável de capacidade (normal ou pouco mais que isto), um bom aproveitamento da capacidade.

Estes dois fatores básicos dão origem, exatamente, às variações de previsão (gasto) e de volume (capacidade).

Adicionalmente, surge um terceiro tipo de variação nos casos em que a unidade de volume, para efeito de controle, é diferente da utilizada para efeito de apropriação de custos indiretos, chamada Variação de Eficiência.

14.6 AMPLIAÇÃO DE CONCEITOS DE CUSTO PARA EMPRESAS DE COMPETITIVIDADE GLOBAL

Desde o final da década de 1980 como consequência da ampliação da competitividade em nível internacional, liderada pelas empresas japonesas, surgiram filosofias e técnicas diferenciadas de gerenciamento, controle da produção e de estoques, com importantes desdobramentos para a contabilidade de custos.

A Filosofia de Gestão Qualidade Total – TQM (total quality management), perseguindo a meta de defeito *zero*, é a principal responsável por todas as técnicas, como o *Just in Time* e muitas outras, que procuram:

1. enfatizar o aspecto qualidade e satisfação do cliente, inicialmente, levando em conta considerações sobre custos;

2. eliminar custos de atividades que *não adicionam valor*, sob a perspectiva do cliente;

3. algumas das formas de se chegar à obtenção dos parâmetros 1 e 2: redução drástica de inventários, redução dramática dos tempos de ajustamento das máquinas, eliminação de tarefas que não adicionam valor etc.

Como consequência da eliminação, ou quase, dos inventários, e se pensarmos em ambientes altamente computadorizados, inclusive na parte de produção (ambientes CIM – *Computer Integrated Manufacturing*), surgem novas formas de apreciar a Contabilidade de Custos, como *Life-Cycle Costing* (uma espécie de Contabilidade por projeto), *Target Costing* (partindo do preço de mercado para o produto, subtraindo a margem de lucro, o que sobrar é o *custo máximo* que poderemos incorrer) e *Activity Based Costing* (um detalhamento maior do custeio de produção, por atividade, em lugar de por natureza dos custos).

Precisamos deixar claro duas coisas:

1. não deve esperar ter a empresa um ambiente CIM para perseguir a filosofia de qualidade total, aliás, mais importante, antes de entrar num ambiente CIM, é preciso melhorar a qualidade;
2. os novos conceitos de custos adicionam-se aos já existentes, de forma alguma invalidando conceitos como margem de contribuição, fator limitativo etc. Para maiores detalhes, leia *Gestão estratégica de custos*: conceitos, sistemas e implementação (São Paulo: Atlas, 1993), do Prof. Masayuki Nakagawa. Leia também o último capítulo do *Contabilidade gerencial* (IUDÍCIBUS, Sérgio de. 6. ed. São Paulo: Atlas, 1998).

EXERCICÍOS PROPOSTOS

1.

(FUNDATEC – 2009 – SEFAZ-RS) No custo-padrão, a variação de quantidade de materiais diretos utilizados é determinada por:

a) Preço Real × Diferença de Quantidade.
b) Preço Padrão × Diferença de Quantidade.
c) Preço Real × Quantidade Padrão.
d) Quantidade Real × Quantidade Padrão.
e) Diferença de Preço × Diferença de Quantidade.

2.

(CESGRANRIO – 2011 – TRANSPETRO) Determinada indústria, que planeja e controla seus custos utilizando o custo-padrão, apresentou as seguintes informações referentes a um determinado período produtivo:

Elementos	Custo-padrão por unidade		Custo real por unidade	
Matéria-prima	12 kg	R$ 15,00	11 kg	R$ 17,00
Mão de obra direta	2 h	R$ 8,00	3 h	R$ 7,00
Embalagens	10 fl	R$ 1,20	9 fl	R$ 1,25

Considerando exclusivamente as informações recebidas e a boa técnica conceitual do custeio padrão, constata-se que, pelo método das três variáveis, a variação de preço da matéria-prima foi, em reais, de:

a) 7,00 desfavoráveis.
b) 15,00 desfavoráveis.
c) 24,00 desfavoráveis.
d) 15,00 favoráveis.
e) 24,00 favoráveis.

3.

(CESGRANRIO – 2011 – Petrobras) Ao final de cada exercício social, uma empresa efetua análise das variações de seu orçamento planejado e o efetivamente realizado naquele ano. No último ano, a empresa apresentou o seguinte quadro comparativo:

	Resultados reais	Orçamento inicial
Unidades vendidas	5.000	6.000
Receitas	R$ 40.000,00	R$ 42.000,00
Custos variáveis	R$ (25.000,00)	R$ (30.000,00)
Margem de contribuição	R$ 15.000,00	R$ 12.000,00
Custos fixos	R$ (7.000,00)	R$ (6.000,00)
Lucro operacional	R$ 8.000,00	R$ 6.000,00

Analisando-se as variações de preço e de volume a partir do demonstrativo, conclui-se que a(o)

a) variação do preço de venda foi desfavorável em R$ 2,00 por unidade.

b) variação do custo variável unitário foi favorável em R$ 5,00 por unidade.

c) variação dos custos fixos foram desfavoráveis em R$ 1.000,00 no total.

d) margem de contribuição unitária aumentou em R$ 3,00 por unidade.

e) volume de venda isoladamente aumentou o resultado em R$ 2.000,00.

4.

(CESGRANRIO – 2011 – Petrobras) Um dos critérios mais eficientes de controle de custos é o custo-padrão, em virtude do detalhamento com que é determinado e verificado após a apuração dos custos reais. Na fase de comparação entre padrão e real, a mão de obra direta deve ser analisada em relação a três variações. Essas variações são

a) quantidade, preço e mista.

b) quantidade, eficiência e volume.

c) qualidade, preço e volume.

d) eficiência, taxa e mista.

e) volume, eficiência e custo.

5.

(FCC – 2010 – BAHIAGÁS) A Industria Amaralina Ltda. utiliza custo-padrão para controle e avaliação de desempenho e tem os seguintes registros padrões para um de seus produtos:

• Materiais diretos (2 unidades a $ 10) $ 20, Mão de obra direta (0,5 h a $ 20) $ 10, CIF fixos (0,5 h a $ 4*) $ 2, CIF variáveis (0,5 h a $ 8*) $ 4, Custo unitário padrão $ 36 (* = Taxa de CIF fixos baseada na atividade esperada de 2.500 horas).

Os registros dos resultados reais para o período apontaram os seguintes dados reais:

• Produção 6.000 unidades de produto, CIF fixos $ 12.000, CIF Variáveis $ 21.000, Materiais diretos (11.750 unidades comprados e consumidos) $ 122.200, Mão de obra direta (2.900 h) $ 59.160.

A variação de taxa de mão de obra foi, em $, de

a) 968 favorável.

b) 1.016 desfavorável.

c) 1.160 desfavorável.

d) 1.240 favorável.

e) 1.360 desfavorável.

6.

(CESGRANRIO – 2010 – Petrobras) A Indústria de Plásticos Plastimóvel Ltda. trabalha com custo-padrão. Em novembro de 2009, extraiu os seguintes dados de sua contabilidade de custos:

CUSTO-PADRÃO

Custos Indiretos Variáveis (CIF Variáveis) .... R$ 0,80 por unidade

Custos Indiretos Fixos (CIF Fixos) .... R$ 600.000,00 por mês

Volume de produção prevista .... 120.000 unidades

CUSTO REAL

Custos Indiretos Variáveis (CIF Variáveis) .... R$ 0,85 por unidade

Custos Indiretos Fixos (CIF Fixos) .... R$ 605.000,00 por mês

Volume de produção realizada .... 120.500 unidades

Sabe-se que a análise dos Custos Indiretos de Fabricação (CIF), pelo critério do custo-padrão, possui dois tipos de variação: de volume (VV) e de custos (VC). Considerando-se exclusivamente as informações acima, a Variação de Custo (VC) dos Custos Indiretos Variáveis (CIF variável) referente ao volume total, em reais, foi desfavorável em

a)   5.825,50.

b)   6.025,00.

c)   6.400,00.

d)   6.425,00.

e)   6.815,00.

7.

(CESGRANRIO – 2010 – EPE) Sobre a classificação dos sistemas de custeio, analise as afirmativas a seguir

I – Por custo-padrão, entendem-se os custos calculados e contabilizados com critérios por indicação dos custos de fabricação, incorridos em um determinado mês.

II – O denominado sistema *Activity Based Costing* (ABC) adota os critérios de rateio dos custos indiretos.

III – O método de custeio por absorção agrega todos os custos de produção do período aos produtos elaborados.

IV – O sistema de custeio variável ou direto conflita com os princípios, as normas e convenções contábeis, por ferir os princípios da realização da receita, confrontação e competência.

Estão corretas APENAS as afirmativas

a)   I e II.

b)   I e IV.

c)   III e IV.

d)   I, II, III.

e)   II, III e IV.

8.

(FCC – 2009 – TJPA) Em relação ao Custo-padrão, considere:

I. O custo-padrão é um custo predeterminado.

II. O custo-padrão corrente considera algumas ineficiências que a entidade julga não poder saná-las.

III. Do pondo de vista gerencial, as diferenças verificadas entre custo real e padrão devem ser analisadas e, se necessário, o custo-padrão deve ser ajustado.

IV. Um produto deve deixar de ser produzido quando o custo-padrão não for atendido.

V. O custo-padrão não pode ser utilizado para a avaliação de desempenho.

É correto o que se afirma APENAS em

a)   I, II e III.

b)   I, III e IV.

c)   II, III e IV.

d)   I, III e V.

e)   III, IV e V.

9.

(Makiyama – 2012 – CPTM) Neste método de custeio, assume-se como pressuposto, que os recursos de uma empresa são consumidos por suas atividades e não pelos produtos que ela fabrica. Os produtos surgem como consequência das atividades consideradas estritamente necessárias para fabricá-los e/ou comercializá-los, e como forma de se entender as necessidades, expectativas e anseios de clientes. Este conceito refere-se a que método de custeio:

a) Custeio por responsabilidade.
b) Custeio por ordem de produção (OP).
c) Custeio por processo.
d) Custeio de coprodução.
e) Custeio ABC.

10.

(FGV – 2011 – SEFAZ-RJ) Determinada indústria possui três departamentos: X, Y e Z. Os gastos em cada um desses departamentos totalizam $ 2.000, $ 4.000 e $ 6.000, respectivamente. Sabe-se que, no Depto. X, são consumidos 70% das horas de trabalho em função do produto A e 30% em função do produto B. O Depto. Y, responsável pela cotação de preços de matéria-prima, consome 30% de seu tempo em função do produto A e 70% em função do produto B, conforme constatado por meio do número de cotações feitas por produto. O Depto. Z presta serviços aos Departamentos X e Y,

e, com base nos serviços prestados a eles, constatou-se que o Depto. X recebeu 150 atendimentos, enquanto Depto. Y recebeu 100 atendimentos.

Assinale a alternativa que apresente os custos a serem alocados aos produtos A e B, respectivamente, empregando o critério ABC (para rateio de custos indiretos) e considerando apenas as informações acima.

a) $ 6.000 e $ 6.000.
b) $ 5.840 e $ 6.160.
c) $ 5.600 e $ 6.400.
d) $ 6.400 e $ 5.600.
e) $ 6.160 e $ 5.840.

11.

(FUNIVERSA – 2010 – CEB) Com base nas informações a seguir, assinale a alternativa que apresenta o custo da atividade por unidade de produto, para os itens de camisetas, calças e vestidos:

Dados:

I. Atividade – comprar materiais – R$ 40.000,00.

II. Direcionadores de custos – nº de pedidos conforme a seguir: Camiseta 40 – calça 60 – vestidos 20

III. Quantidades produzidas: Camiseta 2.000 – calça 6.000 – vestidos 2.800

a) R$ 6,66, R$ 3,33 e R$ 2,38.
b) R$ 5,55, R$ 2,44 e R$ 2,38.
c) R$ 6,66, R$ 2,44 e R$ 3,44.
d) R$ 2,44, R$ 3,33 e R$ 6,66.
e) R$ 6,66, R$ 3,33 e R$ 5,55.

15

Entendendo o Ciclo Contábil

Nosso objetivo neste capítulo é informar sucintamente como ocorre todo o processo contábil de uma empresa: desde um plano de contas até a escrituração contábil para se chegar às Demonstrações Financeiras...

15.1 PLANO DE CONTAS

Plano de contas é o agrupamento ordenado de todas as contas que são utilizadas pela Contabilidade dentro de determinada empresa. Portanto, o elenco de contas considerado é *indispensável para os registros* de todos os fatos contábeis. O plano de contas tem como objetivo: uniformizar os registros contábeis; permitir a inclusão ou a exclusão de contas (deve ser flexível); e os títulos das contas devem identificar, da melhor maneira possível, os fatos efetivamente ocorridos. Ainda, no plano de contas, cada conta deve ser classificada com um código numérico ou alfanumérico para distinguir das demais.

As principias elementos para a elaboração de um plano contas são:

a) Elenco de Contas: relação coerente e ordenada dos títulos das contas que irão compor o plano de contas;

b) Função das Contas: a identificação, a definição de cada conta em relação ao seu objetivo e ao seu comportamento; e

c) Funcionamento das Contas: demonstração do movimento e da maneira de se debitar e creditar a conta.

Cada empresa, de acordo com sua atividade e seu tamanho (micro, pequena, média ou grande), deve ter o seu próprio Plano de Contas considerando a natureza de suas receitas operacionais (indústria, comércio e serviço). Não há razão, por exemplo, para uma empresa prestadora de serviços relacionar uma conta de "Estoque" no seu Ativo Circulante, pois, normalmente, não realiza operações com mercadorias. No entanto há empresa que ao mesmo tempo fabrica, venda e presta serviço, por exemplo, de assistência técnica, de representação comercial etc.

Assim também não há necessidade de constar do Realizável a Longo Prazo de uma pequena empresa a conta "Empréstimos a Empresas Coligadas" se não existir nenhuma coligada.

Um Plano de Contas, portanto, deve registrar as contas que serão movimentadas pela Contabilidade em decorrência das operações da empresa ou, ainda, contas que, embora não movimentadas no presente, poderão ser utilizadas no futuro.

Quando, por exemplo, um contador planeja o agrupamento de contas de uma indústria de eletrodomésticos, no que tange a impostos, incluirá as contas *ICMS a Recolher* (haverá circulação de mercadorias), *IPI a Recolher* (haverá industrialização de bens) e, se houver perspectiva de a empresa prestar serviços de assistência técnica num futuro bem próximo, ainda, *ISS a Recolher*.

15.1.1 Importância do Plano de Contas

Quando uma empresa efetua vendas a prazo, esse procedimento dá origem a uma conta a receber no futuro cujo valor a receber é conhecido como: *Clientes* (são os clientes da empresa que adquirem seus produtos), ou *Duplicatas a Receber* (o comprovante da dívida emitido após a venda), ou *Contas a Receber* (são valores a receber), ou...

Podem-se citar ainda muitos outros exemplos em que para uma mesma operação são conhecidas *diversas nomenclaturas*, ou seja, diversos *títulos de contas que querem dizer a mesma coisa.*

O Plano de Contas com um único título para cada conta ou um único título de conta para determinada operação evita, portanto, que diversas pessoas ligadas ao setor contábil (classificadores) registrem um mesmo fato contábil ou uma mesma operação com nomenclaturas diferentes. Dessa forma, com a *padronização dos registros contábeis*, mesmo que haja rotação de profissionais contábeis, não ocorrerá perigo de falta de uniformidade das nomenclaturas.

Na prática, o Plano de Contas é *numerado* ou *codificado* de forma racional, o que facilita a contabilização por meio de processos informatizados e digitais. Ressalte-se que, atualmente, a Contabilidade manuscrita, ou mecânica é praticada em raríssimas situações. No entanto para fins didáticos utilizaremos a forma manual para explicar os lançamentos contábeis mais adiante. Destacando que a Receita Federal do Brasil exige, desde 2013, que as empresas (por ora, exceto as empresas optantes pelo Simples Nacional) enviem sua Escrituração Contábil Digital (ECD). Inicia-se assim a era da Contabilidade digital, porém a forma do plano de contas se mantém.

15.1.2 Plano de Contas e o usuário da Contabilidade

O elenco de contas e o grau de pormenores num plano de contas dependem do volume e da natureza dos negócios de uma empresa. Entretanto, na estruturação do Plano de Contas devem ser considerados os *interesses dos usuários* (gerentes, proprietários da empresa, governo, bancos etc.).

Para uma grande indústria química é necessário destacar, para a tomada de decisões, as contas de salários e encargos sociais para o pessoal da fábrica, para o pessoal de vendas, pessoal administrativo, honorários da diretoria etc.

Numa drogaria, contudo, não é interessante para os seus usuários tanta minúcia. Poderiam ser destacados apenas os honorários da diretoria e dos demais funcionários. Para um bar ou uma farmácia, uma única conta-salário poderia ser suficiente.

15.1.3 Plano de Contas Simplificado

A seguir sugere-se um *miniplano de contas*, relativo a uma indústria, com o objetivo adicional de auxiliar o estudante a memorizar ainda mais o Balanço Patrimonial e a Demonstração do Resultado do Exercício.

O Plano de Contas proposto foi *codificado* da seguinte maneira:

Inicia-se com a unidade 1 para todas as contas do *Ativo*; com a unidade 2 para todas as contas do *Passivo*; com a unidade 3 para todas as contas do *Patrimônio Líquido*; 4 para todas as contas *Receita* e *Deduções das Receitas*; e 5 para as contas *Dedutivas no Resultado* (Custo, Despesas, Participações etc.).

Em seguida, adiciona-se um segundo número, que representa o grupo de contas do Ativo, do Passivo, e assim por diante. Desse modo, observando-se o código 1.1, tem-se o Ativo Circulante (o primeiro 1 é Ativo, o segundo 1 é Circulante), 1.2 Ativo Não Circulante, 2.1 Passivo Circulante, 2.2 Passivo Exigível a Longo Prazo Não Circulante.

O terceiro dígito significa a *conta do grupo*. Assim, observando-se o código 1.1.1, tem-se:

1 Ativo

1.1 Ativo Circulante

1.1.1 Ativo Circulante – Caixa

1.1.2 Ativo Circulante – Bancos etc.

Vide Anexos 1 e 2 a seguir.

ANEXO 1

1	ATIVO
1.1	ATIVO CIRCULANTE – AC
1.1.01	Caixa e Equivalente de Caixa
1.1.01.01	Caixa
1.1.01.02	Bancos
1.1.01.03	Aplicações Financeiras de Liquidação Imediata
1.1.02	Clientes
1.1.02.01	Duplicatas a receber
1.1.02.02	(–) Perdas Estimadas com Créditos de Liquidação Duvidosa
1.1.02.03	(–) Faturamento para Entrega Futura
1.1.03	Outros créditos
1.1.03.01	Títulos a Receber
1.1.03.02	Cheques a Receber
1.1.03.03	Juros a Receber
1.1.03.04	Dividendos a Receber
1.1.03.05	Adiantamento a Fornecedores
1.1.03.06	Adiantamento a Empregados
1.1.03.07	Empréstimos a Receber
1.1.03.08	Tributos a Recuperar/Compensar
1.1.03.09	Depósito Judicial
1.1.04	Estoques
1.1.04.01	Matéria-prima
1.1.04.02	Produtos Acabados
1.1.04.03	Material de Embalagem
1.1.04.04	Mercadoria para Revenda
1.1.04.05	Material de Escritório
1.1.04.06	(–) Perdas Estimadas
1.1.05	Despesas do Exercício Seguinte
1.1.05.01	Aluguéis Pagos Antecipadamente
1.1.05.02	Prêmios de Seguro Pagos Antecipadamente
1.1.05.03	Outras Despesas Pagas Antecipadamente
1.2	ATIVO NÃO CIRCULANTE - ANC
1.2.01	Realizável a Longo Prazo
1.2.01.01	Créditos de Coligadas e Controladas – Transações não Recorrentes
1.2.01.02	Aplicações Financeiras

1.2.01.03	Empréstimos a Receber
1.2.01.04	Tributos a Recuperar
1.2.01.05	Outras Despesas Pagas Antecipadamente
1.2.02	Investimentos
1.2.02.01	Participações em Coligadas e Controladas
1.2.02.02	Outras Participações Societárias
1.2.03	Imobilizado
1.2.03.01	Imóveis
1.2.03.02	Móveis e Utensílios
1.2.03.03	Máquinas, Equipamentos e Ferramentas
1.2.03.04	Equipamentos de Informática
1.2.03.05	Veículos
1.2.03.06	Bens e Instalações Diversas
1.2.03.07	(–) Depreciações e Amortizações Acumuladas
1.2.04	Intangível
1.2.04.01	Marcas, Direitos e Patentes
1.2.04.02	Licenças e Franquias
1.2.04.03	(–) Amortizações Acumuladas
2	**PASSIVO**
2.1	**PASSIVO CIRCULANTE – PNC**
2.1.01	Empréstimos e Financiamentos
2.1.01.01	Empréstimos e Financiamentos a Pagar
2.1.01.02	Credores por Financiamentos a Pagar
2.1.02	Fornecedores
2.1.02.01	Fornecedores Nacionais
2.1.02.02	Fornecedores Estrangeiros
2.1.03	Obrigações Tributárias
2.1.03.01	Impostos e Contribuições a Recolher
2.1.04	Obrigações Trabalhistas
2.1.04.01	Salários e Ordenados a Pagar
2.1.04.02	Obrigações Previdenciárias a Pagar
2.1.04.03	Juros a Pagar
2.1.05	Outras Obrigações
2.1.05.01	Adiantamento de Clientes
2.1.05.02	Contas a Pagar
2.1.05.03	Provisões a Pagar
2.1.06	Provisões
2.1.06.01	Provisões Fiscais, Previdenciárias, Trabalhistas e Cíveis

2.2	**PASSIVO NÃO CIRCULANTE – PNC**
2.2.01	Empréstimos e Financiamentos
2.2.01.01	Empréstimos e Financiamentos Nacional
2.3	**PATRIMÔNIO LÍQUIDO – PL**
2.3.01	Capital Social
2.3.01.01	Capital Subscrito
2.3.01.02	(–) Capital a Integralizar
2.3.02	Reservas de Capital
2.3.03	Ações em Tesouraria
2.3.04	Ajustes de Avaliação Patrimonial
2.3.05	Reserva de Lucros
2.3.06	Lucros ou Prejuízos Acumulados
2.3.06.01	Prejuízos Acumulados
2.3.06.02	Lucro/Prejuízo Líquido do Exercício
2.3.06.03	(–) Distribuição Antecipada de Lucros

ANEXO 2

	DEMONSTRAÇÃO DE RESULTADO DO EXERCÍCIO – DRE
3	**RECEITAS**
3.1	**RECEITAS OPERACIONAIS**
3.1.01	Receita Bruta de Vendas
3.1.01.01	Receita Bruta de Vendas Produtos e Mercadorias
3.1.02	Receita Bruta de Prestação de Serviços
3.1.02.01	Receita Bruta de Prestação de Serviços
3.1.03	Deduções da Receita Bruta
3.1.03.01	Cancelamento e Devoluções
3.1.03.02	(–) Descontos Incondicionais
3.1.03.03	(–) Impostos Incidentes sobre Vendas e Serviços
3.1.04	Receitas Financeiras
3.1.04.01	Juros e Descontos
3.1.04.02	Variações Monetárias
3.1.05	Recuperação de Despesas
3.1.05.01	Recuperação de Créditos Incobráveis
3.1.05.01	Reversão de Provisões
3.1.06	Outras Receitas Operacionais
3.1.06.01	Receitas Diversas
3.1.06.02	Resultado na Alienação de Bens do Ativo

4	CUSTOS
4.1	**Custos de produtos vendidos – CPV**
4.1.01	Custo Industrial
4.1.01.01	Insumos
4.1.02	Mão de Obra Direta
4.1.02.01	Despesas com Pessoal
4.1.03	Custo Indireto de Fabricação
4.1.3.01	Despesas com Pessoal
4.2	**Custos de mercadorias vendidas – CMV**
4.2.01	Custo Comercialização
4.2.01.01	Custo Comercialização Mercado Interno
4.2.01.02	Custo Comercialização Mercado Externo
4.2.02	Devolução de Compras
4.2.02.01	Devolução de Compras
4.3	**Custo de serviços prestados – CSP**
4.3.01	Custo de Prestação de Serviço
4.3.01.01	Material Aplicado
4.3.02	Mão de Obra Direta
4.3.02.01	Despesas com Pessoal
4.3.03	Custo Indireto
5	**DESPESAS**
5.1	**DESPESAS OPERACIONAIS**
5.1.01	Despesas Operacionais
5.01.01.01	Despesas com Pessoal
5.01.01.02	Despesas de Vendas
5.01.01.03	Despesas Tributárias
5.01.01.04	Despesas Gerais e Administrativas
5.01.01.05	Aluguéis e Arrendamentos
5.01.01.06	Outras Despesas Operacionais
5.01.01.07	Despesas com Provisões
5.01.01.08	Despesas Financeiras
6	**APURAÇÃO DO RESULTADO DO EXERCÍCIO**
6.1	**APURAÇÃO DO RESULTADO DO EXERCÍCIO**
6.1.01	Apuração do Resultado do Exercício
6.1.01.01	Apuração do Resultado do Exercício

15.2 UTILIZAÇÃO DO PLANO DE CONTAS NA CONTABILIDADE E OS LANÇAMENTOS CONTÁBEIS

15.2.1 Vamos admitir a constituição de uma empresa

Normalmente, na constituição de uma empresa os proprietários se reúnem para estruturar um contrato que regerá as regras da sociedade. Numa empresa Ltda., esse contrato é denominado *contrato social*; numa S.A., chama-se *estatuto*.

Uma das regras fundamentais refere-se ao valor do capital que os proprietários se responsabilizam em conceder à empresa. O compromisso assumido pelos proprietários é real, pois assinam (subscrevem) o contrato. Por isso, o montante de capital assumido por todos os proprietários de conceder à empresa denomina-se Capital Subscrito (capital prometido).

Dessa forma, se os sócios se comprometerem a dar $ 900.000 (em dinheiro ou em bens) para a empresa, esta tem direito de receber dos proprietários esse valor. Contabilmente, ocorre a seguinte situação:

ATIVO		PASSIVO E PL	

Direito
  Capital a Receber
  (dos proprietários)
	900.000	Obrigações
		  Capital subscrito
		  (uma promessa)
			900.000

"Capital a Receber" pode ser chamado também *Capital a Integralizar* ou *Capital a Realizar*: significa cumprir a promessa, integralizar (realizar) em bens ou dinheiro.

Em uma S.A., os acionistas precisam depositar no Banco do Brasil pelo menos 10% do capital subscrito. Se isto ocorrer, tem-se a seguinte situação:

ATIVO		PASSIVO E PL	
Banco c/ Movimento	90.000	Capital subscrito	900.000
Capital a Integralizar	<u>810.000</u>		
	900.000		900.000

Quando os proprietários integralizam todo o capital, a conta *Capital a Integralizar* desaparece. Será considerada a Transportadora Brasil Perfeito Ltda., como exemplo. Na 1ª operação, a seguir, será considerado todo o capital já integralizado.

15.2.2 Constituição do capital

1ª Operação: depósito inicial de $ 300.000 por sócio no Banco do Brasil S.A., em 02-12-20x7 (a empresa é formada por três sócios).

Foi visto que o Investimento Inicial realizado pelos sócios é denominado *Capital*; que o Capital é uma *origem* de recursos derivada dos próprios sócios ou acionistas (Capital Próprio); que toda *origem* de recursos deve ser classificada no lado do Passivo e PL (*obrigações exigíveis e não exigíveis, respectivamente*); que toda *aplicação* de recursos deve ser classificada no lado do Ativo (Bens + Direitos).

Assim, há bons motivos para classificar *Bancos Conta Movimento* no Ativo: (1) é uma aplicação de recursos; (2) é um direito que a empresa adquire: *o de sacar o dinheiro no momento em que assim desejar.*

Por outro lado, nas Demonstrações Financeiras (Balanço Patrimonial), Capital é uma conta de PL e Bancos, de Ativo Circulante. Então:

BALANÇO PATRIMONIAL EM 02-12-20x7 TRANSPORTADORA BRASIL PERFEITO LTDA.			
ATIVO (Bens + Direitos) = Aplicação		**PASSIVO E PL (Obrigações) (Origem)**	
Circulante Bancos c/ Movimento	900.000	Patrimônio Líquido Capital	900.000
Total	900.000	Total	900.000

Nesta operação, ocorrem um aumento do PL (que era zero) e um aumento do Ativo, e, pelo plano de contas apresentado, são utilizadas as contas 1.1.01.02 e 2.3.01.01.

15.2.3 Aquisição de bens à vista

2ª Operação: em 10-12-20x7, a empresa adquire à vista (paga em cheque) um veículo por $ 800.000.

BALANÇO PATRIMONIAL EM 10-12-20x7 TRANSPORTADORA BRASIL PERFEITO LTDA.			
ATIVO (Bens + Direitos) = Aplicação		**PASSIVO E PL (Origem)**	
Circulante Bancos c/ Movimento Não Circulante Imobilizado Veículos	100.000 800.000	Patrimônio Líquido Capital	900.000
Total	900.000	Total	900.000

Observe-se que o veículo adquirido foi pago (à vista) e o dinheiro, obviamente, foi tirado de bancos; por isso o seu novo saldo passou para $ 100.000 (900.000 – 800.000).

Por outro lado, veículo é uma aplicação, é um bem, por isso classificado no Ativo.

276 Curso de Contabilidade para Não Contadores • *Iudícibus e Marion*

É importante lembrar o conceito de Balanço que se origina de *balança de equilíbrio nos dois lados* (deve-se pensar, evidentemente, em balança de dois pratos). De fato, os totais são $ 900.000, tanto no Ativo como no Passivo + PL.

Têm-se, então, $ 900.000 de origem e $ 900.000 de Aplicação: a Aplicação será sempre igual à Origem, uma vez que a empresa não pode aplicar aquilo que não tem.

Observe-se ainda que o valor do Capital não se alterou com a compra de veículos, pois o Capital representa o valor nominal aplicado pelos proprietários, ou seja, o *valor da dívida* (não exigível) *da empresa para com os sócios.*

Nesta operação com veículos, há aumento de uma conta do *Ativo – Veículos* e a diminuição de outra conta do *Ativo – Bancos*, pelo mesmo valor. Portanto, houve apenas uma permuta entre duas contas do Ativo.

Pelo plano de contas apresentado, foram utilizadas as contas 1.1.01.02 e 1.2.03.05.

15.2.4 Aquisição de bens a prazo

3ª Operação: em 12-12-20x7, a empresa adquire Móveis e Utensílios (máquinas de escrever, de calcular, escrivaninhas etc.) a prazo, com pagamento em seis parcelas iguais de $ 20.000, mediante a emissão de uma Nota Promissória.

BALANÇO PATRIMONIAL EM 12-12-20x7 TRANSPORTADORA BRASIL PERFEITO LTDA.			
ATIVO		**PASSIVO E PL**	
Circulante		Circulante	
Bancos c/ Movimento	100.000	Títulos a Pagar	120.000
Não Circulante		Patrimônio Líquido	
Imobilizado		Capital	900.000
Veículos	800.000		
Móveis e Utensílios	120.000		
Total Não Circulante	920.000		
Total do Ativo	1.020.000	Total Passivo e PL	1.020.000

Na aquisição de Móveis e Utensílios, houve a entrada de mais um bem (Aplicação de Recursos) na empresa. Por outro lado, quem originou a aplicação foi uma dívida contraída com o fornecedor de Móveis e Utensílios. Como a dívida terá o prazo de pagamento de seis meses, foi classificada no Passivo Circulante (Curto Prazo: até 365 dias).

Observe-se que, embora não houvesse ainda pagamento, Móveis e Utensílios já era *propriedade da empresa* e na Contabilidade era registrado pelo seu *custo* total de aquisição. Se, por exemplo, tivesse sido efetuada metade desta aquisição, mesmo assim a conta Móveis e Utensílios seria registrada pelo valor total da aquisição.

É importante salientar que, por ocasião do pagamento das parcelas restantes, *não mais se movimentará* a conta Móveis e Utensílios. No pagamento, por exemplo, da primeira parcela de $ 20.000, o saldo da dívida será $ 100.000 (120 – 20) e o Caixa ou Bancos diminuirá $ 20.000. Portanto, haverá uma redução no Ativo e Passivo em $ 20.000, mas o valor de Móveis e Utensílios continuará sendo $ 120.000.

Nessa operação de aquisição de Móveis e Utensílios, adiciona-se uma conta de Passivo e uma conta de Ativo. Foram utilizadas aqui, respectivamente, as contas 1.2.03.02 e 2.1.05.02 do plano de contas exposto.

15.2.5 Financiamento a longo prazo

4ª Operação: em 15-12-20x7, a empresa adquire um financiamento, por três anos, no valor de $ 200.000.

BALANÇO PATRIMONIAL EM 15-12-20x7 TRANSPORTADORA BRASIL PERFEITO LTDA.			
ATIVO		**PASSIVO E PL**	
Circulante		Circulante	
Bancos c/ Movimento	300.000	Títulos a Pagar	120.000
Não Circulante		Não Circulante	
Imobilizado		Exigível a Longo Prazo	
Veículo	800.000	Financiamentos	200.000
Móveis e Utensílios	120.000		
Total do Não Circulante	920.000	Patrimônio Líquido	
		Capital	900.000
Total do Ativo	1.220.000	Total Passivo e PL	1.220.000

Normalmente, Empréstimos Bancários e Financiamentos obtidos pela empresa são depositados em sua conta bancária. Nesta operação ocorreu uma *aplicação* de $ 200.000 (Ativo) e uma *origem* de idêntico valor. A origem (dívida) de recursos foi classificada no Exigível a Longo Prazo, pois se trata de uma obrigação cujo vencimento supera 365 dias.

A esta altura, pode-se constatar que, em qualquer transação, no registro contábil, *pelo menos duas contas são afetadas*. Não há caso em que apenas uma conta seja alterada, mas, como foi visto até aqui, pelo menos duas contas têm seus valores modificados. Isto é explicado pelo fato de, em qualquer operação, sempre haver uma *origem* (fonte) e uma *aplicação* de recursos.

Na operação nº 4 ocorreu o aumento de uma conta do Passivo no valor de $ 200.000 e o acréscimo, pelo mesmo valor, de uma conta do Ativo. Conforme o Plano de Contas, foram movimentadas a 1.1.01.02 e 2.2.01.01.

15.2.6 Aquisição de bens (metade a prazo + metade à vista)

5ª Operação: em 31-12-20x7, a empresa adquiriu Materiais de Escritório (lápis, clipes, grampeadores e outros) por $ 50.000. Metade desse material foi pago à vista (em cheque) e metade será paga em 60 dias.

BALANÇO PATRIMONIAL EM 31-12-20x7 TRANSPORTADORA BRASIL PERFEITO LTDA.			
ATIVO		**PASSIVO E PL**	
Circulante		Circulante	
Bancos c/ Movimento	275.000	Fornecedores	25.000
Material de Escritório	50.000	Títulos a Pagar	120.000
Total A. Circulante	325.000	Total do Circulante	145.000
Não Circulante		Não Circulante	
Imobilizado		Exigível a Longo Prazo	
Veículo	800.000	Financiamentos	200.000
Móveis e Utensílios	120.000		
Total do Não Circulante	920.000	Patrimônio Líquido	
		Capital	900.000
Total do Ativo	1.245.000	Total do Passivo e PL	1.245.000

Com o pagamento de $ 25.000 (metade do valor da aquisição de Materiais para Escritório), do depósito em bancos é diminuída aquela quantia. A outra metade refere-se à promessa de pagamento no futuro. A conta Fornecedores foi a escolhida para representar a dívida (poderia, no entanto, ser Contas a Pagar).

Observe-se que o fato de ter pago apenas a metade é indiferente (não o seria para a Contabilidade pelo regime de caixa), por isso *escritura-se o gasto pelo total* que será alocado (transferido, distribuído) para despesa no momento do seu consumo.

Nesta operação, movimentam-se três contas:

Pela aquisição (aplicação):	Pelo pagamento (origem):
$ 50.000 Materiais de Escritório (1.1.04.05)	$ 25.000 Bancos c/ Movimento (1.1.01.02)
	$ 25.000 Fornecedores (2.1.02.01)

15.3 LANÇAMENTOS CONTÁBEIS

15.3.1 Razonete

É uma representação gráfica em forma de T bastante utilizada pelos contadores. É um *instrumento didático* para desenvolver o raciocínio contábil. Por meio do razonete são feitos os registros individuais por conta, dispensando-se o método por balanços sucessivos.

Como o balanço, o razonete tem dois lados e na sua parte superior coloca-se o título da conta que será movimentada.

Balanço Patrimonial		Razonete
Ativo	Passivo	Título da Conta

Para cada conta do Balanço Patrimonial abre-se um razonete e nele realiza-se a movimentação. De um lado dele registram-se os *aumentos*, de outro, as *diminuições*. A natureza da conta (Ativo, Passivo e Patrimônio Líquido) determina que lado deve ser utilizado para aumentos e que lado deve ser utilizado para diminuições, como será visto ainda neste capítulo.

15.3.2 Lançamentos nos razonetes

1ª Operação: constituição da Transportadora Brasil Perfeito Ltda., com um capital de $ 900.000 (PL) aplicado totalmente na conta Bancos c/ Movimento.

BALANÇO PATRIMONIAL			
ATIVO		PASSIVO E PL	
Bancos c/ Movimento	900.000	Capital	900.000

As contas movimentadas foram Bancos e Capital; por isso, será aberto um razonete para cada conta:

Por uma questão de coerência, os $ 900.000 da conta Bancos c/ Movimento serão lançados no lado esquerdo do razonete, pois as contas de Ativo devem ser lançadas no lado esquerdo do Balanço Patrimonial. Da mesma forma, os $ 900.000 da conta Capital serão lançados no lado direito do razonete (Capital), pois se trata de uma conta de Patrimônio Líquido, e o Patrimônio Líquido está situado no lado direito do Balanço Patrimonial.

Bancos c/ Movimento		Capital	
900.000			900.000

Conclusões: a) Toda conta de Ativo e todo acréscimo de Ativo serão lançados, por coerência, no lado esquerdo do razonete; b) Toda conta de Passivo ou Patrimônio Líquido, bem como os acréscimos, por coerência, serão lançados no lado direito do razonete.

2ª Operação: a Transportadora Brasil Perfeito Ltda. adquire um veículo por $ 800.000 e realiza o pagamento à vista, utilizando dinheiro do Banco c/ Movimento.

ATIVO		PASSIVO E PL	
Bancos c/ Movimento	100.000	Capital	900.000
Veículos	800.000		
Total	900.000	Total	900.000

As contas movimentadas foram Bancos c/ Movimento e Veículos. Nesta operação há necessidade de abrir apenas a conta Veículos, pois a conta Bancos já foi aberta na operação anterior e indica um saldo de $ 900.000. Embora a conta Capital não tenha sido afetada, ela será mantida pela Contabilidade.

A conta Veículos, por ser uma conta de Ativo (lado esquerdo), Bancos c/ Movimento serão lançados no lado esquerdo do razonete. No entanto, a conta Bancos foi reduzida em $ 800.000, sobrando (saldo) $ 100.000. Dessa forma, o saque bancário ($ 800.000) será indicado no lado direito do razonete, que, para as contas de Ativo, representará o lado das diminuições.

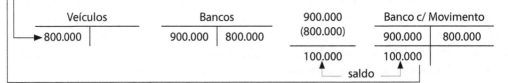

> Conclusões: c) Toda diminuição de Ativo será lançada no lado direito do razonete; d) Toda diminuição de Passivo e Patrimônio Líquido será lançada no lado esquerdo do razonete.

15.3.3 Débito e crédito

Tecnicamente, seria inadequado denominar lado esquerdo e lado direito da conta (ou do razonete). O lado esquerdo chama-se débito e o lado direito, crédito.

> Por muito tempo, no Brasil, conceitos de débito e crédito foram dados aos estudantes de Contabilidade de maneira complexa, de forma tal que muitos contadores deixavam a faculdade sem saber debitar e creditar.
>
> A tentativa de conceituar débito e crédito encontrava séria resistência no iniciante em Contabilidade, pois era levado a pensar que débito significava coisa desfavorável e crédito significava coisa favorável.

Com o advento da Escola Contábil Americana no Brasil, basicamente introduzida pelo livro *Contabilidade introdutória* por uma equipe de professores da FEA/USP, houve uma notável simplificação para o estudante de Contabilidade, uma vez que aquela escola dispõe que tais denominações (débito e crédito) "atualmente, são simplesmente convenções contábeis".

Dessa forma, em vez de se chamar "lado esquerdo do razonete", denomina-se débito (portanto, débito é como se chama o lado esquerdo de uma conta, e crédito é o nome do lado direito da conta).

Razonetes

Contas de Ativo		Contas de Passivo e PL	
Débito	Crédito	Débito	Crédito
lado esquerdo	lado direito	lado esquerdo	lado direito

Dessa forma, resumindo-se, debitar significa lançar valores no lado esquerdo de um razonete, creditar significa lançar valores no lado direito de uma conta (ou razonete).

Regras Gerais
- Todo aumento de Ativo (lança-se no lado esquerdo do razonete): debita-se.
- Toda diminuição de Ativo (lança-se no lado direito do razonete): credita-se.
- Todo aumento de Passivo e PL (lança-se no lado direito do razonete): credita-se.
- Toda diminuição de Passivo e PL (lança-se no lado esquerdo do razonete): debita-se.

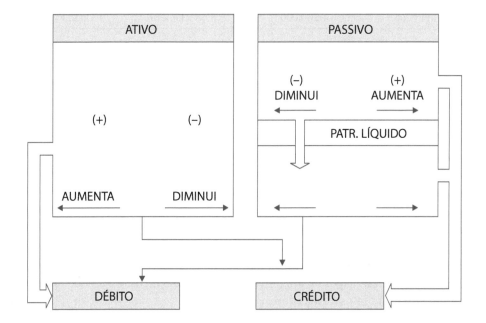

Apresentam-se, a seguir, as operações da Transportadora Brasil Perfeito Ltda., utilizando-se os termos *débito* e *crédito*.

3ª Operação: a Transportadora Brasil Perfeito Ltda. adquire móveis e utensílios a prazo por $ 120.000; o comprovante da dívida serão notas promissórias (Títulos a Pagar).

ATIVO		PASSIVO E PL	
Móveis e Utensílios	+ 120.000	Títulos a Pagar	+ 120.000

D	C
Móveis e Utensílios	Títulos a Pagar
120.000	120.000

Nesta operação, *debitam-se* $ 120.000 (lançados no lado esquerdo) e *creditam-se* $ 120.000 (lançados no lado direito do razonete).

Resumindo, sempre que houver aumentos em conta de Ativo, lança-se no lado esquerdo (debita-se); sempre que houver aumentos em conta do Passivo ou Patrimônio Líquido, lança-se no lado direito do razonete (credita-se).

4ª Operação: a Transportadora Brasil Perfeito Ltda. contrai um financiamento cuja entrada de dinheiro seja lançada na conta Bancos c/ Movimento: $ 200.000.

ATIVO		PASSIVO E PL	
Bancos	+ 200.000	Financiamento	+ 200.000

D			C	
	Bancos c/ Movimento		Financiamentos	
Saldo anterior	100.000			200.000
	+ 200.000			Aumenta
saldo	300.000	Aumenta		conta de
		a conta		Passivo:
		de Ativo:		Credita-se
		Debita-se		

Observe-se que na conta Bancos já havia $ 100.000. Com o acréscimo de $ 200.000, obtém-se um saldo de $ 300.000.

5ª Operação: a Transportadora Brasil Perfeito Ltda. adquire Materiais de Escritório por $ 50.000; $ 25.000 foram pagos no ato (em cheque: saiu de Bancos) e $ 25.000 foram transformados em dívida com os fornecedores do material.

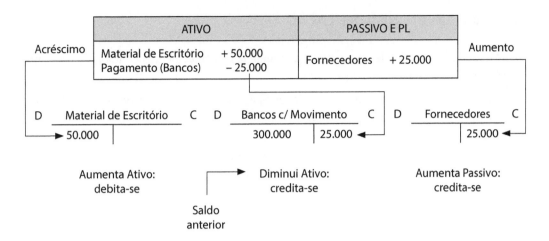

15.3.4 Saldo das contas

O saldo de dinheiro no banco passa a ser $ 275.000, ou seja, $ 300.000 – $ 25.000:

```
        Bancos c/ Movimento
   D  ───────────────────────  C
        300.000  │  25.000
        ─────────┼─────────
        275.000  │
```

Esse saldo de $ 275.000, que figura ao lado do débito, é denominado *saldo devedor*. Saldo devedor, portanto, ocorre sempre que o débito é maior que o crédito.

No caso de fornecedores, há um saldo de $ 25.000 no lado do crédito; por isso, é denominado *saldo credor*, e ocorre sempre que o crédito é maior que o débito.

Das contas movimentadas até o momento têm-se os seguintes saldos:

Saldo devedor: D > C	Saldo credor C > D
Bancos c/ Movimento	Fornecedores
275.000	25.000
Materiais de Escritório	Títulos a Pagar
50.000	120.000
Veículos	Financiamentos
800.000	200.000
Móveis e Utensílios	Capital
120.000	900.000

15.4 BALANCETE DE VERIFICAÇÃO

Neste momento, faz-se uma pausa na sequência dos lançamentos contábeis para averiguação de sua exatidão.

Periodicamente (diária, semanal, quinzenal, mensalmente...), os responsáveis pela Contabilidade devem verificar se os *lançamentos contábeis utilizados no período estão corretos*.

Uma técnica bastante utilizada para atingir tal objetivo é o Balancete de Verificação. Este instrumento, embora de muita utilidade, não detectará, entretanto, toda a amplitude de erros que possam existir nos lançamentos contábeis, como será visto adiante.

O Balancete de Verificação tem como base o *método das partidas dobradas*: "não haverá débito(s) sem crédito(s) correspondente(s)". Portanto, se, por um lado, somarmos todos os débitos e, por outro, todos os créditos, deveremos ter o mesmo total. Assim, "verificamos" se os lançamentos a débito e a crédito foram realizados adequadamente.

Para simplificar o processo, em vez de utilizarmos todos os débitos e créditos, trabalharemos apenas com os saldos (devedores ou credores) de cada conta. Podemos identificar pelo exemplo a seguir que é indiferente estruturar balancete com todas as operações ou pelos saldos (método simplificado).

O balancete não se presta exclusivamente para detectar erros de lançamentos contábeis, é também um importante instrumento contábil para tomada de decisões.

O Balancete de Verificação é um resumo ordenado de todas as contas utilizadas pela Contabilidade.

15.4.1 Método das partidas dobradas

Este método, desenvolvido pelo Frei Luca Pacioli, na Itália, século XV, hoje universalmente aceito, dá início a uma nova fase para a Contabilidade como disciplina adulta, além de desabrochar a Escola Contábil Italiana, que iria dominar o cenário contábil até o início do século XX.

O método consiste no fato de que para qualquer operação há um débito e um crédito de igual valor ou um débito (ou mais débitos) de valor idêntico a um crédito (ou mais créditos). Portanto, *não há débitos sem créditos correspondentes*. Toda operação no mundo dos negócios é uma "estrada de mão dupla". Por exemplo, quando se compra uma mercadoria, recebe-se um bem (a mercadoria). Como contrapartida, dá-se outro bem (dinheiro) ou uma promessa de pagamento no futuro. Todas as operações, assim, envolvem aspectos duplos.

	D	XXXX	C			D	YYY	C	
		vvv					vvv		

Exemplos de Partidas Dobradas. A Cia. Brasil Perfeito solicitou um financiamento ao Banco Cirius no valor de $ 400.000, cujo valor foi depositado em Bancos c/ Movimento aberto nesta oportunidade:

Bancos c/ Movimento		Fornecedores	
400.000			400.000

lançamentos duplos – Débito 400.000
Crédito 400.000

A Cia. Brasil Perfeito adquire, à vista, uma máquina por $ 350.000:

Bancos c/ Movimento		Máquinas	
400.000	350.000	350.000	

Débito 350.000
Crédito 350.000

15.4.2 Balancete das partidas dobradas

O Balancete de Verificação tem como base o método das partidas dobradas: "não haverá débito(s) sem crédito(s) correspondente(s)". Portanto, somando-se todos os débitos, por um lado, e todos os créditos, por outro lado, o total de ambos será sempre o mesmo. Assim, deve-se verificar se os lançamentos a débito e a crédito foram realizados adequadamente ou não.

Será apresentado a seguir um exemplo em que se constata o método das partidas dobradas por meio dos números indicativos (1, 2, 3) e, em seguida, a exatidão dos lançamentos por meio do Balancete de Verificação.

A Cia. Verdes Mares foi formada em janeiro de 20x7 e foram verificadas as seguintes operações:

Formação de capital aplicado no Caixa: $ 1.500.000.

Compra de estoque à vista: $ 500.000.

Compra de móveis e utensílios à vista: $ 300.000.

D	Caixa	C		D	Capital	C
(1) 1.500.000	500.000 (2)				1.500.000 (1)	
	300.000 (3)					

D	Móveis e Utensílios	C		D	Estoques	C
(3) 300.000				(2) 500.000		

BALANCETE DE VERIFICAÇÃO EM 31-01-20x7 Cia. Verdes Mares		
Contas	**Lançamentos de Débito**	**Lançamentos de Crédito**
Caixa	1.500.000	800.000
Capital	–	1.500.000
Móveis e Utensílios	300.000	–
Estoques	500.000	–
Total	2.300.000	2.300.000
	(Balancete de duas colunas)	

Ou

BALANCETE DE VERIFICAÇÃO EM 31-01-20x7 Cia. Verdes Mares		
Contas	**Lançamentos de Débito**	**Lançamentos de Crédito**
Caixa	700.000	–
Capital	–	1.500.000
Móveis e Utensílios	300.000	–
Estoques	500.000	–
Total	1.500.000	1.500.000

15.4.3 Balancete de várias colunas

O balancete, dependendo da necessidade da empresa, pode ter forma simples de uma fita de máquina calculadora, de duas colunas (como estudado até o momento), de quatro colunas, seis e até oito colunas.

Quanto mais colunas existirem, maior será a *quantidade de dados* oferecida ao usuário do balancete.

Por exemplo, o balancete de seis colunas apresenta os saldos do balancete anterior, os movimentos de débitos e créditos do período em análise e os saldos atuais:

BALANCETE DE VERIFICAÇÃO BRASIL VENCEDOR Mês . . ./. . .						
Discriminação das Contas	**Saldos do mês anterior**		**Movimentos do mês**		**Saldos do final do mês**	
	Devedor	**Credor**	**Débito**	**Crédito**	**Devedor**	**Credor**
Caixa	100.000	–	200.000	50.000	250.000	–
–	–	–	–	–	–	–
–	–	–	–	–	–	–
–	–	–	–	–	–	–
–	–	–	–	–	–	–

15.5 REGRAS PARA CONTA DE RESULTADO: RECEITA/DESPESA

A contabilização das contas de resultados, como será visto adiante, é decorrente da própria contabilização das contas de balanço. Daí a necessidade de rápida recordação.

BALANÇO PATRIMONIAL			
Contas de Ativo		**Contas de Passivo e PL**	
Qualquer conta de Ativo		Qualquer conta de Passivo e PL	
Débito	Crédito	Débito	Crédito
Aumento de conta de Ativo	Diminuição de conta de Ativo	Diminuição de conta de Passivo e PL	Aumento de conta de Passivo e PL

Observe que, conhecendo a regra de contabilização das contas do Ativo, automaticamente sabe-se a regra das contas do Passivo e do PL, que é exatamente o oposto. Para conhecer a regra de contabilização das contas de Ativo basta lembrar que o Ativo é o lado esquerdo do balanço; o débito é do lado esquerdo da conta (razonete); portanto, aumentando o Ativo, por coerência registra-se o valor do acréscimo no lado esquerdo da conta: debita-se, e assim sucessivamente.

É fácil compreender que toda receita aumenta o lucro: quanto maior a receita, maior o lucro; que todo lucro não distribuído aumenta o Patrimônio Líquido: quanto maior o lucro, maior o reinvestimento pelos proprietários, maior o PL. Assim:

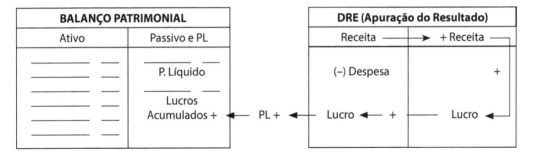

Ora, foi visto no item anterior, nas regras de contabilização, que o Passivo e o PL deveriam ser *creditados* pelos aumentos e *debitados* pelas diminuições. Se *toda receita aumenta o PL, toda receita será creditada*. A regra primeira, portanto, é: toda receita ou ganho deve ser creditado.

Inversamente à receita, toda despesa reduz o lucro e, consequentemente, o Patrimônio Líquido. Se *toda despesa diminui o PL, toda despesa deve ser debitada*. A segunda regra, portanto, é: toda Despesa, Custo, Perda... será debitado.

RESUMO GERAL		
Natureza das contas	Débito	Crédito
Contas de Ativo	Aumento	Diminuição
Contas de Passivo e PL	Diminuição	Aumento
Contas de Resultado	Despesa	Receita

15.5.1 Contas de Resultado

De maneira geral, as contas de resultado são aquelas utilizadas para apuração do resultado (lucro ou prejuízo) do exercício social. Basicamente, são as contas de Receita e Despesa que periodicamente (anualmente) são confrontadas (associadas) para apurar o *Lucro* (se Receita > Despesa) ou *Prejuízo* (se Despesa > Receita).

As regras definidas para o confronto Receita × Despesa são originadas do *regime de competência*. Esse regime (estilo, maneira) de Contabilidade dispõe que, considerando determinado período ou exercício, 20x1, será considerada *Receita* aquela ganha ou gerada neste período (não importando se foi recebida ou o será em outro período) e *Despesa* aquela consumida, utilizada, incorrida também naquele período (não importando se foi paga ou será liquidada em outro período).

Outra maneira de fazer a Contabilidade, oposta ao regime apresentado anteriormente, é por meio do *regime de caixa*, que considera Receita apenas o que foi recebido no período em análise e Despesa aquilo que foi pago naquele período.

O regime de competência, exigido pela legislação brasileira e proposto pela teoria contábil, é a base do que será apresentado. Observe o quadro a seguir.

AS FORMAS DE APURAR O RESULTADO (LUCRO OU PREJUÍZO)		
DRE	Regime de Competência	Regime Caixa
Receita (–) Despesas	Ganha ou gerada no período Consumida ou utilizada no período	Recebida no período Paga no período
Lucro (ou prejuízo)	Resultado econômico	Resultado financeiro

15.5.2 Apuração contábil do resultado

Em cada período (exercício social) se apura o resultado (Lucro ou Prejuízo).

Dessa forma, confronta-se toda a Despesa que compete a determinado período com toda a Receita que, igualmente, *compete* a este determinado período. Então, não se pode confundir Despesa consumida (incorrida) em 20x7 com Despesa consumida (incorrida) em 20x8. Da mesma forma será tratada a Receita. Em cada final de período contábil somam-se todas as Despesas e as Receitas. No ano seguinte, próximo período contábil, inicia-se do zero o novo cômputo das Despesas e Receitas.

Por isso se fala em "Independência Absoluta de Períodos Contábeis" relacionada com o Princípio da Competência de Exercícios.

15.5.3 Encerramento das contas de resultado

Conforme exigência legal, pelo menos uma vez por ano as empresas estão obrigadas a *encerrar todas as contas de resultado*. Esse encerramento ocorre no momento do confronto das *despesas* com as *receitas* para apurar o resultado.

Com o encerramento das contas de receita e despesa, todas as contas de resultado ficam com saldo zero para início do próximo período contábil. Assim, começa-se a acumular receita e despesa do próximo período até o final do período, em que novamente serão encerradas as contas de resultado, apurando-se o lucro ou prejuízo, e assim sucessivamente.

15.5.4 Lançamentos de encerramento

A técnica é bastante simples:

a) abre-se uma conta transitória com o título de "Apuração do Resultado do Exercício (ARE)" em que se realiza o confronto receita × despesa;

b) transfere-se o saldo das contas de receitas e despesas para a conta de resultados (ARE). Note-se que nesta transferência encerram-se as contas de Receita e Despesa.

15.5.5 Exemplo de encerramento

Tenham-se presentes as contas de resultado da Cia. Brasil que Queremos

Despesa Salários		Desp. Mat. Escritório		Receita	
16.000.000		7.000.000			45.000.000

Encerram-se agora essas contas, igualando-se o saldo a zero (assim, para o ano seguinte, *inicia-se a acumulação de despesa e receita novamente*). Para encerrar as contas de despesas, basta creditar idêntico valor (a contrapartida será débito de ARE – Apuração do Resultado do Exercício). Para encerrar a conta receita, basta debitar valor idêntico – \$ 45.000.000 (a contrapartida será crédito de ARE).

Despesa Salários		Receita	
16.000.000	16.000.000	45.000.000	45.000.000

Apur. Result. Exercício	
16.000.000	45.000.00

Despesas de Mat. Escritório			
7.000.000	7.000.000	7.000.000	

a) Apuração do resultado

Se o total da receita for maior que o total de despesa, haverá lucro; se a receita for menor que a despesa, haverá prejuízo.

No exemplo apresentado, tem-se $ 45.000.000 de receita contra $ 23.000.000 de despesa; portanto, houve um lucro de $ 22.000.000 ($ 45 – $ 23).

Apuração do Resultado do Exercício

(Despesas) 23.000.000	45.000.000 (Receita)
	22.000.000 (Saldo)
	lucro

O saldo maior no lado da receita indica contabilmente lucro.

b) Contabilização do resultado

Como já foi estudado, todo lucro acresce o Patrimônio Líquido. O Lucro é a remuneração aos proprietários da empresa pelo capital investido. Os recursos dos proprietários aplicados na empresa são evidenciados no Patrimônio Líquido (capital próprio). Dessa forma, a *participação dos proprietários na empresa será maior com o acúmulo do lucro no PL.*

Por conseguinte, partindo-se da hipótese de que não há, por enquanto, distribuição do lucro em dinheiro (dividendos) aos proprietários, o PL será acrescido de $ 22.000.000. A conta que receberá os $ 22.000.000 é Lucros Acumulados. Aumentando-se o PL, tem-se um crédito:

Lucros Acumulados

	22.000.000 (a)

Pelo método das partidas dobradas sabe-se que se foi *creditada* uma conta de $ 22.000.000, deve-se *debitar* outra(s) conta(s) cujo total seja $ 22.000.000. A conta a ser debitada será de "Resultados" (ARE), pois, como foi dito, é uma conta transitória, servindo única e exclusivamente para apuração do resultado do exercício. Com esse lançamento a débito encerra-se a conta Resultados (ARE), uma vez que já cumpriu sua missão: confrontar receita com despesa e apurar o resultado (Lucro ou Prejuízo).

Apuração do Resultado do Exercício

(a) 22.000.000	22.000.000

A conta Lucros Acumulados não poderá ser evidenciada pelas empresas sujeitas à Lei nº 11.638/2007 (S.A. e Ltda. de grande porte). Para essas empresas a conta Lucros Acumulados será transitória, devendo ter o saldo zero no final do período, uma vez que todo o lucro deverá ser destinado a reservas de aumento de capital. Para as demais empresas continua a conta.

Se houvesse prejuízo, o saldo da conta ARE seria devedor; portanto, o lançamento seria o contrário: crédito da conta ARE e débito de Prejuízos Acumulados.

Admita-se, agora, que a Cia. Ursa Maior apresente um prejuízo de $ 18.600.000.

Apuração do Res. do Exercício		Prejuízos Acumulados
18.600.000	18.600.000	18.600.000

A conta Prejuízos Acumulados faz parte do Patrimônio Líquido com o sinal negativo (18.600.000), ou seja, reduz os investimentos dos proprietários.

15.6 LIVROS CONTÁBEIS

15.6.1 Razão

Razão é um livro exigido pela legislação brasileira. Em virtude de sua eficiência, é indispensável em qualquer tipo de empresa: é o instrumento mais valioso para o desempenho da Contabilidade. Por isso, do ponto de vista contábil, é um livro muito importante.

Consiste no agrupamento de valores em contas de mesma natureza e de forma racional. Em outras palavras, o registro no Razão é realizado em *contas individualizadas*; tem-se assim um controle por conta. Por exemplo, abre-se uma conta Caixa e registram-se todas as operações que, evidentemente, afetam o Caixa; debitando-se ou creditando-se nesta conta, a qualquer momento apura-se o saldo.

Pela descrição anterior pode-se concluir que *o Razão e o Razonete são a mesma coisa*. Na realidade, o Razonete deriva do Razão; o Razonete é uma *forma simplificada*, uma *forma didática do Razão*.

A princípio, o Razão só existia em forma de livros, em que para cada página se atribuía o título de uma conta. Tinha-se, então, uma página para o Caixa, outra para Bancos c/ Movimento, outra para Duplicatas a Receber, outra para Estoque, e assim sucessivamente. Com o passar do tempo, as folhas avulsas foram substituindo as páginas do livro. Hoje, é muito comum as *fichas Razão*, dado o aspecto prático exigido pela Contabilidade mecanizada. Para cada conta deve haver pelo menos uma ficha Razão.

a) **Razão analítico × sintético**

É comum o uso de fichas *coloridas* do Razão: determinada cor para as contas *integrais* (contas de balanço) e outra para as *diferenciais* (contas de resultado); ou, ainda, atribuir cores de acordo com o grupo de contas, ou seja, Ativo, Passivo, Receita, Despesa etc. Essas cores, que podem ser identificadas por uma tarja colorida na parte superior da ficha, permitem melhor visualização do grupo a que pertence a ficha, favorecendo, assim, o sistema de arquivo.

Quando a ficha razão abrange a conta como um todo, denomina-se *Razão Sintético* ou *Razão Geral*. Todavia, quando há o desdobramento de conta para melhor controle, denomina-se *Razão Analítico* ou *Razão Auxiliar*.

b) Exemplo de Razão

Com base em um Razonete, observar o que é e como funciona uma ficha Razão. A Cia. Atria tem $ 1.000.000 em Caixa e compra, à vista, em 20-2-x5, Equipamentos por $ 800.000.

	Caixa			Equipamentos	
D		C	D		C
SI 1.000.000	800.000		800.000		
200.000 Saldo Devedor (D)			Saldo Devedor (D)		

UM MODELO SIMPLES DE FICHA RAZÃO

Conta: Caixa			Código: 1.1.1 (Plano de Contas)		
Data	Histórico	Débito	Crédito	Saldo	
				D/C	Valores
–	Saldo já existente	–	–	D	1.000.000
20-2-x5	Compra Equipamentos	–	800.000	D	200.000

Conta: Equipamentos			Código: 1.3.8 (Plano de Contas)		
Data	Histórico	Débito	Crédito	Saldo	
				D/C	Valores
20-2-x5	Aquisição à Vista	800.000	–	D	800.000

O *Razão*, portanto, engloba as *contas Patrimoniais* (as contas de Balanço, também conhecidas como contas *integrais*) e as *contas de Resultados* (as contas de *Receitas e Despesas*, também conhecidas como contas *diferenciais*), de forma individual, havendo controle conta por conta.

15.6.2 Diário

É um livro obrigatório (exigido por lei) em todas as empresas. Registra os fatos contábeis em *partidas dobradas* na ordem rigorosamente cronológica do dia, mês e ano.

O livro Diário deve ser encadernado com folhas numeradas seguidamente, devendo os registros ser feitos *diariamente*. Quem empregar escrituração mecanizada (o que é mais comum) poderá substituir o diário por fichas seguidamente numeradas (mecânica ou tipograficamente).

Portanto, o Diário *registra oficialmente todas as transações* de uma empresa.

Os livros ou fichas (Diário) devem conter termos de abertura e de encerramento e ser submetidos à autenticação do órgão competente do Registro do Comércio. O atraso na escrituração do Diário não poderá ultrapassar *180 dias*, sob pena de multa prevista pelo Imposto de Renda.

Os registros básicos de um livro Diário Geral são:

Data da operação (transação).

Título da conta de *débito* e da conta de *crédito*.

Valor do débito e do crédito.

– *Histórico*: alguns dados fundamentais sobre a operação em registro: número da nota fiscal, cheque, terceiros envolvidos etc.

a) **Exemplo de escrituração no Diário**

Suponha-se que em fevereiro de 20x7 a empresa Sirius & Cia. faça as seguintes operações:

20/02: compra de equipamento à vista da Magnus & Cia. conforme Nota Fiscal série B nº 25.451, por $ 800.000.

26/02: deposita no Banco do Brasil S.A. a quantia de $ 900.000.

	Caixa		Equipamentos	
$$$$	800.000 (20/02) 900.000 (26/02)		(20/02) 800.000	

	Bancos c/ Movimento	
	(26/2) 900.000	

DIÁRIO BICOLUNADO					
Data		**Títulos das Contas e Histórico**	**Código da Conta**	**Débito**	**Crédito**
2017 Fev.	20	Equipamentos	–	800.000	
		Caixa	–		800.000
		N. F. 25.451 – Série B da Magnus & Cia.			
	26	Bancos c/ Movimento	–	900.000	
		Caixa	–		900.000
	–	Depósito no Banco do Brasil S. A.			
		_____	–	–	
		_____	–		–
Mar.	–	_____	–	–	–

Observação:

Normalmente, a coluna do débito é colocada mais à esquerda e a coluna do crédito, por convenção, mais à direita.

DÉBITO

CRÉDITO

Para averiguar a exatidão dos lançamentos, basta somar a coluna do Débito e a do Crédito, uma forma de averiguação parcial, além do Balancete de Verificação. Pelo método das partidas dobradas os totais deverão ser iguais.

b) **Diário com três colunas – Sistema manuscrito**

O Diário é constituído de duas colunas (bicolunado): uma serve para o débito, outra, para o crédito. Este sistema é utilizado quando se faz a Contabilidade com equipamentos (computador...).

Encontra-se, todavia, na literatura contábil brasileira e em algumas empresas um modelo de livro Diário (três colunas) utilizado normalmente para escrituração manuscrita. Às vezes, era utilizada a máquina de datilografia. Esse sistema era pouco usado no mundo contábil e era considerado mais complexo. Esse método será abordado aqui em virtude da tradição de os contadores no Brasil, em grande parte, terem assim aprendido Contabilidade. O professor, no entanto, decidirá se deve ou não ministrar essa forma de escrituração aos seus alunos.

As diferenças básicas entre o modelo bicolunado e o de três colunas são as seguintes:

Coloca-se a data por extenso no início de lançamentos referentes a um dia.

Coloca-se a preposição **a** à frente das contas de crédito.

Podem-se resumir em um único lançamento vários lançamentos que repetem a mesma conta devedora ou credora.

MODELO DE DIÁRIO DE TRÊS COLUNAS

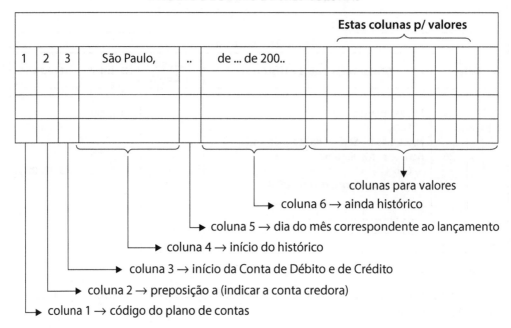

c) **Exemplo de lançamentos em diário de três colunas**

1. Lançamento que envolve uma só conta de débito e uma só de crédito. Tradicionalmente, este lançamento é conhecido como 1ª fórmula.

Admita-se que a Cia. Solaris deposita $ 800.000, que estavam no Caixa, no Banco Comercial S.A.

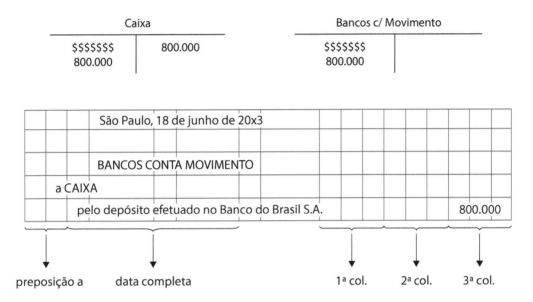

15.7 LEVANTAMENTO DAS DEMONSTRAÇÕES FINANCEIRAS

PRIMEIRO PASSO – Escrituração. Com base nos documentos que suportam os registros contábeis (nota fiscal, faturas, escrituras etc.) faz-se a escrituração.

Recomenda-se em primeiro lugar efetuar os lançamentos nos razonetes para, a seguir, passar para o Diário e o Razão. Assim, antes de efetivar os lançamentos, o esquema estará montado. Aconselha-se, ainda, separar os razonetes (as contas) que se referem ao balanço das contas de resultado. Serão feitos os lançamentos referentes às operações normais do ano e, em seguida, os ajustes que correspondem ao final de período.

SEGUNDO PASSO – Primeiro Balancete de Verificação. Para dar continuidade ao trabalho, o objetivo agora é verificar a exatidão dos lançamentos contábeis.

TERCEIRO PASSO – Ajustes (no final do período) em 31/12. Esta fase é dividida em três etapas. A *primeira* refere-se aos ajustes normais em decorrência do *regime de competência*: Seguros, Materiais, Juros, Devedores Duvidosos etc.; a *segunda* refere-se à Depreciação e Correção Monetária; a *terceira*, após acerto de todas as despesas e receitas, refere-se ao Imposto de Renda a Pagar.

QUARTO PASSO – Segundo Balancete de Verificação. Principalmente para se observar se não houve erros de lançamentos no 3º passo.

QUINTO PASSO – Apuração de Resultados. Para apurar o resultado será feito o encerramento (partidas ou lançamentos de encerramento) de todas as Contas de Resultados (Despesas/Receitas).

SEXTO PASSO – Contabilização do Lucro (ou Prejuízo).

SÉTIMO PASSO – Contabilização da destinação do lucro (p/ reservas, aumento de capital, dividendos etc.).

OITAVO PASSO – Estruturação das Demonstrações Financeiras. As Demonstrações Financeiras devem ser estruturadas na seguinte ordem:

1. Demonstração do Resultado do Exercício.
2. Demonstração dos Lucros ou Prejuízos Acumulados.
3. Balanço Patrimonial e, a seguir, Notas Explicativas.

Modelo para Publicação das Demonstrações Financeiras de Sociedade Anônima
Denominação da Empresa
CNPJ – Tipo de Sociedade

Em $ mil

Relatório da Administração (Informações adicionais: dados estatísticos, produtividade, políticas, expansão etc.)

Demonstrações Financeiras

BALANÇO PATRIMONIAL			
ATIVO		PASSIVO E PL	
	Data		Data

DEMONSTRAÇÃO DO RESULTADO DO EXERCÍCIO	
Receita Bruta	Data

DEMONSTRAÇÃO DOS LUCROS OU PREJUÍZOS ACUMULADOS		Data

DEMONSTRAÇÃO DOS FLUXOS DE CAIXA		Data

DEMONSTRAÇÃO DO VALOR ADICIONADO	Data

Notas Explicativas
(e outras evidenciações)

Administradores

(assinatura)

Contador
CRC nº . . . . .

(assinatura)

EXERCÍCIOS PROPOSTOS

1.

FCC – 2009 – TJ-PA) A transferência de papelão do almoxarifado para o setor de produção de uma empresa que produz embalagens gera um

a) débito na conta Custos Indiretos de Fabricação.

b) crédito na conta Estoques de Produtos em Elaboração.

c) crédito na conta Matéria-prima consumida.

d) débito na conta Custos Fixos de Produção.

e) crédito na conta Estoques de matéria-prima.

2.

(CESGRANRIO – 2011 – Petrobras) Os dados de produção da Industrial BP S.A. foram os seguintes, em reais:

- Custo dos Produtos Vendidos 120.000,00
- Custos Indiretos de Fabricação apropriados no período 40.000,00
- Mão de Obra Direta apropriada no período 60.000,00
- Matéria-Prima consumida

a) D: Produtos em Elaboração 170.000,00
C: Custos de Produção 170.000,00

b) D: Custo dos Produtos Vendidos 120.000,00
C: Estoque de Produtos Acabados 120.000,00

c) D: Produtos em Elaboração 140.000,00
C: Estoque de Produtos Acabados 140.000,00

d) D: Estoque de Produtos Acabados 170.000,00
C: Produtos em Elaboração 170.000,00

e) D: Estoque de Produtos Acabados 140.000,00
C: Produtos em Elaboração 140.000,00

3.

(CESGRANRIO – 2011 – Petrobras) A Industrial Egecar Ltda. utiliza como critério de rateio para os seus Custos Indiretos de Fabricação o número total de horas trabalhadas no mês por produto.

PRODUTO Nº TOTAL DE HORAS TRABALHADAS

A 12.000 horas

B 18.000 horas

Sabendo-se que o total dos custos fixos no mês ficou em R$ 50.000,00, os lançamentos contábeis procedidos pela Industrial Egecar Ltda. para transferência dos custos de produção para Produtos em Elaboração, em reais, são:

a) D: Produtos em Elaboração – Produto A 20.000,00
D: Produtos em Elaboração – Produto B 30.000,00
C: Custos de Produção – Custos Indiretos 50.000,00

b) D: Produtos em Elaboração – Produto A 25.000,00
D: Produtos em Elaboração – Produto B 25.000,00
C: Custos de Produção – Custos Indiretos 50.000,00

c) D: Produtos em Elaboração – Produto A 30.000,00
D: Produtos em Elaboração – Produto B 20.000,00
C: Custos de Produção – Custos Indiretos 50.000,00

d) D: Produtos em Elaboração – Produto A 20.000,00
D: Produtos em Elaboração – Produto B 30.000,00
C: Estoque de Produtos Acabados 50.000,00

e) D: Custos de Produção – Custos Indiretos 50.000,00
C: Produtos em Elaboração – Produto A 20.000,00
C: Produtos em Elaboração – Produto B 30.000,00

4.

(CFC – 2016 – 1º Exame) Uma Sociedade Empresária possui um único estabelecimento comercial.

Em 31.1.2016, apresentou os seguintes saldos no seu balancete mensal referentes a registros de ICMS incidentes sobre compras e sobre vendas:

Conta	Saldo	Natureza do saldo
ICMS a recuperar	R$ 15.000,00	Devedor
ICMS a recolher	R$ 10.000,00	Credor

De acordo com as informações apresentadas, é CORRETO afirmar que o registro contábil a ser efetuado para apuração do ICMS é:

a) Débito: ICMS a Recolher R$ 15.000,00 Crédito: ICMS a Recuperar R$ 15.000,00.

b) Débito: ICMS a Recolher R$ 10.000,00 Crédito: Caixa R$ 10.000,00.

c) Débito: ICMS a Recolher R$ 5.000,00 Crédito: Caixa R$ 5.000,00.

d) Débito: ICMS a Recolher R$ 10.000,00 Crédito: ICMS a Recuperar R$ 10.000,00.

5.

(FUNDEP – 2014 – IF-SP) Analise as seguintes afirmativas sobre plano de contas de empresas comerciais, industriais e prestadores de serviços, assinalando com V as verdadeiras e com F as falsas.

( ) O detalhamento do plano de contas está relacionado com o tamanho da empresa.Logo, quanto maior o tamanho da empresa, mais detalhado é o plano de contas.

( ) Uma empresa prestadora de serviços terá, em seu plano de contas, contas específicas à sua atividade, tal como estoque de serviços.

( ) O plano de contas deve ser codificado, de modo que, quanto maior o número de dígitos, maior é o detalhamento da contabilidade da empresa.

( ) Uma empresa cuja atividade é agropecuária poderá ter, em seu plano de contas, estoque de culturas permanentes e culturas temporárias.

Assinale a alternativa que apresenta a sequência CORRETA.

a) V V F V.

b) V F F V.

c) V F V V.

d) V F V F.

6.

(CESGRANRIO – 2012 – TRANSPETRO) O Razão é um livro utilizado para registrar os fatos administrativos da mesma natureza, numa mesma conta, sob uma denominação que os identifique de forma clara e precisa.

Nesse contexto, nas sociedades anônimas, o livro Razão é

a) facultativo sob o enfoque da legislação fiscal do imposto de renda.

b) escriturado por lançamento completo em ordem cronológica rigorosa.

c) utilizado para registrar os fatos administrativos na forma de razonete sintético.

d) auxiliar sendo o livro de maior valia para a legislação societária.

e) o instrumento mais valioso para o desempenho da contabilidade.

7.

(CESGRANRIO – 2012 – LIQUIGAS) O Balancete de Verificação fundamenta sua elaboração no método das partidas dobradas que consiste na afirmativa de que não há débito(s) sem crédito(s) de igual valor, implicando, em decorrência, a igualdade matemática entre a soma dos saldos devedores e a dos saldos credores.

A principal validade do balancete reside na sua capacidade de

a) ter-se tornado um instrumento de base para decisões.
b) evidenciar o registro do débito/crédito em conta errada.
c) identificar a utilização de conta indevida, no registro contábil.
d) indicar claramente a situação econômico-financeira da empresa.
e) detectar a inversão do débito na conta a creditar e do crédito na conta a debitar.

8.

(FCC – 2012 – TCE-AP – Adaptado) O demonstrativo auxiliar de caráter não obrigatório, que relaciona os saldos das contas remanescentes no diário e razão, imprescindível para testar se o método de partidas dobradas foi obedecido pela escrituração contábil, método pelo qual os débitos devem corresponder a créditos de mesmo valor, cabendo verificar se a soma dos saldos devedores é igual a soma dos saldos credores, e ser levantado mensalmente segundo a NBC T 2.7, unicamente para fins operacionais, não tendo obrigatoriedade fiscal, com suas informações extraídas dos registros contábeis mais atualizados, deve demonstrar o seguinte: saldo inicial, valor creditado mensal, valor creditado acumulado, valor debitado mensal, valor debitado acumulado e saldo final. Caso o demonstrativo seja destinado a usuários externos, o documento deverá ser assinado por contador habilitado pelo conselho regional de contabilidade (CRC). Este documento contábil é o:

a) Livro Diário.
b) Livro Razão.
c) Balanço Orçamentário.
d) Balancete de Verificação.
e) Balanço Patrimonial.

9.

(CEPERJ – 2012 – PROCON-RJ) Em 31/12/2011, o livro Razão da Empresa XYZ Ltda. apresentava as seguintes contas com seus respectivos saldos (valores em R$):

Caixa	4.500
Capital a realizar	5.000
Clientes	14.250
Fornecedores	22.500
Depreciação	2.500
Despesas antecipadas	500
Móveis e utensílios	20.000
Receitas de vendas	15.000
Despesas de salários	3.750
Veículos	25.000
Capital subscrito	46.250
Depreciação acumulada	7.500
Estoque de mercadorias	10.000
Juros passivos	2.000
Lucros/prejuízos acumulados	1.500
Provisão para crédito de liquidação duvidosa	1.500
Impostos a recolher	2.500
Custos das mercadorias vendidas	6.250

Na elaboração do balancete de verificação, o somatório dos saldos das contas de natureza devedora foi igual a:

a) R$ 95.250.
b) R$ 93.750.
c) R$ 96.000.
d) R$ 98.000.
e) R$ 81.250.

10.

(CESGRANRIO – 2011 – Petrobras) No que se refere ao livro Diário, analise os seguintes itens:

I. encadernação com folhas numeradas em sequência, tipograficamente;

Cap. 15 • Entendendo o Ciclo Contábil 301

II. forma mercantil;

III. individualização e clareza;

IV. ausência de intervalos em branco ou de entrelinhas;

V. termo de Abertura;

VI. termo de Encerramento.

São formalidades intrínsecas ao livro Diário APENAS os itens

a) I, II e III.

b) I, V e VI.

c) II, III e IV.

d) II, V e VI.

e) III, IV e VI.

11.

(MS CONCURSOS – 2010 – CIENTEC-RS) São elementos essenciais do lançamento no livro diário:

a) Data, moeda utilizada, conta(s) debitada(s), conta(s) creditada(s) e valor da operação.

b) Moeda utilizada, regime de contabilização, histórico da operação e sistema de contas utilizado.

c) Local e data, conta(s) debitada(s), conta(s) creditada(s), histórico da operação e valor da operação.

d) Conta(s) debitada(s), conta(s) creditada(s), histórico da operação e sistema de contas utilizado.

e) Data, conta(s) debitada(s), conta(s) creditada(s), valor da operação e regime de contabilização.

12.

(COPEVE-UFAL – 2010 – Prefeitura de Rio Largo – AL) No Plano de Contas, as disponibilidades de numerário, os recursos a receber, as antecipações de despesa, bem como outros bens e direitos pendentes ou em circulação, realizáveis até o término do exercício seguinte serão classificados

a) no ativo realizável a curto prazo.

b) no ativo circulante.

c) no disponível.

d) no ativo compensado.

e) no ativo circulante e no ativo realizável.

13.

(FGV – 2013 – AL-MA) Quanto à interligação das contas da Demonstração do Resultado do Exercício e do Balanço Patrimonial de uma sociedade por ações, assinale a afirmativa correta.

a) O lucro líquido do exercício é encontrado após a dedução do imposto de renda e da contribuição social sobre o lucro líquido, das participações no resultado e da reserva legal constantes da demonstração do resultado do exercício, em que todas as contas constarão do balanço patrimonial sendo divididas em passivo circulante e patrimônio líquido.

b) O balanço patrimonial recebe diretamente da demonstração do resultado do exercício os valores das contas da provisão do imposto de renda e da contribuição social sobre o lucro líquido no passivo circulante e do lucro líquido do exercício no patrimônio líquido.

c) Após apurar o lucro líquido do exercício na demonstração do resultado do exercício, a empresa deverá destinar, em demonstração própria, parte desse lucro para as reservas de lucro e parte para os dividendos, sendo que os valores reservados comporão o patrimônio líquido e o valor dos dividendos o passivo circulante, todos no balanço patrimonial.

d) O valor da receita bruta de venda constante da demonstração do resultado do exercício estará, integralmente, na disponibilidade do ativo circulante, independente da operação ter sido à vista ou a prazo, enquanto os valores dos custos e das despesas constarão do passivo circulante desde que tenham sido provisionadas ou oriundas de operações a prazo.

e) Todas as receitas, custos e despesas constantes da demonstração do resultado do exercício, em atendimento aos princípios da continuidade, prudência e competência, devem apresentar, como contrapartida, contas do ativo circulante ou do passivo circulante do balanço patrimonial, mesmo que as operações tenham sido à vista ou a curto prazo.

14.

(CESGRANRIO – 2011 – Petrobras) As informações sobre o desempenho da empresa são fornecidas, basicamente, pela demonstração:

a) do Valor Adicionado.
b) do Lucro ou Prejuízo Acumulado.
c) do Resultado do Exercício.
d) dos Fluxos de Caixa.
e) das Mutações do Patrimônio Líquido.

16

Tópicos Especiais de Contabilidade

16.1 RELATÓRIO DA DIRETORIA

Nas publicações das Demonstrações Contábeis, após a identificação da empresa, destaca-se o Relatório da Diretoria ou Administração. São informações normalmente de caráter não financeiro que abrangem:

- dados estatísticos diversos;
- indicadores de produtividade;
- desenvolvimento tecnológico;
- a empresa no contexto socioeconômico;
- políticas diversas: recursos humanos, exportação etc.;
- expectativas com relação ao futuro;
- dados do orçamento de capital;
- projetos de expansão;
- desempenho em relação aos concorrentes, Balanço Social etc.

Essas informações seriam mais significativas se não houvesse excesso de otimismo (inconsequente), como às vezes se observa.

Os administradores da companhia aberta são obrigados a comunicar imediatamente à Bolsa de Valores e a *divulgar pela imprensa* qualquer deliberação da assembleia geral ou dos órgãos de administração da companhia, ou outro qualquer fato relevante ocorrido em seus negócios, fato que possa influir, de modo ponderável, na decisão dos investidores do mercado de vender ou comprar valores mobiliários emitidos pela companhia.

Por fim, cabe-nos ainda alertar sobre a necessidade de apresentar evidenciações em dosagens adequadas. Não ocultar informações que favoreçam os usuários no sentido de melhor analisar a tendência da empresa. Não fornecer informações demasiadamente resumidas, que pouco (ou nada) esclareçam. Não fornecer excesso de informações, perdendo, assim, sua objetividade.

O principal item que compunha o Relatório da Diretoria era a Demonstração do Valor Adicionado ou Valor Agregado (DVA). Atualmente, a DVA é tratada como Demonstração Financeira.

16.2 DEMONSTRAÇÃO DE VALOR ADICIONADO (DVA)

Com a alteração da Lei nº 6.404/1976, em seu art. 176, inciso V, proporcionada pela Lei nº 11.638/2007, torna-se obrigatória no Brasil a Demonstração do Valor Adicionado – DVA, para as companhias de capital aberto. Essa lei determina que a empresa deverá evidenciar o valor da riqueza gerada e sua distribuição entre os elementos que contribuíram para a geração dessa riqueza, tais como empregados, financiadores, acionistas, governo e outros, bem como a parcela da riqueza não distribuída.

A partir da divulgação do CPC 09 pelo Comitê de Pronunciamentos Contábeis, que determina os critérios para a elaboração da DVA, esse pronunciamento técnico também foi aprovado pelo CFC, por meio das Resoluções nºs 1.138 de 2008 e 1.162, de 2009, e depois transformado em Norma Brasileira de Contabilidade de número NBC TG 09.

O CPC 09 exige que todas as companhias de capital aberto elaborem a DVA, bem como as demais empresas que venham a ser obrigadas por outras legislações.

16.2.1 Função social da empresa

Muito mais que gerar riqueza para seus proprietários, sócios ou acionistas (investidores) e manter-se viva (em continuidade), a empresa promove o desenvolvimento social ao gerar empregos e salários, pagar impostos ao governo para que cumpra com sua obrigação de promover bem-estar do cidadão e contribuir para fomentar o produto interno bruto (PIB). Quando uma empresa deixa de existir muito se perde, quem investiu apostando no sucesso do negócio, bem como o empregado que deixa de ter uma ocupação que lhe remunerava, o mercado quanto à vantagem competitiva que a concorrência pode oferecer ao consumidor, o governo que não contará com os impostos, e assim por diante.

Do exposto acima percebe-se que a empresa subliminarmente tem a **função social**, tão importante quanto a patrimonial e a econômica de gerar riqueza e pagar impostos. Na função social, trata-se de entender que a empresa é uma parte integrante do meio (ambiente) em que opera (vive), utilizando-se dos recursos naturais e humanos para alcançar seus objetivos de gerar riqueza.

No Brasil em 1997, o sociólogo Herbert de Souza "Betinho" deu início a uma campanha nacional pela publicação do Balanço Social, que permitisse a sociedade conhecer a relação econômica × social da empresa, destacando a quantidade e perfil (sexo, cor, grau de estudo) dos empregados, investimentos em treinamentos, benefícios sociais espontâneos, e aspectos ecológicos. O balanço social é uma forma de empresa divulgar as ações que realizou como forma de responsabilidade social com o ambiente que teve interação.

16.2.2 A empresa e a formação do Produto Interno Bruto (PIB)

A Lei nº 11.638/2007 passou a exigir das companhias abertas a publicação da Demonstração de Valor Adicionado (DVA), que representa um dos elementos do balanço social e tem por finalidade propiciar aos usuários das demonstrações contábeis informações relativas à riqueza criada pela empresa em determinado período, bem como a forma pela qual tais riquezas foram distribuídas. A DVA é fundamentada em conceitos macroeconômicos e busca apresentar a parcela da contribuição que a empresa tem na formação do Produto Interno Bruto (PIB), o quanto a empresa agrega de valor aos insumos adquiridos de terceiros e que são vendidos ou consumidos durante determinado período.

16.2.3 A DVA como fonte de informação para os usuários

Para os investidores e outros usuários, essa demonstração proporciona o conhecimento de informações de natureza econômica e social e oferece a possibilidade de melhor avaliação das atividades da entidade dentro da sociedade na qual está inserida. Para um município a DVA contribui para a decisão de promover a instalação da empresa em seu território às vezes com subsídio, a Prefeitura pode por esta demonstração avaliar qual parcela de impostos seriam distribuídos aos cofres públicos municipais além do número de empregos que seriam gerados para a comunidade, assim por diante.

16.2.4 O detalhamento da DVA

O valor criado e distribuído pela empresa aos interessados diretamente, deve ser detalhada, minimamente, da seguinte forma:

a) Pessoal e encargos (empregados, FGTS e INSS);

b) Impostos, taxas e contribuições (governo: PIS, COFINS, IRPJ, CSSL, ICMS e ISS);

c) Juros e alugueis (remuneração de capital terceiros);

d) Juros sobre capital próprio e dividendos (remuneração dos sócios e acionistas); e

e) Lucros retidos/prejuízos do exercício (para reinvestimentos na própria empresa).

Valor adicionado representa a riqueza criada pela empresa, de forma geral medida pela diferença entre os valores das vendas e os insumos adquiridos de terceiros (receitas e os custos, da DRE).

Receita de venda de mercadorias, produtos e serviços representa os valores reconhecidos na Contabilidade a este título pelo regime de competência e incluídos na demonstração de resultado do período (DRE).

Verifica-se que a maior parte das informações para elaboração da DVA é obtida da Demonstração do resultado. Destacando-se que a DRE demonstra a composição do resultado (*a performance*) que contribuiu para geração de riqueza ou diminuição dela, no caso de prejuízo, que dizem respeito ao proprietário, sócio ou acionista, e a DVA demonstra como a riqueza foi gerada e distribuída entre os agentes. Independentemente do resultado do DRE, seja lucro ou prejuízo, sempre ocorrerá a geração de riqueza, valor adicionado pela empresa, ao menos aos empregados, governo e agentes financiadores (bancos), por exemplo.

16.2.4.1 O detalhamento da formação da riqueza da DVA

Para melhor compreensão da DVA ela está dividida em duas partes, a primeira demonstra a formação da riqueza e, a segunda, a distribuição desta riqueza.

Formação da riqueza – Os principais componentes da riqueza criada estão apresentados a seguir nos seguintes itens:

Receitas

Venda de mercadorias, produtos e serviços – Inclui os valores dos tributos incidentes sobre essas receitas (por exemplo, ICMS, IPI, PIS e COFINS), ou seja, corresponde ao ingresso bruto ou faturamento bruto, mesmo quando na demonstração do resultado tais tributos estejam fora do cômputo dessas receitas.

Outras receitas – Da mesma forma que o item anterior, inclui os tributos incidentes sobre essas receitas.

Provisão para créditos de liquidação duvidosa – Constituição/Reversão – Inclui os valores relativos à constituição e reversão dessa provisão.

Insumos adquiridos de terceiros

Custo dos produtos, das mercadorias e dos serviços vendidos – Inclui os valores das matérias-primas adquiridas junto a terceiros e contidas no custo do produto vendido, das mercadorias e dos serviços vendidos adquiridos de terceiros; não inclui gastos com pessoal próprio.

Materiais, energia, serviços de terceiros e outros – Inclui valores relativos às despesas originadas da utilização desses bens, utilidades e serviços adquiridos junto a terceiros.

Nos valores dos custos dos produtos e mercadorias vendidos, materiais, serviços, energia etc. consumidos, devem ser considerados os tributos incluídos no momento das compras (por exemplo, ICMS, IPI, PIS e COFINS), recuperáveis ou não. Esse procedimento é diferente das práticas utilizadas na demonstração do resultado.

Perda e recuperação de valores ativos – Inclui valores relativos a ajustes por avaliação a valor de mercado de estoques, imobilizados, investimentos etc. Também devem ser incluídos os valores reconhecidos no resultado do período, tanto na constituição quanto na reversão de provisão para perdas por desvalorização de ativos, conforme aplicação do CPC 01 – Redução ao Valor Recuperável de Ativos (se no período o valor líquido for positivo, deve ser somado).

Depreciação, amortização e exaustão – Inclui a despesa ou o custo contabilizados no período.

Valor adicionado recebido em transferência

Resultado de equivalência patrimonial – O resultado da equivalência pode representar receita ou despesa; se despesa, deve ser considerado como redução ou valor negativo.

Receitas financeiras – Inclui todas as receitas financeiras, inclusive as variações cambiais ativas, independentemente de sua origem.

Outras receitas – Inclui os dividendos relativos a investimentos avaliados ao custo, aluguéis, direitos de franquia etc.

16.2.4.2 O detalhamento da distribuição da riqueza da DVA

A segunda parte da DVA deve apresentar de forma detalhada como a riqueza obtida pela entidade foi distribuída. Os principais componentes dessa distribuição estão apresentados a seguir:

Pessoal – Valores apropriados ao custo e ao resultado do exercício na forma de:

- *Remuneração direta* – Representada pelos valores relativos a salários, 13º salário, honorários da administração (inclusive os pagamentos baseados em ações), férias, comissões, horas extras, participação de empregados nos resultados etc.
- *Benefícios* – Representados pelos valores relativos a assistência médica, alimentação, transporte, planos de aposentadoria etc.
- FGTS – Representado pelos valores depositados em conta vinculada dos empregados.

Impostos, taxas e contribuições – Valores relativos ao imposto de renda, contribuição social sobre o lucro, contribuições ao INSS (incluídos aqui os valores do Seguro de Acidentes do Trabalho) que sejam ônus do empregador, bem como os demais impostos e contribuições a que a empresa esteja sujeita. Para os impostos compensáveis, tais como ICMS, IPI, PIS e COFINS, devem ser considerados apenas os valores devidos ou já recolhidos, e representam a diferença entre os impostos e contribuições incidentes sobre as receitas e os respectivos valores incidentes sobre os itens considerados "insumos adquiridos de terceiros".

- Federais – Inclui os tributos devidos à União, inclusive aqueles que são repassados no todo ou em parte aos Estados, Municípios, Autarquias etc., tais como: IRPJ, CSSL, IPI, CIDE, PIS, COFINS. Inclui também a contribuição sindical patronal.
- Estaduais – Inclui os tributos devidos aos Estados, inclusive aqueles que são repassados no todo ou em parte aos Municípios, Autarquias etc., tais como o ICMS e o IPVA.
- Municipais – Inclui os tributos devidos aos Municípios, inclusive aqueles que são repassados no todo ou em parte às Autarquias, ou quaisquer outras entidades, tais como o ISS e o IPTU.

Remuneração de capitais de terceiros – Valores pagos ou creditados aos financiadores externos de capital.

- Juros – Inclui as despesas financeiras, inclusive as variações cambiais passivas, relativas a quaisquer tipos de empréstimos e financiamentos junto a instituições financeiras, empresas do grupo ou outras formas de obtenção de recursos. Inclui os valores que tenham sido capitalizados no período.
- Aluguéis – Inclui os aluguéis (inclusive as despesas com arrendamento operacional) pagos ou creditados a terceiros, inclusive os acrescidos aos ativos.
- Outras – Inclui outras remunerações que configurem transferência de riqueza a terceiros, mesmo que originadas em capital intelectual, tais como *royalties*, franquia, direitos autorais etc.

Remuneração de capitais próprios – Valores relativos à remuneração atribuída aos sócios e acionistas.

- Juros sobre o capital próprio (JCP) e dividendos – Inclui os valores pagos ou creditados aos sócios e acionistas por conta do resultado do período, ressalvando-se os valores dos JCP transferidos para conta de reserva de lucros. Devem ser incluídos apenas os valores distribuídos com base no resultado do próprio exercício, desconsiderando-se os dividendos distribuídos com base em lucros acumulados de exercícios anteriores, uma vez que já foram tratados como "lucros retidos" no exercício em que foram gerados.
- Lucros retidos e prejuízos do exercício – Inclui os valores relativos ao lucro do exercício destinados às reservas, inclusive os JCP quando tiverem esse tratamento; nos casos de prejuízo, esse valor deve ser incluído com sinal negativo.
- As quantias destinadas aos sócios e acionistas na forma de Juros sobre o Capital Próprio – JCP, independentemente de serem registradas como passivo (JCP a pagar) ou como reserva de lucros, devem ter o mesmo tratamento dado aos dividendos no que diz respeito ao exercício a que devem ser imputados.

16.2.5 Modelo de DVA – Empresas em geral

A seguir, reproduzimos o modelo de Demonstração de Valor Adicionado, conforme o CPC-09, disponível na página www.cpc.org.br.

Modelo I – Demonstração do Valor Adicionado – EMPRESAS EM GERAL

DESCRIÇÃO	20x1	%	20x0	%
1. RECEITAS				
1.1 Vendas de mercadorias, produtos e serviços				
1.2 Outras receitas				
1.3 Receitas relativas à construção de ativos próprios				

DESCRIÇÃO	20x1	%	20x0	%
1.4 Provisão para créditos de liquidação duvidosa – Reversão / (Constituição)				
2. INSUMOS ADQUIRIDOS DE TERCEIROS (inclui os valores dos impostos – ICMS, IPI, PIS e COFINS)				
2.1 Custos dos produtos, das mercadorias e dos serviços vendidos				
2.2 Materiais, energia, serviços de terceiros e outros				
2.3 Perda / Recuperação de valores ativos				
2.4 Outras (especificar)				
3. VALOR ADICIONADO BRUTO (1-2)				
4. DEPRECIAÇÃO, AMORTIZAÇÃO E EXAUSTÃO				
5. VALOR ADICIONADO LÍQUIDO PRODUZIDO PELA ENTIDADE (3-4)				
6. VALOR ADICIONADO RECEBIDO EM TRANSFERÊNCIA				
6.1 Resultado de equivalência patrimonial				
6.2 Receitas financeiras				
6.3 Outras				
7. VALOR ADICIONADO TOTAL A DISTRIBUIR (5+6)				
8. DISTRIBUIÇÃO DO VALOR ADICIONADO (*)				
8.1 Pessoal				
8.1.1 Remuneração Direta				
8.1.2 Benefícios				
8.1.3 F.GTS				
8.2 Impostos, taxas e contribuições				
8.2.1 Federais				
8.2.2 Estaduais				
8.2.3 Municipais				
8.3 Remuneração de capitais de terceiros				
8.3.1 Juros				
8.3.2 Aluguéis				
8.3.3 Outras				
8.4 Remuneração de Capitais Próprios				
8.4.1 Juros sobre o Capital Próprio				
8.4.2 Dividendos				
8.4.3 Lucros retidos / Prejuízo do exercício				
8.4.4 Participação dos não controladores nos lucros retidos (só p/ consolidação)				

(*) O total do item 8 deve ser exatamente igual ao item 7

Demonstração do Valor Adicionado (DVA)

310 Curso de Contabilidade para Não Contadores • *Iudícibus e Marion*

16.2.6 Exemplo prático de DVA – Empresas pequeno e médio porte

BRASIL QUE QUEREMOS – COMÉRCIO DE VEÍCULOS LTDA.		
CNPJ: XX.510.XXX/0001-88		
DEMONSTRAÇÕES FINANCEIRAS EM MILHARES DE REAIS		
DEMONSTRAÇÃO DE VALOR ADICIONADO – DVA	20x2	20x1
PARTE A		
1 - RECEITAS	55.062.735	63.501.315
1.1 – Vendas mercadorias, serviços e ou produtos	54.081.738	63.162.956
1.2 – Outras receitas operacionais	260.997	338.359
1.3 – Receitas relativas à construção de ativo próprio	–	–
1.4 – Provisão para crédito de liquidação duvidosa – reversão	–	–
2 – INSUMOS ADQUIRIDOS DE TERCEIROS E CUSTOS OPERACIO-NAIS	(50.055.783)	(59.445.343)
2.1 – Custo de produtos, das mercadorias e dos serviços	(48.482.552)	(56.891.125)
2.2 – Materiais, energia, serviços de terceiros e outras	(1.541.470)	(2.550.818)
2.3 – Perdas/recuperação de valores ativos	(31.761)	(3.400)
Outras (especificar)	–	–
3 – VALOR ADICIONADO BRUTO (1-2)	5.006.952	4.005.972
4 – DEPRECIAÇÃO, AMORTIZAÇÃO E EXAUSTÃO	(592.036)	(436.729)
5 – VALOR ADICIONADO LÍQUIDO PRODUZIDO PELA ENTIDADE (3-4)	4.414.916	3.619.243
6 – VALOR ADICIONADO RECEBIDO EM TRANSFERÊNCIA	32.089	93.620
6.1 – Resultado de equivalência patrimonial/dividendos	–	–
6.2 – Receitas financeiras (juros ativos, rendimentos...)	32.089	93.620
6.3 – Outras (doações)	–	–
7 – VALOR ADICIONADO TOTAL A DISTRIBUIR (5+6)	4.447.005	3.712.683
PARTE B		
8 – DISTRIBUIÇÃO DO VALOR ADICIONADO	(4.447.005)	(3.712.863)
8.1 – Pessoal	(1.729.268)	(1.740.167)
8.1.1 – Remuneração direta (salários, 13º, férias, comissões...)	(1.481.576)	(1.480.641)
8.1.2 – Benefícios (assistência médica, alimentação, planos...)	(156.404)	(169.194)
8.1.3 – FGTS (dos funcionários)	(91.289)	(90.331)
8.2 – Impostos, taxas e contribuições	(977.035)	(800.231)
8.2.1 – Federais	(769.083)	(633.821)
8.2.2 – Estaduais	(126.183)	(93.558)
8.2.3 – Municipais	(81.769)	(72.852)
8.3 – Remuneração de capitais de terceiros	(407.792)	(485.709)

8.3.1 – Juros	(199.481)	(234.164)
8.3.2 – Aluguéis (*leasing*)	(208.311)	(251.545)
8.3.3 – Outras	–	-
8.4 – Remuneração de capital próprio	**(1.328.529)**	**(666.554)**
8.4.1 – Juros sobre o capital próprio	(256.798)	(183.825)
8.4.2 – Dividendos/lucros distribuídos	–	-
8.4.3 – Lucros retidos/prejuízos do exercício	(1.071.731)	(482.728)
8.4.4 – Participações dos não controladores		
8.5 – Projetos sociais	**(4.380)**	**(20.204)**
8.5.1 – Instituto Brasil Apoia Cultura	(4.380)	(20.204)

16.2.7 Índices em que o Valor Adicionado serve como importante indicador

A. *Potencial do Ativo em gerar riqueza*

$$\frac{\text{Valor Adicionado}}{\text{Ativo}}$$

O Ativo, financiado por Capital Próprio e Capital de Terceiros, é quem gera receita, a qual, por sua vez, gera riqueza para a empresa.

Esse índice mede quanto cada real investido no Ativo gera de riqueza (Valor Adicionado), a ser transferido para vários setores que se relacionam com a empresa.

O ideal é que esse índice cresça ao longo dos anos.

B. *Retenção da Receita*

$$\frac{\text{Valor Adicionado}}{\text{Receita Total}}$$

Da Receita Total, parte é comprometida com terceiros (matéria-prima, embalagem, serviços...), ou seja, transferida para outras empresas que não agregam valor para a empresa em análise.

Esse percentual mostra quanto fica dentro da empresa, acrescentando valor ou benefício para funcionários, acionistas, governo, financiadores e lucro retido.

C. *Valor Adicionado* per capita

$$\frac{\text{Valor Adicionado}}{\text{N}^{\circ}\text{ de Funcionário (Média)}}$$

É uma forma de avaliar quanto cada empregado contribui para a formação da riqueza da empresa.

De certa forma, é um indicador de produtividade que informa a participação de cada empregado na riqueza gerada na organização.

D. $\dfrac{\text{Empregados}}{\text{Valor Adicionado}}$ → Mostra a participação dos empregados no Valor Adicionado.

E. $\dfrac{\text{Juros}}{\text{Valor Adicionado}}$ → Mostra a participação dos Bancos no Valor Adicionado.

F. $\dfrac{\text{Dividendos}}{\text{Valor Adicionado}}$ → Mostra a participação dos acionistas no Valor Adicionado.

G. $\dfrac{\text{Impostos}}{\text{Valor Adicionado}}$ → Mostra a participação do Governo no Valor Adicionado.

H. $\dfrac{\text{Lucro Reinvestido}}{\text{Valor Adicionado}}$ → Mostra a participação da empresa reinvestindo seu próprio lucro

16.3 NOTAS EXPLICATIVAS

As demonstrações contábeis normalmente são criticadas, pois são de difícil compreensão ao usuário comum, assim as notas explicativas de alguma forma procuram, por meio de descrições narrativas, detalhar as informações apresentadas nessas demonstrações, apresentadas por ordem, no sentido de auxiliar os usuários a compreender as demonstrações contábeis e a compará-las com demonstrações contábeis de outras entidades. Se a informação contábil-financeira é para ser útil, ela precisa ser relevante e representar com fidedignidade o que se propõe a representar.

As características QUALITATIVAS fundamentais são:

a) relevância
b) representação fidedigna.

Além disso, as notas explicativas constituem parte integrante das demonstrações financeiras, e são importantes para comprovar a transparência das operações, dos resultados e da situação econômico-financeira de uma empresa, e devem apresentar informações sobre a base de preparação das demonstrações financeiras e das práticas contábeis específicas selecionadas e aplicadas para negócios e eventos significativos, tais como:

a) os principais critérios de avaliação dos elementos patrimoniais, especialmente estoques, dos cálculos de depreciação, amortização e exaustão, de constituição de provisões para encargos ou riscos, e dos ajustes para atender a perdas prováveis na realização de elementos do ativo, os investimentos em outras sociedades, quando relevantes;
b) o aumento de valor de elementos do ativo resultante de novas avaliações;

Cap. 16 • Tópicos Especiais de Contabilidade **313**

c) os ônus reais constituídos sobre elementos do ativo, as garantias prestadas a terceiros e outras responsabilidades eventuais ou contingentes;

d) a taxa de juros, as datas de vencimento e as garantias das obrigações a longo prazo;

e) o número, espécies e classes das ações do capital social, as opções de compra de ações outorgadas e exercidas no exercício;

f) os ajustes de exercícios anteriores; e

g) os eventos subsequentes à data de encerramento do exercício que tenham, ou possam vir a ter, efeito relevante sobre a situação financeira e os resultados futuros.

Demonstração do Valor Adicionado (DVA)

16.3.1 Exemplo de notas explicativas – Empresa pequeno e médio porte

NOTAS EXPLICATIVAS ÀS DEMONSTRAÇÕES CONTÁBEIS
DE 31 DE DEZEMBRO DE 20x2

NOTA 1 – CONTEXTO OPERACIONAL

A empresa BRASIL QUE QUEREMOS – COMÉRCIO DE VEÍCULOS LTDA., tem por objeto social ...., com sede na Cidade de ...., no Estado de ....

NOTA 2 – APRESENTAÇÃO DAS DEMONSTRAÇÕES CONTÁBEIS

As demonstrações contábeis foram elaboradas em observância aos Princípios Fundamentais de Contabilidade e, estão sendo apresentadas em reais de forma comparativa com as demonstrações do exercício anterior.

NOTA 3 – PRINCIPAIS PRÁTICAS CONTÁBEIS

Dentre os principais procedimentos adotados para a preparação das demonstrações contábeis ressaltamos:

a) Apuração do Resultado

As receitas, despesas e provisões são escrituradas pelo regime de competência, observando-se o critério *pro rata dia*.

<u>Ativos circulantes e não circulantes</u>

b) Contas a Receber

Representam os saldos das operações com clientes, dividido em Duplicatas a receber e Cartões de Créditos e Cheques a receber, controladas por sistema próprio de cobrança, conciliados diariamente pelo setor financeiro.

c) A provisão para crédito de liquidação duvidosa – PECLD

É calculada com base na experiência da administração com perdas em anos anteriores, condições de mercado e situação econômica, política interna e de acordo com a legislação do Imposto de renda.

d) Estoques

São demonstrados pelo custo médio de aquisição, inferiores, respectivamente, ao custo de reposição e ao valor de realização.

Periodicamente são analisados os estoques obsoletos e de baixo giro, a Administração faz julgamentos, estimativas e premissas e dentro de critérios são feitas as estimativas e reconhecido em resultado as estimativas para perdas com estoques, sendo registrado em conta retificadora do estoque.

e) Adiantamento a fornecedores e a empregados

Estão demonstrados pelo valor nominal do desembolso, sendo prática usual o adiantamento a fornecedores devido à logística e prazos de entrega das mercadorias.

f) Despesas antecipadas

Referem-se às despesas de prêmios de seguros que estão demonstradas pelos valores despendidos, deduzidas das parcelas apropriadas até a data do balanço pelo critério *pro rata temporis*.

g) Imobilizado

Está demonstrado ao custo de aquisição, ajustado por depreciações acumuladas, calculadas pelo método linear, às taxas estabelecidas em função do tempo de vida útil, fixado por espécie de bens, conforme segue:

Móveis e Utensílios	10% a.a.
Sistema de Comunicação	10% a.a.
Equipamentos de Processamento de Dados	20% a.a.
Veículos	20% a.a.

Passivo Circulante e Não Circulante

h) Fornecedores, obrigações tributárias e as obrigações trabalhistas e previdenciárias

Estão demonstradas pelos valores conhecidos ou calculáveis, acrescidos, quando aplicáveis, das correspondentes atualizações incorridas.

i) Imposto de Renda e Contribuição Social sobre o Lucro

A empresa apurou o IRPJ e CSLL pelo regime de Lucro .... no exercício de 20x2 e demonstrou o valor de R$ XXX.XXX (milhar de reais) entre IRPJ e CSLL.

NOTA 4 – CONTAS A RECEBER

Composição do saldo:

NOTA 5 – ESTOQUES

Composição do saldo:

NOTA 6 – IMOBILIZADO

Está assim composto:

NOTA 7 – CAPITAL SOCIAL

Pertence inteiramente a quotistas domiciliados no País, está composto por ...... quotas e no valor nominal de R$ ..... cada uma, totalizando o valor de R$ ....

NOTA 8 – LUCRO DO EXERCÍCIO

Lucro líquido do Exercício de 20x2 R$ ....

Lucro do Exercício a Destinar pela administração em assembleia R$ ....

16.4 CARACTERÍSTICAS E PRESSUPOSTOS BÁSICOS – ELABORAÇÃO DEMONSTRAÇÕES CONTÁBEIS

As Demonstrações Contábeis são elaboradas de acordo com características qualitativas consideradas como mais úteis para investidores, credores por empréstimos e outros credores, existentes e em potencial, para tomada de decisões, abaixo destacamos algumas destas características e premissas subjacentes.

16.4.1 Continuidade

Como premissa subjacente, as demonstrações contábeis são elaboradas tendo como premissa que a entidade está em atividade (*going concern assumption*). Desta forma, parte-se do princípio de que a entidade não tem a intenção, tampouco a necessidade de entrar em processo de liquidação ou de reduzir materialmente suas operações.

16.4.2 Regime de Competência

A entidade deve elaborar as suas demonstrações contábeis, conforme o regime de competência, que reconhece os efeitos das transações e outros eventos quando ocorrem (e não quando caixa ou outros recursos financeiros são recebidos ou pagos).

16.4.3 Características qualitativas das Demonstrações Contábeis

Dizem respeito aos atributos das informações que tornam as demonstrações contábeis úteis:

- *Compreensibilidade* – Qualidade que torna as informações claras e prontamente entendidas pelos usuários.

- *Relevância* – Para serem úteis, as informações devem ser relevantes às necessidades dos usuários na tomada de decisões.

- *Materialidade* – As informações das demonstrações contábeis resultam do processamento de grandes números de transações ou de outros eventos que são agregados em classes de acordo com a sua natureza ou função. A relevância destas informações é afetada pela sua natureza e materialidade. Torna-se material se sua omissão ou distorção influenciar as tomadas de decisões dos usuários.

- *Representação fidedigna* – Para ser representação perfeitamente fidedigna, a realidade retratada precisa ter três atributos: Ela tem que ser *completa, neutra e livre de erros*. A *essência sobre a forma* foi retirada da condição de componente da condição da representação fidedigna por ser considerada redundância, no entanto continua, na realidade bandeira insubstituível nas normas. Também a característica *prudência (conservadorismo)* foi retirada da condição de aspecto fidedigna por ser inconsistente com a *neutralidade.*

- *Comparabilidade* – A informação será útil caso possa ser comparada com notícia similar sobre outras entidades e sobre a mesma entidade para outro período ou para outra data, a fim de que os usuários possam identificar tendências na sua posição financeira e no seu desempenho possibilitando alternativas, por exemplo, vender ou comprar um investimento.

- *Tempestividade* – Significa ter informação disponível para os tomadores de decisão a tempo de poder influenciá-los em suas decisões.

- *Verificabilidade* – Ajuda a assegurar aos usuários que a informação representa fidedignamente o fenômeno a que se propõe representar. Mesmo que diferentes observadores, cônscios e independentes possam chegar a um consenso, embora não cheguem necessariamente a um completo acordo.

16.4.4 Restrição de custo na elaboração e divulgação de relatório contábil-financeiro útil

O custo de gerar a informação é uma restrição sempre presente na entidade no processo de elaboração e divulgação das Demonstrações Contábeis que impõe custos. Assim, a entidade deve avaliar o custo benefício de processar e divulgar estas informações.

Cap. 16 • Tópicos Especiais de Contabilidade **317**

EXERCÍCIOS PROPOSTOS

1.

(ESAF – 2016 – ANAC) Sobre a "Demonstração do Valor Adicionado" (DVA), é correto afirmar que:

a) tornou-se obrigatória, por intermédio da Lei nº 11.638/2007 para todas as companhias abertas.

b) como o conceito de "valor adicionado" está intimamente ligado à formação do Produto Interno Bruto (PIB), da mesma forma que uma pessoa que realiza serviços para si mesma não gera incremento no PIB, os ativos construídos pela própria empresa não devem ser contabilizados na DVA.

c) o Valor Adicionado Líquido inclui resultados de equivalência patrimonial.

d) o Valor Adicionado Bruto contempla despesas com depreciação e exaustão.

e) Receitas Financeiras integram o Valor Adicionado Bruto.

2.

(CONSULPAM – 2015 – TRE-MG) As demonstrações contábeis serão complementadas por notas explicativas e outros quadros analíticos ou demonstrações contábeis necessários para esclarecimento da situação patrimonial e dos resultados do exercício. A Lei das Sociedades por Ações estabelece que as notas explicativas devam indicar as seguintes informações, EXCETO:

a) Os ajustes de exercícios anteriores.

b) Os investimentos em outras sociedades, quando não relevantes.

c) O aumento de valor de elementos do ativo resultante de novas avaliações.

d) Os principais critérios de avaliação dos elementos patrimoniais, especial-

mente estoques dos cálculos de depreciação, amortização e exaustão, de constituição de provisões para encargos ou riscos, e dos ajustes para atender a perdas prováveis na realização de elementos do ativo.

3.

(ESAF – 2014 – Receita Federal) Na elaboração da Demonstração do Valor Adicionado (DVA), as Receitas Financeiras de Juros recebidas por entidades comerciais e o valor da contribuição patronal para a Previdência Social são, respectivamente:

a) Valor adicionado recebido em transferência e distribuição da riqueza obtida.

b) Distribuição da Riqueza Obtida e Valor adicionado recebido por substituição.

c) Receitas derivadas de produtos ou serviços e item do Valor Adicionado Bruto.

d) Valor Adicionado Bruto e Receitas derivadas de produtos ou serviços.

e) Receitas derivadas de produtos ou serviços e Valor adicionado recebido por substituição.

4.

(FCC – 2014 – SEFAZ-RJ) Determinada empresa comercial apresentava as seguintes informações referentes ao primeiro semestre de 2013:

Receita Bruta de Vendas .... R$ 500.000,00

(–) Impostos sobre vendas .... R$ 90.000,00

(=) Receita Líquida .... R$ 410.000,00

(−) Custo das Mercadorias Vendidas ....
.... R$ 220.000,00

(=) Lucro Bruto .... R$ 190.000,00

(−) Despesas operacionais

Despesa de depreciação .... R$ 20.000,00

Despesa com salários .... R$ 10.000,00

(=) Lucro antes do IR e CSLL ... R$ 160.000,00

(−) IR e CSLL .... R$ 24.000,00

(=) Lucro Líquido .... R$ 136.000,00

Sabe-se que o valor dos tributos recuperáveis referentes às mercadorias comercializadas no primeiro semestre foi R$ 30.000,00 e, além da obrigação assumida com fornecedores, nenhum gasto adicional foi necessário para colocar as mercadorias em condições de serem vendidas. Com base nestas informações, o Valor Adicionado a Distribuir gerado pela empresa, no primeiro semestre de 2013, foi

a) R$ 230.000,00.
b) R$ 410.000,00.
c) R$ 190.000,00.
d) R$ 280.000,00.
e) R$ 250.000,00.

5.

(FCC – 2013 – SEFAZ-SP) As notas explicativas devem

I. indicar os principais critérios de avaliação dos elementos patrimoniais.

II. indicar os investimentos em outras sociedades, mesmo que irrelevantes.

III. fornecer informações adicionais não indicadas nas próprias demonstrações financeiras e consideradas necessárias para uma apresentação adequada.

Está correto o que se afirma em:

a) I, apenas.
b) I e II, apenas.
c) I e III, apenas.

d) II e III, apenas.
e) I, II e III.

6.

(FCC – 2012 – Prefeitura de São Paulo-SP) Sobre a Estrutura Conceitual e o pressuposto básico para Elaboração e Divulgação de Relatório Contábil-financeiro, considere:

I. As autoridades tributárias podem determinar exigências específicas para atender a seus próprios interesses e, consequentemente, mudar a estrutura conceitual para elaboração e divulgação de relatório contábil-financeiro de propósito geral.

II. A avaliação da administração da entidade quanto à responsabilidade que lhe tenha sido conferida e quanto à qualidade de seu desempenho e de sua prestação de contas é uma das necessidades comuns da maioria dos usuários dos relatórios contábil-financeiros de propósito geral.

III. O regime de competência retrata com propriedade os efeitos de transações e outros eventos e circunstâncias sobre os recursos econômicos e reivindicações da entidade que reporta a informação nos períodos em que ditos efeitos são produzidos.

IV. Comparabilidade é a característica qualitativa que define o uso dos mesmos métodos para os mesmos itens, tanto de um período para outro, considerando a mesma entidade que reporta a informação, quanto para um único período entre entidades.

Está correto o que se afirma APENAS em

a) I e II.
b) II e III.
c) III e IV.
d) I, II e III.
e) II, III e IV.

7.

(IBFC – 2013 – PC-RJ) Em relação à Demonstração de Valor Adicionado, no grupo RECEITAS – Vendas de mercadorias, produtos, e serviços –, são feitas as seguintes afirmações:

I. As receitas constantes na DVA correspondem ao faturamento bruto constante na DRE, incluídos o IPI e o ICMS incidentes.

II. Nos custos dos produtos, das mercadorias e dos serviços adquiridos de terceiros, quando vendidos, considera-se o valor constante na DRE acrescido dos impostos incidentes sobre as compras, recuperáveis, ou não.

III. As receitas constantes na DVA correspondem ao faturamento bruto constante na DRE, desconsiderado o IPI e o ICMS incidentes.

Indique abaixo a opção correta para cada uma das assertivas acima.

a) Verdadeira, verdadeira, falsa, respectivamente.

b) Falsa, verdadeira, verdadeira, respectivamente.

c) Falsa, falsa, verdadeira, respectivamente.

d) Verdadeira, falsa, falsa, respectivamente.

e) Falsa, falsa, falsa, respectivamente.

8.

(FGV – 2013 – AL-MA) A informação acerca da elaboração das demonstrações contábeis e das políticas contábeis específicas utilizadas pela contabilidade, bem como a divulgação da informação requerida pelas normas, interpretações e comunicados técnicos, que não tenha sido apresentada nas demonstrações contábeis, consta:

a) dos pareceres de auditoria.

b) das notas explicativas.

c) dos relatórios da diretoria.

d) dos relatórios da auditoria interna.

e) das notas de rodapé às demonstrações.

9.

(FCC – 2013 – SEFAZ-SP) A Demonstração do Valor Adicionado (DVA) deve evidenciar a distribuição da riqueza gerada pela entidade. Os principais componentes dessa distribuição a serem evidenciados são:

a) Pessoal; Impostos, taxas e contribuições; Insumos adquiridos de terceiros.

b) Impostos, taxas e contribuições; Remuneração de capitais próprios e de terceiros; Valor Adicionado recebido em transferência.

c) Pessoal; Impostos, taxas e contribuições; Remuneração de capitais próprios; Remuneração de capitais de terceiros.

d) Pessoal; Remuneração de capitais de terceiros; Remuneração dos sócios; Receita financeira.

e) Pessoal; Impostos, taxas e contribuições; Remuneração de capitais próprios e de terceiros; Valor Adicionado recebido em transferência.

10.

(FCC – 2012 – MPE-AP) As notas explicativas devem

a) apresentar as obrigações das companhias, inclusive financiamentos para aquisição de direitos do ativo não circulante.

b) fornecer informações adicionais sobre a concorrência e suas estratégias operacionais.

c) apresentar informações sobre a base de preparação das demonstrações financeiras e das práticas contábeis específicas selecionadas e aplicadas para negócios e eventos significativos.

d) evidenciar o lucro ou prejuízo operacional, as outras receitas e as outras despesas.

e) evidenciar a parcela do custo de aquisição do investimento em controlada que for absorvida na consolidação.

11.

(IESES – 2012 – CRF-SC) Após a leitura do enunciado apresentado a seguir, identifique a afirmação correta:

A Demonstração contábil que tem como objetivo principal informar o valor da riqueza criada pela empresa e a forma de sua distribuição é a:

a) Demonstração das Mutações do Patrimônio Líquido (DMPL).

b) Demonstração dos Fluxos de Caixa.

c) Demonstração do Valor Adicionado (DVA).

d) Demonstração das Origens e Aplicações de Recursos (DOAR).

12.

(CFC – 2011 – CFC) Uma sociedade empresária adquiriu mercadorias para revenda por R$5.000,00, neste valor incluído ICMS de R$ 1.000,00. No mesmo período, revendeu toda a mercadoria adquirida por R$ 9.000,00, neste valor incluído ICMS de R$ 1.800,00. A sociedade empresária registrou, no período, despesas com representação comercial no montante de R$ 1.200,00 e depreciação de veículos de R$ 200,00.

Na Demonstração do Valor Adicionado – DVA, elaborada a partir dos dados fornecidos, o valor adicionado a distribuir é igual a:

a) R$ 1.800,00.

b) R$ 2.600,00.

c) R$ 3.200,00.

d) R$ 4.000,00.

13.

(CESPE – 2017 – TRE-BA) Previstas na estrutura conceitual, as características qualitativas de melhoria da informação contábil incluem, além de comparabilidade,

a) materialidade, representação fidedigna e verificabilidade.

b) compreensibilidade, relevância, representação fidedigna.

c) compreensibilidade, verificabilidade e tempestividade.

d) compreensibilidade, representação fidedigna e representatividade.

e) confiabilidade, tempestividade e verificabilidade.

14.

(FCM – 2016 – Adaptado – IF Sudeste-MG) Relacione as características dos registros contábeis da entidade, apresentados abaixo, com os respectivos conceitos.

CARACTERÍSTICAS: 1. Comparabilidade 2. Compreensibilidade 3. Confiabilidade 4. Fidedignidade 5. Tempestividade 6. Uniformidade.

CONCEITOS: ( ) deve ser realizado a partir de critérios padronizados. ( ) deve representar a essência econômica do evento mensurado e reconhecido. ( ) deve proporcionar segurança aos usuários para a devida tomada de decisão. ( ) deve possibilitar a comparação temporal e estatística, inclusive com outras. ( ) deve ser entendido, mesmo àqueles eventos relevantes, mas complexos, que são reconhecidos, mensurados e divulgados. ( ) deve ser realizado no momento em que ocorre, em tempo hábil para a tomada de decisão. A sequência correta é

a)   2, 1, 6, 5, 3, 4.
b)   4, 5, 3, 1, 2, 6.
c)   5, 3, 4, 2, 1, 6.
d)   6, 4, 2, 5, 3, 1.
e)   6, 4, 3, 1, 2, 5.

15.

(CFC – 2011 – CFC) A Estrutura Conceitual para Elaboração e Apresentação das Demonstrações Contábeis estabelece os conceitos que fundamentam a preparação e a apresentação de demonstrações contábeis destinadas a usuários externos.

Com base nessa observação, julgue os itens a seguir como Verdadeiros (V) ou Falsos (F) e, em seguida, assinale a opção CORRETA.

( ) Estão fora do alcance da Estrutura Conceitual informações financeiras elaboradas para fins exclusivamente fiscais.

( ) Uma qualidade essencial das informações apresentadas nas demonstrações contábeis é que elas sejam prontamente entendidas pelos usuários. Por esta razão, informações sobre assuntos complexos devem ser excluídas por serem de difícil entendimento para usuários que não conheçam as particularidades do negócio.

( ) Regime de Competência e Continuidade são apresentados na Estrutura Conceitual para Elaboração e Apresentação das Demonstrações Contábeis como pressupostos básicos.

( ) Compreensibilidade, relevância, confiabilidade e comparabilidade são apresentadas na Estrutura Conceitual para Elaboração e Apresentação das Demonstrações Contábeis como pressupostos básicos.

A sequência CORRETA é:

a)   F, F, F, F.
b)   F, F, V, F.
c)   V, F, V, F.
d)   V, V, V, F.

Bibliografia

AREVALDO, A. *Elementos de contabilidad general*. Buenos Aires: Selección Contable, s.d.

ANCELEVICZ, J.; BRAGA, F. J. S. *Contabilidade básica*: um estudo programado. São Paulo: Saraiva, s.d.

BRASIL. Lei nº 11.638, de 28 de dezembro de 2007. Altera a Lei nº 6.404/76 estende às sociedades de grande porte disposições relativas à elaboração e divulgação de demonstrações financeiras. Disponível em: http://www.planalto. gov.br/ccivil_03/_ Ato2007-2010/2007/Lei/L11638.htm. Acesso em: 9 maio 2017.

BRASIL. Lei nº 6.404, de 12 de dezembro de 1976. Dispõe sobre a Sociedade por Ações. Disponível em: http://www.planalto.gov.br/ccivil_03/leis/L6404consol.htm. Acesso em: 27 fev. 2017.

BRASIL. Lei nº 10.406, de 10 de junho de 2002. Institui o Codigo Civil. Disponível em: http://www.planalto.gov.br/ccivil_03/leis/2002/L10406.htm. Acesso em: 27 jan. 2017.

CONSELHO FEDERAL DE CONTABILIDADE – CFC. *Princípios fundamentais e normas brasileiras de contabilidade*. Brasília: CFC, 2008.

CONSELHO FEDERAL DE CONTABILIDADE – CFC. Resolução nº 1.418, de 21 de dezembro de 2012. Aprova a ITG 1000 – Modelo contábil para microempresa e empresa de pequeno porte. 2012. Disponível em: http://www.cfc.org.br/sisweb/sre/detalhes_sre. aspx?Codigo= 2012/001418. Acesso em: 28 jan. 2017.

CONSELHO FEDERAL DE CONTABILIDADE – CFC. Resolução nº 1.255, de 17 de dezembro de 2009. Aprova a NBC TG 1000 – Contabilidade para Pequenas e Médias Empresas. Disponível em: http://www.cfc.org.br/sisweb/sre/detalhes_sre .aspx?Codigo=2009/001255. Acesso em: 28 jan. 2017.

CONSELHO FEDERAL DE CONTABILIDADE – CFC. Normas Brasileiras de Contabilidade. NBC PG 100, de 25 de março de 2014. Aplicação Geral aos Profissionais da Contabilidade. Disponível em: http://www.cfc.org.br/sisweb/sre/detalhes_sre.aspx?Codigo=2014/ NBCPG 100. Acesso em: 25 jan. 2017.

CONSELHO FEDERAL DE CONTABILIDADE – CFC . NBC TG – Geral Normas Completas. 2017. Disponível em: http://cfc.org.br/tecnica/normas-brasileiras-de-contabilidade/ normas-completas/. Acesso em: 27 jan. 2017.

GOUVEIA, N. *Contabilidade*. São Paulo: McGraw-Hill do Brasil, s.d.

GOUVEIA, N. *Demonstração das origens e aplicações de recursos*. São Paulo: Atlas, 1981.

HORNGREN, C. T. *Cost accounting: managerial emphasis*. 3. ed. Englewood Cliffs: Prentice-Hall, 1972.

INTERNATIONAL ACCOUNTING STANDARDS BOARD (IASB). *IFRS for SMEs – basis for conclusions*, 2009. Disponível em: http://eifrs.ifrs.org/eifrs/ PdfAlone?id=3123&sidebar Option=IfrsForSmes. Acesso em: 28 nov. 2015.

INTERNATIONAL ACCOUNTING STANDARDS BOARD (IASB). *IFRS para PMES – Normas Internacionais de Relatório Financeiro*. 2009. Disponível em: http://eifrs.ifrs.org/eifrs/ sme/pt_br/smeBrazil_1.pdf. Acesso em: 2 dez. 2015.

INTERNATIONAL ACCOUNTING STANDARDS BOARD (IASB). *A Guide for Micro-sized Entities Applying the IFRS for SMEs*. 2013. Disponível em: <http://eifrs.ifrs.org/eifrs/Pdf Alone?id=10287&sidebarOption=Ifrs ForSmes>. Acesso em: 28 nov. 2015.

INSTITUTO DE ESTUDOS PARA O DESENVOLVIMENTO INDUSTRIAL. *Lucratividade e Endividamento das Empresas em 2016 e no Primeiro Trimestre de 2017*: o ajuste incompleto. Disponível em: http://www.iedi.org.br/media/site/artigos/iedi_20170814_empresas_2016.pdf. Acesso em: 22 out. 2017.

IUDÍCIBUS, S. de. *Análise de balanços*. 11. ed. São Paulo: Atlas, 2017.

IUDÍCIBUS, S. de. *Contabilidade gerencial*. 6. ed. São Paulo: Atlas, 1998.

IUDÍCIBUS, S. de. (coord.). *Contabilidade introdutória*. 11. ed. São Paulo: Atlas, 2010.

IUDÍCIBUS, S. de. *Teoria da contabilidade*. 11. ed. São Paulo: Atlas. 2015.

IUDÍCIBUS, S. de; *et al. Contabilidade intermediária*. São Paulo: Atlas, 1981.

IUDÍCIBUS, S. de; MARION, J. C. *Análise de balanços*: livro de exercícios. 3. ed. São Paulo: Atlas, 1986.

IUDÍCIBUS, S. de; MARTINS, E.; GELBCKE, E. R.; SANTOS, A. dos. *Manual de contabilidade societária*. 2. ed. São Paulo: Atlas, 2013.

KEMP, P. S. *Contabilidade para o gerente*. São Paulo: Brasiliense, s.d.

LOPES DE SÁ, A. *Dicionário de contabilidade*. 7. ed. São Paulo: Atlas, 1989.

MARION, J. C. A comparação dos indicadores financeiros. *Revista de Administração*. FEA/ USP, abr.-jun. 1983.

MARION, J. C. *Análise das demonstrações contábeis*. 8. ed. São Paulo: Atlas, 2019.

MARION, J. C. Aspectos da receita bruta de vendas e serviços e deduções da receita bruta. *Boletim do IBRACON*, n. 14, 1979.

MARION, J. C. *Contabilidade básica*. 12. ed. São Paulo: Atlas, 2018.

MARION, J. C. *Contabilidade empresarial*. 7. ed. São Paulo: Atlas, 2003.

MARION, J. C. *Contabilidade empresarial*. 18. ed. São Paulo: Atlas, 2018.

MARION, J. C. Metodologia do ensino da contabilidade. *Revista Brasileira de Contabilidade*, n. 14, jan.-mar. 1983.

MARION, J. C. O escritório de contabilidade, a pequena empresa e as tomadas de decisões. *Boletim IOB*. Temática Contábil, 1982.

MARTINS, E. *Contabilidade de custos*. 5. ed. São Paulo: Atlas, 1997.

MARTINS, E. *Contabilidade de custos*. 10. ed. São Paulo: Atlas, 2010.

MARTINS, E.; MIRANDA, G. J.; DINIZ. J. A. *Análise didática das demonstrações contábeis*. São Paulo: Atlas, 2014.

MATARAZZO, D. C. *Análise financeira de balanços*: abordagem geral. 7. ed. São Paulo: Atlas, 2017.

MEIGS, W. B.; JOHNSON, C. E.; MEIGS, R. F. *Accounting*: the basis for business decisions. New York: McGraw-Hill, s.d.

MONTOTO, E. *In*: LENZA, P. (coord.). *Contabilidade geral e análise de balanços esquematizado*. 3. ed. São Paulo: Saraiva: 2014.

NAKAGAWA, M. *Gestão estratégica de custos*: conceitos, sistemas e implementação. São Paulo: Atlas, 1993.

NAKAGAWA, M. *Introdução à controladoria*: conceitos, sistemas, implementação. 1. ed. 8. reimpr. São Paulo: Atlas, 2009.

NICKERSON, C. B. *Accounting*: handbook for nonaccountants. 2. ed. Boston: CBI, s.d.

NISWONGER, C. R; FESS, P. E. *Princípios de contabilidade*. Rio de Janeiro: Fundação Getulio Vargas, s.d.

SEGATO, V. D. *As principais dificuldades para adoção das normas contábeis – Padrão internacional por microempresas e empresas de pequeno porte*. Dissertação (Mestrado em Ciências Contábeis e Atuariais). São Paulo, Pontifícia Universidade Católica, 2015, Disponível em: https://tede2.pucsp.br/handle/handle/1617. Acesso em: 18 jan. 2017.

SKOUSEN, K. F.; LANGENDERFER, H. Q.; ALBRECHT, W. S. *Financial accounting*. New York: Warth Publishers, s.d.

TREUHERZ, R. M. *Análise financeira*. São Paulo: Pioneira, s.d.

WALTER, M. A.; BRAGA, H. R. *Demonstrações financeiras*: um enfoque gerencial. São Paulo: Saraiva, s.d.

WEBER, P. R. *Contabilidade para executivos*. São Paulo: Resenha Literária, s.d.

Gabarito dos Exercícios Propostos

Capítulo 1

1) B
2) B
3) E
4) C
5) A
6) D
7) D
8) D
9) C
10) E

Capítulo 2

1) D
2) E
3) E
4) A
5) A
6) A
7) C
8) C

9) B
10) E
11) C
12) A
13) B

Capítulo 3

1) D
2) B
3) A
4) B
5) E
6) C
7) C
8) E
9) B
10) A
11) E
12) B

Capítulo 4

1) A

2) A
3) D
4) B
5) B
6) A
7) D
8) C
9) A
10) C

Capítulo 5

1) C
2) B
3) E
4) C
5) A
6) A
7) C
8) A
9) C
10) C

Capítulo 6

1) A
2) E
3) C
4) D
5) E
6) B
7) B
8) C
9) D
10) B

Capítulo 7

1) B
2) B
3) B
4) A
5) B
6) E
7) B
8) B
9) B
10) C

Capítulo 8

1) E
2) B
3) E
4) A
5) A
6) C
7) E

8) A
9) D
10) E
11) D

Capítulo 9

1) B
2) B
3) E
4) A
5) C
6) B
7) C
8) C
9) A
10) A
11) B
12) C
13) E
14) C

Capítulo 10

1) D
2) A
3) B
4) E
5) D
6) B
7) E
8) D
9) B
10) E

Capítulo 11

1) A
2) B
3) B
4) A
5) D
6) C
7) E
8) A
9) D
10) C
11) C
12) B
13) C
14) D

Capítulo 12

1) C
2) D
3) B
4) D
5) B
6) D
7) D
8) E
9) A
10) B
11) B
12) C
13) D

Capítulo 13

1) D
2) B
3) C
4) E
5) C
6) D
7) A
8) A
9) C
10) C
11) E
12) A
13) D
14) C
15) B
16) C
17) A

Capítulo 14

1) B
2) C
3) C
4) D
5) C
6) B
7) E
8) A
9) E
10) B
11) A

Capítulo 15

1) E
2) E
3) A
4) D
5) D
6) E
7) A
8) D
9) A
10) C
11) C
12) B
13) C
14) C

Capítulo 16

1) A
2) B
3) A
4) A
5) C
6) B
7) A
8) B
9) C
10) C
11) C
12) B
13) C
14) E
15) C

Índice Alfabético

A

Abatimentos, 80

   concedidos, 78

Abordagem de duas demonstrações, 97

Acréscimos, 138

Adiantamento a fornecedores e a empregados, 20, 314

Ajuste(s), 295

   de exercícios anteriores, 106

   do lucro líquido no circulante, 152

Aluguéis, 308

Amortização, 137

   acumulada, 48

Análise

   das demonstrações financeiras, 161

   de crédito, 196

   horizontal das demonstrações financeiras, 163

   vertical das demonstrações financeiras, 163

Apresentação da DRA, 98

Apuração

contábil do resultado, 288

do lucro real, 87

do resultado, 19, 210, 290

e análise de variações entre padrão e real, 255

Aquisição

   de bens, 277

     a prazo, 276

     à vista, 275

   de item do ativo fixo, 137

Atividades

   de financiamento, 140

   de investimento, 140

   operacionais, 139, 152

Ativo(s), 30, 206

   circulante, 20, 45, 62, 313

   fixo, 46

   imobilizado, 64, 65

   intangível ou incorpóreo, 33

   invisível, 33

   não circulante, 20, 46, 313

   permanente, 46

realizável a longo prazo, 46

tangível, 32, 33

Aumento de capital, 121

Avaliação de estoques, 210

B

Balancete

das partidas dobradas, 285

de várias colunas, 286

de verificação, 284

Balanço

patrimonial, 43

como uma fotografia, 29

explicação da expressão, 36

grupo de contas, 41

uma introdução, 29

social, 10

Bancos, 3

Benefício(s)

dos acionistas, 191

presentes ou futuros, 33

Bens, 30

do ativo imobilizado, 63

imóveis, 30

intangíveis, 30

móveis, 30

tangíveis, 30

C

Cálculo(s)

da remuneração total, 222

da rentabilidade, 182

das atividades operacionais, 153

de custos, 217

da mão de obra direta, 221

da matéria-prima, 219

total, 225

do imposto de renda, 88

do lucro financeiro, 153

Capital, 34

circulante líquido, 62, 63

de giro líquido, 63

de terceiros, 35

próprio, 35

Ciclo

contábil, 267

operacional, 53, 54

Circulante, 44

COFINS (Contribuição para a Seguridade Social), 78

Comitê de Pronunciamento Contábil (CPC), 5

Companhia fechada, 7

Comparabilidade, 316

Comparações de quocientes, 193

Compra(s)

à vista e pagamentos a fornecedores, 137

de bens e serviços, 10

Compreensibilidade, 316

Conselho Federal de Contabilidade (CFC), 5

Constituição

de uma empresa, 274

do capital, 274

Conta depreciação acumulada, 47

Índice Alfabético

Contabilidade, 2

  como linguagem universal dos negócios, 4

  de custos, 210, 238

Contabilização do resultado, 290

Contas

  a receber, 20, 313

  de resultado, 288

Continuidade, 315

Contrato social, 274

Contribuição(ões), 78

  para instituições ou fundos de assistência ou previdência de empregados, 91

  social sobre o lucro, 21, 314

    líquido, 89

Crédito(s), 280

  de financiamento, 30

  de funcionamento, 30

Curto prazo, 42

Custeio

  direto, 238

  por absorção, 238

  variável, 238

Custo(s), 203, 204, 206

  da mão de obra direta, 221

  da matéria-prima, 219

  das Mercadorias Vendidas (CMV), 81

  das vendas, 81

  de período, 208

  de produto, 207

  de reposição (NIFO), 221

  diretos, 218

  do Produto Vendido (CPV), 81

  dos Serviços Prestados (CSP), 81

  e despesas

    conforme a Lei das S.A., 209

    fixos, 232

    variáveis, 232

  fixos características dos, 233

  indiretos, 218

    absorvidos, 260

    reais, 260

  padrão, 254

  para controle custo-padrão, 251

  para decisão, 231

  para empresas de competitividade global, 261

  reais, 251, 254

  semivariáveis e semifixos, 232

Custos-padrão, 251, 252

D

Dados para cálculo de custos, 217

Debêntures, 90

Débito, 280

Decisões em relação ao balanço patrimonial, 59

Deduções, 51, 208

Demonstração(ões)

  contábeis

    características qualitativas das, 316

    passíveis de análise e de preparação (reclassificação), 162

  das Mutações do Patrimônio Líquido (DMPL), 17, 117

    com saldo zero na conta lucros acumulados, 122

de Lucros e Perdas Acumuladas (DLPA), 17

de resultado do exercício (DRE), 14, 73, 97

de valor adicionado (DVA), 10, 11, 18, 304

    como fonte de informação para os usuários, 305

dedutiva, 74

do Fluxo

    de Caixa (DFC), 16, 133

    de Disponível, 136

    do Resultado Abrangente (DRA), 73, 96, 97

    dos Lucros ou Prejuízos Acumulados (DLPAc), 103, 112

    exemplo de, 106

financeiras, 6

    complementação às, 8

    exemplo de, 12

Depreciação, 137

Descontos, 80

Desembolso, 204

Despesas, 204, 206, 208

    administrativas, 82, 209

    antecipadas, 20, 314

    de vendas, 82, 209

    do período, 207

    gerais, 83

    operacionais, 82

Detalhamento

    da distribuição da riqueza da DVA, 307

    da DVA, 305

Detalhes de informação da DRE, 76

Devoluções, 78, 79

Diário, 292

Diferença

entre ativo e custo, 206

entre custo x despesa x perda, 206

entre custos de período, despesas e deduções, 208

entre despesa e ativo (investimento), 205

Diminuições, 138

Direitos, 30

Dispêndio, 203

Distribuição dos custos indiretos de fabricação, 223

Dividendos, 111

Divulgação de relatório contábil-financeiro útil, 316

E

Elaboração

    da demonstração dos fluxos de caixa, 143

    de demonstrações contábeis, 315

    dos fluxos de caixa, 138

Empregados e administradores, 90

Empresa e a formação do produto interno bruto, 305

Empréstimos bancários e financiamentos, 137

Encerramento

    das contas de resultado, 289

    exemplo de, 289

Equação contábil básica, 35

Erros na previsão dos custos indiretos de fabricação, 261

Escrituração, 295

Estatuto, 274

Estoques, 20, 314

Estrutura da DMPL após a Lei nº 11.638/2007, 124

Estruturação da demonstração dos fluxos de caixa, 139

  modelo direto, 151

  modelo indireto, 154

Exaustão, 137

Exercício social, 86

Exigível a longo prazo, 44, 50, 51

F

Fator de insolvência, 197, 198

Fatos contábeis de natureza, 134

  mista, 134

  modificativa ou quantitativa, 134

  permutativa, qualitativa ou compensativa, 134

Financiamento a longo prazo, 277

Fluxo de caixa, 135

Forma(s)

  de análise das variações, 258

  de apuração de resultado, 133

Formação da riqueza, 306

Fórmula do ponto de equilíbrio, 235

Fornecedores, 21, 314

  de bens e serviços a crédito, 3

Função

  da contabilidade, 4

  social da empresa, 304

Fundo de comércio, 48

G

Ganho, 204

Gasto, 203

Gestão Qualidade Total (TQM), 261

Giro do ativo, 186

  operacional, 186

  total, 186

Goodwill, 32, 48

Governo, 3

Grau

  de imobilização, 198

  de liquidez, 43

Grupos de contas

  do ativo, 45

  do passivo, 48

I

ICMS, 79

Imobilizado, 20, 46, 314

Imposto(s), 11, 78

  de renda, 21, 314

  sobre vendas ou serviços, 78

Índices em que o valor adicionado, 311

Informes contábeis, 6

Instrumento de integração entre DRE e BP, 104

Intangível, 47

Integralização do capital pelos sócios ou acionistas, 137

International Financial Reporting Standards (IFRS), 4

Interpretação dos resultados da análise horizontal, 163

Investidores, 3, 46, 205

IPI (Imposto sobre Produtos Industrializados), 78

ISS (Imposto Sobre Serviços), 79

J

Juros, 308

    sobre o capital próprio e dividendos, 308

L

Lançamentos

    contábeis, 278

    de encerramento, 289

    nos razonetes, 279

Leasing financeiro, 31

Lei

    nº 11.638/2007, 10, 124

    nº 6.404/1976, 10, 108

Levantamento das demonstrações financeiras, 295

Livro(s)

    contábeis, 291

    de apuração do lucro real (lucro tributável), 88

Longo prazo, 42

Lucro(s), 34

    antes dos tributos, 77

    arbitrado, 86

    bruto, 77

        como apurar o, 80

    depois do imposto de renda e contribuição social, 77

    do período proveniente de operações em continuidade, 86

    financeiro, 133

    líquido, 90, 93

        ajustado, 111

    depois das operações descontinuadas, 89

    por ação, 94

        do capital social, 91, 94

    operacional, 77, 82

        bruto, 80

    presumido, 85

    que fazer com o, 103

    real, 85, 87

    retidos e prejuízos do exercício, 308

    tributável, 86

M

Má

    gerência, 3

    gestão administrativa, 3

Mão de obra direta, 232

Margem

    de lucro sobre as vendas, 185

    líquida, 186

    operacional, 185

Materialidade, 316

Método(s)

    das partidas dobradas, 284

    de apresentação da demonstração dos fluxos de caixa, 138

    direto, 138

    indireto, 139

    para o cálculo das obrigações tributárias, 87

Miniplano de contas, 269

Modelo

    ideal de DRE, 92

    sugerido para a DFC – indireto, 154

N

Não
  circulante, 50
  exigível, 35, 49
Natureza e tipos de padrão, 254
Notas explicativas, 9, 19, 312

O

Obrigações
  da empresa, 34
  e auxílio à gerência, 1
  exigíveis, 34
  trabalhistas e previdenciárias, 21, 314
  tributárias, 21, 314
Operações continuadas, 82
Orçamento, 252
  de compras, 252
  de produção, 252
  de vendas, 252
  flexíveis, 253
Outras receitas e despesas operacionais, 83
Outros acréscimos e decréscimos do patrimônio líquido, 34

P

Padrões, 255
  correntes, 254
Pagamento(s)
  de despesa/custo, contas a pagar e outros, 137
  de dividendos aos acionistas, 137
  de juros e amortização da dívida, 137

Partes beneficiárias, 90
Passivo, 34, 35
  circulante, 21, 49, 50, 62, 314
  exigível, 34, 35, 49
  importância do, 60
  não circulante, 21, 49, 50, 314
Patrimônio líquido, 34, 35, 36, 44, 50, 51
PEPS (FIFO), 220
Perda, 204, 206
PIS (Programa de Integração Social), 78
Plano de contas, 267
  usuário da contabilidade, 269
  importância do, 268
  na contabilidade e os lançamentos contábeis, 274
  simplificado, 269
Ponto
  comercial, 32
  de equilíbrio, 231
    conceitos de, 236
    contábil, 233
  de vista econômico e financeiro, 234
Possibilidades de cálculo de quocientes, 193
Potencial do ativo em gerar riqueza, 311
Prazo, 42, 53
Prejuízos acumulados, 51
Primeiro balancete de verificação, 295
Produto(s), 238
  interno bruto (PIB), 305
  destinados à venda, 171
Proposta da administração para destinação do lucro, 107

Propriedade, 31

Provisão para crédito de liquidação duvidosa, 20, 138, 314

Q

Quociente(s)

como interpretar "em conjunto" os, 194

comparações de, 193

contábeis e financeiros, 164

de alavancagem financeira, 191

de endividamento, 169, 196

de interesse, 181, 191

de liquidez, 165, 195

de rentabilidade, 181, 197

de rotatividade, 170, 196

R

Rateio proporcional

à mão de obra, 224

à matéria-prima, 224

aos custos diretos, 224

Razão, 291

analítico x sintético, 291

Razonete, 278

Realizável a longo prazo, 44

Receita, 203

bruta, 76

de vendas, 171

líquida, 78, 80

operacional

bruta, 77

líquida, 77

Regime

de caixa, 135, 288

de competência, 134, 288, 315

Regras para conta de resultado, 287

Relação custo/volume/lucro, 231

Relatório(s)

contábeis, 1, 6

obrigatórios, 6

da administração, 8

da diretoria, 303

de opinião do auditor independente, 9, 23

gerencial não obrigatório, 21

Relevância, 316

da demonstração dos fluxos de caixa, 140

Remuneração de capitais

de terceiros, 308

próprios, 308

Rentabilidade

da empresa, 184

do empresário, 184

Representação

fidedigna, 316

gráfica, 29

Requisitos do balanço patrimonial, 37

Reserva

de lucros

a realizar, 110

para expansão, 110

de reavaliação, 124

estatutária, 108

Índice Alfabético

legal, 108

orçamentária, 110

Reserva para contingência, 109

Restrição de custo na elaboração, 316

Resultado

antes das despesas e receitas financeiras, 94

antes dos tributos, 85

sobre o lucro, 94

do período depois dos tributos, 85

financeiro, 83, 210

líquido

após os tributos das operações descontinuadas, 95

das operações continuadas, 94

de baixas de ativos e mensuração do valor justo, 95

do período, 94

Retenção da receita, 311

Retorno

sobre investimento, 183

sobre o patrimônio líquido, 189

Return on Investment (ROI), 183

Reversão da reserva para contingência, 109

S

Salário, 11

Saldo

credor, 283

das contas, 283

devedor, 283

Separação de custos

e despesa na Demonstração do Resultado do Exercício (DRE), 208

diretos e indiretos, 218

Simples nacional, 86

Sindicatos, 3

Sistema

de produção, 210

por ordem ou encomendas, 210

por processo ou contínuo, 211

Situação financeira, 62

Sociedade(s) anônima(s), 7

de capital aberto, 7

T

Taxa de retorno

em dois ou mais componentes, 188

sobre o investimento, 187

do ponto de vista da empresa, 183

do ponto de vista dos proprietários, 183

Técnica(s)

de análise das demonstrações, 162

de elaboração da demonstração dos fluxos de caixa, 141

modelo indireto, 152

para demonstrar as atividades operacionais, 152

Tempestividade, 316

Terceirização, 64

Termômetro da insolvência, 196

Tomada de decisão, 1, 210

fora dos limites da empresa, 3

no âmbito interno da empresa, 1

no balanço patrimonial, 65

Transações

que afetam o caixa, 136

que aumentam o caixa, 137

que diminuem o caixa, 137

que não afetam o caixa, 137

Transferência de lucro líquido

para dividendos, 111

para reservas de lucros, 108

U

UEPS (LIFO), 220

V

Valor

adicionado per capita, 311

objetivo, 31

Variação(ões)

(cambiais) monetárias, 84

de custos indiretos de fabricação, 260

de mão de obra direta, 259

de matéria-prima, 257

de preços, 256

de quantidade, 256

na receita, 256

Venda(s), 78

à vista e recebimento de duplicatas a receber, 137

de itens do ativo fixo, 137

Verificabilidade, 316

Visão sintética do balanço, 52